1989 年，作者与敬爱的硕士导师刘兆吉先生

2008 年，作者与敬爱的博士导师黄希庭先生

作者简介

赵伶俐，文学学士、教育学硕士、心理学博士。西南大学教育学部教授，高等教育学博士生导师，美学博士生导师，心理学博士生导师。主要研究领域为高等教育、教师教育、跨学科综合教育、教育评价、学校美育、审美认知、美育心理等，并积极致力于学术成果向应用的转化。获教育部曾宪梓教育基金全国高校优秀教师一等奖，“重庆市名师”“西南大学研究生喜爱的十佳导师”等称号。创建并主讲国家精品课程“课堂教学技术与艺术”、国家精品视频公开课程“跨界思维”、中国大学 MOOC 课程“审美·跨界”等。

人生信念：忠于职守，沉迷创新；热情洋溢工作，美轮美奂生活。

"TVS: 视点结构教学"书系

"TVS: 视点结构教学"（Teaching of Viewpoint-Structure，TVS）书系，是作者30余年深入幼儿园、小学、中学、大学等各级各类各科教学一线，收集案例、分析问题、研读千卷、凝聚思想、磨砺文字的成果结晶。共五部著作:

第1部　TVS《教学哲学》

第2部　TVS《课程逻辑》

第3部　TVS《教学行为体系》

第4部　TVS《高等教学论》

第5部　TVS《学术思维与写作》

书系以核心概念"TVS"即"视点结构教学"一以贯之而构成。TVS，指以学科知识系统中的核心概念或基本概念为视点，沿着视点概念定义的关键词，逻辑地延伸和链接学科内外相关知识点，建构起知识，乃至万物万事间的网络路径，以及认知、情感、价值和行为间有机联系的一种教学理论与实践行为体系。

书系源起教学，但远不限于教学。其辐射到更多学科、领域、行业、"智能化+"，甚至日常生活中，旨在以视点透视事物整体结构和细节，以概念透视事物本质与复杂联系，穿过丛林，经由必然王国，走向自由大道。与其说这是在探求准确（精准）、有效（高效）、美感（高峰体验）交织的理想教学，莫如说是，欲借教学问题之解，去探索建构一种广谱的宇宙观、知识观和方法论——TVS哲学。

谨以本书系

献给我敬爱的硕士导师刘兆吉先生

本书系受益于您跨学科创建美育心理学的学术取向指引

献给我敬爱的博士导师黄希庭先生

本书系受益于您严谨求实的精神与方法训练

献给古今中外的科学家、哲学家、教育家

本书系受益于你们前赴后继探索真理的信念与智慧启迪

献给努力于传道、授业、解惑的教师们

本书系受益于你们在教学前沿不懈探索与实践的支持

献给一批又一批渴求成长的学生们

本书系受益于你们在学习中的卓越表现与困惑的提示

献给全人类

TVS

"TVS：视点结构教学"书系，属于以下基金项目的综合研究成果

* 国家精品课程"课堂教学技术与艺术"（教）拓展与深化研究

* 国家精品视频公开课程"跨界思维"（教高〔2011〕104520-20700202）拓展与深化研究

* 中国大学 MOOC 课程"审美·跨界"建设项目（2017）拓展与深化研究

* 重庆市社会科学规划重点委托项目（2013TBWT02）：教师专业化发展与视点结构教学（TVS）理论技艺系统研究

* 国家教师教育创新平台建设项目（2010：105040-410000708）：综合教育专业创建与试点

* 西南大学研究生部教育质量提升工程项目：研究生共享课程"教育研究方法"MOOCS 建设研究

* 西南大学教育学部重大项目（西大教育学部：2012ZGXM07）：TVS 跨界思维与有效教学技术研究

* 西南大学社会科学创新优秀成果基金资助项目（2021.5）：学术思维与训练

"TVS：视点结构教学"书系·之一

教学哲学

赵伶俐 著

TVS

西南大学出版社
SWUP
国家一级出版社 全国百佳图书出版单位

图书在版编目(CIP)数据

教学哲学 / 赵伶俐 著. -- 重庆 : 西南大学出版社, 2022.7

ISBN 978-7-5697-0822-6

Ⅰ. ①教… Ⅱ. ①赵… Ⅲ. ①教育哲学—研究 Ⅳ. ①G40-02

中国版本图书馆CIP数据核字(2021)第190393号

教 学 哲 学

JIAOXUE ZHEXUE

赵伶俐 著

责任编辑： 郑先俐
责任校对： 黄丽玉
装帧设计： 殳十堂
排　　版： 重庆共点科技有限公司·刘伟
出版发行： 西南大学出版社（原西南师范大学出版社）
地址：重庆市北碚区天生路2号
邮编：400715
网址：http://www.xdcbs.com
市场营销部电话：023-68868624
印　　刷： 重庆友源印务有限公司
幅面尺寸： 185mm×260mm
印　　张： 25
字　　数： 462千字
版　　次： 2022年7月第1版
印　　次： 2022年7月第1次印刷
书　　号： ISBN 978-7-5697-0822-6

定　　价： 148.00元

书系总序 PREFACE
从宇宙到教学

我想知道这是为什么。我想知道为什么我想知道这是为什么。我想知道究竟为什么我非要知道我为什么想知道这是为什么！

——【美】费曼

真理不在蒙满灰尘的权威著作中，而是在宇宙、自然界这部伟大的无字书中。

——【意】伽利略

只有站在宇宙高度，才能读懂人类教学这本天书，学校教学也才可能有足够高度、深度、宽度、精度、效度。夸美纽斯开辟了遵循自然秩序解决教学问题的先河，本书系只是在人工智能的今天，继续深化探究而已。

—— 本书作者

1. 基本问题

曾读到《上帝与新物理学》[1]，扉页上赫然列出关于宇宙自然秩序的四大基本问题，后发现，许多哲学和学科学说，也都不过是在提出和试图回答类似问题：

为什么大自然的规律是现在这样的？
为什么宇宙是由现在组成它的各种东西所组成的？
这些东西是如何起始的？
宇宙如何获得了组织？

一切事物存在与发展的道理都在它的根源上。夸美纽斯在380多年前撰写的人类第一本阐述教学系统的著作《大教学论》(1632)[2]中就指出，遵循"自然秩序"是"把一切事物教给一切人们的全部艺术"的基本原则。因此，与宇宙自然秩序基本问题对应，学校知识与教学也应该存在类似四大基本问题：

为什么人类的教学会是现在这样的？
为什么学校课程主要由学科知识构成？
课程与教学的起始点或基点是什么？
宇宙万物组织（秩序）的知识，是如何组成了学校课程，又如何通过教学在学生头脑中再次组织或创构起来，并促进学生思维和身心多元发展的？

这就是本书系共5本著述，理论2本——TVS《教学哲学》、TVS《课程逻辑》，应用3本——TVS《教学行为体系》、TVS《高等教学论》、TVS《学术思维与写作》，所要共同回答和解决的学校教学四大基本问题。

2. 基本概念

"视点结构教学"(Teaching of Viewpoint-Structure，缩写

① 保罗·戴维斯.上帝与新物理学[M].徐培，译.长沙：湖南科学技术出版社，1995：前言.
② 夸美纽斯.大教学论[M].傅任敢，译.北京：教育科学出版社，1999.

为“TVS”)，指任何一门学科知识体系中的重要知识点或概念，都可以成为透视全系统（结构）的逻辑起点（视点）。教师引导学生从一个知识（视点）的定义及其关键词，逐步逻辑地建立起知识内部和学科之间的联系（结构），逐步形成或逻辑地建构起反映客观世界普遍联系的认识结构、思维方式、情感态度价值观和行为方式，进而提高教学有效性和学习成效，这样一种教学理论、课程模式和教学行为技术与艺术体系[①]，也是一种学习理论、模式与方法体系。

宇宙自然万物之间的普遍联系和网络，可用“点↔点”相互作用这个简化模式或符号来表达，科学认知和科学知识就是要反映和无限逼近这个真实的客观世界。而人类认知，永远都是从某个视点出发，去认知、推导或逼近这个客观世界的，因人因境不同“视点”就会不同，因此总是难免主观性，社会和人文艺术学科承认这种主观选择的合理性，且认为这往往是人的主体性、自由性、独特性、创造性得以彰显的标志。于是，在客观性和主观性上，自然科学与人文社会科学就产生了严重分歧。

教师如何通过教学，让学生理解和掌握科学知识所反映的客观事物的真实面貌、本质和规律，同时还要保留和鼓励学生认知事物的主体性、独特性、自由性、创造性等，这是学校教学知识选择、课程建构、教学操作和教学评价的难点之难点。这就是通常所言“科学性与人文性”的有机统一问题。大量实验证明“学生分析、综合、抽象、概括能力及智力操作能力的发展水平，直接影响其对知识的理解”，但学生们不总是“能正确完成这项智力工作”，或者说“有大量学生都很难顺利完成这个任务”[②]。而这种理性认知能力恰恰“是视点结构教学特别要培养学生的重要能力”[③]。教与学“从感知到理性”的过程，必然“是经过思维的抽象与概括活动而实现的。思维的抽象、概括过程在于进一步比较感性知识反映的东西，区分事物的各种属性与联系、关系，确定什

① “视点结构教学”原定义为：“指以一个清晰的点为基点和起始点将客观事物普通联系（结构）移入学生大脑，形成相应知识架构和思维方式的教学”（赵伶俐.视点结构教学技术原理[M].上海：百家出版社，2002:39）。作者的博士导师黄希庭先生对该定义中“移入”提出异议，为此修改了定义，增加了必要解释。在此，谨向黄先生的严格指教，致以崇高敬礼。

② 万云英，等.当代国外教学流派[M].武汉：湖北教育出版社，1990:234-236.

③ 赵伶俐.视点结构教学技术原理[M].上海：百家出版社，2002:39.

么是本质与什么是非本质要素”等。这种“感性知识的抽象化”是非常艰巨、复杂的智力操作过程，直接决定了知识理解的水平与教学水平。

视点结构教学（TVS），围绕视点和通过视点逻辑地建立结构而展开。而最佳视点，就是反映事物本质的概念，尤其是学科的所谓“大概念”，准确说是核心概念、高级概念、某些基础概念。这些概念普适性较强，具有培养学生科学认知方式和建构知识逻辑体系的功能。视点无论多么独特，最终还是要逻辑地指向或走向对客观真理的掌握，如此才能证明和发扬人类认知优势，体现真正人性自由、选择、创造性的价值。所有这些主客观特质，在本书系中简化为科学性、审美性、跨学科性三大要素。

完整的TVS，有四个层级的理论和操作体系：(1) 以视点结构内在逻辑支持的“视点结构教学”(Teaching of Viewpoint-Structure，简称为“TVS”)；(2) 在TVS内在逻辑基础上，还拥有个性化的形象、生动、新颖、自由、时尚和创新等品质的“审美化视点结构教学”(Aesthetic Teaching of Viewpoint-Structure，简称为“A-TVS”)；(3) 在TVS内在逻辑支持基础上，多学科有机联系的“跨界视点结构教学”(Interdisciplinary Teaching of Viewpoint-Structure，简称为“I-TVS”)；(4) 融合TVS逻辑、审美与跨学科等多因素构成的“审美跨界视点结构教学”(Aesthetic Interdisciplinary Teaching of Viewpoint-Structure，简称为“AI-TVS”)。巧的是“AI”，还是人工智能（Artificial Intelligence）的英文缩写，这似乎早已预示了“TVS”是“人工智能+教学”深度融合的一条重要逻辑路径。

TVS体系，提升到更具普适的哲学层面，就是TVS哲学，指客观宇宙世界万物万事，都是由“点↔点”相互作用构成的有机整体，人类认知都是以“视点↔点”来反映和建构万物万事普遍联系的。这一认知方式，也影响着人的情感体验、态度价值观和行为方式取向的形成。TVS，不过是TVS哲学的第一来源和重要实践领域而已。

因此说到“TVS”，首先指视点结构教学，包括视点结构理论、课程、教学行为、教学评价；也指视点结构哲学，包括视点结构宇宙观、认识论、方法论和价值观。只不过，本书系的阐释逻辑是相反的，首先从视点结构哲学开始，后讨论视点结构教学系统问题，同时辐射到更多应用领域。

3. 书系构成

全书系理论进行曲2本和应用三部曲3本，其中理论进行曲为TVS《教学哲学》、TVS《课程逻辑》，应用三部曲为TVS《教学行为体系》、TVS《高等教学论》、TVS《学术思维与写作》。

从宇宙到教学，再从教学到宇宙。全书系如同一首求真求善求美的多重交响组诗，逻辑而浪漫的回旋曲，在宇宙、学校、课堂时空中回荡，泛起壮阔而细腻的涟漪[注：修改本稿，写到这句话时，我正坐在海南文昌面朝大海的一个房间的窗口边，抬眼看到阳光下波光粼粼的海面，正如我与学生们以知识为媒介，在宇宙、学校、课堂时空中交相呼应的心潮。这有形无形的波动，从宇宙的奇点出发，将我与整个宇宙间所有事物联系在一起（TVS模式），美妙至极。精湛于内，炫目于外……]

4. 智能化与教学深度融合

联合国教科文组织发布的《教育2030行动框架》(2015)，将教育使命扩大至“全纳、公平和全民终身学习”。中国官方响应认为，这就“应该是更加开放的”，“突破时空界限和教育群体的限制，人人、时时、处处可学”的智能化教育（《中国教育现代化2030》）。智能化“是实现教育现代化2030发展目标的必由之路”（教育部《高等学校人工智能创新行动计划》，2018)，“以教育现代化支撑中国现代化”（《2017政府工作报告》），要将教育纳入国家“互联网+”行动（《国家教育事业发展“十三五”规划》），“推动中小学阶段设置人工智能相关课程”（教育部《2019年教育信息化和网络安全工作要点》），“坚持促进信息技术与教育教学深度融合”（《教育信息化“十三五”规划》）的理想。

“人工智能+教育+教学”，这一巨大时代浪潮扑面而来。可利用的智能技术和平台层出不穷：各硬件软件厂商搭建的交流、游戏、生活、创作、阅读与赏析平台，如QQ、微信、陌陌、E都市、易信、来往、美丽说、蘑菇街等；各出版传媒集团、互联网巨头、教育科技公司、社会教育培训机构等，推出的扇贝、猿题库、百词斩、有道词典、K12教育、STEM教育、松鼠AI教育；还有5G乃至未来的6G、7G、*n*G与智能手机；VR、AR、MR虚拟仿真技术，有专家甚至已断言“AI+VR可能成为终极性的教育技术”①；等等，都表明了智能化技术对教育教学改革的积极介入和巨大影响。

然而，所有这一切技术或教学现代化问题的背后，都必定是知识、知识表达式和知识体系的支撑。2018年国家自然科学基金评审标准调整有三大指向：人工智能、知识系统与内在逻辑、管理机制（李静海于2018年6月在第八届国家自然科学基金委第一次全体会议上的讲话）。可见知识与人工智能的高度关联。人工智能有诸多定义，但都没有离开约翰·麦卡锡（John McCarthy）1955年第一次提出这个概念时的基本描述：“让机器的行为看起来就像是人类表现出来的智能行为一样。”②然而人类智能行为背后是知识，“知识是一切智能的基础，因此首先要研究知识表示方法，只有这样才能把知识存储到计算机中，供求解现实问题使用”③，这些就“离不开对知识的研究与认知”。但是“目前人类对知识的结构及机制还没有完全搞清楚”，“关于知识表示的理论及其规范尚未建立起来”，故只能在机器能够识别的层面上，提出和使用“一些知识表示方法”，如“符号表示法和连接机制表示方法”④等。

教学的关键除了目标还有知识。知识是达成人的培养目标的中介或桥梁。课程与教学作为学校教育主渠道，就是用学科知识铺设的学生学习与发展的跑道。智能与教学融合，就必须是在目标指引下的与学科知识在完备化、精准化、结构化和系统化前提下的融合，是系统解决教学问题能力的融合。这是学校各门学科课程教学与人工智能深度融合，不可逾越的关键和难题所在。否则，任何先进的智能技术都会流于形式，终与“智能”渐行渐远。正如有教师网友说：“我也下载了几款App，上面很多答案都是不完整的，甚至是错误的”，所以“我常和学生说，

① 沈阳，逯行，曾海军.虚拟现实：教育技术发展的新篇章——访中国工程院院士赵沁平教授[J].电化教育研究，2020(1).

② 杰瑞·卡普兰.人人都应该知道的人工智能[M].汪婕舒，译.杭州：浙江人民出版社，2018：2.

③ 王万良.人工智能导论[M].北京：高等教育出版社，2011：8.

④ 王万良.人工智能导论[M].北京：高等教育出版社，2011：8.

有问题还是来找老师”。

别有意味的是，视点结构教学，首先是关于宇宙万物、人类认知、知识构成、学校课程内容与教学构成的基本理论、逻辑模式与操作技术。它明确阐述了宇宙万事万物共有的“点↔点”结构模式和人类认识或学习的“视点↔点”模式，论证了万物结构、人脑结构、认知结构、知识结构、电脑芯片结构等的高度相似性。这也是人类课程与教学必须遵循，也必须传授给学生的道理，合乎逻辑，也不失美感。

人才培养目标的实现，核心必是教学（广义教学包含课程）。教学的本质也就是，以知识传授和学习促进人的全面性、专业性、个性与创造性和谐发展。本书系，力图从宇宙高度和知识的本源，结合学生发展目标，来解决学校教学知识的选择与组织，以便于教学实施，当然也包括学生如何学习等问题。即达成夸美纽斯理想的“把一切事物教给一切人们的全部艺术”，使所有人“都毫无例外地，全都迅速地、愉快地、彻底地懂得科学、纯于道德、习于虔敬”①。

本书系从幼儿园、小学、中学、大学和职业院校大量的教学实践中来，研究、实践、再研究，反复30年，撰写十余年。所做的这一切，似乎冥冥之中有先知先觉引导，是在准备着与今天这个“人工智能+教学”的时代相遇，是为了等待这个伟大新时代的到来而孕育，而终于诞生的！

真的，感觉好美！

5. 历史·致谢

从小学到博士，幸遇各位好老师，他们是指引我实现人生理想和教学理想的灯塔。小学语文老师彭润之，因眼病从中学转来，她的语言精妙动人，令我仰望；高中物理老师黄铁桥，把一个个概念和定律讲得轻松利落，课堂惊呼声不断；班主任化学老师余洪军举起试管，总是头一歪问“看看，有什么变化”，还带着全班晨练立志运动会夺冠；数学老师陈祖直纤瘦，亲和，一丝不苟；大学苏天辅教授的“逻辑学”讲“逻辑是研究思维形式的学科”，“思维有三大基本形式：概念、判断、推理”，“概念是……”，环环相扣；毛秀月教授的“语言学概论”讲“结构主义语言学家索绪尔……”，清晰温婉，让人沉醉；查有梁教授讲

① 夸美纽斯.大教学论[M].傅任敢，译.北京：教育科学出版社，1999.

"三论与教育学"（三论：系统论、控制论、耗散结构论），前卫、开阔、风趣、顽皮；刘兆吉先生念念不忘"中国本土心理学"和"创建美育心理学"；黄希庭教授讲多门课程，始终贯穿他的"基础知识，获取知识的方法，发现、分析和解决问题"——"三基与创新教学"思想与方法，言简意赅，令学生们深深折服。

为什么A教师讲课，学生很容易理解，也很喜欢；B教师上课，学生就很难听懂，烦。留校当大学教师后，我特别有意识地琢磨这个问题，结合理论学习，观摩、记录、评析了成百上千堂各级各类各科一线教学。在西南师范大学（现西南大学）创设了执教技能训练课程"课堂教学技术与艺术"（1991），出版了同名教材（1993），提炼和建构了各级各类各科教师的通用教学行为技术系统，因此获曾宪梓教育基金优秀高校教师一等奖（1998）。后进一步简化为准确、有效、美感教学行为三大要素（2010），也是教师专业发展和TVS三维质量标准。

惊讶于380多年前夸美纽斯在《大教学论》（1632）中指出的很多教学问题，至今尚存；其所追求的有效、准确、愉悦的教学艺术，至今距离尚远。布鲁纳的《教育过程》（1964）及结构主义课程和教学理论，引发了20世纪60年代美国著名的理科教学改革，世界范围影响深远，也被认定为中国当代基础教育课程改革（2001— ）的一大理论基础，但在实践中并没有得以落实。诺贝尔物理学奖得主费曼的《费曼讲物理》，那精准与生动有机交融的教学被世界公认为典范，我国有多个译本，但物理教师们却鲜有人知。主流舆论认为美国现当代教育完全是以主题和个性化为主导的，但兰英教授送给我她的两本译作《概念为本的课程与教学》①和《教学模式》②却证明，这种看法分明是以偏概全，失之偏颇。前者阐释学科概念在课程编制中的要核作用，后者阐释各种教学模式的逻辑与价值，与我所研究的"以概念为视点"的TVS，深有共识。这一桩桩疑问，引导我一次次向经典及大师求解，接受一次次刻骨铭心的教学思想与信念的洗礼。

本书系正式起笔于2009年底，至今12年有余。因时任重庆市教委

① H. Lynn Erickson.概念为本的课程与教学[M].兰英，译.北京：中国轻工业出版社，2003.

② 布鲁斯·乔伊斯，玛莎·韦尔，艾米莉·卡尔霍恩.教学模式[M].兰英，等译.上海：华东师范大学出版社，2021.

副主任的牟延林教授推荐，教育部袁贵仁部长之邀，我参与了在国家教育行政学院编制《国家中长期教育改革与发展规划纲要（2010—2020）》的研讨会，集中了解到中国教育尤其是教师问题的尖锐性，当即决定将研究已久的视点结构教学理论和行为系统再加工出版。原中央教科所教师教育研究中心于发友主任，为我约见了教育科学出版社刘灿主任，他们的肯定和赞赏，是我坚持至今完成本书系撰写不可或缺的动力。

我工作所在单位西南大学教育学部，朱德全部长有着温润的性格与博大的胸怀，任我在学术和教学领域自主自由驰骋，提议我和他共同开设了针对教育博士学位论文质量提升的“学术训练”课；全力支持我建成了理想的“美育和国家精品课程教学实验室”(2018.9)，作为评审专家组长，给予TVS项目成果高度评价。相当一批坚持TVS实践探索的，国家精品课程“课堂教学技术与艺术”团队成员们（邓翠菊、汪宏、潘丽、余立新、都沙、白智宏、陈本有、李倩、王天平、李静、周玲、李莉等）；山西骨干教师培训小山班、二山班的50多位学员；重庆市北碚区教育委员会高端人才第三期18位学员；北京海淀区、上海市浦东区、四川省成都市青白江区和绵阳科技城、云南省昭通市、吉林省长春市、重庆市渝中区和北碚区等地的领导、教研员、教师和学生们；国家精品视频“跨界思维”和中国大学MOOC“审美·跨界”课程的我的博士教学团队；在全国各地教师培训中热烈呼应我的教师们；帮助我查实书中插图出处的硕士生叶泽州、温霞和夏婧；经常与我探讨信息化、智能化、电磁学和量子力学进展的友人“风声”，以及任由我在家里任何感觉舒适的地方半躺着打电脑，及时提供营养平衡、样式丰富的一日三餐的我的爱人……他们都给了我无比珍贵的支持。

全书系签订出版合同时为6本，初步排版后决定重组为目前的5本。其间数次大幅易稿，调改思路、结构与系统，斟酌细节。感谢西南大学出版社原社长米加德和高等教育分社原社长郑持军无条件的信任与耐心等待，以及郑先俐、黄丽玉编辑不厌其烦的编校工作。

与这么多信任、欣赏和帮助自己的人，相遇相知相爱相扶助，无疑是人生一大幸事，也当然是本书系得以完成不可或缺的前提！

谨此，一并深深致谢！

赵伶俐

目　录

第三章
知识是人脑对世界的能动反映：TVS认知成果

第四章
古今中外经典知识同构：TVS人类智慧

第五章
万物同构与人类视点：TVS哲学定律

本书导读

万物同构

万物负阴而抱阳，冲气以为和/万物并作，吾以观复。

——【中国】老子

万物中最先必有一个引致动变的原因，而后事物得以续集。

——【古希腊】亚里士多德

万物之道，源自万物同构。

——本书作者

本书从“世界是普遍联系的”这一哲学命题的教学问题开始，以“世界是如何联系的”为视点，透析“细节决定系统”的若干事实，梳理了现代自然科学、神经和认知科学、哲学等领域的经典学说，论证了宇宙万物，宏观微观、有机无机、物质精神、人脑电脑等，都普遍存在的“点↔点”相互作用的逻辑结构或秩序（第一章至第二章），以及人类主体借助大脑神经细胞和神经结构，以“视点↔点”这一认知结构所获得的知识及各种知识类型（第二章至第三章），东西方不同知识模型中蕴含的共同的“视点↔点”模型（第四章），提炼出由事物组织元素及相互联系结构而成系统的视点结构哲学理论（第四章至第五章），并浓缩表述为12条视点结构哲学定律（图1）。视点结构哲学及定律，具有涵盖一切学科领域、专业领域和行业领域，包括教学领域的普适性。

基本定律	万物同构律（“点↔点”是万事万物普遍联系的基本模式）	宇宙观
	视点结构律（“视点↔点”是人类对万事万物的基本认知模式和知识模式）	认知论（知识论）
方法定律	聚焦建构律（事物与认知的最佳关系都是向心与辐射同在）	方法论
	细节系统律（任何事物皆由细小点相互联系与作用构成整体）	
	分合同体律（精深分析与高度综合是同一认知过程的两个面）	
	形象抽象律（生动多样与抽象简明是同一认识过程的两个面）	
	臻美完型律（自然秩序是人类认知总想趋于完美的本源）	
	原型创新律（所有创建的新秩序，都是基于元素和原型的重构）	
动力定律	互动相生律（相互作用是万事万物与人类认知共有的推动力）	动力论
	动态平衡律（单向流动增加不可逆的熵，双向交流平衡为减熵）	
	节奏循环律（事物运动具有重演性，人类认知才具有预测性）	
	美感源动律（和谐与愉悦是万物万事运动的第一内驱力）	

【图1】视点结构哲学十二大定律

视点结构哲学的12条定律中，有两条是基本定律。世界上任何事物都是由基本元素按照“点↔点”模式相互联系和相互作用构成的有机整体或系统，从微观粒子到宏观大世界，概莫能外，这就构成了视点结构哲学的第一条基本定律“万物同构律”。人类大脑则是基于“视点↔点”模式来认知宇宙万物（点↔点）的，即从其中一个点（从实践中抽取出的基本概念或核心概念为最佳）出发去透视、认知、建构和表达万事万物的关系，这一从视点出发触及和逻辑链接多点，并整合建构成一个系统的认知和创建过程，就是第二条基本定律“视点结构律”。两条基本定律交织，共同统摄着整个宇宙客观和主观世界的构成、演变与发展。

两条基本定律，会因为事物的性质、侧面、层面以及运动演变方式不同，派生为聚焦建构律、细节系统律、分合同体律、形象抽象律、臻美完型律、原型创新律等6条方法定律，以及互动相生律、动态平衡律、节奏循环律、美感源动律等4条动力定律。

万物同构，万物同道。领域可变，样式可变，道不变。

教学，不可或缺的是人类上一代向下一代传授迄今为止获得的关于宇宙万物的经典认知成果，因此，也必须遵循和传授宇宙万物的定律。这是教学的王道。

视点结构教学研究所获得的认识与成果，拓展到对多学科、多领域、多行业共同规律的探究。因此，所揭示的不仅是有效教学之道，也触及万物之道，是万物之道在人类教育活动中的实验与实践。视点结构哲学同视点结构教学，是定律与应用、定式与变式、1与n之间相互作用、相互建构的关系。是为“反者，道之动”。

第一章

世界是如何普遍联系的：TVS科学基础

在人类之外，有一个独立于人类而存在的巨大世界，对于人类而言，它就像一个伟大的永恒之谜，我们通过观察和思考只能部分抵达它。

——【美】爱因斯坦

如果大自然完全没有形式和秩序，科学便是不可能的……（正如）爱因斯坦说这世界最不可理解的便是它（居然是）可以理解的。世界并非彻头彻尾的一片混乱，而是一个有序的地方，在其中我们的心灵理想地始于理解（它）。

——【美】威廉·邓勃斯基

自从文明开始，人们即不甘心于将事件看作互不相关而不可理解的。他们渴求理解世界的根本秩序。今天我们仍然渴望知道，我们为何在此？我们从何而来？人类求知的最深切的意愿足以为我们所从事的不断探索提供正当的理由。

——【英】霍金

以宇宙万物为研究对象的自然科学，旨在探索宇宙万物之序，无序中的有序。以传递科学真理促进学生发展为主旨的学校教学与教师，没有理由对宇宙万物之序毫无所知。

——本书作者

本章概述：就“世界是普遍联系的”这一哲学命题及其常见的教学问题，进行“如何联系”的深层追问。从生产、生活、生命中的细节误差，导致全系统崩溃的无数事实中，可以看到事物之间细微而至关重要的联系，及其所孕育和释放出的巨大能量。或建构的正能量，或摧毁性的负能量。天文学、物理学、生物学、系统论等的研究成果，均证明了万物万事之间这种“点↔点”相互联系或相互作用，细节和系统的关联是自然万物、社会万事、宇宙万物万事普遍联系的最基本模式。只是具体联系的方式各有不同而已。是为视点结构哲学，或视点结构教学哲学（TVS：教学哲学）及定律系统建立的科学基础。

本章关键词：宇宙原点、宇宙视点、宇宙结构、宏观结构、微观结构、细节决定系统、能量能动、必然偶然、有序无序、“点↔点”结构、“点↔点”相互作用、视点结构哲学。

序曲：宇宙之象

这是2010年2月某天凌晨2点。中国中央电视台（CCTV）9频道正在播放《旅行到宇宙边缘2》。低沉悠远的男中音，立即将我的视线和思绪牵引向遥远的宇宙空间。

大约150亿年前，这里就是宇宙的起点。所有物质都高度密集在一个体积极小、温度极高、能级极大的质点上。突然它爆炸了（图1–1），刹那间碎片四散，暴胀成巨大的宇宙云，宇宙云旋转形成星系……现在我们从宇宙边缘返回，返回银河系，返回太阳系，返回人类现在的家园地球（地球不在宇宙中心），过程中所遇到的所有大小星系包括尘埃，都是那次大爆炸产生的碎片（图1–2）。这些碎片逐渐远离爆炸中心且至今继续远离（高辐射性，万有斥力），同时依然受到这个中心巨大能量的牵引和控制（高聚集性，万有引力）。

【图1–1】宇宙大爆炸：宇宙产生初始，大爆炸后形成的星云、星体和星系
（图片来源于pixabay）

宇宙星云（图片来源于pexels）

在喜马拉雅山脉仰望夜空（〔乌克兰〕安东-简克沃伊 摄）

【图1-2】宇宙星云和我们仰望星空所见的星星，
都是那次大爆炸的产物：一个宏大而精细的“点↔点”相互联系与相互作用模式

刹那间，我仿佛站到了宇宙起点或原点上，俯瞰着宇宙自然的时空全景。分明这就是一个源自一点，逻辑地膨胀生成无数点，“点↔点”相互连接、“点↔点”相互作用的，一个高聚焦与高辐射同在、万有引力与万有斥力同在的，蔚为壮观的，超巨大的“视点结构模型”。刹那间，多年来思考和研究的“视点结构教学”（Teaching of Viewpoint-Structure，缩写为“TVS”），及所撰写的这本TVS《教学哲学》，实现了与自然秩序、宇宙秩序的完美对接！

这种可以激发起巨大美感的能量，来自我身心内在驱力与宇宙微波背景辐射的引力①两者相互作用及所生成的场效应，足以让我关于教学的哲学思考及至操作行为研究，再次高度聚焦、爆发，并辐射向远方，“引发一场壮观的空间扩张”②！

问题：教学质疑——“风马牛不相及”吗？

“世界是普遍联系的”这一马克思主义哲学命题，凡出自新中国教育系统的初中以上学习者，几乎无人不晓。高中思想政治课本中这样阐释：马克思主义哲学认为，运动着的物质世界是普遍联系和永恒发展的，而联系的观点和发展的观点是唯物辩证法的两个基本观点 。③现场听过好几次这堂课，多有类似如下的师生对话：

师：那么，是不是世界上的任何两个事物都是相互联系的呢？（这问话本身就带有暗示否定的口吻）

生：不是！（受暗示，学生几乎总会这样异口同声地回答）

师：为什么呢？

生：因为联系是有条件的！（教科书上就是这样提示的）

师：对，联系是有条件的。中国有成语“风马牛不相及”，就是指有些事物之间是没有联系的，没有条件就没有联系……

---

① 注：牛顿和爱因斯坦的“引力”概念有别。牛顿的引力，只能产生吸引作用；爱因斯坦引力场的引力，除吸引力外，还有星体被空间微波背景辐射（宇宙学常数，其“为宇宙空间结构赋予均匀的能量”）拖移的排斥性引力。星体在自身引力和空间排斥引力作用下产生膨胀性运动。当排斥性引力小于星体自身引力的时候，星体就会塌缩成一个黑洞。

② B. 格林. 隐藏的现实——平行宇宙是什么[M]. 李剑龙，权伟龙，田苗，译. 北京：人民邮电出版社，2013:59.

③ 余少波. 唯物辩证法史话[M]. 石家庄：河北人民出版社，1986.

每次听到这样的问答，我都会心生疑惑。但是，好些教材、教参和作业给出的标准答案，也都持这样的说法。

甚至有教材后还附有思考题："一根钉子会不会导致一个国家的灭亡呢?"教参上提供了一首西方童谣作答："丢失一根钉子，坏了一只蹄铁；坏了一只蹄铁，折了一匹战马；折了一匹战马，伤了一位骑士；伤了一位骑士，输了一场战斗；输了一场战斗，亡了一个帝国。"这"一根钉子"和"一个国家的灭亡"，看上去就没有什么联系，却内在深刻联系。这个实例，恰好说明的并不是"联系是有条件的"，或"有的事物之间是没有联系的"，相反，证明的是这世界上压根儿就没有风马牛不相及的事情。

"联系是普遍的"，这个哲学命题是个全称判断，指在任何条件下任何事物之间都存在某种联系，没有例外。只是有的联系为我们所知，有的暂时不为我们所知；有的显现，有的隐藏；有的强，有的弱；有的近，有的远。因此，要以"风马牛不相及"来做"普遍联系"的反例，是极不正确的。用"风马牛不相及"或类似例子来说明"普遍联系是有条件的"，这在观念、知识和教学方法上，都有悖客观真相和马克思主义哲学命题的本意。多少年过去了，听着教师们还在这样讲课，越发不能释怀。

稍加留心还会发现，这种有悖真实和科学知识（概念、原理、命题）本意的误差或偏差教学，在各级各类各科教学中都不同程度存在。有些误差或偏差甚至十分惊人。导致的必然结果是：所培养的人不同程度存在认知、思维与知识（事实、概念、原理、技能）偏差。而价值观和人格发展的偏差，与这一个个知识和教学偏差、一个个知识和教学细节偏差的积累，脱不了干系。

2015年8月9日，中国传媒界颇有影响力的《光明日报》报道，某小学从秋季起，正式将哲学纳入课程体系，成为与语文、数学等主流学科同等地位的"主打必修课"，教材将由该校教师以及外聘专家共同编写。对此，舆论褒贬不一。该校提供了一堂示范课，课中教师与学生的对话主题是"你觉得幸福是什么""讲讲你为何不快乐"。课后校长谈及初衷，是希望通过哲学课和小学生聊聊人生，给成长以启蒙。显然这从目的和教学内容看，都属于人生教育课，还在德育范畴，不是哲学课。哲学是关于宇宙观、世界观、方法论和人生观的，是使人智慧的学问。可以很深奥，那是哲学家的事；也可以较浅显，小学生也能理解。但初级人生教育，不简单等同于哲学。帽子太大，名不符实，教师都不能胜任，何况小学生。这就是偏差。

如何将知识和教学的偏差降到最小？也就是如何提高教学效果，提高准度或精度，实现有效与高效、深刻与生动、焦点清晰与辐射开阔的教学？这看上去是教学实践和理论问题，却根在哲学。首先是教师（而不是学生）所持的宇宙观、世界观、人生观与方法论是否正确的问题。

1.1 普遍联系——细节与系统

1.1.1 蝴蝶效应：初始偏差的魔力

1963年的一天，美国麻省理工学院气象学家洛伦兹（Lorenz）用计算机进行气候信息分析。他取出方程式中一个参数0.506，改为0.506 127，精度从原千分之一提高到百万分之一，或者说误差从千分之一减至百万分之一。再送回方程运算。这时朋友来了。与朋友喝咖啡聊天2小时后，再回到计算机旁看运算，结果令他大吃一惊：两个本来差异很小的参数，运算结果竟然相差了十万八千里！科学界一贯认定：相近的值代入同一方程，运算结果应该是相近的，有误差但可以忽略不计。0.506与0.506 127的不同精度或误差，都在学界可容许范围内。然而眼前的运算结果却是：一个初始值的极微小误差，会以指数级增长，随着不断推移而演变放大成一个巨大误差。

这一结果显然有悖学界常理常规，令人难以接受，几家杂志都拒载洛伦兹的文章。有些学者则以各种运算重复这一实验，结果证明：不管所用公式精确度多高，输入的数据多么理想（精确到小数点后n位），通过几个小时、几天或者一周计算之后，那些小到我们无法注意的细微差异，都可能对结果造成显著影响。

洛伦兹为这一现象取了一个富有诗意的名称“蝴蝶效应”（The Butterfly Effect），并予以解释：南美洲丛林里的一只蝴蝶轻轻扇动翅膀，将在几个月后演变成美国得克萨斯州的一场龙卷风（It has been said that something as small as the flutter of a butterfly’s wing can ultimately cause a typhoon halfway around the world. ——The Chaos Theory）（图1-3）。

“蝴蝶效应”目前已成为用以表达初始微小误差与全系统大问题之间必然联系的一条科学定律，也是一个关于世界万物之间普遍联系最迷人、最诗意、最精美的科学与哲学隐喻。如中国《易经》中“君子慎始，差若毫厘，缪以千里”；俗语“差之毫厘，失之千里”。只是，我们迄今没有意识到它也是一条重要的教学定律和隐喻而已。

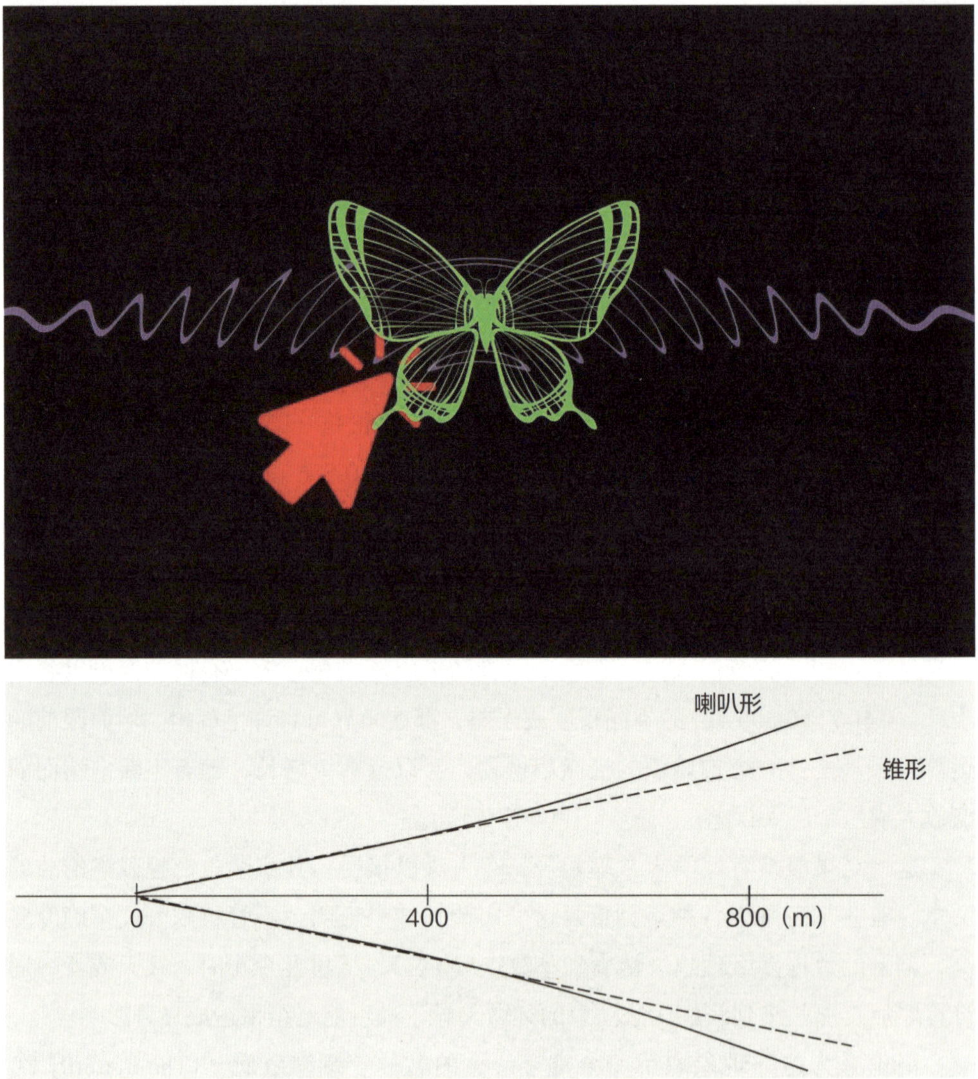

【图1-3】蝴蝶效应：差之毫厘，失之千里

（洛伦兹：南美洲丛林里的一只蝴蝶轻轻扇动翅膀，
将引起美国得克萨斯州的一场龙卷风　图片来源于pixabay）

1.1.2 英国冰海沉船：铆钉崩脱的惨剧

本书这段文字恰巧写于人类20世纪初遭遇的最为悲怆、最“使人悚然”也很“使人好奇的”①航海灾难——泰坦尼克号沉船100周年纪念日这天。1912年4月10日，连同船员载有2 154人的英国泰坦尼克号巨轮首航。这艘体积庞大、科技含量和装潢级别都是当时顶尖级，号称“船身结构用材坚固，防水周密，水密舱之

① 华特·劳德.泰坦尼克号[M].冰斌，译.北京：中国戏剧出版社，1998：前言.

多之好”“上帝都沉它不了”的、“正是英国国势如日中天的时代造船工艺登峰造极之作”[①]的豪华巨轮，竟然在首航第四天的4月14日深夜与冰山擦撞，沉入海底（图1–4）。船上拥有“大西洋上的最好乐队”，那一晚开始“所演奏的音乐，既轻快，又响亮”[②]，最终演变成了1 507人包括乐队“8位第一流音乐家”的安魂曲。据幸存者回忆，沉船时正在演奏的像是柴可夫斯基的《悲怆交响曲》。

沉睡海底100年后的泰坦尼克号
（美国《国家地理》125周年展）

【图1–4】英国泰坦尼克号首航擦撞冰山，一颗铆钉崩脱，灌水沉入海底

直接原因是：水下左舷钢板端的一颗铆钉，与冰山擦撞后一下崩脱，钢板很快张开了百公尺的口子，占全船长1/3。“前5舱都有水密舱，而第6舱偏偏没有水密门，大量海水乘虚而入，汹涌灌进舱内，一舱又一舱灌满，饶你有5万匹马力的海上巨无霸，也随着海水涌入而下沉，11点40分擦撞，凌晨2点18分全船沉没，它只在海面上支持了2小时42分钟。”[③]

擦撞一下，一颗铆钉脱落，对于一艘6万6千吨的神话般的巨轮来说，那还不是小事一桩？因此没人在乎救生艇是否足够，而跳上救生艇的人也磨磨蹭蹭，“有些救生艇上载的人数才4成”[④]。但事实远比观念的误差严酷万万倍。那颗渺小的铆钉崩脱，带来的却是整个系统不可修复的巨大的灾难性后果。

① 华特·劳德.泰坦尼克号[M].冰斌，译.北京：中国戏剧出版社，1998：前言.
② 华特·劳德.泰坦尼克号[M].冰斌，译.北京：中国戏剧出版社，1998：50.
③ 华特·劳德.泰坦尼克号[M].冰斌，译.北京：中国戏剧出版社，1998：前言.
④ 华特·劳德.泰坦尼克号[M].冰斌，译.北京：中国戏剧出版社，1998：前言.

1.1.3 韩国岁月号：一个要命的急转弯

谁会料到距离20世纪初泰坦尼克事件刚过100年后的21世纪初，悲剧会再度重演，人数不及，但情节更为惨烈。2014年4月15日，韩国“岁月号”客轮从西北部仁川港出发前往济州岛，船上共470多人，包括325名中学生，15名教师，30名船务人员，以及100余名其他乘客。4月16日，船驶入危险水域时，入职才四个月的25岁三级女航海师试图改变航向，于是来了一个急转弯。超载货物跟着慢慢滑向一侧，船身慢慢倾斜。船长李俊锡还一直在驾驶舱外休息，没有及时下达疏散令；乘客没有意识到危险逼近，学生们还在与岸上的家长们互发短信；政府搜救措施严重不力，速度异常缓慢，潜水者进不了客舱等。时间一刻一刻过去，直到第二天（4月17日），船身倾斜到不可逆转的角度。更悲惨的是，沉船后，船上师生和其他乘客在封闭的舱里并没有立即去世，好几天过去了，遇难人员持续增加。家长、国人和全世界眼睁睁“看着”这些鲜活的生命，错失逃生良机，慢慢地从紧张不安，到狂躁，到愤怒，到窒息，直到绝望地埋于深海。

最直接原因，是那个很不恰当的急转弯。因这个急转弯缓缓导致的最后结果是275人死亡，29人失踪，大多是花样年华的高中生；组织这次活动的学校教务长、学生家长多人自杀，人们沉浸在巨大的哀痛中，动摇了朴槿惠政治，韩国经济也遭遇重创。有报告预计，受此事故影响，韩国全年生产总值预测可能下降0.1%，减少7.3万个工作岗位；2014年5月12日韩元对美元的汇率从1 058.8：1跌至1 024.4：1，到达2008年金融危机以来最低值；四成以上企业认为1 030韩元是汇率的心理底线，而1 024.4已跌破1 030，因此出口必遭受重大打击。

1.1.4 上海踩踏事故：忽视一个词的代价

还是2014年，最后一天的最后半个小时，中国上海外滩发生了“12·31”拥挤踩踏事件，造成36人死亡，49人受伤。上海市政府2015年1月21日召开新闻发布会，公布了联合调查组的调查结果，定性为“上海外滩拥挤踩踏事件是一起对群众性活动预防准备不足、现场管理不力、应对处置不当而引发的拥挤踩踏并造成重大伤亡和严重后果的公共安全责任事件”，并历数事件发生的种种原因：“黄浦区政府和相关部门领导思想麻痹，严重缺乏公共安全风险防范意识，对重点公共场所可能存在的大量人员聚集风险未作评估，预防和应对准备严重缺失，事发当晚预警不力、应对措施失当，是这起事件的主要原因”。还撤销或降低了包括黄浦区党委书记、区长在内的11名官员的官职和公职等。[①]

但是，事件中有一个关键细节却被一笔带过了。而这，才是事件发生至关重要的，且完全可以避免的最直接原因：多年来上海外滩风景区都要举办新年倒计时活动，考虑到安全问题，所在黄浦区相关政府部门决定，该年将通常在外滩举行的这一活动，改在外滩源。这一活动地改变的信息直至12月30日，也就是新年倒计时的头一天才对外正式发布，但没有对“外滩”和“外滩源”的区别做特别重要提醒，也没有引起广大市民注意。当时，大量人群还是涌向了外滩。前面的人登上倒计时观景台后才发现，活动不在这里举行，于是立即返回。而那些后面来的不知情的人群，还在继续拼命往上挤，急于上和急于下的人流形成了激烈对抗。而当时大量警力已派往外滩源，外滩留下的警员很少，完全不足以控制如此复杂的场面。新年钟声即将响起，越来越激动的人群中（图1-5），终于有人体力不支，摔倒了，上下对抗的平衡终于被打破，人流无法自制地倾覆下来……

“外滩”和“外滩源”，不就一字之差吗？谁会料到一字之差背后竟暗藏重大危机？事到临头才发布的公文，如果强调了这一字之差……

1.1.5 湖南车道工程：概念误差，差之毫厘，失之千里

2010年，湖南顺天国际车道竣工剪彩，来宾们眼前赫然看到的是一条陡峭的新车道，异常震惊：“好陡！这能开车吗？”一位参与主设计的工程师事后在网上发布感想：

5月19日，当我看见顺天国际车道的第一感觉就是：“坡，好陡！”站到车道上，觉得很吃力，很注意脚下，怕一不小心就摔跤了。胡总告诉我们这个车道要重做，这就意味着这个车道要敲掉。这一敲，意味着我们又得花费人力、物力和财力。经事件追究后得知，原来是负责车道设计的工作人员将坡度和角度搞混淆了。一个是18°的角和一个是18%的坡（注：也可写成18°的坡度），两者相差很大。经过这次对顺天国际地下室入口车道的观测，我得到了以下经验和教训：

扎实对概念的理解。差之毫厘，失之千里。“坡度”和“角度”一字之差，做出来的东西就完全不同，这个车道就是典型的例子。我们设计人员对概念一定要非常熟悉，特别是对规范上的要求，要铭记在心。务必保持高度的责任心，对设计图纸严格把关。这次仅仅是一个车道，如果是建筑和结构上特别是强规上，要

① 上海市人民政府.上海公布“12.31”外滩拥挤踩踏事件的调查报告[EB/OL].(2016-01-07). www.xinhuanet.com/mil/2015-01/22/c_127408767.htm.

【图1-5】上海外滩跨年惨剧(因为通知上一个词的区别没有引起特别注意)：2014年12月31日晚（图片来源于东方网）

是出了什么事故，是要负法律责任的，所以我们必须对概念理解透彻。

重视实践与理论的结合。我们设计人员天天就窝在办公室里，坐在电脑前面搞设计，对工程中的细节、构件不是很了解，有些甚至没见过。对设计过程中出现的问题，常常凭着想象、上网查找、看图等方式来解决。由于不同工程之间有着独特性和差异性，所以，我们在做设计时，碰到不会的，不要笼统地套以前的图纸；有时间的话，要多去施工现场学习学习，增加我们自己的实际经验。

做到心中有尺。对自己做出来的东西要仔细检查。制图的过程很烦琐，难免会出现错误，这就要自己多多细心检查，发现错误及时改正。比如这次这个车道，标高和车道长度都知道了，自己再核算一下坡度就知道坡道陡了，超过了规范要求了，马上就可以改正。

通过这次失误，我们意识到很多做得不足的地方，要引以为戒，以后认真工作，细致做事。

角度是数学中的几何概念，指两条线所夹的角的大小；坡度是物理学概念，指高度与斜面之比，也叫坡比。不同学科的教师在各自的学科或者课程框架中教书，很少有机会对这两个貌似的概念进行比较，区分其不同点。扩大来看，各级各类学校设置的学科课程内部和相互之间的知识概念，也存在不少类似性，学生们实际上并没有完全或没有透彻理解和掌握这些知识（概念、原理等）。“没有完全，没有透彻”就意味着肤浅、有漏洞，包括对关键细节的忽视和误差，日积月累扩展放大，直到多年后就可能形成不可挽回的巨大消极后果。

把坡度18°标成了角度18°，两个概念的表述看似“毫厘之差”，实则本质迥异，结果使整个工程系统不可逆转地“失之千里”。可以推论，该制图技术人员在其他工程中也有标错坡度和角度的地方；还可以推论，有很多受过各种错误知识教育的人，日后工作难免错误连连、误差不断。终如泰坦尼克号那颗铆钉脱落，“岁月”号那个急转弯，“外滩源”那个被忽视的“源”字等，导致骇人听闻的重大失误！

曾在一次大学教师培训上讲精准教学问题，列举了这一概念误差导致全工程损毁的事实，当堂就有位副教授质疑：“也太夸张了吧，怎么可能有这样的事情发生?!”大多数学员立即用手机上网检索求证，但这位大学教师却坚持质疑，也坚持不查证。这种不求甚解且傲慢的态度，必当影响学生的学习态度与思维，为其今后的职业和人生埋下巨大的隐患。

1.1.6 时差1秒：政治经济文化的嬗变

到2012年止，127年来全世界一直通用英国“格林尼治标准时间”（GMT），也称“世界时”（UT）。因其以地球围绕太阳公转为参照系，故受地球旋转逐渐变慢的影响，时间误差会逐年变大。原子时（TAI）是近年来新使用的时间标准，其以铯原子的电子能级跃迁周期9 192 631 770倍来定义1秒，1 000万年仅误差1秒。当“世界时”和“原子时”（图1-6）误差到1秒时，全世界就会共同用“闰秒”来修正，此称为世界协调时（UTC）。进入21世纪，许多国家都建议统一时间标准，但是究竟采用哪个时间标准，却引发了不断争议。直到2012年1月16日在瑞士世界无线电全会上，要由23个主要国家投票来决定。

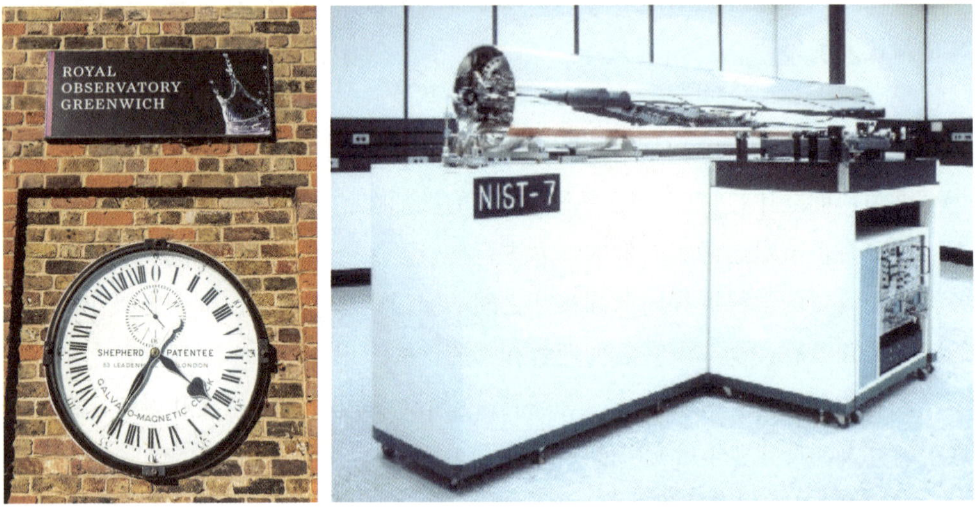

【图1-6】格林尼治标准时间（GMT，左）和原子时间（TAI，右）相差1秒，足以引发全球巨大的政治、经济、文化的蝴蝶效应

两个时间标准，运转多年后才有微不足道的1秒之差，为何会引发国际如此大动干戈？美国力主改用原子时，因为他们在全球推行的“GPS”时间体系都依赖美国军方的原子时；中国坚决捍卫世界时，因为改用时间标准意味着要修改原来从美国购进的大量正版软件和设备计时系统，而且还要废弃为“闰秒”而设置的很多机构、职业与设施等，是一笔不小的经济损失；英国强烈反对原子时，认为废除格林尼治标准时间是对自己文化传统和尊严的严重打击；法国坚决支持原子时，以报1884年之“仇”，因为当时法国力推“法国标准时间”，而胜者是英国；日本多次申请使用原子时，抱怨“闰秒”给国内很多高新部门造成了困扰。

对于普通人来说，一旦改用原子时，就如一位科学家所比喻的，“人遵循的时间脱离了地球自转，就像是我们的双脚不再站在大地上”，意味着原来相互协调的物理时间、生物时间、心理时间和社会时间都将发生错位，传统观念中的“正午”就可能不再是太阳当头而是披星戴月了。虽然这一天的到来需要1 800 × 1 000万年。

时间标准这1秒的精度改变，引发的是世界各国政治、经济、文化、心理与行为的嬗变这一巨大的、奇异的蝴蝶效应和系统动荡。

1.1.7 人生《蝴蝶效应》：魔鬼藏在细节里

制造、工程、时间的细小误差会导致系统紊乱，尚可以直观或修复；而一个人生命过程中的那些细小的、关键环节的失误，随着年龄增长不断放大，却永远不可逆转（图1–7）。

埃文少年时期参加一次聚会，偶然窥见同学凯莉（后为女友）被她父亲强暴的一幕。凯莉成人后堕落自杀，埃文深陷心理困境，用日记留下了那些难以磨灭的记忆。他不断往来于过去和现实之间，试图修改过去，扭转凯莉的命运，但无论如何都不能成功。这就是美国系列心理科幻惊悚影片《蝴蝶效应》（*The Butterfly Effect*，2004—2009年，共4集）的故事主线。

最初始的那次偶然遭遇，却成为人生历次选择的推手。作者为此设计了四个可能结局，选择其中一种可能，都会改变系统的命运：（1）埃文回到出生当初，看到母亲即将产下自己，便双手掐住脐带，结束了自己刚要开始的生命；（2）埃文工作后偶遇凯莉，但是两人没有相认；（3）埃文返身去追凯莉；（4）两人相认。影片情节交错混乱，有评论认为这就是生活本身的复杂性与可能性的真实写照：“我们每个人，无论是有意还是无意，都会幻想自己能够改变过去”，“或者希望过另一种生活、成为另一个人”，“它踩中了我心中最柔软的那个角落，踩中了所有人都想回到过去、改变历史、让一切变好的愿望”。但是，所有一切都从最初的那个细节起，无法再回头了。导演麦卡·格鲁勃确认“这部电影反映的就是这种想法”。这也正应了西方一句谚语“魔鬼藏在细节里”。结局早就藏在早期某个细节里，不可能回去修正。

同理，一切与人自身发展进程相关的所有活动细节、关键细节，当然包括对今天的人们影响最大的学校教育教学及教师的行为细节，也都蕴藏或预示了你的命运，过去、今天或未来。魔鬼就藏在细节里。

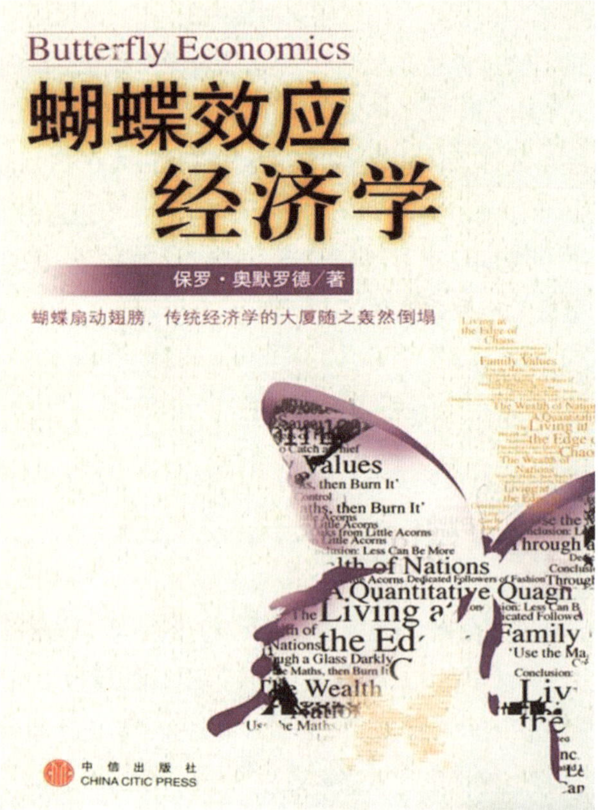

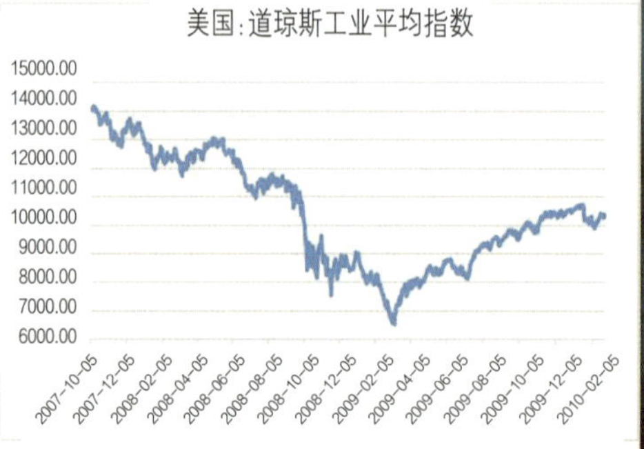

2008年美国次贷危机，引发全球经济危机；美国道琼斯工业股价平均指数

美国影片《蝴蝶效应》：初始细节影响终身

【图1-7】蝴蝶效应的普遍性

1.1.8 结论：细节决定系统

还有更多事实说明，细节失误导致的蝴蝶效应无处不在。诸如美国“挑战者号”失事，调查结果是某个阀门的胶圈受到冰冻而收缩，影响密封导致的；美国2008年的次贷危机，不过是美国金融制度漏洞的撕裂；2011年中国温州高速铁路列车出轨惨剧，由一个指向信号误差所导致；近年频频报道的桥梁断裂、大楼垮塌、路面塌陷、动车相撞等骇人听闻事件，都是由一个个误差点引发的；等等（图1-8）。

事后考察原因有种种，条件、材料、零件、技术、施工、管理等，但所有这些误差背后的误差，都必然是出自当事人头脑中的某个想法、观念、知识、概念、方法等的错位。宇宙万物万事均彼此联系，均按照它客观本有的规律、定律、秩序运行，而人脑中的所有产物一旦脱离这个互联轨道，特别是关键细节脱轨，就必然会演变为系统崩溃。

1986年1月28日，美国“挑战者”号飞船因一个参数误差，升空瞬间爆炸，七位宇航员殉职

2009年，合肥市一路面塌陷，是工程材料、施工、管理等严重问题的聚焦点
（图片来源于中国新闻网）

2011年，一个不当信号导致中国温州高铁追尾，并引发整个高铁产业链的强烈震荡
（图片来源于新浪网）

【图1-8】更多细节失误与系统崩溃案例

反之，也有很多生动的正向案例，证明细节决定系统的成功。例如，服装行业的品牌竞争，其实都是深谙细节决定系统生存之道的。优质品牌服装的优势，着力点都在服饰线迹、扣眼、锁边等这些微小细节上的精益求精。同时，服饰的这些细节，也成为观察着装者人格特质的一个重要视点（图1-9）。

这套品牌男装的着力点：
里衬和背心的纽扣

【图1-9】细节决定系统：
服饰品牌的着力点，观察人格特质的视点
（图片来源于pixabay）

欧洲古典女性品牌服饰的关键着力点：腰线

“个人的形象，不仅仅是由大节构成的，每一个小小的细节都展示给观察者一个无限的想象空间，它们在无声地揭露你的现状”[①]，包括你成长的背景、教养、家庭和所有可能性。有位银行经理在博文中评说自己手下的一位数据分析员：“他无可挑剔的穿戴和让人愉快的气味，让我认为他是个有格调的男人”；而评价另一位助理员：“在一星期的四天内都穿着一件衬衣，以至于到了夏天，他所发出的气味使得别人都无法走近他”，“健全人是不会这样懒惰和糟蹋自己的”。于是他重用前者，用“合理”借口开除了后者。

“蝴蝶效应”虽然多被用在了解释消极现象上，但它却是中性定律。蝴蝶效应提示的是：细节，包括不容易被注意的细节，才是左右整个系统存在与发展，或失败与成功的“魔鬼”。这也是TVS哲学，即视点结构教学哲学之“细节系统律”最为恰切而通俗的解释。

1.2 动态联系——渐变与突变

细节决定系统，且细节变化决定系统命运。细节变化是如何影响整个系统变更的呢？

1.2.1 积累与临界点

掉一根头发，没关系；再掉一根，也不必忧虑……长此以往，有一天你会突然发现自己变成了秃头，这就是哲学上的“秃头原理”。一匹骏马身上有一根稻草，它不会有丝毫感觉；再添加一根，还是感觉不到……一根一根继续添加下去，最后一根轻飘飘的稻草放上去，马竟然会突然感觉不堪重负，瘫倒在地，这就是社会学中的“稻草原理”。高大的雪山顶上飘落一片雪花，巨型沙堆上增添一粒沙子，于雪山于沙堆都毫发无损，继续一片片雪花、一粒粒沙子添加下去，当最后那片或那粒微不足道的雪花或沙粒添加上去，雪山或沙堆就会轰然崩塌，这就是地质学中的“雪崩原理”或“沙崩原理”（图1-10）。

那每一根头发，每一根稻草，每一片雪花，每一颗沙粒等，细小得微不足道，积累起来却是推倒整个系统的巨大力量；那最后一根头发，最后一根稻草，最后一片雪花，最后一颗沙粒，细小得微不足道，但它看上去就是压垮整个系统的最直接原因。类推，一个知识错误，一次教学和学习误差，似乎无关紧要，但一个个、一

① 英格丽·张.你的形象价值百万[M].北京：中国青年出版社，2005.

再添加一粒沙，积累起来的整个沙堆就会瞬间崩盘（图片来源于pixabay）

2010年，巴基斯坦雪崩，139人被掩埋（图片来源于网易新闻）

【图1-10】沙崩、雪崩等，都是细节渐变引起的系统突变次次积累下去，最后必将导致全系统不可逆转的蝴蝶效应。想得通想不通，这都是不争的事实，是深藏于自然，辐射人类社会，左右着学校教育教学成败的普遍定律。

1.2.2 多米诺效应：细节内能的转化与放大

多米诺骨牌（Domino），一种用木头、骨头或塑料制成的长方形硬牌游戏玩具。玩法是：将每一张骨牌按一定间距排列起来，再给一个恰当的微力碰倒第一张，第二张、第三张……其余骨牌就会依次倒下。这种游戏，源自中国宋徽宗宣和二年（公元1120年），民间称“骨牌”“牌九”“牙牌”（当时多用动物牙骨做成），宋高宗时传入宫中并迅速盛行全国。1849年，意大利传教士多米诺把骨牌带回米兰送给小女儿，后命名为多米诺骨牌，并逐渐发展成为欧洲人的一项高雅运动。19世纪，多米诺骨牌已成为非奥项目中知名度最高、参加人数最多、扩展地域最广的世界性体育运动和智力运动（图1-11）。

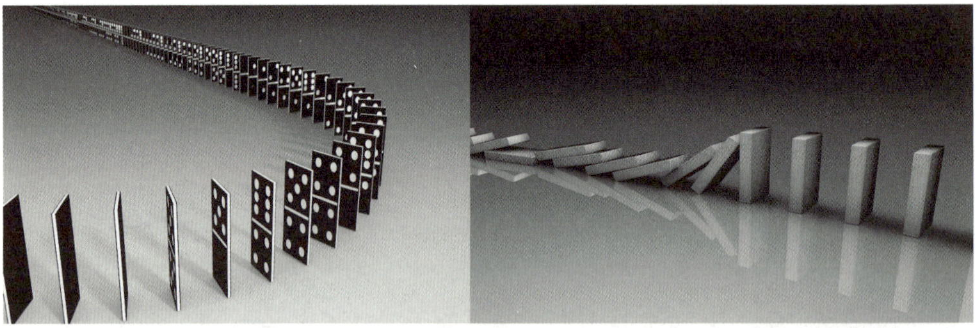

【图1-11】连接点的力量：多米诺骨牌效应

（按照力学原理把单元骨牌相互精准地联系起来，由第一张骨牌被推倒产生的初始能量，逐渐放大转化产生系统连锁反应　图片来源于pixabay）

英国数学家、哲学家怀特海研制了一组13张由小到大的骨牌，第一张长9.53mm，宽4.76mm，厚1.19mm，不如小手指甲大。以后每张扩大1.5倍，第13张长61mm，宽30.5mm，厚7.6mm，如一张厚厚的扑克牌。按设定间距排列好，轻轻推倒第一张……当第13张骨牌倒下时，所释放的能量能整整扩大20多亿倍！如果按此方法制作32张骨牌，第32张将高达415m，比纽约帝国大厦还要高，这时，如果对第一张不如小手指甲大的骨牌以一指给予初始推力，就会使这座摩天大厦轰然倒塌！[①]

① 王健.先者生存：优势富集效应[M].上海：复旦大学出版社，2017：38-39.

2000年12月31日，20世纪的最后几分钟，中国、日本和韩国的62名青年学生一指成功推倒340多万张骨牌，打破此前由荷兰人保持的297万张的世界纪录，场面华丽多彩，蔚为壮观（图1-12）。

2000年，荷兰297万张多米诺骨牌

2000年，中日韩大学生联合以340多万张多米诺骨牌打破世界纪录

【图1-12】科学（力学、数学）与艺术完美结合的多米诺骨牌效应

（图片来源于中新网）

多米诺骨牌也是绝好的科学、思维、技术、艺术等多维一体的教育教学方式和工具（图1–13）。其依据骨牌之间“点→点”相互联系与运动的原理和操作来实现。关键点有二：（1）摆牌。按照数学和力学原理通过骨牌与骨牌的“点↔点”相互接触的细节，建立骨牌之间最精确的空间结构关系；同时，按照美学原理来构成有欣赏价值的图案。充分体现了多米诺骨牌的精湛科学思维、美学构思与行为技艺的统一。（2）推牌。按照物理力学原理给予第一张牌大小、角度、着力点等都适当的初始力，使骨牌一一连锁式倒下，产生相互作用和运动。骨牌竖着时重心较高，倒下时重心下降，重力势能就转化为了动能。每张牌依次倒下时，能量在相互作用中传递、转化、放大。骨牌能量一张比一张大，速度一张比一张快，最终形成排山倒海之势！是为“牵一发而动千军”、细节推动系统的最直观和经典的蝴蝶效应案例！

多米诺骨牌内部细节结构与运动的聚能效应，也类似原子弹爆炸原理。只是原子的细节更精微千万倍，而释放出来的能量更巨大，巨大到亿万倍而已！一次，南京理工大学骨牌俱乐部的同学们用整整一天时间摆放骨牌阵，快完成时有位同学不小心碰倒了一张牌，瞬间数千张骨牌倒下，前功尽弃。另一次，13个班级的300多名同学，从早晨6点一直到晚上7点才摆完，他们感慨说“连起来的骨牌引线形似长城”，意味着“多米诺骨牌精神就是长城精神的一种体现，永不放弃”！所谓“引线”，就是骨牌（点）间的相互联系（结构）及内生的能量。

最早的多米诺骨牌玩法只是单线，后来向多线、平面、图案、文字、立体等发展，现在应用高科技智能化手段，配以声、光、电效果等，使多米诺骨牌的布局更宏大，排列细节更讲究，动力传递形式更丰富，构图更绚烂，加之骨牌撞击时的清脆悦耳的乐音效果，大大增强了其艺术观赏性，展现了力学与美学精微结合而产生的巨大物质能量、精神能量乃至教学能量。即便如此，无论摆牌还是推牌，也都还是在科学原理和美学原理指导下，进行长期手脑修炼，形成精细高超技艺的结果。因此，这是科学问题、美学和艺术问题，也是一个坚韧的意志与高超的技术行为训练过程；是动手、动脑、体力、精力、智力、想象力、创造力等集于一体的活动；是考验细心、耐心、专注、坚守、信念的活动；是以成就感、幸福感、集体主义荣誉感等战胜辛劳、疲劳、枯燥的，永无止境的进取与创新运动。

深谙其理，就可以进一步理解TVS哲学的一大要义，能从细节入手，逐步转化、放大、构建一种“玩中学”的，集科学精神与审美精神于一体的新型学校TVS教学与学习模式。

重庆市巴蜀幼儿园选修教学活动——多米诺骨牌

【图1-13】重庆市巴蜀幼儿园在第四届全国美育大会（2019.10）上的“奇妙的多米诺骨牌”现场教学活动

1.2.3 结论：细节渐变，系统突变

秃头效应、稻草效应、雪崩沙崩效应、多米诺骨牌效应，乃至火山地震爆发、航天飞机爆炸、股市楼市暴跌、政治哗变、家庭解体、癌细胞转移等，都是蝴蝶效应的实证，共同揭示了系统中各个细节互动联系，以至于细节决定系统，或细节渐变、系统突变的科学定律。

马克思主义哲学中的“质量互变规律”，其实也就是细节渐变、系统突变之交替循环的定律。“量变是一种不显著的、非本质的变化，是事物在数量上的增加或减少。质变是一种显著的、根本的变化，是事物由一种质的形态向另一种质的形态的突变、飞跃。任何事物的发展总是由不显著的、非根本的量变转化为显著的、根本的质变，旧质转化为新质，又在新质的基础上发生新的量变。”[①] 突变论（catastrophe theory）认为：“现实世界存在两类基本形式的变化方式。一类是连续的、渐近的、光滑的、定量的变化，如行星围绕太阳转、儿童身高变化等……另一类是不连续的、突发的、非光滑的，定性的变化。”[②]量变和质变，定量的变和定性的变，就是硬币不可分割的同一进程的两个面，量变是过程细节渐变的积累，质变是过程细节渐变积累到一定程度突变的结果。因此所谓渐变，只因为那些细小的变化，如同头发、稻草、雪花、沙粒等那样细小得微不足道的变化，一时感觉不出来，但并不意味着它们仅在量变而没有质变。而突变也并不意味着只有质变，与量变无关。渐变与突变两者的区别，并非平行或先后关系，而是同一进程速度、程度、强度的错差。当渐变速度、程度、强度突然加快、加深，进而达到不可逆转的极致时，就会发生质的突变。

学校课程与教学，同样遵循“细节决定系统”这一定律。那些教学中偶然出现的、屡屡出现的、无人察觉和纠正的知识误差、行为误差、价值观念误差，甚至一个口误或一个不当的表情，经岁月放大都会逐渐使人的发展偏离身心健全和谐演进的轨道，终与理想的教育教学目标背道而驰。

1.3 如何联系——物理学的回答

细节决定系统，也意味着可以通过细节这个微点透视系统。这时，细节就是视点，系统就是细节之间的联系或结构。

---

① 辞海编辑委员会.辞海·哲学分册[M].上海辞书出版社，1980：80.

② 许国志.系统科学大辞典[M].昆明：云南科技出版社，1994：498.

从小学“自然”课就接触到物理知识，历经初中、高中、大学，乃至工作后业余喜好阅读物理学书籍，某天才突然领悟，的确“物理学是过去所称的自然哲学在今天的等当物”，而“现代科学的大部分来自自然哲学。由于物理学在一切自然现象中所起的基础性作用，许多领域内的学生都发现自己在学习物理学”①。物理学尤其是力学规律，具有解释宇宙万物，包括自然世界、人类社会与心理等最基本联系及其联系方式的普适性价值。

物理学用严谨的实验、数学工具、定律和理论，对普遍联系是如何建立的，给出了最精要的回答。其核心概念是“实体”与“场”。如果将“实体”（实物、物体）看成“点”（物质点），那么“场”就是点与点之间的关系，包括空间相互联系及动态相互作用，这也就是时空结构。这个宇宙世界中存在的所有事物，当然也包括人类认知与认知成果，包括传授知识的学校课程与教学等，也无一不有这样的“点↔点”结构特征和相互作用场。

1.3.1 实体“点”：分子、原子、元素、粒子、夸克

实体，也叫实体物或实物、物体、物质、质点，指集中在某一空间，有比较确定的界面或占位的质量。肉眼看，天空日月云彩、花鸟鱼虫禽兽、山河湖泊海洋、植物动物人、楼台街道建筑、家具用品服饰、一针一线一纽扣；无机物、有机物、天然物、人造物；等等，百怪千奇、多姿多彩、难以计数。用射电望远镜看，那是宏观宇宙时空，有行星、太阳系、银河系、河外星系等，宏大深邃，浩荡迂回，秩序严整；用显微镜或电子显微镜看，那是微观世界，有分子、原子、元素、粒子；质子、中子、电子、夸克；聚集分子观看，又分为固态、液态、气态等三大基本结构形态，还有交织生成的液晶态、超固态、等离子态、超流态、玻色–爱因斯坦凝聚态等，更是精致细腻，极微至广，风情万种（图1–14）。

总之，整个宏观宇宙世界是由最微观的实体，核子、电子、原子、分子……按照某种秩序或规律层层组织建构起来的种种性质不同、形态各异的大千物质世界（图1–14、图1–15、图1–16）。

所有宏观微观大大小小的物质实体，可概称为“质点”，即可“用一个有质量的点”来定义所有实物，简称为“点”；所有的相互联系，可以概称为“点↔点”模式。

① R. P. 费曼.费曼讲物理·入门[M]秦克诚，译.长沙：湖南科学技术出版社，2004.

（图片来源于dreamstime）

【图1-14】我国科学家走在世界前列：
用超高分辨率显微镜系统首次拍摄到的水分子内部“点↔点”结构（2014）

物质实体种类
- **物体：** 各种分子构成的中观与宏观物质体
- **分子：** 各种原子构成
- **原子：** 原子核（质子、中子）与核外电子构成
- **元素：** 核电荷数相同的一类原子
- **粒子**
  - 核内质子
  - 核内中子
  - 核外电子
  - 夸克（构成质子和中子的粒子）

【图1-15】从粒子到物体：实物种类与结构层次（1）

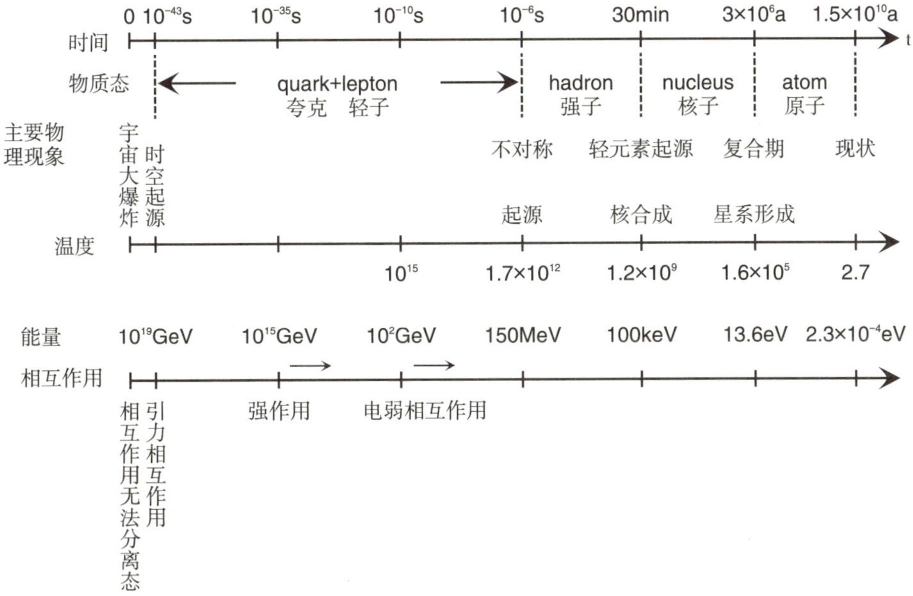

【图1-16】粒子的种类与层次：实物种类与结构层次（2）①

1.3.2 “点↔点”相互作用

宇宙世界中所有大大小小的“点”之间都有相互联系、相互作用或互动，层层交织成一个复杂而有序的相互作用的时空大系统。相对静态的联系以“点—点”模式表示，绝对动态的联系（相互作用或互动）以“点↔点”模式表示。实际上，所有“点—点”结构，都不是静止僵化、固定不变的，都是以不同方式相互作用或相对运动而交织互动存在的。因此“点”与“点”之间的相互关系，都应该统一地表示为“点↔点”结构。

牛顿在《自然哲学的数学原理》（1680）中，将物体（质点）之间的“相互作用”概括为“力”。这种“相互作用力”，也称为“万有引力”。即“说的是两个物体彼此施加一种力，其大小同两个物体间距离的平方成反比，并且同两者质量的乘积成正比……这条伟大的定律用以下的公式写出来：$F = G\frac{mm'}{r^2}$”②。300多年后的今天，“相互作用”这个概念已普遍应用到自然科学、社会科学和人文科学的几乎所有领域。换句话说，宇宙世界中大小物体（点）之间的所有关系，都被概括为“相互作用”的动态结构“点↔点”了。“20世纪以来，科学界最关心的一个

① 邓昭镜.物理学中的辩证法[M].重庆：西南师范大学出版社，2001：127.

② R. P. 费曼.物理定律的本性[M].关洪，译.长沙：湖南科学技术出版社，2005：2.

名词恐怕就是‘相互作用’（interaction）”，例如“全球关注的环境问题不外乎就是人类和环境之间的相互作用。在研究气候变化时，主要考虑海洋和大气之间、海洋和陆面的相互作用……当地震发生时，人们自然关注天文因子的影响，形成‘天文地球动力学’的前沿课题，研究天文—地球之间的相互作用”[①]。自然与自然的关系，人与自然、人与社会和人与人间的关系，以及所有民族文化、宗教、艺术的构成关系等，都是大小系统中基本要素（点）之间的相互作用（结构）以及作用力的效果。“事物之间的相互作用，说明相互联系的事物不是单方面的影响，而是相互影响、相互制约和相互依存的。”[②]相互作用，也简称“互动”，这是现当代学校教学理论和实践中的常用词或概念。

美国物理学家、量子力学家、诺贝尔奖得主费曼（R. P. Feynman，1918—1988）有句精辟的名言：“如果在某次大灾难中，所有的科学知识都将被毁灭，只有一句话能够传给下一代人，那么，怎样的说法能够以最少的词汇包含更多的信息呢？我相信那就是原子假说”，“即万物都由原子构成”[③]。原子（atom）由原子核和核外电子组成。原子核（atomic nucleus）带正电，由中子和质子构成，位于原子中央，非常渺小，约占整个原子体积的几千万亿分之一，却集中了原子质量的99.95%以上。核外电子质量极小，带负电（现已发现还有正电子），围绕原子核在核外空间做有规律的高速运动。核内带正电荷的质子和核外带负电荷的电子相互作用、相互吸引，组成中性的原子；核外电子与其他原子的电子和质子相互作用、相互排斥或产生离心力。原子内外的小粒子之间的相互作用，形成或相互吸引或相互排斥的不停息的运动，与宇宙万物的运动同构。这就是宇宙万物最基础的“点↔点”结构（联系或互动联系）方式。这些粒子的运动产生和发射出亦如粒子一样一份一份的能量，这就是“能量子”或“量子”。

“点↔点”相互作用或互动产生能量，这是对能量源最富有创意的解释。历代科学家们根据实验事实，想象并绘制出了各种原子内部的粒子结构及相互作用和运动的模型。最具代表性的是道尔顿模型（1803）、卢瑟福模型（1911）和玻尔模型（1913）（图1-17）。尼尔斯·玻尔（Niels Bohr，1885—1962）在卢瑟福模型的基础上补充提出的电子在核外的量子化运动轨道，解释了原子结构的稳定性与不确定性关系、物体内部的能量生成问题、微观世界的“点↔点”相互作用与运动问题，乃至其对整个宇宙微观、中观和宏观世界生存与发展的意义。

① 刘式达，等.自然科学中的混沌和分形[M].北京：北京大学出版社，2003：5.

② 刘式达，等.自然科学中的混沌和分形[M].北京：北京大学出版社，2003：5.

③ R. P. 费曼.费曼讲物理·入门[M]秦克诚，译.长沙：湖南科学技术出版社，2004：4.

道尔顿原子模型（1803）：
一个坚硬的不可再分的实心小球

卢瑟福原子结构模型（1911）：
核外电子绕核旋转

玻尔（量子力学代表人物）原子模型（1913）：
核外电子绕核旋转，进行轨道层级跃迁，并释放能量——被称为“核外的量子化运动轨道”

【图1-17】史上最经典的原子模型

后两个模型有别，但其基本结构样态都与宏观宇宙或太阳系、或银河系、或星云结构图像惊人相似。“乍一看就像是个太阳系，高速转动的电子围绕着中央极小的原子核运行”①，“就好像行星环绕太阳运行一样”②，或者整个银河系围绕银核旋转，整个宇宙围绕奇点（或者黑洞）旋转（图1-18）。而“量子”和“量子化轨道”，更透彻地揭示了整个宇宙宏观和微观事物构成及相互作用的最基本的“点↔点”结构与互动模型。

【图1-18】微观原子【如图1-17所示】与宏观太阳系、银河系、全宇宙星系、星云等几乎相同的结构与运动模型：都围绕一个核心点，“点↔点”相互作用，形成结构或运动场——微观宏观“点↔点”同构

（图片来源于pixabay）

① 迈特·特维德.基本元素——原子、夸克与元素周期表[M].贺俊杰，王昉，译.长沙：湖南科学技术出版社，2012：6.

② 阿尔伯特·爱因斯坦.相对论[M].易洪波，李智谋，编译.重庆：重庆出版社，2009：65.

今天科学家们已普遍认同从宏观宇宙到微观世界，大大小小物体之间都存在相互作用，而任何物质的运动、变化和能量，都来自物体之间各种各样的互动或相互作用（力），或者说是“万有引力”，包括“万有斥力”。“现代科学是精确地按照引力定律发现的同一传统建立起来的”，“引力定律被称为‘人类头脑所能达到的最伟大的推广’，而你们已经从我的介绍里猜想得到，比起能够遵从像这条引力定律那样优美而简单的定律的奇妙的自然界来说”，“我们主要集中讨论的不是我们有多么聪明去发现它，而是自然界有多么聪明去设置这样一条定律”①。无论宏观、中观还是微观，无论有机还是无机，概莫能外。“点↔点”相互作用的运动或结构方式，规定了宇宙万物万事万象之间最为共同的基本的生成、运动与发展模式！只是万事万物各自构成“点”的性质和内外构成细节不同，且相互作用在遵循基本模式中，又各有不同变式而已。

1.3.3 键：相互作用触及点

所有的力或相互作用（点↔点），都有大小、方向、作用点三个基本要素。而作用点，是物体相互作用的触及点或着力点，也称“键”（key），如同原子与原子通过核外电子及相互作用建构成分子的“化合键”，或日常所言的事物或事件发生与变化的“关键”。实验和日常经验表明，力的大小和方向这两个要素，都与作用点或“点↔点”的接触方式紧密相关（如图1–19）。

人用杠杆撬起地球（*C*）的作用点

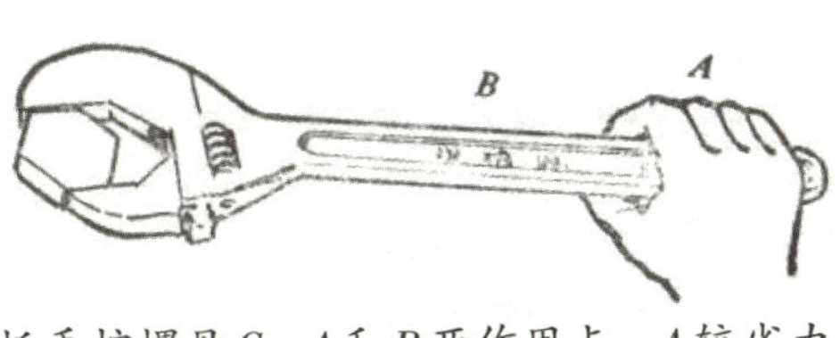

扳手拧螺母*C*，*A*和*B*两作用点，*A*较省力（图片来源于《初中物理演示实验》，人民教育出版社，2003年）

网球拍与网球的相互作用点（图片来源于pixabay）

【图1–19】力的作用点（可视与不可视），就是物体相互作用或连接的“键”

① R. P. 费曼.物理定律的本性[M].关洪，译.长沙：湖南科学技术出版社，2005：2.

机械物体的相互连接、相互作用点，与化学分子的相互连接键一样，也可称“键”。有连接零件使之成为整部机器的各种机械键；开关房门的门闩或锁键；计算机操作和控制信息的键盘上的键，及所对应的内部软件系统的程序键；手指弹压使之发声的琴键等（图1-20）。没有这些“键”，零部件便不能连接成有机整体，或不能运行或实现其功能。所以“键”，通常就是一个系统建构和运行的“关键”所在。

机械键：平键

半圆键

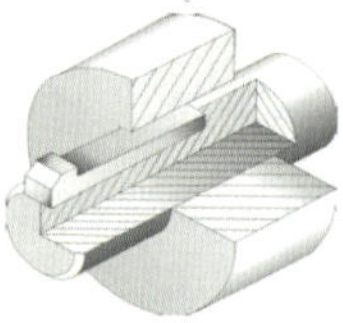

切向键及其组成的契键

花键

古代门闩:关键

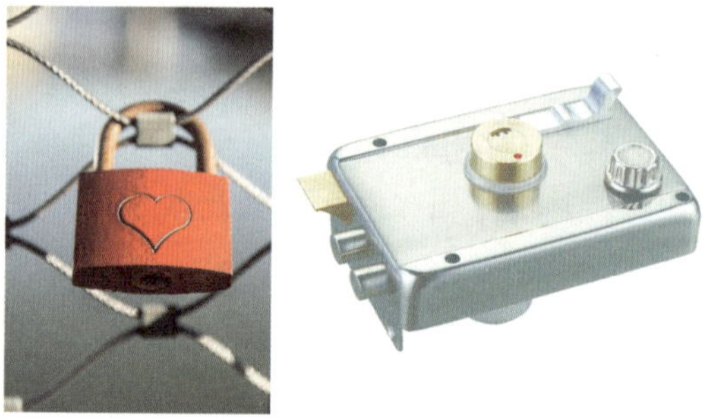

现代门锁：关键

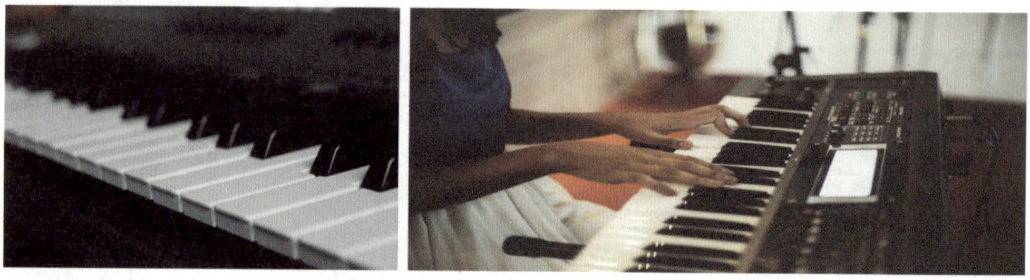

琴键

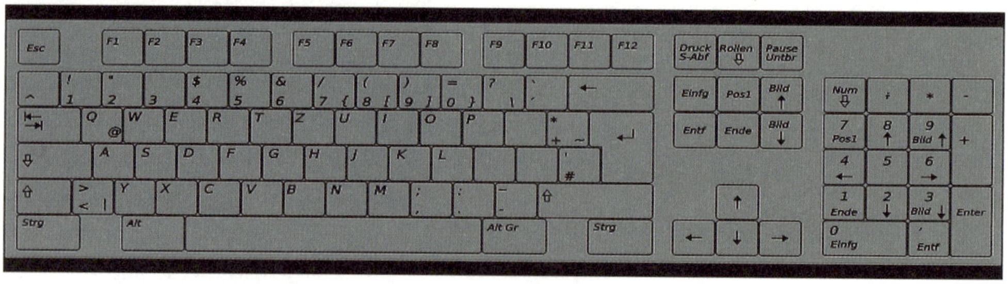

电脑键和键盘

【图1-20】键：各种物体连接或相互作用点——机械键、门锁键、琴键、键盘物体之间相互作用的“键”，有可见的，更多则是肉眼不能直观的，如前所述微观世界粒子间更精细连接的化学键（chemical bond）。“一切物质由原子构成”，而那将一个个粒子或原子紧密或强力结合起来（分子）而不松散的功劳，归于化学键。有一个很形象的概念，称为“键合”。故化学键被定义为使分子或晶体内相邻原子（或离子）键相结合的强烈的相互作用①（图1-22）。当年听老师讲这个知识的时候，觉得好抽象，如今理解深透了。闭眼想象一下，其实很形象。科学家们通过实验和想象构建了原子结构模型（图1-17），也建构了由原子“键合”构成的各种精确而生动的分子结构模型（图1-21），以及在超高分辨率显微镜下拍出的水分子结构图与化学键（图1-14）；瑞士IBM公司科学家首次用原子力显微镜拍下的石墨烯分子及化学键照片（图1-22），竟然与想象的模型差不了多少。有网友在“为IBM公司科学家感到高兴”的同时，也感叹“这么重大的新闻在国内还不如某女星故意露一下蕾丝的关注率”，“点击率如此之低”，侧面反映的是我们科学教育和教学的不力。

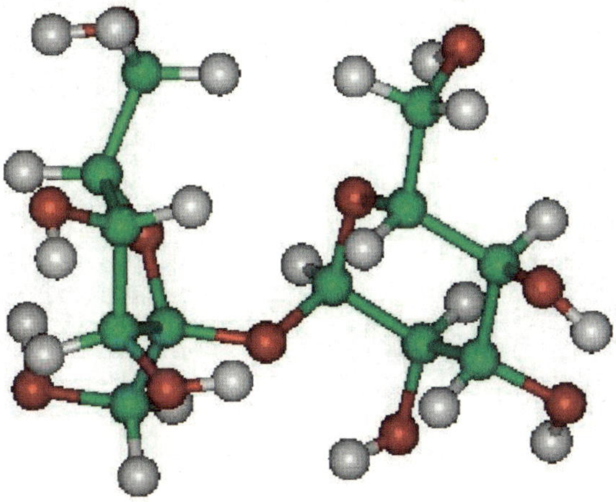

【图1-21】分子结构：原子间连接的化学键（“点↔点”的触及或连接部位）
[图片来源于人教版高一《化学》（二）教材]

化学键种类繁多，其键长和键能大小亦不相同。“强化学键”有共价键、离子键、金属键；“弱化学键”主要有氢键等。粒子键合力越强，键能越大，所形成的分子结构和物质性质就越稳定。

本书系《TVS：视点结构教学》之第二部TVS《课程逻辑》中关于“学校知识

① 《化学》(高一)[M]. 北京：人民教育出版社，2011.

系统的TVS构型”，将进一步从TVS认识论和教学认知角度，借助各学科知识点和相关知识点连接的基本原理、方式与功能等，来说明学科知识点尤其概念视点的关键词，是如何与其他相关知识点及关键词相互作用、相互“键合”，而构成知识系统网络，产生认知、教学和学习效应的。

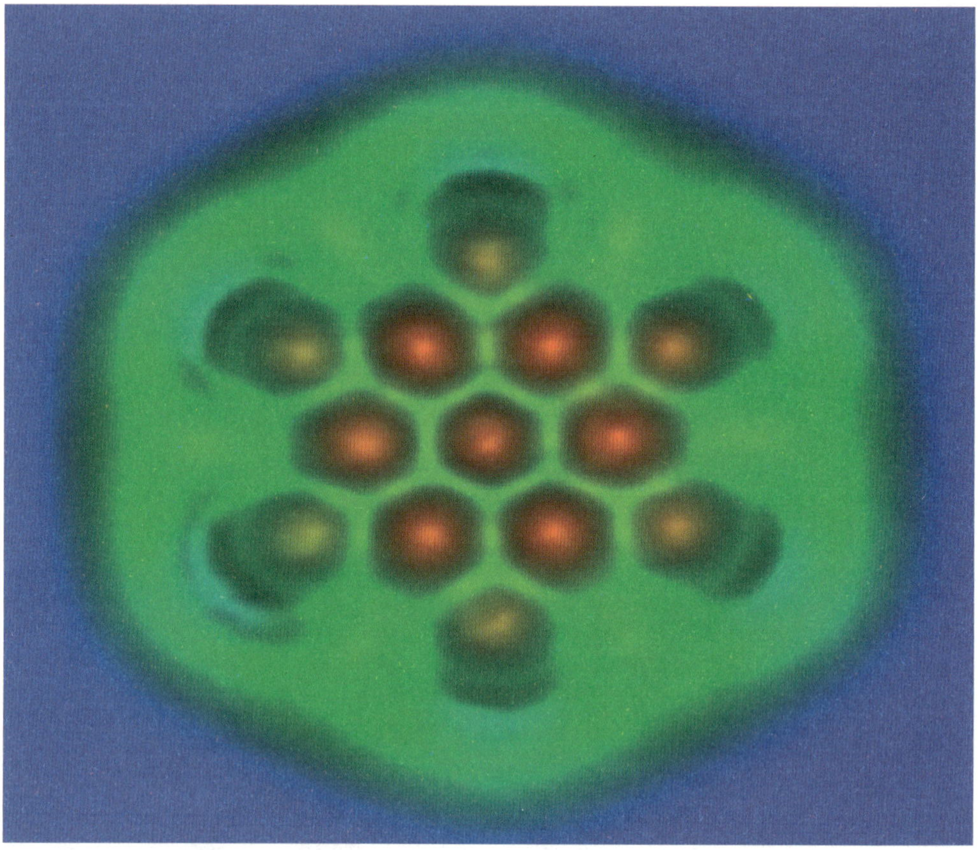

瑞士研究者用原子力显微镜拍摄的石墨烯六边形的结构单元，
每个边代表了连接两个碳原子的化学键①

【图1-22】化学键：C原子（元素）构成的碳分子结构

① http://tech.qq.com/a/20120917/000016.htm。于2012年9月14日发表在《科学》杂志上的这项研究结论对于进一步研究石墨烯装置有着重大意义，而石墨烯有可能被用于取代微芯片这样的现存技术。这些发现也有可能帮助科学家追踪化学反应期间电子的路径。IBM公司科学家利奥-格罗斯在一份书面声明中说道：“我们发现了两种不同的对比结构用于区分化学键。第一种对比是根据化学键上测量力的微小差异做出的，第二种对比真的给我们带来了一个惊喜：在原子力显微镜的测量下化学键似乎拥有不同的长度。通过计算我们发现一氧化碳分子在顶端的倾斜是由于这种差异造成的。”这张彩色照片展示了原子化学键的长度以及电子的密度，较暗的点代表的是分子最密集的部分。再配合长度和密度，科学家们能够确定化学键的类型以及分子内发生了什么样的化学反应。

1.3.4 场：相互作用线与域

“场”是一种空间，但不是“空”无一物。恰恰相反，它是很多事物，很多点相互连接、相互作用发生和变化的场地。有些“场”我们肉眼可见，如足球场、广场、会场、天空等；有些“场”我们肉眼不可见，包括粒子相互作用场和大量正在相互作用的事件或人际关系等。后者常被认为是“空”的。

“点↔点”就是这种在“场”内发生的事物或质点间相互作用的基本模型。同理，这种在场内发生的“点↔点”相互作用，有些肉眼可直观，如在球场中的传球，但绝大多数都看不见摸不着，如原子、粒子或量子，它们密布在宏观或微观空间，时时存在，或具有高度“可入性”（如电子运动）。这种“点↔点”相互作用编织起来的一个无形的“网”或“网络”，就被科学家形象地称为“场”，典型的如电磁力场（图1–23）、万有引力场（图1–24）和爱因斯坦引力场（图1–25）。至今无人眼见万有引力，但它就是将世界上所有事物吸引到了各自固定轨道上运转；无人眼见电磁场，但它就是原子核外电子运动的场地。它还可以带上信息，穿山过海，飞檐走壁，传送到世界每个角落，进入千家万户，投落在每台收音机、电视机、电脑、手机、GPS、感应器的屏幕上。它们是笼罩着宇宙和我们日常生活的巨大的场，无孔不入的“隐身人”！

“自物理学诞生以来”，研究者不仅“试图将千姿百态的物质还原成少数基本的成分”，而且在肉眼看不见的或“在看似无关的现象中寻找共同的规律”。

现代物理学确定宇宙自然存在四种基本力。除万有引力（gravitation）、电磁力（electromagnetic force）外，还有将微观粒子拉拢成原子的强核力（strong nuclear force）和弱核力（weak nuclear force）。这四大力形成的相互作用或“点↔点”基本结构和相互作用“场”，统整着整个宇宙万物的运动。

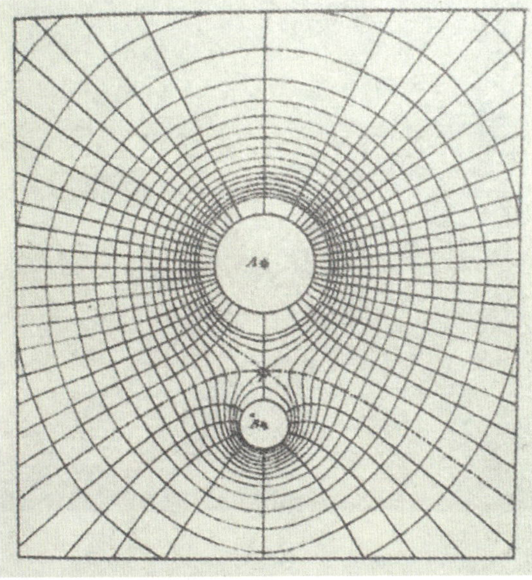

电磁场模型（麦克斯韦）

【图1–23】电磁波和万有引力：肉眼看不见却充满宇宙空间的相互作用场（网）

（图片来源于pixabay）

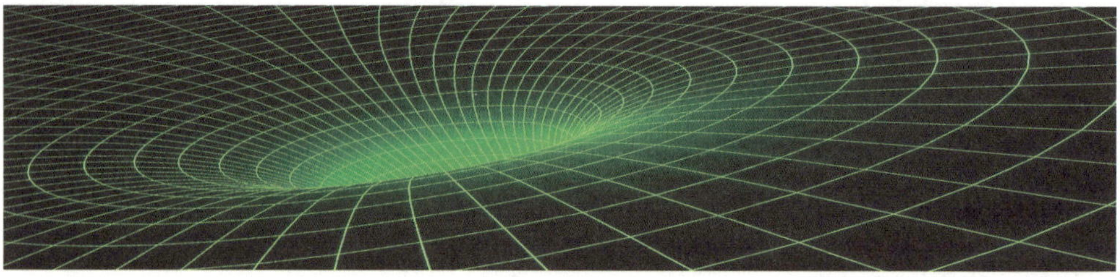

【图1-24】万有引力场模型

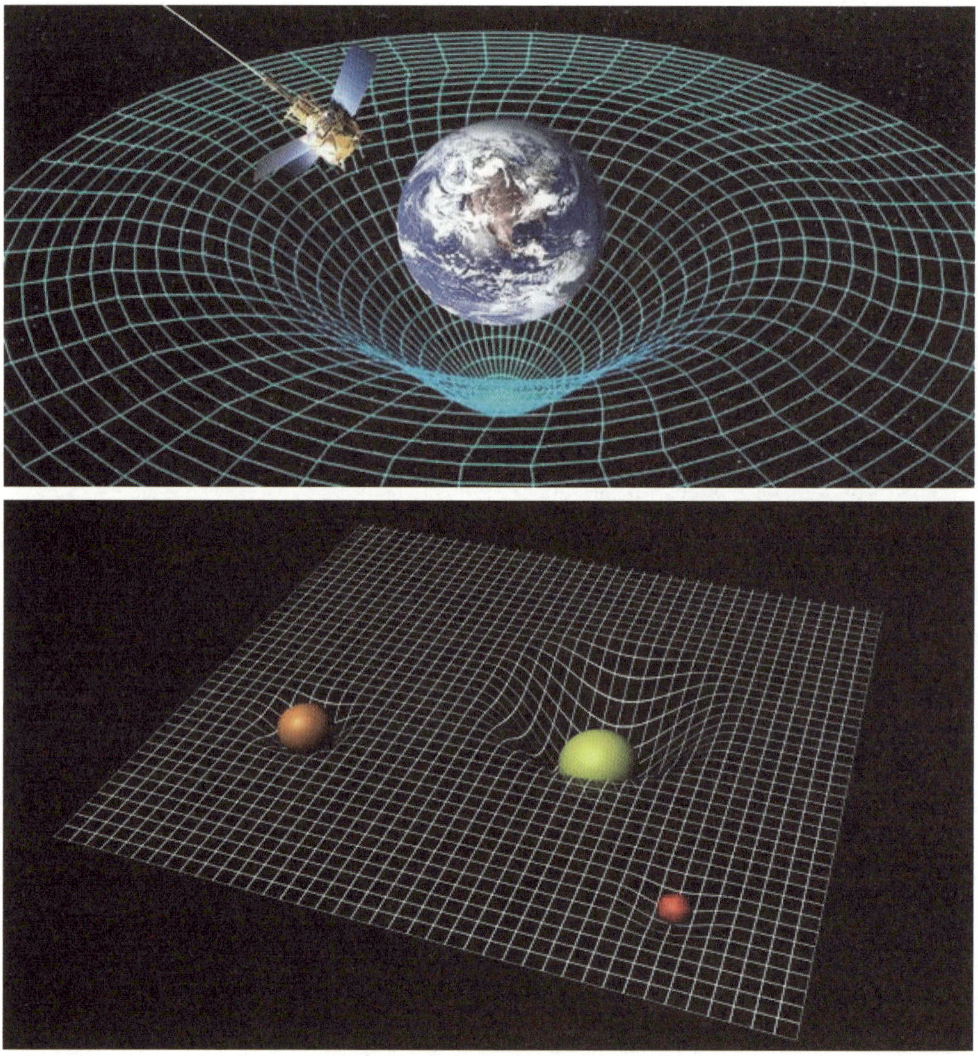

大质量物体将引力场压弯

【图1-25】爱因斯坦引力场：星体相互作用及暗能量的效应[①]

（图片来源于搜狐网）

---

① 爱因斯坦引力场：暗能量和星体相互作用的产物。引力场中某一点的引力与暗能量的虚拟质量和星体的质量的乘积成正比，与该点到旋转中心的距离的平方成反比。

特别是对微观世界相互作用力（强弱核力）的发现，使得对“点↔点”作用场的解释更为精确、精致和趋于完美。1973年，三位科学家共同发现了将原子核中的粒子、夸克紧密结合在一起的核强力（也称“色力”）及其夸克行为的“渐进自由”性，因此获得了2004年诺贝尔物理学奖。评委们认为这是“夸克世界中的一个灿烂发现”，它让“荒谬的世界”突然变得“有序”[①]起来。格罗斯在获奖感言中说：“从很多方面看，这是标准模型中最美丽的一部分，作用力越强越激动人心。”

“场”概念的提出，是科学史上一个伟大理论创举。19世纪，英国科学家法拉第（Michael Faraday，1791—1867）通过实验研究，提出了电磁感应现象和定律，首次使用了“场”和“磁场”概念，引入了“电力线”和“磁力线”概念，并绘制出了磁场线的运动图像（图1-26），使得本来肉眼看不见、摸不着的电磁运动，顿时具有了可视可感、生动而深刻的形象。法拉第在笔记本中写道：“我终于在‘阐释一条磁力曲线’——或者说‘力线’——及‘磁化光线’中取得成功。”法拉第没有强调磁铁本身，而是强调电与磁之间相互联系的“线”所构成的“场”，也就是“点↔点”相互作用场，为当代物理学中的许多电磁方程包括著名的麦克斯韦（James Clerk Maxwell，1831—1879）电磁统一方程的建立（建模），开拓了道路。法拉第还发现，如果偏振光通过磁场，磁场就会发生变化，首次表明了光与磁之间存在某种关系，为光、电、磁的统一奠定了重要基础。

后来的科学家们进一步拓展了“场”概念。麦克斯韦揭示了电场与磁场的依存与互转的相互作用关系，创造性提出了“电磁场”概念。他通过实验还惊奇地发现，“电磁场”居然会制造出一种波，他诗情画意般称之为“电磁波的浪花”。他计算了这些波的速度，更惊奇地发现竟然正好是光的速度！“这一速度与光速如此接近”预言了“我们有充分的理由相信光本身是一种电磁干扰”，是我们的眼睛能够看到的电磁波的一个部分，从而揭示了电、磁、光三者统一的奥秘！本书写到此，我忍不住要添加一笔，麦克斯韦还是一位伟大的诗人，他的科学诗和爱情诗，都写得无比动人，达到了足以在《诗刊》上发表的水平（参见“本书结语·天地人和，聚焦建构”和本书系《TVS：视点结构教学》之第三部TVS《教学行为体系》）。

① 王丹红. 2004诺贝尔奖评述：最小粒子获得最高荣誉[EB/OL].(2015-07-13).https ://tech.sina.com.cn/d/2014-10-13/0952439692.shtml.

【图1-26】法拉第及其发现的电磁感应：电力磁力线

20世纪初，爱因斯坦提出了“引力场”概念，揭示了牛顿提出的“万有引力”不过是在天体运动中，尤其是大质量的天体运动中天体自身质量与空间暗能量（微波背景辐射）之间的相互作用场及其变化而已（图1-18）。

20世纪下半叶的量子力学家，“将场的概念和他们对微观世界日新月异的认识，即量子力学结合起来”，提出了“量子场”（quantum field）概念，并证明了一系列相关场的存在，例如“强核力场、弱核力场，以及电子场、夸克场和中微子场，等等”，以及在宏大宇宙空间中存在的目前还仅仅是在暴胀宇宙学理论中成立的“暴胀场”①（inflation field）等。因为我们所在的这个庞大宇宙“在极早期”，“有过一个时刻，那时宇宙是如此之小，以至于人们不能再不管20世纪另一个伟大的部分理论——量子力学的小尺度效应。20世纪70年代初期，我们被迫从对极其巨大范围的理论研究转到对极其微小范围的理论研究”②。从宏观到微观，再从微观到宏观，科学家们已从各个角度和层面证明，宇宙万物都在各种相互作用场中存在、变化、发展与衰减……

宇宙万事万物之间无处不在的“点↔点”相互作用及“场”，顿时成了当代各领域科学家和学者们研究事物变化规律的一个基本视点或逻辑基点，且获得了丰富、生动而深刻的美感意象。物理学中的相互作用、化学中的相互作用、生命机体内外的相互作用、社会中人与人间的相互作用、心理和行为的相互作用、审美与艺术要素的相互作用、教学因素的相互作用等，乃至有了物理场、化学场、生命场、社会场、心理场、审美场、艺术场、教学场等。“场”，无疑是一个伟大的理论、概念和美感意象的创举。

必须提示一下，本书用了这么些篇幅谈物理学，还涉及化学、生物学等，目的并不在复述这些科学知识，而是拟在抽象和形象的交织中建构一种“点↔点”相互作用的、具有高度普适性的TVS哲学理论，也可以说是一种教学哲学理论。

人类教学也是一个以知识为载体或中介，由知识点定义的关键词，即知识的微观粒子“点”及“点↔点”相互作用，到中观和宏观知识“点↔点”体系的建构过程，及师生思维、情感与行为相互作用构成的教学场、学习场！这个力与场或“点↔点”相互作用越精确、精致、完善，教与学就越有效。回想视点结构教学（TVS）的提出，后来是TVS哲学，然后又回到TVS，往复二十余载，直到本书修改无数遍后的今天，我似乎才真正理解了初中所学物理知识“力是物体对物体的相互作用”，“力不仅能使受力物体的运动状态发生改变，也能使受力物体的形

① B.格林.隐藏的现实——平行宇宙是什么[M].李剑龙，权伟龙，田苗，译.北京：人民邮电出版社，2013：56-59.

② 史蒂芬·霍金.时间简史——从大爆炸到黑洞[M].许明贤，吴忠超，译.长沙：湖南科学技术出版社，1996：58.

状发生改变”[①]等更精准也更广泛的含义。如恩格斯所言“它包括宇宙中发生的一切变化和过程，从单纯的位置移动起直到思维”[②]，进而直到透彻理解何谓教学。

1.4 现代经典物理的视点与思维

1.4.1 以光速为视点：时空、质能统一

三维空间和一维时间，是人类早已形成的观察和理解宇宙万事万物的基本观念。欧几里得几何、笛卡儿坐标系、牛顿经典力学等，都受制于这样时空分割的传统观念。爱因斯坦的相对论，整合提出了“四维时空”这一新概念，揭示了时间与空间互为依存、转换和统一的关系，从根本上颠覆了传统时空观。

引导变化的是爱因斯坦观察宇宙，从传统以“物质”为视点转以“光速”为视点看待时间和空间的认知方法。光速是已知宇宙内最快的速度，也是丈量宇宙空间大小最恰适的尺度。“上大学的前一年，16岁的爱因斯坦”就“开始思考光速问题”[③]，诸如人如果用光一样的速度奔跑，那会看见什么，会有怎样的感觉等。1905年，在瑞士专利局当三级小职员的26岁的爱因斯坦，发表了关于“光电效应”的论文，提出光量子假说（因此获1921年诺贝尔物理学奖），同年提出狭义相对论及那个著名公式“$E=mc^2$”（即能量是物体质量与光速平方的乘积，图1-27），揭示了即使是很小的物质例如原子核，如果超光速（c^2）运动，也会爆发出巨大能量（图1-28）。10年后，爱因斯坦又提出了广义相对论。他以“光速”概念为视点，透视和重审传统物理学中的空间与时间，提出了同样著名的“四维时空”概念，以及在四维时空相互作用和光电磁场中，质能统一、空间弯曲、时间膨胀等一系列崭新宇宙学概念，统整了牛顿经典物理学的运动、速度、质量、能量、万有引力等基本概念和定律。据说爱因斯坦晚年，向一群青年学生解释他的相对论定律时说：“如果你和一个美丽的姑娘一起坐了两个小时，你认为仅仅是一分钟。可是，如果你在灼热的火炉上坐了一分钟，你会认为已经有了两个小时。这就是相对性。”这里解释的只是“相对性”，有相对论中所包含的认知角度会影响认知结果的意味，但还远不是相对论的全部。相对论“最终证明了空间和时间让结构决定宇宙的规律”[④]，表明时间与空间是相互作用、互为一体的。“空

---

① 人民教育出版社教育室.自然科学基础[M].北京：人民教育出版社，1998:20.

② 中共中央马克思恩格斯列宁斯大林著作编译局.马克思恩格斯选集（第三卷）[M].北京：人民出版社，1972:491.

③ 阿尔伯特·爱因斯坦.爱因斯坦的宇宙[M].汪翊鹏，译.北京:外语教学与研究出版社，2017.

④ 托马斯·比尔克.$E=mc^2$——相对论入门[M].陈慧，译.上海:百家出版社，2001:9.

间是物质存在的广延性；时间是物质运动过程的持续性和顺序性”[①]，且“随着物质运动速度的变化而变化”[②]。简言之，持续性、顺序性、变化性是事物并存的三大时空场域的属性。这一时空场域的时空，相互“不具有独立存在的意义”，同时也“不是绝对不变”的。“时空”已经成为一个表述任何运动着的事物存在条件的概念，它是所有事物“点↔点”相互作用、动态建构的统一场。宇宙万物的存在，乃至任何知识的创建与教学，都发生在一定时空统一场中，并受制于这个场。相对论已被屡屡证明，是一种有科学实验、精准数据和多项定律支持的、普适性的世界观、认知论、方法论和场论；是一种科学哲学、科学美学、教学场论；也是本书“TVS哲学”若干基本概念和基本定律的重要基础理论。

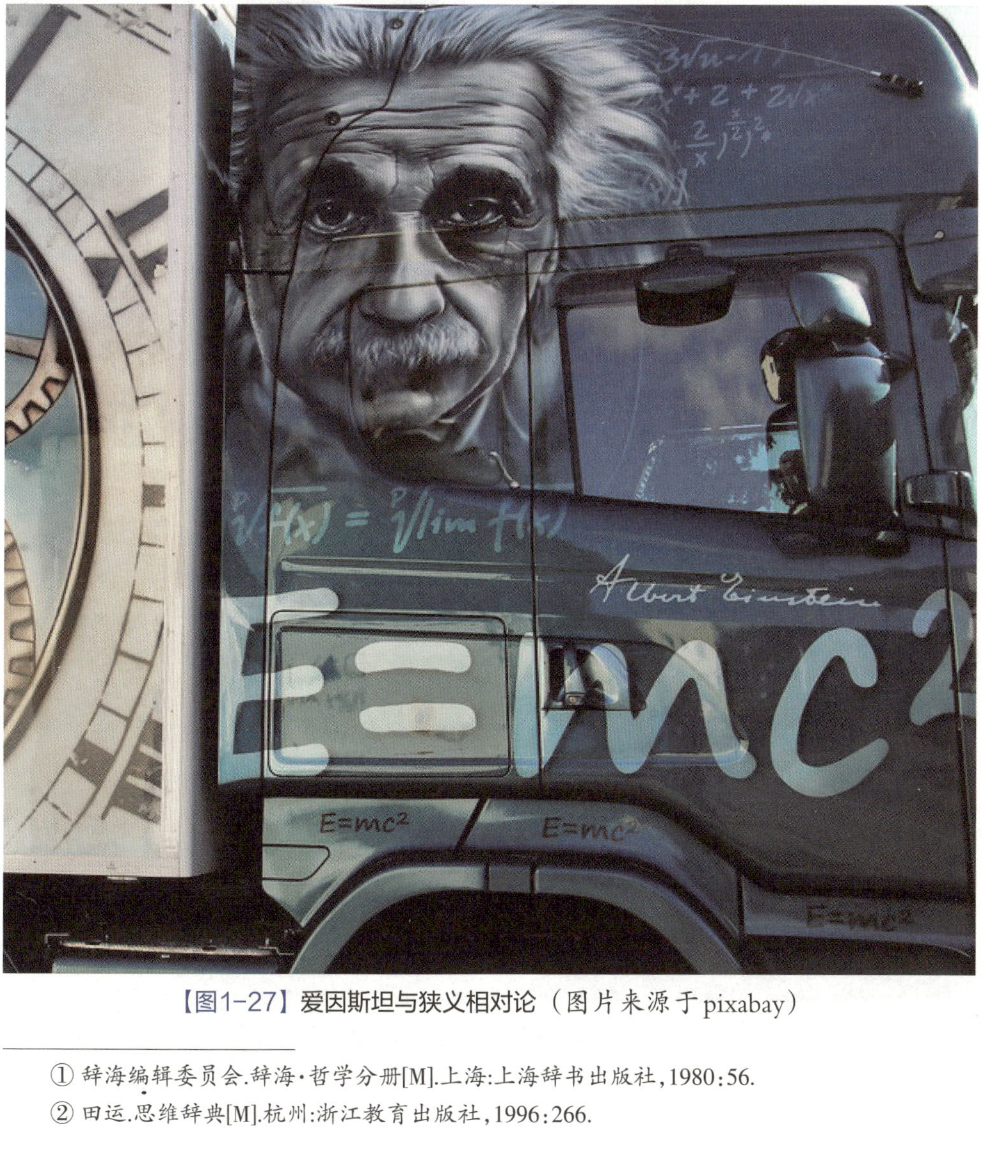

【图1-27】爱因斯坦与狭义相对论（图片来源于pixabay）

① 辞海编辑委员会.辞海·哲学分册[M].上海:上海辞书出版社,1980:56.
② 田运.思维辞典[M].杭州:浙江教育出版社,1996:266.

1964年，中国第一颗原子弹爆炸成功（图片来源于《人民日报》）

1967年，中国第一颗氢弹爆炸成功

【图1-28】中国两弹爆炸成功及“两弹元勋”邓稼先与诺贝尔物理学奖获得者杨振宁

1.4.2 以量子为视点：微观世界的统一

量子力学是揭示微观世界光子、电子等粒子存在和运动规律的科学，或称“原子物理学的量子观念”[①]。微观世界所有粒子如电子、质子、中子、光子等的运动方式或者行为方式都具有相同特点，“它们都是‘粒子波’（或者你愿意叫的任何名称）。因此我们所学的关于电子（我们将用它做例子）的性质也可以应用于所有的‘粒子’”[②]。这些粒子发射出来的能量是一粒一粒的，故称能量子，简称量子。在量子力学或粒子物理学产生之前，几乎“一切人类的直接经验和直觉都是关于大的客体的”[③]，直到20世纪头25年，人类才“逐渐积累了关于原子和小尺度上的行为的知识”，但“也引起了越来越多的混乱，这些混乱终于在1926年和1927年由薛定谔、海森伯（堡）和玻恩解决了。他们终于获得了对微小尺度上物质的行为的一个贯彻一致的描述”[④]。这就是量子力学。如果顺此逻辑再推一步，人类教学如果立足在知识点的微粒子、微细节上，那就是量子教学。

从古希腊到19世纪之前，已有学者思考万物构成的共同的最小单元即原子，及其运动方式。但这时的“原子”被看成实心的不可再分的小球。现代粒子物理学研究才确定了，原子是由可以再分的更小粒子，包括原子核、核外电子、核内质子、中子乃至更小极微的夸克，及其相互联系构成的。因此今天的“原子”，已限定为能发生化学变化的最小物质单位。古希腊哲学家德谟克里特（Democritus，前460—前370）是最早提出原子假说的学者之一，他认为，原子在做漩涡式运动；牛顿（S. I. Newton，1643—1727）经典力学中的原子，其运动是连续变化的波；德国物理学家普朗克（M. Planck，1858—1947）1900年提出，原子是可分的，分出的粒子在一份一份吸收能量或发射能量，故被形象地称为能量子或量子（能量的最小单位）；爱因斯坦于1905年将“量子”概念引进光的传播过程，提出“光量子”（光子）概念，光子以波动方式运动，因此光具有“波粒二象性”；法国物理学家德布罗意（L. V. Broglie，1892—1987）1929年指出一切物质粒子都具有波粒二象性，并提出了“粒子波”“物质波”概念；德国物理学家海森堡（W. K. Heisenberg，1901—1976）等人在此基础上建立了量子矩阵力学；奥地利物理学家薛定谔（E. Schrödinger，1887—1961），通过著名的“薛定谔的猫”实验，证明量子的存在与变化轨迹具有随机性，因此推导量子运动是永远测不准的，这就是著名

① R.P.费曼.费曼讲物理·入门[M].秦克诚，译.长沙：湖南科学技术出版社，2004.

② R.P.费曼.费曼讲物理·入门[M].秦克诚，译.长沙：湖南科学技术出版社，2004：112.

③ R.P.费曼.费曼讲物理·入门[M].秦克诚，译.长沙：湖南科学技术出版社，2004：113.

④ R.P.费曼.费曼讲物理·入门[M].秦克诚，译.长沙：湖南科学技术出版社，2004：112.

的“测不准原理”，并建立了量子波动力学；英国物理学家狄拉克（P. A. M. Dirac，1902—1984）系统总结了量子力学理论，并将相对论和量子力学成功结合起来，揭开了量子理论发展的第三阶段——量子场论的序幕。

有学者提出，假如以21世纪的科学水平观之，完全不必将古希腊留基波（德谟克里特的老师）首创的“原子”或“以太”解释为20世纪前科学水平的“原子”论，可以直接译成类似“量子”[①]的东西就可以了。“原子”与“量子”看似不同概念，但都是科学家们在不同的历史阶段对宇宙万物最小构成单位的认知和研究成果。

1.4.3 偶然论与决定论的统一

众所周知，爱因斯坦与量子论代表人物丹麦物理学家玻尔，有过一场关于“量子测不准”的著名论战。事实上，这两位20世纪杰出的物理学大师（图1-29），是彼此十分友好且相互敬重的，正如爱因斯坦对此所言：“人们只会同他的兄弟或者亲密的朋友发生真正的争吵；至于别人，那就太疏远了。”[②]“他们本着友好和无畏的斗争精神争论原则问题”，对两种理论的发展和统一，都有积极意义。

【图1-29】爱因斯坦与玻尔一方面论战，另一方面彼此友好且相互尊重

争论焦点是“量子测不准原理”是否为真。从古希腊至今，科学家们都坚信宇宙自然具有“先在秩序”。是先在的自然秩序，决定了自然定律存在的客观性。

① 薛晓舟.量子真空物理导引[M].北京：科学出版社，2005：1-3.

② 方在庆.一个真实的爱因斯坦[M].北京：北京大学出版社，2006：209.

牛顿经典力学和爱因斯坦相对论等所揭示的一切自然定律，都是这一先在秩序决定论的产物。现代科学有关实验发现，在微观粒子世界，量子从一个能级向另一个能级跃迁（量子运动）的“量子行为”，具有随机性或偶然性，也因此是不可能准确测定的。这或许也就意味着，过去乃至今后所测的很多科学数据，都可能是不准确的。这一结论或“原理”与古往今来科学家们都在努力从“变动不居的现象中寻求那种绝对固定、持存不变的物体的理想”①显然相悖。玻尔据此提出，宇宙本质上并非像过去认定的那样有序。爱因斯坦则认为仅凭量子的随机性，并不能得出宇宙本质无序的结论。

宇宙自然是否有先在秩序，与反映自然的知识、概念与定律是否有内在逻辑结构，高度关联。所以，在讨论学校的学科知识的组织方式，或者学校课程建构逻辑之前，必须弄清这一前提问题。

偶然论和决定论，无序性与秩序性，看上去对立巨大，其实并非如此。这场被认为是“关于世界本质的伟大论战”②，不过是在对微观运动或电子相互作用的细节解释上有异而已。“‘量子力学’是对物质行为直至其细节的详细描述，特别是对发生在原子尺度上的事件的详细描述”，尽管“在非常小的尺度上……它们的行为不像一个波，不像一个粒子，不像一团云，不像一个弹子球，不像一个挂在弹簧上的重物，不像你曾看见过的任何东西”③，但这并不是否定，也不可能因此就否定整个自然的秩序性。正如“铁锤之下，此杯必破”④，事先做这样肯定的论断，是因为确切知道玻璃内部分子和原子构造与力学规律，这是牛顿力学和相对论；但是玻璃杯将如何破裂、为什么破裂却具有偶然性，不可事先断定，这是量子力学所言的测不准。爱因斯坦的相对论更像是相对性的决定论，玻尔的量子论则更像是决定性的相对论。也正如马克思主义哲学中关于偶然性与必然性的辩证解释。无序是偶然的，秩序是必然的。当两个物理理论或模型都能从不同角度和层面精确预言事件结果时，“就不能讲一个模型比另一个更真实；说得更精确一点，哪个模型更方便我们就随意地使用哪个”⑤。

---

① 伯特兰·罗素.我们关于外间世界的知识:哲学上科学方法应用的一个领域[M].陈启伟,译.上海:上海译文出版社,2006.

② 曼吉特·库马尔.量子理论——爱因斯坦与玻尔关于世界本质的伟大论战[M].包新周,伍义生,余瑾,译.重庆:重庆出版社,2012.

③ R.P.费曼.费曼讲物理·入门[M].秦克诚,译.长沙:湖南科学技术出版社,2004:112.

④ 李宗吾.心理与力学[M].北京:中国档案出版社,2006.

⑤ 斯蒂芬·霍金,列纳德·蒙洛迪诺.大设计[M].吴忠超,译.长沙:湖南科学技术出版社,2011:5.

直到20世纪量子力学诞生，人类才突然意识到微观世界是解释宏观世界最重要的证据和模型。量子力学最大的贡献之一，是使得人类对宏大宇宙的很多疑问，在微观粒子世界中找到了答案。“在牛顿时代，物理学家关心的是你能看到的物体的运动——石头、炮弹、行星……牛顿的运动定律从数学上描述了有形的物体被推开、被拉开、被射向天空时的运动程度”，这可以说是中观物理学。而“今天科学家更热衷按照两个基本的部分理论——广义相对论和量子力学来描述宇宙”，广义相对论描述了引力和宇宙的大尺度结构，从只有几英里直到大至1亿亿亿英里，即目前可观测到的宇宙时空范围的尺度结构的科学理论；而量子力学则是处理极小尺度的现象，例如亿万分之一英寸的宇宙微观科学理论。

有教育理论者片面理解和强调量子力学对偶然性的关注，认为这与中国传统文化的模糊思维方式有很大相似性，于是将量子测不准理论引入教学论和实践体系中，任意打乱知识和教学秩序，简单强调随机生成性，公然论述不必准确讲解概念定律，要淡化知识教学和学习等。这显然是对宇宙万物构成方式与秩序性的完全漠视，对人类认知方式、知识构成方式、教学秩序性与教学逻辑性的严重误解和干扰，直接结果是对教学有效性，以及通过有效教学促进学生智能与人格全面发展的根本伤害。

1.4.4 混沌论：模糊与精准的统一

混沌理论（chaos theory）源自20世纪60年代研究气象变化的气象学。蝴蝶效应的发现，使原本“混沌”的混沌理论，发展成了一种科学学说，进而发展成为多学科用以解释模糊性与精确性动态关系的一种思维方法、研究方法，主要用于对诸如人口移动、化学反应、社会行为、心理过程等动态复杂系统的探讨。这些复杂系统都是无法用单一、线性连续的数据表达，而必须用整体、多元、非连续数据才能加以解释和预测的事物。主要涉及模糊现象中的必然联系或精准秩序，混沌无序是如何演化成为有序系统或者反之的问题等。某种意义上，混沌理论是牛顿力学和爱因斯坦相对论的必然性与量子力学偶然性调和的理论。

混沌现象，充满日常生活。烟雾、云彩、气泡、湍流、噪声、市场、股价等，那些模模糊糊、千头万绪、纠缠不清、“剪不断理还乱”的，总之是那些看上去似乎没有任何秩序或规律可循的事物和现象。美国喜剧电影《混沌理论》（2008），就是对生活中无处不在的混沌现象的嘻哈描绘；而英国的《神秘的混沌理论》纪录片（2009），则试图解释宇宙是如何以尘埃开始，又是如何创造出生命；怎样从模糊无序中产生出可精准度量的有序；大自然的美丽多姿和内在结构中隐藏的科学定律（图1-30）。

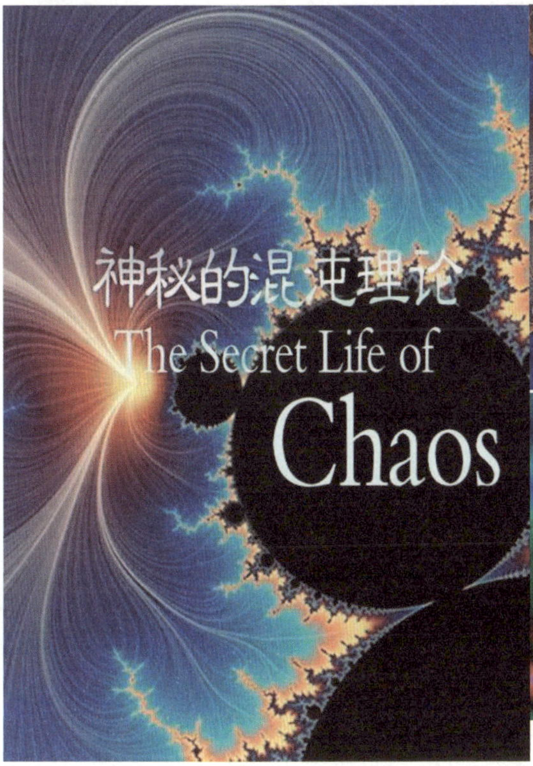

纪录片《神秘的混沌理论》广告

大自然复杂而内含秩序的娇艳的美丽

【图1-30】英国纪录片《神秘的混沌理论》（复杂背后的秩序，或有序的紊乱）

在中国文化中，混沌亦“浑沌”，指：

（1）人幼稚糊涂、懵懵懂懂、无知无识，或指自然淳朴，没有心机的样子。（2）古人想象的宇宙开天辟地前的状态，或道教所称太一（太极）的“元气状态”。“洞同天地，浑沌为朴。未造而成物，谓之太一”（《淮南子·诠言》）；“说《易》者曰：‘元气未分，浑沌为一。’”（王充《论衡·谈天》）（3）形容事物各个部分有机镶嵌，天然统一、浑然一体的样子。（4）古典文化与艺术中讲求的朦胧的、言已尽而意无穷的、值得玩味的意蕴、意境和美感所在。如抒情诗、朦胧诗等就是这种典型的混沌美。[①]

① 许国志.系统科学大辞典[M].昆明：云南科技出版社，1994.

如果以上述第（4）层面的含义为视点，来透视第（1）、（2）、（3）层面的含义，那么人之初的稚气和天真、宇宙之初浑然一体的事物等，都充满了艺术与诗意的美感。也正是这种对混沌美感的欣赏和刻意追求，形成了中国古典文化艺术乃至哲学独特的思维方式与气质。

西方现代科学解释混沌是：（1）宇宙的起点和大爆炸后高速旋转的模糊星云团（类似中国“太一”）。（2）流体、气体分子等看似充满随机性的布朗运动，核电子或量子的跃迁运动等看似无序的自然现象；人的日常语言、思想、行为、情感等模糊信息。（3）“由确定性系统内部的非线性性质所引起的非周期形态充满偶然性的现象”，如噪声（noise）就是“由外部随机驱动力所引起的非周期状态”[①]。

中国的“浑沌”观念，与西方的“混沌”概念相比，一个用美学术语进行描述，一个用科学术语进行定义；一个关注模糊现象的美感，一个重在内涵或本质的精准揭示。两种视点，两种思维，融合起来，应该更显合理。

设想有一部描述一种流动的电影，其中装在一个小球中的“流体”被染成红色。你看到，随着时间的推移，从红球中出来的流体分布的区域越来越大，最终它将变成一堆乱七八糟缠在一起的细红带子，似乎充满了大部分可用的相空间。然后你停下来，将电影倒放，这时系统所显示的演变，与向前的运动一样合乎规则。但在这次所放映的电影中，你看到的是缠绕成一团的细红带自己打开，最后缩回为一个简洁的小球！在向前的运动中，演变是从一个看起来控制得很好的有序状态向一个杂乱无章的混沌状态发展；而在向后的运动中，混沌不断演变成简洁有序。两者皆遵从相同的运动方程。[②]

这类实验表明，混沌模糊与精简有序，只不过是事物运动的不同过程。“我们将必然得出结论，貌似完全混沌的东西，可能并非各方面都像看起来那么混沌。”[③]这种无序与有序互为演变，或无序与有序互为存在的现象，被称为“有序紊乱”。宇宙就是这样一个“有序紊乱”的世界。牛顿和爱因斯坦在中观和宏观宇宙中发现了模糊无序中的有序；量子力学在微观世界中看到了有序中的紊乱随

① 许国志.系统科学大辞典[M].昆明：云南科技出版社，1994：245-246.

② 罗杰·G.牛顿.探求万物之理——混沌、夸克与拉普拉斯妖[M].李香莲，译.上海：上海科技教育出版社，2000：59.

③ 罗杰·G.牛顿.探求万物之理——混沌、夸克与拉普拉斯妖[M].李香莲，译.上海：上海科技教育出版社，2000.

机。正如量子力学首创者薛定谔所言："悬浮在液体中的微粒的布朗运动是完全不规则的。可是如果有许多同样的微粒，它们将通过不规则的运动产生有规则的扩散。"[①] 亦如耗散结构论创建者普里高津所言："近年来，有序和无序的观念发生了根本的改变。长期以来，平衡结构（如晶体）被视为理想的有序系统，而流体和化学反应则与随机和无序的观念相联系……现在我们知道，非平衡可能成为有序之源。"[②]

数学家庞加莱（Jules Henri Poincaré，1854—1912）在《科学与方法》（*Science Méthode*，1908）中，用测度论（measure theory）、遍历定理（ergodic theorem）以及概率论（probability theory）等数学工具，即用"精确的语言去表述"了"那些关于机遇的卓越的直觉思想"[③]，才有了今天科学范畴的混沌理论。否则混沌学说就还是停留在个人或一群人头脑中的模模糊糊的思想漩涡，类似中国文化中的"浑沌"观念那样，是一团直觉到的形象而已。其实量子力学，也是以科学实验证明为基础，建立了有序的数学模型，来表达量子运动偶然性之必然性的，因此才是一种科学理论，而不是一种模糊观念。如庞加莱所认为的"被我们忽略了的非常微小的原因决定着我们不能忽略的可观的结果，而事后我们说这个结果归因于机遇"[④]。这段名言，还有另一种翻译："我们所遗漏的一个很小的原因决定着我们不能忽视的相当大的结果，此时我们就说，这结果起因于意外。"[⑤]即所有事件，都是看上去纯属意外的小原因引起的必然结果。

今天，已经有"许多科学家相信，自然界许多复杂现象如天气、气候、湍流等"，虽然"混沌是它们的特征"，却都"可以用确定的系统来描述"[⑥]。这听起来很矛盾，但这恰恰是将很多混沌或不确定假设逼上科学探究轨道，要揭示其必然性的强大动力。

人类教学更不例外。以传播真理为己任的教学，免不了有模糊性和偶然性，但从模糊走向精确，从偶然到必然，无疑是一堂好课的重要标志。很多看似微不

---

① 罗杰·G.牛顿.探求万物之理——混沌、夸克与拉普拉斯妖[M].李香莲，译.上海：上海科技教育出版社，2000：77.

② 弗里德里希·克拉默.混沌与秩序——生物系统的复杂结构[M].柯志阳，吴彤，译.上海：上海科技教育出版社，2000.

③ 大卫·吕埃勒.机遇与混沌[M].刘式达，梁爽，李滇林，译.上海：上海科技教育出版社，2005：49-50.

④ 大卫·吕埃勒.机遇与混沌[M].刘式达，梁爽，李滇林，译.上海：上海科技教育出版社，2005：49.

⑤ 郑春顺.混沌与和谐——现实世界的创造[M].马世元，译.北京：商务印书馆，2002：3.

⑥ 许国志.系统科学大辞典[M].昆明：云南科技出版社，1994：245-246.

足道的偶然的教学细节，已经蕴含着必然结果和学生发展的运道。这是TVS、TVS哲学，乃至更多事物存在、运动、发展的内在确定性。

1.4.5 万物统一论

爱因斯坦在相对论后，着力思考整个物理学概念和定律的大统一问题。这是以“光与引力”为视点引发的关于宇宙世界认知、思维与解释系统的更上层革命。

回到本书开初“世界是普遍联系的”这一马克思主义哲学命题上来。科学已经证明，世界是这样普遍联系起来的：宇宙万物都是原子或粒子“点↔点”相互联系，并通过引力、电磁力、强核力和弱核力等四大自然基本力来实现“点↔点”相互作用与统一的。但科学家们还想继续追问：这四大基本力，是否还存在相同点或内在联系？是否还可以进一步统一为一个相互作用场，统整为一个定理，用一个数学模型来表述？这就是，由爱因斯坦发起，后来成为当今物理学研究热点的“大统一理论”（grand unified theories，GUTs），即万物理论（TOE）的主题。

“物理学最基本的目的”就是“寻求自然界的统一规律，从物理学诞生之日起，这一目的就从来没有改变过”[①]。古希腊的原子论想要统一物质的基本构成式；近现代牛顿力学，把天上行星运动和地上物体运动统一起来；麦克斯韦的电磁场理论，把电、磁、光三种运动形式统一起来；爱因斯坦的相对论，把光速和质量、能量、时间、空间统一起来；量子理论，将波和粒子统一起来[②]；而德布罗意的一切粒子实体都具有波粒二象性和“物质波”概念[③]，则将“实体”与“场”或“空”统一起来。统一的过程，其实也就是使万物万事“点↔点”相互作用的动态联系定律，表达更简洁而内涵更普适、丰富。

爱因斯坦用一生中后30年致力于探索“大统一理论”和所引发的20世纪中期这场宇宙统一场大讨论，发展至今的基本假设是：将宇宙物质世界看成一个由基本粒子相互作用而逐级构成的大系统，其中每一个粒子之间无论远近都发生着相互

① 邓昭镜.物理学中的辩证法[M].重庆：西南师范大学出版社，2001：132.

② 邓昭镜.物理学中的辩证法[M].重庆：西南师范大学出版社，2001：1.

③ 杨建邺.物理学之美[M].北京：北京大学出版社，2011.

作用，包括相距很远的“幽灵般”的“超距作用”[①]。这个假设如果成立，不仅意味着宇宙自然四大基本相互作用力的统一（图1-31），也意味着夸克、电子、中子、质子、原子、分子，无机物质、有机物（点↔点）相互联系方式的统一；大小物体各种运动形式与定律，如自旋、力矩、磁矩、角动量、宇称、物质守恒、能量守恒、动量守恒等的有机统一。而这些复杂概念、定律和公式，就只需用极少几个概念或变量，和极少几个或一个数学模型就能够精确表达出来。这也意味着各种基本粒子、原子、分子，各级物质、各种事物、各种社会现象和精神现象等的存在式、运动式和表达式，都可能实现统一，并用简明的形式表达出来！人类学习、学校课程与教学，也就必然会变得十分清新简洁了。

	引力作用	弱作用	电磁作用	强作用
作用力程/m	长程，∞	短程 $<10^{-16}$	长程，∞	短程 10^{-15}—10^{-16}
举例	天体之间	β衰变	原子结合	核力
相对强度	10^{-39}	10^{-15}	1/173	1
作用传递者	引力子	中间玻色子	光子	胶子
被作用粒子	一切物体	强子、轻子	强子	强子
特征时间		$>10^{-10}$	10^{-20}—10^{-16}	$<10^{-23}$

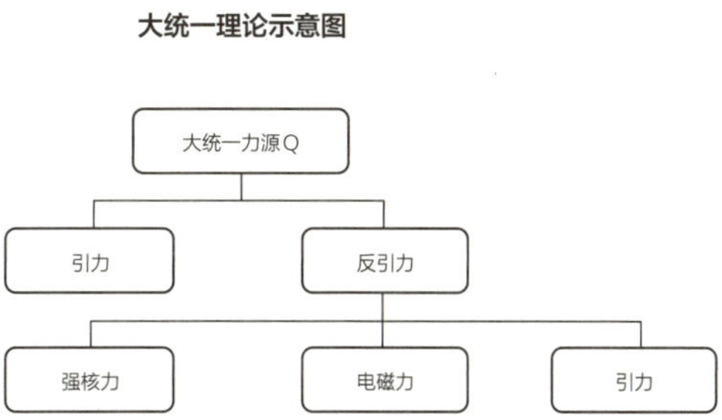

这是否也意味着人类社会、心理、教学各种相互作用力或运动方式的统一呢？

【图1-31】宇宙物理世界四种基本力的关系与大统一理论

万物“大统一理论”，从人类知识和认知来看，就是所有学科知识的“大统一理论”。

1.4.6 弦论——实有与虚空、科学与艺术的大统一

20世纪后期出现了一种类似“无声的音乐”，又极富有诗情画意的物理学大统一理论或假设——弦论。“20世纪80年代，城里的一个新面孔的男孩儿参赛了，他是个和气的调解人，而不是个恶狠狠的挑战者”，它就是声称“无所不包”的弦理

① 乔治·马瑟.幽灵般的超距作用——重新思考空间和时间[M].梁焰，译.北京：人民邮电出版社，2017.

论（string theory）[①]。领军人物是哥伦比亚大学的青年才俊、物理学教授布赖恩·格林（B. Greene，1963— ），他的著作《宇宙的琴弦》[②]（*The Elegant Universe*）深入浅出地阐述了从爱因斯坦的理论到弦理论的发展过程，在《纽约时报》畅销书榜上排名第四。他还导演了同名纪录片《优雅的宇宙》（2003）并入围普利策奖，形象展示了弦理论和11次元空间，以及神奇的虫洞，使时空旅行成为可能。它也一并展现了格林良好的科学思维力、想象力和欣赏科学的优雅态度。

弦理论被认为是目前最有希望将基本粒子和四种相互作用力统一起来，将相对论和量子力学统一起来的物理学说。它认为宇宙自然的最小单位或元素（或“点”），是比基本粒子还小的，如琴弦那样弹奏着、颤动着的能量“弦子”。那些更小、极微[③]的有弹性线状的弦，圈状的闭弦，有端口的开弦等，以不同振动和运动，产生出各种不同的基本粒子，就像音乐的弦可以弹奏出不同旋律（图1–32）。弦子，这个更小的极微的元素“点”，已经不是一个实体，而是一个中空的“实有”。以这种中空“弦子”为视点，弦理论建构了从无至有的有与空的统一：万物实体最终是由极微的“空”或无声的“弦子”构成的。这与怀特海过程哲学的宇宙非实体，而是一个一个事件过程构成的实有、实在等思想，本质同一；与中国道家学说万物皆空，中国哲学、美学和文艺学“虚实相生”的思想，惊人相似；也与中国《易经》的太极思想，无中生有，有生万物，“道生一，一生二，二生三，三生万物”，以及李宗吾的以物理电磁学定律解释“道”为“我们可以解之曰，道者空无所有者，一者中和磁电也”[④]等，都有异曲同工之妙。

弦论，不仅是物理科学大统一理论，科学思维与艺术思维的大统一理论，也是中西文化和思维方式的大统一理论！

弦理论认为，宇宙不仅是我们日常所处所感的四维时空，而且有多维，多至11维乃至n维空间。在四维时空之外的称为额外维，在额外维中观测到的不同粒子可能就是四维中的同一种粒子，只是在做着不同方向和方式的多维运动而已。这也证明，不同视点能观察到的事物及获得的认知成果是不一样的。

---

① 约瑟夫·埃格尔.爱因斯坦的小提琴——一位指挥家看音乐、物理和社会变革[M].王祖哲，译.长沙：湖南科学技术出版社，2010：123.

② B. 格林.宇宙的琴弦[M].李泳，译.长沙：湖南科学技术出版社，2002.

③ 极微，2500年前佛教理论中就有的一个概念，指物质分解到极微小，小到不能再分的单位。

④ 李宗吾.心理与力学[M].北京：中国档案出版社，2006：13.

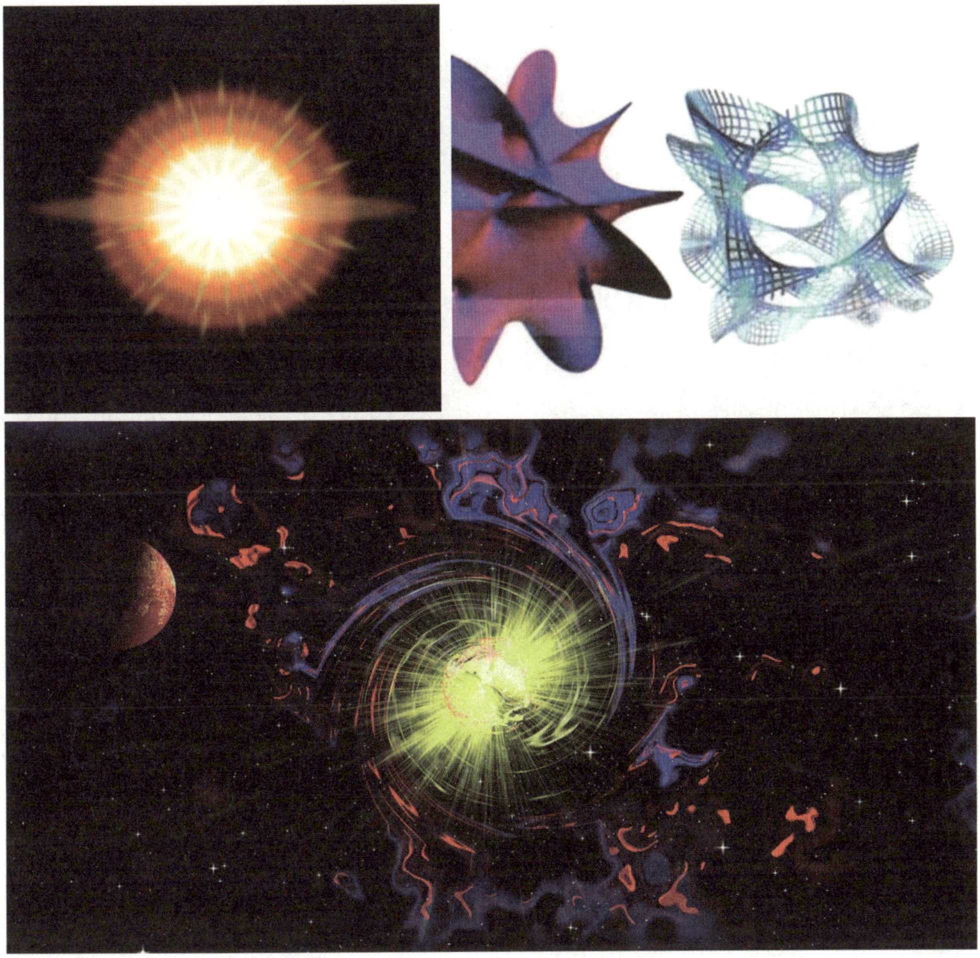

【图1-32】弦理论（图片来源于pixabay）

爱因斯坦提出的“大统一理论”，虽然受到学界种种质疑，甚至被指责为“偏离物理界大方向”。但如何用一种规范理论架构来统一和简化对整个复杂宇宙世界的解释，这无论从事实、思想还是方法上看，“都是一种有充分客观依据，也十分诱人和充满创造性的探索真理的伟大旅程”[①]。它再度激发了科学家们巨大的想象力与探索激情，半个世纪来留下了不少探索者的足迹。事实上，被认为是水火不容的“两个阵营”的“相对论和量子力学，孜孜以求的”也“是同一个目标：一种全面的理论，能把宇宙中的全部现象，尽收囊中，解释清楚”[②]。

① 阿尔弗雷德·诺思·怀特海.观念的冒险[M].周邦宪，译.南京：译林出版社，2012.

② 约瑟夫·埃格尔.爱因斯坦的小提琴——一位指挥家看音乐、物理和社会变革[M].王祖哲，译.长沙：湖南科学技术出版社，2010：122-123.

追求“大统一理论”的热浪，从物理学起步，还波及了数学、化学、生物，乃至人类社会和人类精神世界，对20、21世纪人类的科学观、宇宙观与方法论，已产生持续而深远的影响。其中，当然也包括对学校知识、学科课程与教学的影响。TVS和TVS哲学，应该就是这种简化复杂知识和教学因素，寻求多学科综合与统一的研究与实践成果之一。

因此，如果用TVS的语言来翻译“大统一理论”，那就是：或大或小、或远或近无处不在的所有物质与精神现象都可以统一在“点↔点”相互联系和相互作用这一模式中，以知识为核心载体的教学活动及其中的任何因素与事件，也都可以统一在“点↔点”相互联系和相互作用这一基本模式中。只是，必然还存在许多变式而已。

1.5 如何联系——生命科学的回答

1.5.1 一位从物理学跨到生物学的量子科学家

埃尔温·薛定谔，奥地利物理学家，维也纳大学哲学博士，因发展了量子理论与狄拉克一起获得1933年诺贝尔物理学奖，1937年还获了马克斯·普朗克奖章。他著有《波动力学四讲》《统计热力学》等重要著作，且基于他自己著名的“薛定谔的猫”思想实验所提出的“测不准原理”，也导出了他的主体与客体不可分割的哲学观念；他在法国理论物理学家德布罗意的物质波理论基础上，建立的“薛定谔波动力学方程”，是量子力学中描述微观粒子运动状态的基本定律，类似牛顿运动定律在经典力学中的地位。他的墓碑上就刻写着这一方程（图1–33）。

更令人敬佩的是，这位伟大的物理学家薛定谔，后来的思考兴趣转向了生命科学，他结合物理学、数学、生命科学的研究成果撰写了《生命是什么》(1946)一书，对无生命的原子如何成为有生命的元素或基因和细胞，及其与人类意识发生发展之间的关系等，有深刻洞察和推理；所提出的超越物理、化学、生物学等的见解、假设和哲学命题，引发了人类对自身生命特殊存在的高度关注和对意识本质的拷问。

$$i\hbar\frac{\partial}{\partial t}\Psi(\mathbf{r},t)=\hat{H}\Psi(\mathbf{r},t)$$

【薛定谔的猫】

为了试图显露出描述量子态所需依赖的量子理论尚存瑕疵，物理学家埃尔温·薛定谔提出一个思想实验：把放射性物质和一只猫放入有机关的封闭盒子中，一旦侦测到离子衰变，机关就会杀死盒中猫。实验一段时间后，猫就会处于生与死的叠加状态——直到引入一个观察者。对此，后来的物理学家们给出了很多不同的解释。

【图1-33】薛定谔与薛定谔方程；“薛定谔的猫”（量子论的一个思想实验）

1.5.2 生命是由原子构成的

这本“20世纪的伟大科学经典之一”——薛定谔的《生命是什么》，对20世纪中期遗传基因DNA结构的发现和生物分子学的诞生，具有革命性影响。其以宇宙万物都是由最小单元“原子”构成的这一基本命题为视点，提出了“无机物质与有机生命之间的内在联系及转化关系究竟是什么”这一深刻问题。“原子”是如何从无生命态转化为具有自组织和自复制能力的生命体的？转化的关键点在哪里？他设想了活体生命的最小构成单元及其建构方式，并将这个活体生命的最小单元取名为“基因”。他以十分严谨的思维、清晰的推理和生动的语言，试图用物理学和化学理论来探索和解释生命的本性与本质，被科学界普遍认定，“20世纪50年代以后分子生物学的发展如火如荼，90年代以后基因信息学的崛起，如旭日东升，究其起源，都和薛定谔这本小书中阐述的观点紧密相关”①。截取其中一段，可窥全貌：

在一个生命有机体的空间范围内，在空间上和时间上发生的事件，如何用物理学和化学来解释？这本小册子力求阐明和确立的初步答案，概括如下：当前的物理学和化学在解释这些问题时明显的无能为力，绝不是成为怀疑这些事件可以

① 埃尔温·薛定谔.生命是什么[M].罗来鸥，罗辽复，译.长沙：湖南科学技术出版社，2003：186.

用物理学和化学来解释的理由。

我们的每一个感觉器官，构成了我们身体上多少是有点重要的部分……它们是由无数原子组成的。（但是）一个有机体的最要害部分的原子排列，以及这些排列的相互作用的方式，跟迄今被物理学家和化学家作为实验和理论对象的所有原子排列是根本不同的……因此，要把物理学家或化学家如此发现的定律和规则直接应用到一种系统的行为上去，而这个系统却又不表现出作为这些定律和规则的基础的结构，这几乎是难以想象的。

像我们的大脑这样的器官以及附属于它的感觉系统……为什么必须由大量的原子来构成呢？……第一，同思想密切对应的躯体组织（如密切对应于我的思想的我的头脑）一定是十分有秩序的组织，那就意味着在它内部发生的事件必须遵循严格的物理学定律，至少是有高度的准确性。第二，外界其他物体对于那个物理学上组织得很好的系统所产生的物理学印象，显然是对应于相应思想的知觉和经验的，构成了我所说的思想的材料——知觉和经验。因此，在我们的系统和别人的系统之间的物理学上的相互作用，一般来说，它们本身是具有某种程度的物理学秩序，就是说，它们也必须遵循严格的物理学定律并达到一定程度的准确性。①

诸如此类，关于构成无机物体的“原子”，向构成有机生命体的“原子”转化，以及自然秩序和物理学定律，在其中发挥作用等一系列猜想，都为20世纪中期生命基因和遗传分子DNA的发现，“分子生物学的诞生作了概念上的准备”，接踵而至的生物学发展“事实证明它已成为分子生物学诞生和随后DNA发现的激励者和推动者”②。这位物理学家，也因此成了分子生物学的先驱。

这为TVS哲学进一步回答“世界是如何普遍联系的”这一哲学命题，补充了从物理学到生物学的新的视点与答案。也为TVS在关注知识的视点结构的同时，关注学习者意识、认知模式和知识结构的形成，及其之间的有机联系等提供了新视点（参见本书第二章）。

1.5.3 生命遵循物理定律

《生命是什么》，从原子构成宇宙万物这个视点命题出发，大胆且顺理成章地推导出了“生命”的构成和运动“遵循物理学定律”这一假设，及其与此有关的

① 埃尔温·薛定谔.生命是什么[M].罗来鸥，罗辽复，译.长沙：湖南科学技术出版社，2003.
② 埃尔温·薛定谔.生命是什么[M].罗来鸥，罗辽复，译.长沙：湖南科学技术出版社，2003.

“一系列天才的猜想”。除了从物理学和化学原则上来诠释生命现象，还有关于基因是一种非周期性的晶体或固体；突变是由基因分子中的量子跃迁引起的；突变论是物理学中的量子论，基因的持久性和遗传模式长期稳定的可能性可以用量子论加以说明；染色体是遗传的密码本；生命“以负熵为生”，是从环境中抽取“序”来维持系统的组织，是为生命的热力学基础。[①]后来的科学研究证明，这些猜想几乎都是正确的。只是，从无机体到有机生命体转换的各关键环节上，是如何遵循物理学和化学定律的，还需要做更精细、更精致的实验和研究而已。

“生命就是负熵”是薛定谔根据热力学第二定律中用以表达系统无序性的重要命题，是通过物理学的“熵”概念，做出的关于生命科学的创造性判断。热力学第一定律和第二定律，虽然都源自对热运动的研究，但所揭示的却是所有物理现象的一般规律，或基本定律。第一定律是热能与做功守恒的定律，或称能量守恒定律；第二定律补充指出，自然界中的任何过程都不可能自动地复原，或者任何单一热源从高温物体传到低温物体所耗散的能量，如果没有从其他系统中获得补充，那都是不可逆的过程（参见本书5.6.2 TVS定律10——动态平衡律）。“熵”就是用来描述系统从开始的有序程度不可逆地发展到最后的无序程度的概念和计量单位，表明一个在自然过程中的孤立系统，因为不从，或不能从其他系统获取能量，其“熵”即无序性就会总是增量，或总混乱度即“熵”就不会减小。除非该系统能够从其他系统或者环境中获取能量，终态与始态或者有序的活力状态（动态平衡）才可能守恒。故热力学第二定律又称“熵增定律”，用公式表达即：

不可逆绝热过程 $S_f > S_i$；
可逆绝热过程 $S_f = S_i$；
（式中 S_f 和 S_i 分别为系统的最终和最初的熵）

一个系统的始态与终态的差异，决定了系统运动过程的必然方向。如果一个生命系统是孤立的，那它就只有能量耗散，就会不可修复地走向无序与死亡。要使生命系统的终态与初态守恒，就必须借助外界作用，或者与外界环境或系统进行能量交换。因此，生命就是能量耗散和从外界吸取能量这样的双向互为过程。这个过程就是与增熵（无序性）对抗的减熵或“负熵”（增加有序性）过程。一个

① 埃尔温·薛定谔.生命是什么[M].罗来鸥，罗辽复，译.长沙：湖南科学技术出版社，2003：185.

生命活体就是不断减熵或负熵，或者不断与无序性对抗，不断维护和增加有序性的过程。

需要提示的是，宇宙中任何一个系统，包括一个人的肉体和精神，一位教师，一所学校，一旦成为不能从外部持续获取或交换能量的独立系统，那他（它）的运行就是一个不可逆的增熵过程。一个人，一位教师，一所学校，一个国家，不断地通过学习获取新能量，同时不断地向这个世界输出能量，输出知识，输出激情，释放爱与美的能量，这本身就是生命的过程，是维护生命之生、生命之序、生命之活力的远离死寂的平衡态的负熵过程、保健生命的过程。

“熵并非别的什么东西，只不过是分子自身的无序性而已。”[①]而“负熵即表示有序程度”[②]，这是只有“远离平衡态的非孤立系统”，即与外界有频频有效交流的系统才能够做到的事情。换句话说，一个与其他系统或者环境没有任何交流的“孤立系统”不可能对抗增熵，不可能实现“负熵”，不可能远离最终的静止的平衡态。所谓生命的存在，就是不断地对秩序的修复，实现负熵，远离最终失去活力的平衡态；生命的死亡，就是秩序不可再修复，熵增抵达了最终死寂的平衡态。以能量互换来实现能量守恒、动态秩序守恒，这就是生命活体的所谓“新陈代谢”。无机体与有机生命体最大的不同是：无机体不具有秩序（结构、相互联系）的自我修复或自体修复能力。

1969年的“理论物理与生物学”国际会议上，比利时布鲁塞尔学派的领导人普利高津（I. Prigogine，1917—2003），在热力学第二定律的基础上，提出了一种新的信息或哲学学说——耗散结构理论，为此他荣获了1977年诺贝尔化学奖。他认为，只有在非平衡系统中，在与外界有着物质与能量交换的情况下，系统内各要素存在着复杂的非线性相互作用及相干效应时，才有可能产生秩序的自组织现象，而生命是一种典型的自组织现象。他把在这种条件下生成的自组织动态体系称为耗散结构，并研究了该类系统如何从混沌无序的初始状态，向稳定有序的组织结构演化的过程与规律，试图描述系统在变化临界点附近的相变条件和行为，以及经过突变而形成并能够持久稳定的宏观有序结构（图1–34）。这一理论，不仅是热力学第二定律的延伸解释，是对“生命就是负熵”判断的佐证，更是对无

① 埃尔温·薛定谔.生命是什么[M].罗来鸥，罗辽复，译.长沙：湖南科学技术出版社，2003：79.

② 埃尔温·薛定谔.生命是什么[M].罗来鸥，罗辽复，译.长沙：湖南科学技术出版社，2003：79.

机物体和有机生命体都共同遵循物理学定律的哲学提炼（图1-35）。

TVS乃至TVS哲学就是致力于提高人类，包括教师、学生知识组织建构能力和自我意识、思维能力、认知建构及修复能力的哲学、教学理论与操作体系。

人和人所进行的所有活动，包括人的成长和教学，也都必须从外界吸取负熵（能量和秩序），来使自身远离最终失去活力的平衡状态。这就是“有序来自有序”[①]。教学生命体与所有生命体产生或修复生命之“序”同样都有三种方式：一是来自生命内外本有之序，即自负熵。人的生命和日常行为、许多自然界中的现象都来自内外本有之序，如有序的生命来自有序的饮食和睡眠惯习，有序的教学来自知识和思维（认知）之序；在教学中，外在有序的知识可以转化为内在有序的知识、思维与价值信念。二是来自无序系统的自负熵。如单个粒子的运动是无序的，但是从大量无序粒子的行为可以统计出某种序来。故“科学家对单个粒子的行为总是无法预言的，而对大量粒子却是可以发现它们的规律，进行准确的预测”。正因此薛定谔认为，这个世界的秩序，即使不是严格决定论的，也至少是

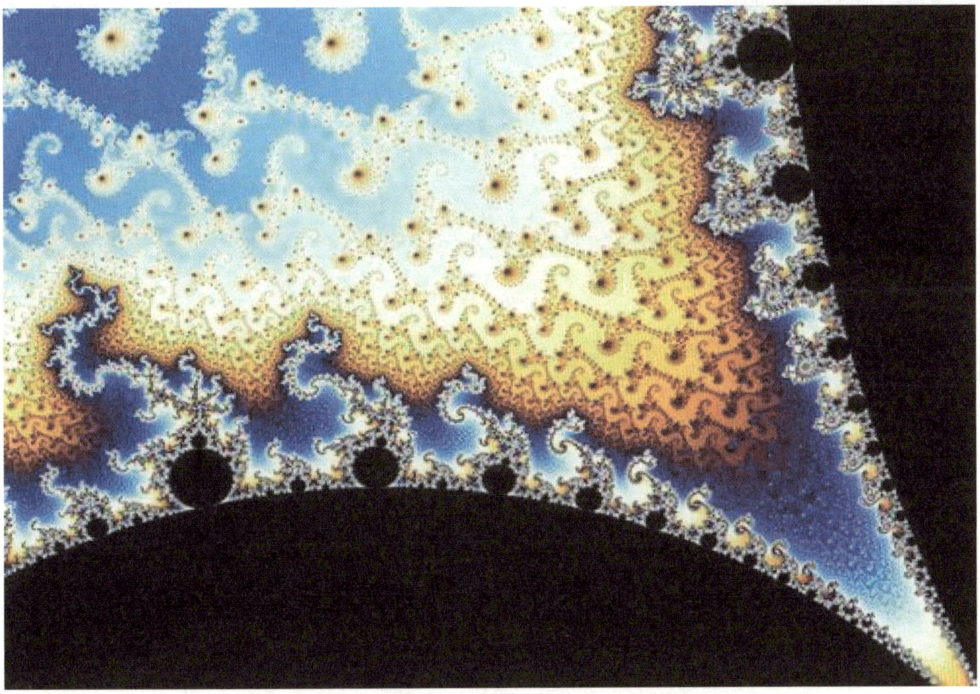

【图1-34】非线性复杂系统：自组织动态耗散结构

① 埃尔温·薛定谔.生命是什么[M].罗来鸥，罗辽复，译.长沙：湖南科学技术出版社，2003:81.

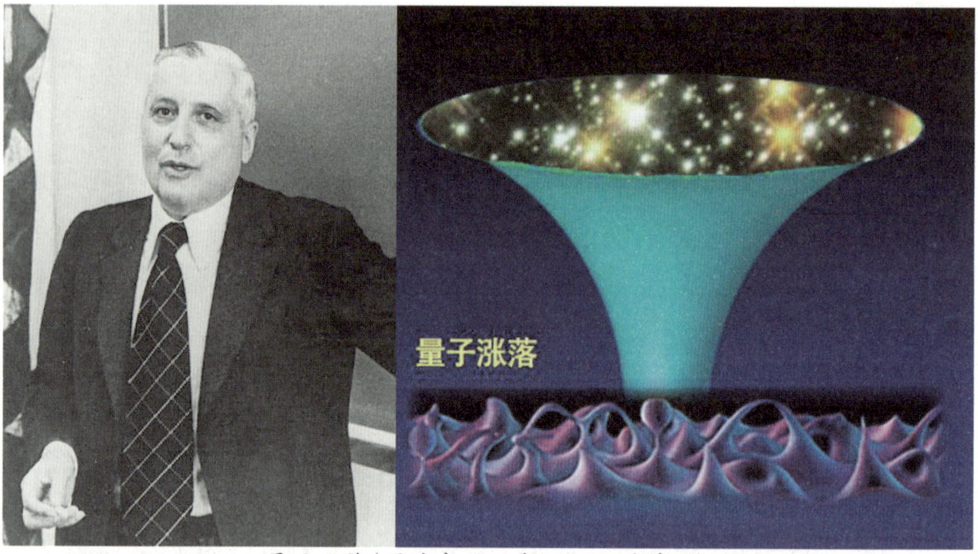

量子涨落(图片来源于中国公众科普网)

大潮涨落(图片来源于pixabay)

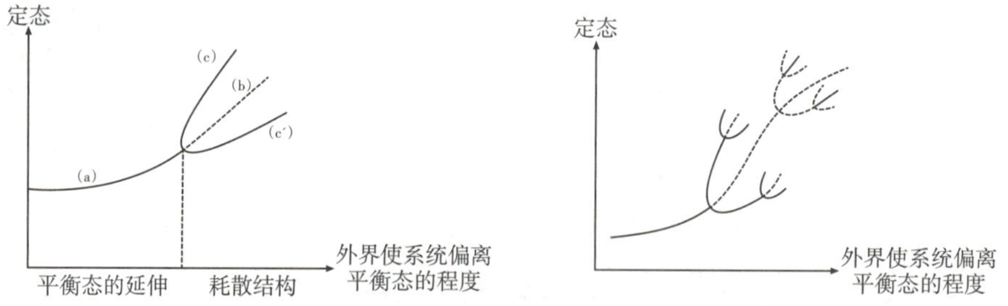

(图片来源于:陶家渠.系统工程原理与实践[M]. 北京:中国宇航出版社,2013:45.)

【图1-35】普利高津的耗散结构理论:涨落导致有序,维持动态平衡

(生命体或教学系统,也如钱塘江大潮和量子涨落,是一个耗散结构,必须不断吐故纳新、新陈代谢,方能维持系统活力和秩序,或实现动态平衡)

统计决定论的。三是来自秩序的修复与重建。生命的增熵不可避免，甚至每天，或随时随地都在发生，这是细胞或基因生存的客观规律，但是只要自我具有修复与重建能力，例如免疫系统功能健全，就可以实现减熵。这属于自主型负熵。所谓癌症，就是生命基因秩序受到了不可修复的损伤或增熵；自杀就是因为人在精神上失去了自我重建和修复的能力与信念，而彻底放弃了生命。

以能量耗散与吸取的统一性来实现能量守恒，以有序负熵与无序增熵之间的对抗和动态平衡来实现秩序守恒，进行自身秩序的修复与重建。这不仅对肉体生命的存在和成长，也对精神生命及人类教学和学习生命的理解、有效高效存在和全面可持续发展，都有不可低估的意义与价值。

1.5.4 DNA：聚焦生命建构与细节

在《生命是什么》的启发下，一群青年物理学家转而将注意力投向了生命科学，并热情洋溢地联手化学家、生物学家等，一起探索并最终发现了组成生命和复制生命的“遗传微粒”DNA（deoxyribonucleic acid），以及这一微粒内部更为微小的元素与组织结构方式和功能。“从密码和序列到生命功能之间，有一个重要环节，这就是结构”[①]、建构与细节。

美国的沃森（James D. Watson，1928— ）和英国的克里克（Francis Crick，1916—2004）都阅读过薛定谔的《生命是什么》。1953年，他们进一步受到奥地利裔美国生物化学家查伽夫（E. Chargaff，1905— ）测定DNA中四种碱基含量（1952）的启发，提出DNA的基本结构是双螺旋结构[②]（图1-36）。这个美丽而迷人的结构，很快得到科学家们的公认和高度欣赏，并用以解释复制、转录等生命的重要过程，其身影迅速遍布世界每个角落。为此，两人获得1962年诺贝尔生理学或医学奖。1989年，美国科学家用扫描隧道电镜法直接观察到双螺旋DNA。DNA双螺旋有多种类型，主要分成A、B和Z三大类。

DNA亦即脱氧核糖核酸，是细胞中染色体的主要化学成分，是由四种含氮碱基，按一定比例（有奇特的规律性）彼此连接建构而成的生物大分子或长链大分子结构（注：分子由原子构成）。与其他无机物分子最大的不同是：它可以组成或携带决定生命性状的全部遗传信息，并长期储存这些生命信息，发出遗传指令，以引导生物的发育和生命机能的运作，也是细胞内其他化合物如蛋白质有序生存

① 埃尔温·薛定谔.生命是什么[M].罗来鸥，罗辽复，译.长沙：湖南科学技术出版社，2003.

② 詹姆斯·沃森.双螺旋（插图注释本）[M].贾拥民，译.杭州：浙江人民出版社，2017.

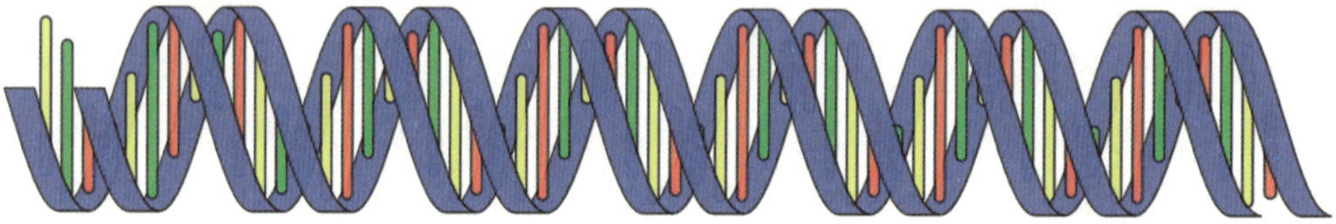

【图1-36】高度有序的生命遗传微粒结构——DNA双螺旋结构模型，及发现者沃森与克里克

和组织的指令。现代分子生物学将这种带有遗传讯息的一个DNA序列或基因链（图1-36）的片段称为“基因”。DNA序列或基因链，有些直接作用于自身构造，有些则参与调控遗传讯息。繁殖过程中，父母代把他们各自DNA的一部分（通常是一半，即DNA双链中的一条）复制传递给子代，完成性状传播。有机体在一定的时空中有序地编码、设计、转录基因和表达指令发出的所有程序，初步确定了生物独有的性状、个性以及和环境相互作用时的所有应激反应模式。形象地说，DNA是生命建构、诞生、存在、发展的“蓝图”和“命令”生命细胞及各种机能运动的“塔台”。

大多数DNA含有两条这样的长链（图1-36），也有的DNA是单链，如大肠杆菌噬菌体φX174、G4、M13等；还有的DNA为环形或线形。

通常用几个层次描绘DNA的结构。其中，一级结构就是碱基序列。DNA的一个碱基结构序列的片段就是一个基因，遗传信息就贮存在其碱基序列中。1975年，美国的吉尔伯特（W. Gilbert）和英国的桑格（F. Sanger）分别创立了DNA一级结构的快速测定方法，为此共同获得1980年诺贝尔化学奖。自那以后，测定方法不断改进，有不少生命体的DNA的一级结构都已确立。如人线粒体环DNA含有16 569个碱基对，水稻叶绿体基因组含134 525个碱基对，烟草叶绿体基因组含155 844个碱基对等。1990年，美国正式启动“人类基因组”计划，拟在10~15年内将人类DNA分子中2.5万个基因中的全部约30亿个核苷酸对序列测定出来，达到破译人类遗传信息的最终目的。英、法、德、日和中国科学家参与了这一计划。2001年基因组草图发表，2003年测评工作已完成。

本书系《TVS：视点结构教学》所要探寻和论述的，正是人类的宇宙观、世界观、知识观的科学的、哲学的基因，以及由这个基因“点↔点”结构模型所决定的人类的教学基因及其结构秩序。

1.5.5 意识是生命的高级功能

人脑意识，是人类高级生命体的重要特性，是人类进行高级认知、知识学习乃至知识创造等高级智慧与精神活动的重要基础。《生命是什么》的中译本后，译者还附上了薛定谔的《意识和物质》一文，以及薛定谔的其他代表论文《科学与人文主义》《大自然与希腊人》《心与物》等，都进一步探究了高级生命及人脑意识的产生与独特性，这些自古以来就使科学家、哲学家们困惑迷离的问题。

生命是物质的生长、繁殖、代谢、应激、进化、心理、意识、自主行为等，一系列远高于无机无生命体功能活动的组织体。意识则是其中最值得人类自豪和骄傲的功能。有了它，人脑就有了主体和客体的自觉性，就可以从对宇宙万物的认识活动中发现、提炼、概括和界定事物的本质及运动定律。因此虽然作为物质的人类身体，严格遵循着自然定律，但是作为有意识的“自我”精神或灵魂生命，尽管也无法脱离肉体生命的自然属性，却也总是会根据感官直接经验，提炼出抽象知识，“指导着身体的运动，并且能预见其结果”。因此，“我——最广义的我，凡是说过‘我’或者感觉到‘我’”的每一个有自觉意识的头脑——“就是按照自然界的规律控制着原子运动的这个人”，在此意义上薛定谔认同基督教的观念：“因此我是万能的上帝”，“即自然规律的直接体现”[①]。“我”，就是能将自身与客观宇宙世界区分开来的，高级生命的功能——意识的典型标志；是人类能通

① 埃尔温·薛定谔.生命是什么[M].罗来鸥，罗辽复，译.长沙：湖南科学技术出版社，2003.

过脑认知自然、掌握和学习自然秩序和规律，不可或缺的前提。

学校教学，就是人类有意识传授和学习知识，有意识进行自我人格和精神世界建设，有意识修复和更新自我的高级活动；是人类生命最为珍贵的自主和“自我”建设、自我完善意识。

1.6 结论：客观世界的“点↔点”模式

1.6.1 高级复杂系统遵循简单模式与基本定律

任何事物都由基本粒子（或元素）构成，因此也都遵循基本粒子或元素构成与运动定律，抽象为“点↔点”模式。各种事物的基本粒子构成与运动方式不同，定律及表达式就不相同，也就是说“点↔点”模式也有多种变式。生命体的构成与运动要复杂得多，定律也复杂得多。学校教学，作为人类生命体的最高级意识活动，其构成粒子或元素及运动方式（“点↔点”和变式）也更为复杂、灵动、变化多端。

但是简化复杂性，还原基本元素，就会发现，基本关系式或定律是支配人类生命与高级意识及与之相关的一切行为，包括教学和学习行为的铁律。“有趣的是，我们从无生命现象中了解到的每一条定律或者原理，都可以放到伟大的生命现象中去测试，结果证明都是很好成立的。虽然生物比非生物复杂得多，但就我们从非生命界求得的物理学定律而言，还没有什么证据表明其必定不能够应用到生物界中去。”①

基本关系式和定律往往决定了所有系统，包括低级系统和高级系统的所有关键特征及各级定律。

1.6.2 万物同构，互动相生

中学美术教师讲色彩构成原理，常会说“白色”就是无色。其实白色是所有色彩混同而生的结果。一个五颜六色的色轮，让其高速转动，就真的会看见它们都混同成了白色，所有别的彩色都看不见了。这个实验，也是一个化有为无、化繁为简的有趣证明。

面对纷繁复杂的物质形态与运动方式，科学家们始终深信，其原始形态或元素构成态，应该是非常简单的！再繁杂的事物，都有其简洁、更简、最简的原初

① R. P. 费曼.物理定律的本性[M].关洪，译.长沙：湖南科学技术出版社，2005：2.

形态。找到这个最简元素（或“原子”）及表达式，也就可以掌握繁复形成的规律。进一步探索也就可以发现这种化繁为简方式或规律的普适性。因为在深层或结构上，万物是一致的。因此，在较高层面上实现物质和精神、自然运动与社会活动、知识获取与教学活动，乃至万物万事万象的大统一，是完全具有可操作性的。

这也是TVS和TVS哲学的根本可能和可行性。后爱因斯坦时代，是现当代信息科学技术迅猛发展的时代。运用1和0两个最简符号元素，按照二进制排列组合就可以表达宇宙万事万物的信息，并逐步发现和建立万事万物间的相互联系即“点↔点”模式（建模）。各种不同系统，在结构上的这一最基本的一致性或相似性，可称为“同构性原理”，它为“在一个领域发现的规律合理地正确地从这个领域过渡到另一些领域提供依据。它也有助于科学的统一，科学的一体化”[①]，乃至学校教学简化和一体化的实现。

1.6.3 科学引领，解救教学困境

宇宙万物是那么生动绮丽，人类关于宇宙事物的知识及教学也本当如此。但我们的教学却总是面临生硬呆板、无可奈何的僵局。从夸美纽斯提出要遵循自然秩序来培养人和进行“迅速的、愉快的、彻底懂得的”教学以来，各种教学改革不断，但是大多数教师依然要么生搬硬套，要么混乱无序，教学效果也总是不能令人满意，投入大而效果低，无效，甚至负效、反效。还学校知识与教学如宇宙万物及其相互联系那样的秩序，简明且生动，富有美感，应该是解救教学困境，提高教学效率的必由之路。

今年（2018）距牛顿发表《自然哲学的数学原理》，提出万有引力定律及三大力学定律，奠定经典力学基石已有330余年；距爱因斯坦发表狭义相对论已有113年，距其发表广义相对论已有103年；距普朗克发表量子假说已快120年；距薛定谔发表《生命是什么》，沃森和克里克发现DNA双螺旋结构模型，及人类基因组测序完成等，已分别有74年、65年、15年等。

尽管这些在人类科学进程中产生的重大知识成果，好多已经成为科普常识，并进入中小学教科书或参阅单元，但是这些伟大的自然科学成果并没有很深刻地介入学校教学，尤其是学校教学思想与方法中。对这些知识简明而深刻的理解及

① 许国志.系统科学大辞典[M].昆明：云南科技出版社，1994:626.

对背后普适道理的不同程度掌握和应用，才应该是学校教学及教学改革更应该吸取的营养。

教学是什么？如何才有效？如何才是科学？才是人文？才是艺术？这是人类教育教学的千古谜题。西方从古希腊苏格拉底、近代夸美纽斯、现当代布鲁姆、布鲁纳、罗杰斯，到加德纳等各种教育教学改革；中国从古代孔子、近现代蔡元培、王国维、陶行知，及当代名目繁多、层出不穷的教育、课程与教学改革等，面对这些问题，似乎都还没有找到肯定答案。随手摘录上述任何一位教育家的著述都可以看到，数千年前、数百年前、数十年前及当今，人类提出的所有教学问题，都可归为一个问题：教学效率不高，也似乎都还存在着，总在原地徘徊，难以破解（图1-37）。

【图1-37】古希腊神话：斯芬克斯之谜
（人类教学的有效性也是难解的斯芬克斯之谜）

在爱因斯坦之前，法国大数学家、物理学家拉普拉斯就有个宏伟预期（1795）：希望出现“一位智者……一种足够广博的可以将这些数据进行分析的智者——它将最大物体的运动与最轻原子的运动都包含到同一个公式中”，这样“将来跟过去一样皆一目了然”[①]！爱因斯坦出现了，部分实现了这样的统一。而人类

① 罗杰·G.牛顿.探求万物之理——混沌、夸克与拉普拉斯妖[M].李香莲，译.上海：上海科技教育出版社，2000：29.

不只需要一位，而是需要在各个领域的众多这样的智者。培养这样的智者，是当今人类教学必须践行的新的神圣使命。

1.6.4 教循自然之序

夸美纽斯《大教学论》（*Magna Didactica*，1632）首次铿锵回答：教学是“将一切知识教给一切人的艺术”，必须效法“自然秩序”，才能教之有效！与中国春秋时期老子《道德经》中的核心思想“道法自然”相似！如果说《道德经》还是一种凭经验抽象出来的哲学，而《大教学论》诞生的17世纪，那正是一个人类热衷用科学方法大量实证“自然秩序”存在，且成就斐然的时代。在强有力的自然科学知识发展和科学认知背景下产生的《大教学论》，高举教学要效法“自然秩序”的旗帜，提出“循序渐进”原则（亦即定律），即循自然之秩序而渐进的教学箴言，比中国古代道家的“道法自然”或更显有力。

现当代自然科学成就提示我们，不仅必须从宇宙自然秩序，还要从人脑构造秩序、人类认知秩序及知识秩序的建构上，去寻求教学准确、有效、生动且具有美感的答案。后面各章中将看到，本章从物理学、化学、生命科学等成果中所提炼出来的万物“点↔点”相互联系的方式与基本定律，对人脑认知结构模式“视点↔点”有着怎样的影响，对学校课程知识建构和教学思维逻辑及行为方式的影响有着怎样的必然性。

遵循“自然秩序”或“道法自然”，是本书TVS哲学与定律（以下各章），及整个视点结构教学（TVS）的理论与行为系统（《TVS：视点结构教学》书系共五本著述）的一大科学基础所在。

大自然的视点结构——太阳的能量（视点）辐射并推动太阳系中所有自然事物与生命的运动（结构）。

第二章

脑将宇宙世界加工成知识：TVS神经机制

人脑是我们所知的最复杂系统，是已知的宇宙中最为美丽、错综复杂、神秘和力量巨大的天然建筑。

——【德】哈肯

人的大脑从来不是消极被动的：它处于一种永恒的活动中，精细而敏锐，接受外界的刺激，对刺激作出反应。

——【英】怀特海

没有人脑，就肯定没有关于这个客观宇宙世界的任何知识存在。大脑结构在相当意义上规定了人类思维、知识，乃至电脑、互联网、物联网、区块链等的基本构型。学校教学必须顺应这种构型，才能有效传授知识，并优化学生大脑和心灵。

——本书作者

本章概述：脑，是人类认识和加工宇宙世界信息的“工厂”或“平台”。首先是人脑，然后是电脑，再是互联网、物联网、区块链人工智能等。大脑借助神经细胞及突触相互连接，并通过化学递质或电脉冲来承载、传递、加工、提炼、创新和交流信息，实现神经元和神经系统与内外刺激的相互作用。电脑则通过电子元件及电极相互连接，通过电子脉冲来实现相互作用与功能。互联网如传导神经，将每台电脑的或类似电脑的电子工具相互连接起来，实现电子信息相互传输与相互作用的功能。物联网基于互联网实现万物相连。区块链是所有局域网与物联板块的大贯通。人工智能或芯片则是支持这些信息化技术的软件或“大脑”核心部分。它们也都是“点↔点”模式的存在，从人脑认知或人类智能角度看，就都是“视点↔点”模式。根据巴甫洛夫经典条件反射、高级神经活动、学习理论和第一（实物）、第二信号系统（语言）条件反射学说，可以推演出更高级的如加工概念和定律的第三信号系统及条件反射的存在。这些都是“点↔点”客观模式和“视点↔点”认知模式的交织与构建体，是TVS哲学及定律构成的脑神经生理机制和人工智能机制。

本章关键词：人脑、天然TVS、神经元、突触联系、神经系统、神经网络结构、神经冲动、化学递质、神经信息加工、认知模式、电脑、人造TVS、互联网、虚拟TVS、人工智能、电子信息加工、云计算、大数据、世界观、方法论、思维导图、知识、同构、局限与无限、精确的广博、人脑教育改造、价值观、可能性、巴甫洛夫经典条件反射理论、n级条件反射、第一信号系统、第二信号系统、行为主义的S→R反应模式、认知主义S→O反应模式、TVS的S↔O↔R反射模式、TVS神经机制、第三信号系统、第三信号系统条件反射。

问题：大脑如何将宇宙万物加工成知识？

第一章中所述各种自然秩序和定律是客观存在的。其实这只是一个侧面的说法。另一个侧面是，如果没有人的认知，没有认知到这一切的人的大脑，则关于这些客观存在的“自然秩序”“自然定律”，以及“点↔点”相互作用模式乃至TVS哲学等，也都不会存在。也就是说，如果没有人的认知这个视点，及通过认知视点去建立的关于这个世界的知识结构，即“视点↔点”认知模式和知识模式，就不会有我们今天所知晓的这个宇宙客观世界，以及目前所有的信息化技术与人工智能存在的根基。

20世纪初期和中期，人类对客观自然探索的视点，实现了从常观世界向宏观宇宙再向微观粒子世界的转换；20世纪中后期，转而直面自身及自己的大脑和意识。仅《纽约时报·科学版》1992—1996年这5年间，就登载了诸多大脑研究新成果[①]，可见在科技发达的国家不仅学者，而且大众对这类话题都有浓厚兴趣。

其实，迄今所谓的“宇宙”，都不过是被人类大脑捕捉到的宇宙。用任何天文望远镜或显微镜所看到的，也都是现象在大脑中反射的影像，再被加工提炼生成的关于宇宙世界的知识而已。包括科学家发现的知识、学校传授的知识、学生学习的知识等，均与人类自身拥有的大脑，这个“最复杂系统”[②]直接相关。感谢上苍，使人类拥有这个“已知的宇宙中最为美丽、错综复杂、神秘和力量巨大的”的“天然建筑”[③]——大脑。有了这弥足珍贵的“建筑”，才使人类不至于像其他动物那样，过着懵懵懂懂、浑浑噩噩的日子。

问题在于：这颗被硬骨包裹得严严实实的大脑，是“天然建筑”，且还具有后天巨大的可塑性、独特的主观性与创造性。事实上，我们“没有办法将观察者——我们——从我们对世界的认知中排除……我们的认识……不是直接的，而是由类似透镜之物——我们人脑的解释结构而塑造的”[④]。

这颗神奇的人脑，它究竟长成什么模样？是如何工作，如何认识客观世界，并指挥全身行为和情感活动的？后天经验与教育教学，是如何依靠，又塑造了我们这颗大脑的？这是学者们想探索的奥秘，也是天下所有传授知识的教师、学习

① 尼古拉斯·魏德.造化之极——大脑[M].张旭东，译.长春：长春出版社，2001.

② 赫尔曼·哈肯.大脑工作原理——脑活动、行为和认知的协同学研究[M].郭治安，吕翎，译.上海：上海科技教育出版社，2000:3.

③ 东尼·博赞，巴利·博赞.思维导图[M].叶刚，译.北京：中信出版社，2009:23.

④ 斯蒂芬·霍金，列纳德·蒙洛迪诺.大设计[M].吴忠超，译.长沙：湖南科学技术出版社，2011:8.

知识的学生应该知晓的真相和真理。尽管此类问题，在神经科学领域已有一些答案，但是“神经科学或认知科学领域的研究者”，“他们很少会考虑自己的研究有什么即时性的实践效用，也不关心这些研究能为教育带来什么影响”；同时，“教育实践者缺乏能接触高质量信息的机会”，“也很少会发现实践过程中的”诸如此类的困惑，其实在神经科学中已经得到了解决①，或者说已经有了答案。

本章以大脑神经活动机制研究的有关成果为依据，旨在为TVS哲学和定律建立关于神经机制的解释系统，以在宇宙万物、大脑神经系统与人的认知方式及有效教学之间，搭起一条贯通的桥梁。

2.1 人脑神经网络：天然TVS构造

人脑智力产生已有350万年，只是在近几个世纪，人类“才开始收集有关大脑结构和机制的信息”，其中“95%是在最近10年里积累起来的”②。有了高清电子成像技术后，人类才直观到了大脑这个黑箱内部的结构及某些活动的轨迹。人脑内部的神经结构与运动，也是一个典型的“点↔点”和“视点↔点”相互作用的模式，是经典的TVS构造！

2.1.1 常观：大脑神经系统“点↔点”联系

人的神经系统由大脑中枢系统和贯穿全身的周围系统构成。中枢在大脑皮层上，是神经系统的制高“点”，其他“点”分布开来并与这个制高点形成有机联系，形成纵横交织、相互作用的“点↔点”网状“结构”。准确地说，应该是“视点↔点”网状结构，因为这个网状结构的核心或视点是人脑中枢。中枢汇聚来自全身的感觉信息，并加工提炼，然后发出指令，支配全身周围神经运动（图2-1）。周围神经系统分为感觉神经和运动神经，各自为中枢输入感觉信息或输出行为指令信息。感觉神经纤维作为外界信息的输入线路，与人体所有感觉器官和感觉细胞连接，实现感觉活动；运动神经纤维作为应答刺激的输出线路，与人体所有运动器官或运动细胞连接，实现各种动作反应或技能活动，实现对刺激的应答。

① David A. Sousa.心智、脑与教育：教育神经科学对课堂教学的启示[M].周加仙，等译.上海：华东师范大学出版社，2013：203-204.

② 东尼·博赞，巴利·博赞.思维导图[M].叶刚，译.北京：中信出版社，2009：23.

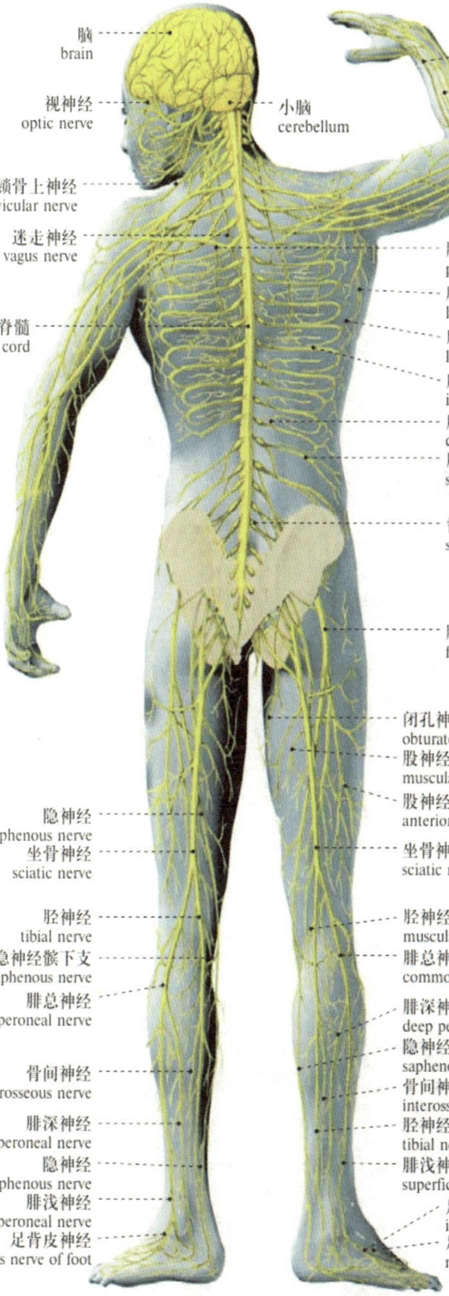

人体神经系统：中枢与周围（感觉和运动）神经系统[①]

【图2-1】TVS神经系统：大脑中枢为制高点，与周围神经纵横交织、相互作用构成“点↔点”网状结构，并连接和指令全身组织

① 陈金宝，刘强.人体系统解剖图谱[M].上海：上海科学技术出版社，2016:257.

人类与其他物种相比，最高贵之处就是人脑有一个位居神经系统之首的中枢（图 2–2）。大脑前额叶，是中枢最具“高度抽象性”的功能区域，是制高点之至高“视点”，负责对感觉神经元和感觉器官输入的信息进行高级加工，并向运动神经元及运动器官发出行动指令。研究表明，抽象思维是人脑发展较晚的思维功能，与额叶的发展相关，只是在人脑的前额叶得到充分发展后，人类才有了高水平的抽象思维能力。①

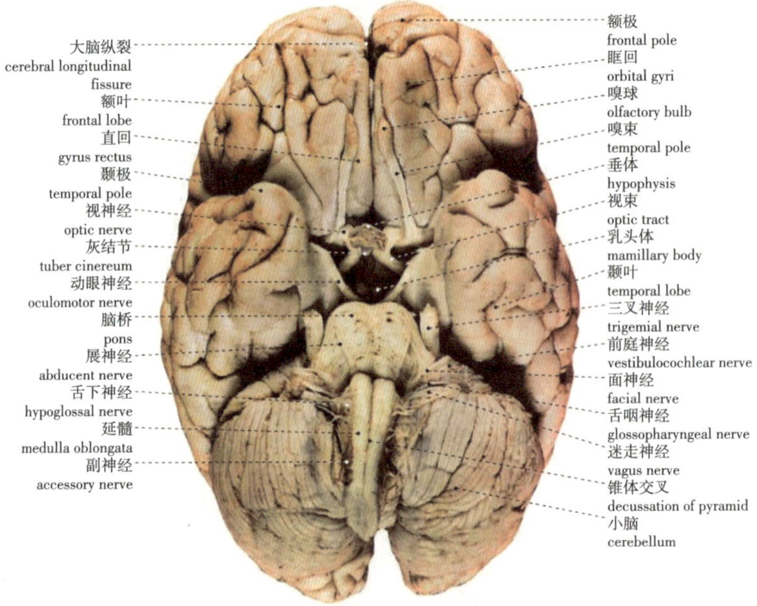

大脑（下面观）

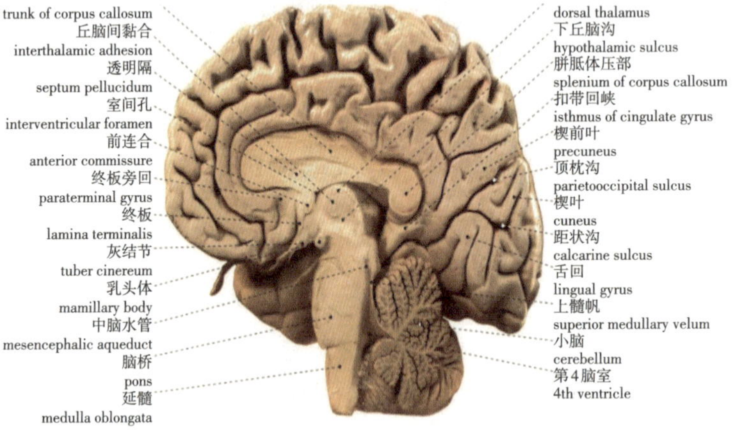

大脑（外侧面观）

① 田运.思维辞典[M].杭州：浙江教育出版社，1996：311–312.

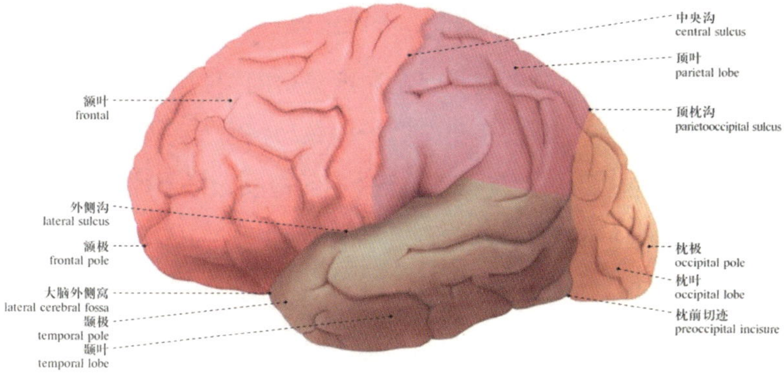

大脑分叶（外侧面观）

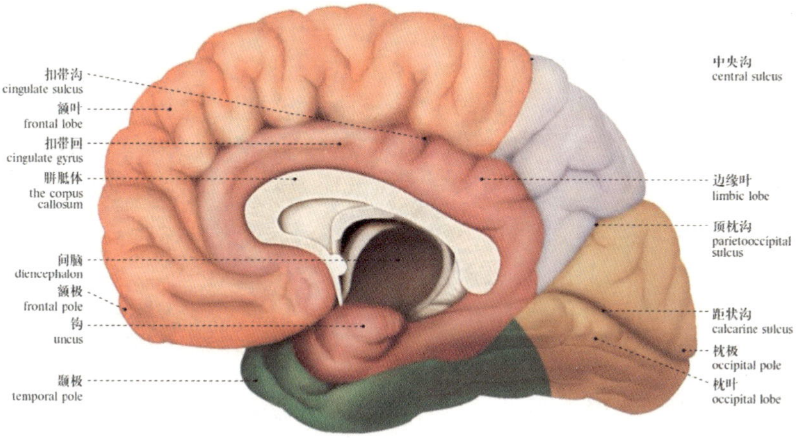

大脑分叶（正中矢状面）

【图2-2】人类最高贵之处，是位于神经系统制高点的大脑皮层；前额，是制高点之至高“视点”①

人与动物，都有直观形象的感觉输入和运动行为输出能力。不同在于，人脑中枢尤其前额叶还独具抽象思维能力，能够进行直观信息的提炼、概括、判断、推理、分析、综合和重组等高级智力活动。物理学家霍金身患运动神经元疾病——肌萎缩侧索硬化症（ALS），丧失了运动神经功能，感觉神经元和感觉功能 也大部分丧失，有一定视觉和些许触觉。十分有幸地是，他的中枢功能不仅没有丧失，还异常发达，仍然有惊人的甚至超越常人的智力活动。这种高水平的抽象智力能力，不仅与中枢前额这个先天生理“平台”有关，也当然与后天结构良好的专业知识信息对大脑的塑造紧密相关（第四章）。

① 陈金宝，刘强.人体系统解剖图谱[M].上海：上海科学技术出版社，2016：271.

2.1.2 微观：大脑神经细胞“点↔点”联系

从微观来看，大脑神经系统不过是一个高度复杂的细胞（亦称神经元“点↔点”交织的）集合体或系统。看似密集杂乱，内在却精密有序。其差不多由出生时的1000亿（1×10^{11}）个，也有说是860亿个神经元构成，每个神经元与其他神经元的连接又多达10000（1×10^{4}）条。它们相互连接起来，构成“点↔点”交织的精细致密的神经网络结构。

也就是说，大脑神经系统常规的“点↔点”结构，是由神经元的微观“点↔点”结构（图2-3）密集有序交织而成的。

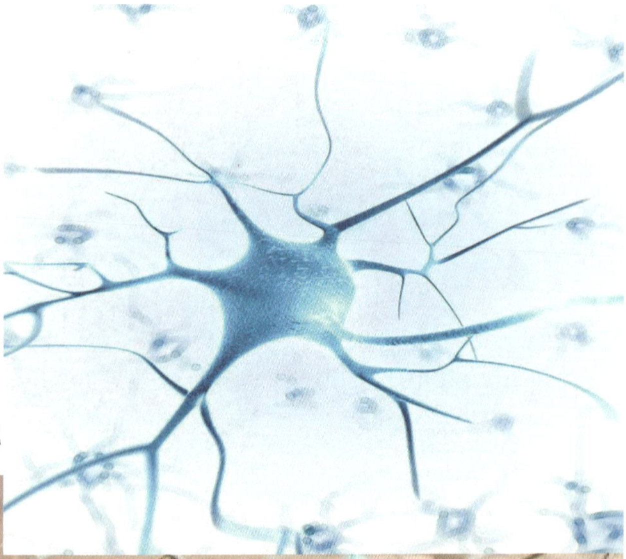

神经元——单个神经细胞

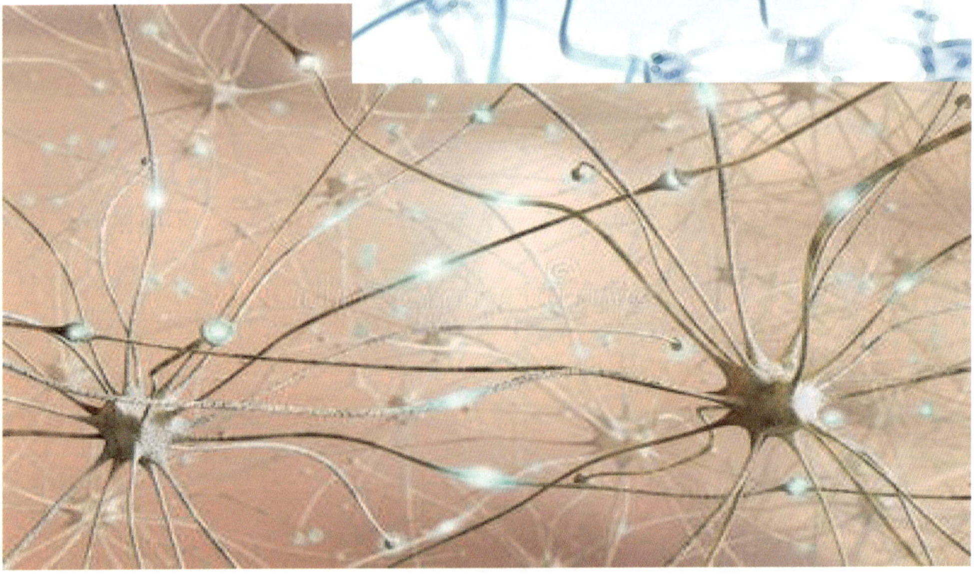

神经元之间的连接——“点↔点”结构

【图2-3】神经细胞网络结构——“点↔点”相互联系、相互作用每个如针尖般大小的神经元，自身就是一个错综复杂且又精细确切联系在一起[①]的系统。它们通过化学递质和电脉冲实现内外“点↔点”相互作用，“涌现出全新特征或者‘性状’”[②]。英国数学家、童话作家刘易斯·卡罗尔（Lewis Carroll，1832—1898）在《爱丽丝漫游奇境记》中，借小女孩爱丽丝之口直接说：“你只不过是一大堆神经元。”发现了DNA双螺旋结构的克里克说得更有趣：“你的喜悦、悲伤、记忆和抱负，你的本体感觉和自由意志，实际上都只不过是一大群神经细胞及其相关分子的集体行为。”[③]这些看法，在20世纪90年代前都还只是“一个惊人的假说”，而今的神经科学已证明，这就是事实！尽管迄今“对于大多数人而言”，也还很难相信，“我们自己仅是一群神经细胞的精细行为”[④]。

神经元的个数自出生后基本就不会再增加。后天智力发展及教学的意义，就是要促进神经元之间“点↔点”信息沟通的精细连接，及传递、加工和输出信息的能力。

2.1.3 突触：神经精密连接的细节

再深入到微观看细节。每个神经元都由胞体（核）及周围的突起或突触（synapse）两部分构成（图2-4）。胞核（神经元的“中枢”或“视点”）是信息加工的所在处；突触则是细胞间的相互连接线及触及部位，称为传导信息装置（结构）。突触又分树突和轴突。树突类似树枝状，负责接收感觉器官和其他神经元传来的信息，合称为感觉神经；轴突较长，形似一根轴，通常有一条主轴和若干分支，负责将胞核加工后的信息传递到运动器官，指挥身体运动，合称为运动神经。每个神经元都被细胞膜包裹，只有通过突触才能与其他神经元相互联系和传递信息，这确保了信息传递的精准性。大脑不同部位的细胞（神经元）形态不同，功能有异，但基本结构都相似（图2-4）。

① 赫尔曼·哈肯.大脑工作原理——脑活动、行为和认知的协同学研究[M].郭治安，吕翎，译.上海：上海科技教育出版社，2000:6.

② 赫尔曼·哈肯.大脑工作原理——脑活动、行为和认知的协同学研究[M].郭治安，吕翎，译.上海：上海科技教育出版社，2000.

③ 弗朗西斯·克里克.惊人的假说——灵魂的科学探索[M].汪云九，等译.长沙：湖南科学技术出版社，2000:3.

④ 弗朗西斯·克里克.惊人的假说——灵魂的科学探索[M].汪云九，等译.长沙：湖南科学技术出版社，2000:7.

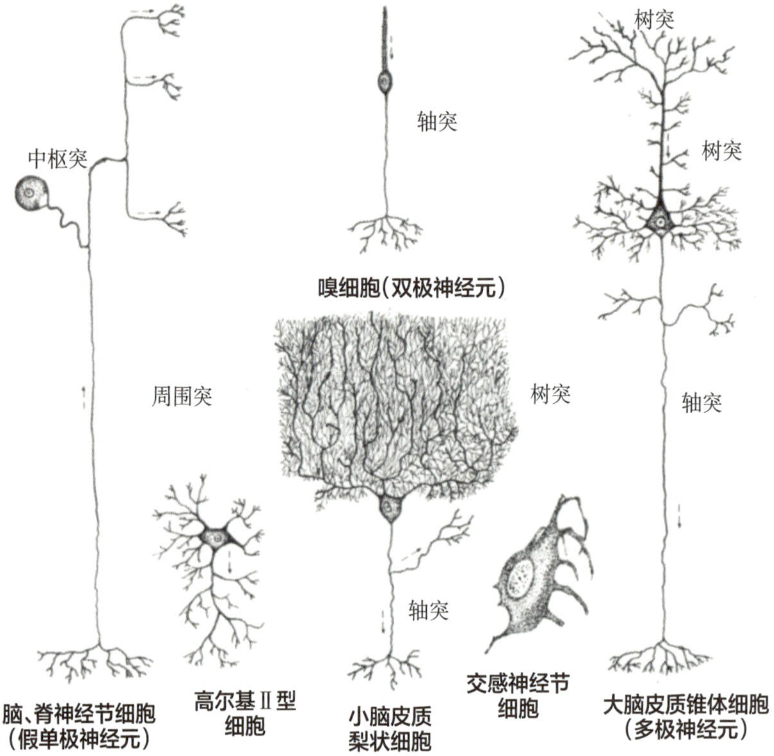

【图2-4】各种神经元共同的TVS模型：都有胞核，并都通过突触相互作用[①]

再看突触之间连接部位的细节。每个神经元的突触即神经元之间的接触部位或连接“键”（图2-5），它们的数目和连接方式，是决定神经元乃至整个神经网络系统构成质量与功能水平的“关键”所在。（1）假单极神经元。胞体只发出一个突起，很快呈“T”字分叉，一支至周围感受器，称为周围突；另一支入脑或脊髓，称为中枢突。这是较低级的突触结构，如脊神经节细胞。（2）双极神经元。胞体相对两端各发出一个突起，一个伸向感受器，另一个进入中枢部，如视网膜和内耳螺旋器内的感觉神经元。（3）多极神经元。具有多个树突和一条轴突，分布广泛，中枢部内神经元绝大多数属于此。一般情况下，突触越多级，神经元的联系通路就越多，分析综合能力就越强，感觉、知觉、联想、想象、思维能力就越强。

顺便提示，结构精良的知识及教学，会有助于神经元的多极突触的生长与建构。

① 于频，李文成，王序.新编人体解剖图谱[M].沈阳：辽宁科学技术出版社，2004：308.

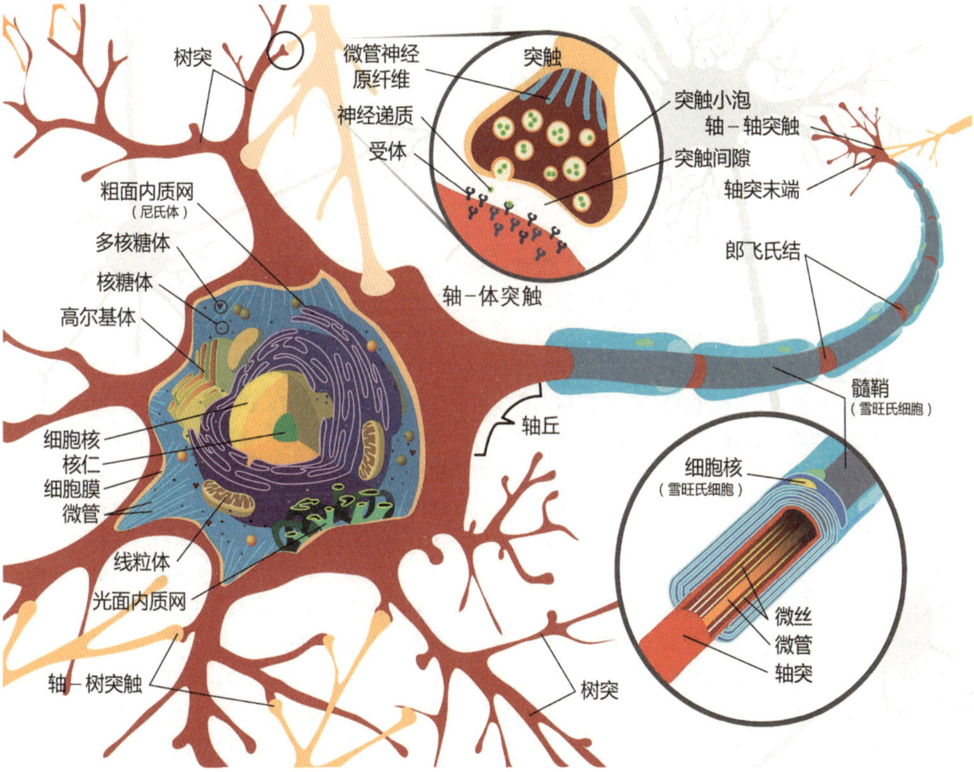

【图2-5】大脑神经元突触连接的细节："键"结合建构形成

（图片来源于pixabay）

于是，细如针尖的每个神经元都似超级章鱼，中间有个体胞，同时伸出有一根、十根、百根或者上千根触须……每秒钟从相连的点上接收到传递来的成百上千的脉冲或化学递质信息，同时也向周边神经元发送指令，如同一个结构精密、功能强大的微数据处理及传递系统。这是典型的、精确的"点↔点"和"视点↔点"多元构型。人脑神经元才因此有了相当高的特异化水平。形象地说，就是你干什么我干什么，分工很明确，不易混淆。这也是人类能够精确认识事物、进行学习乃至进行有效教学的重要神经基础。

据说人脑所拥有的神经元，比宇宙原子的总数还多数倍！"1974年，我写作《启动大脑》的第一版时，已经有人估计说，这个数列可能是1后面接800个零"（图2-6），而已知宇宙里的原子数是"10后面接100个零"，如果再"考虑到每个神经元都以许多种方式与1～10万个别的神经细胞发生相互作用的话，这个数字就更惊人了"①。

① 东尼·博赞，巴利·博赞.思维导图[M].叶刚，译.北京：中信出版社，2009：267.

宇宙原子数：

10，000，000，000，000，000，000，000，000，000，000，000，000，000，000，000，
000，000，000，000，000，000，000，000，000，000，000，000，000，000，000，000，
……

人脑神经元数：

1，000，000，000，000，000，000，000，000，000，000，000，000，000，000，000，
000，000，000，000，000，000，000，000，000，000，000，000，000，000，000，
000，000，000，000，000，000，000，000，000，000，000，000，000，000，000，
000，000，000，000，000，000，000，000，000，000，000，000，000，000，000，
000，000，000，000，000，000，000，000，000，000，000，000，000，000，000，
000，000，000，000，000，000，000，000，000，000，000，000，000，000，000，
000，000，000，000，000，000，000，000，000，000，000，000，000，000，000，
000，000，000，000，000，000，000，000，000，000，000，000，000，000，000，
000，000，000，000，000，000，000，000，000，000，000，000，000，000，000，
000，000，000，000，000，000，000，000，000，000，000，000，000，000，000，
000，000，000，000，000，000，000，000，000，000，000，000，000，000，000，
000，000，000，000，000，000，000，000，000，000，000，000，000，000，000，
000，000，000，000，000，000，000，000，000，000，000，000，000，000，000，
000，000，000，000，000，000，000，000，000，000，000，000，000，000，000，
000，000，000，000，000，000，000，000，000，000，000，000，000，000，000，
000，000，000，000，000，000，000，000，000，000，000，000，000，000，000，
000，000，000，000，000，000，000，000，000，000，000，000，000，000，000，
……

【图2-6】宇宙原子总数（10后面接100个0）
还不如人脑神经元数（1后面接800个0）多①

[做出1后面接800个0估计的是莫斯科大学的皮奥特尔·阿诺欣（Pyotr Anokhin）]

有人说围棋下法的可能性比宇宙原子数多。围棋是体现人脑结构与功能的智力游戏之一。棋盘上有19×19=361个交叉点，黑白双方各有181粒和180粒，共计361粒棋子。下围棋，实质是以361粒点，在361个交叉点上以361阶乘（361！）建立“点↔点”相互联系的（图2-7）。所形成的不同结构方式，的确是个惊人数目。但是，比起宇宙原子数目和大脑神经元数目之间的连接和相互作用结构来，那也不过是沧海一粟②。

① 东尼·博赞，巴利·博赞.思维导图[M].叶刚，译.北京：中信出版社，2009：268.

② 注：有学者认为，将围棋的下法361！种可能性与宇宙原子总数比，得出围棋下法比宇宙原子数多的结论，这种比法有误。原子之间相互联系的可能性，比原子数目多得多。围棋只有361粒，361的组合或相互联系方式就是361！。宇宙原子数，如果按照目前的说法是10^{80}，那相互之间联系的可能性至少是10^{80}！种。围棋何能与之相比？

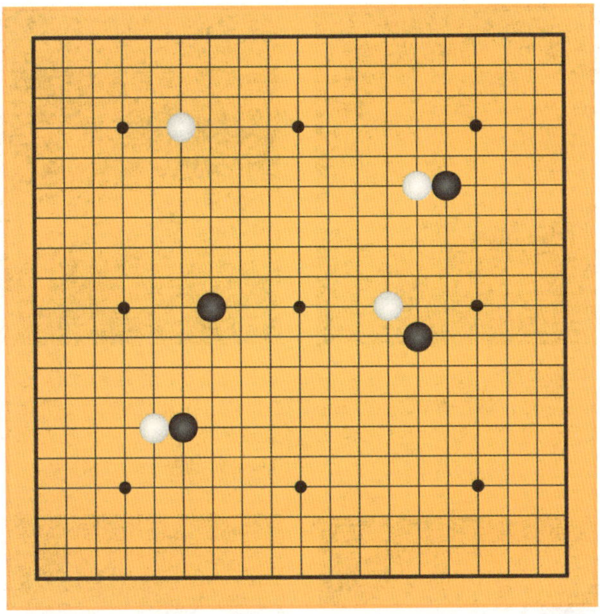

【图2-7】围棋的“点↔点”结构：361个交叉点和361粒棋子，形成361！种可能连接或结构，但与宇宙原子和神经元数的“点↔点”相互联系相比，也仅是沧海一粟
（图片来源于pixabay）

2.1.4 神经元“点↔点”相互作用的理化生原理

人脑信息加工和传导，不仅基于神经元“点↔点”交互连接（相互作用）和突触“键”的物质建构，还在于这些键合与相互作用是一个实实在在的生理、物理、化学等的运动过程。

神经元胞体上的突触连接，是以释放蛋白质的方式来“指挥”神经传导信息的。蛋白质是有机生命体一切细胞组织的重要组构成分，是大脑细胞或神经元间联系，大脑信息加工、记忆、思维、获取和创新知识、发出行为指令等最基本的物质动力源。蛋白质转化为物理和化学两种动力，突触也因此分为两类：依靠电脉冲传导信息的突触，称为电突触，突触间隙很小，约3.5纳米，为数也少；依靠神经化学递质传导信息的突触，称为化学突触，突触间隙一般为30～50纳米，为数众多。已发现的神经化学递质有小分子递质及神经活性肽两种，它们是神经细胞活动的主要能量来源，也是整个神经系统内部能量来源的重要物质基础。

有德国学者归纳各国科学家的研究成果，编制出大脑神经元活动或工作的8个环节，并配有图像，初步解释了各环节的生化原理（图2-8）。

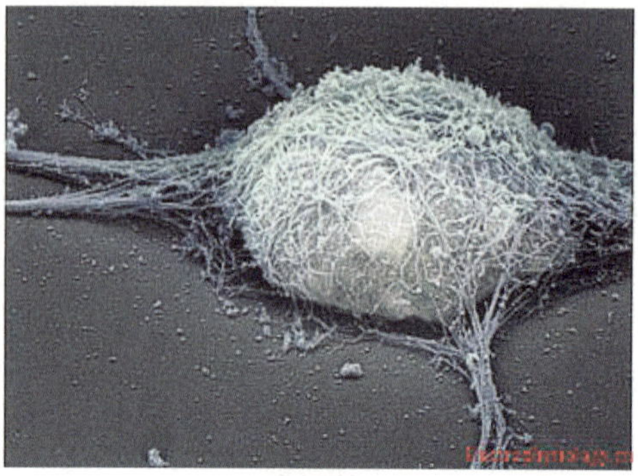

步骤1：神经元开始工作。当一个神经元向其他神经元发送“信息”时，这些丝状蛋白质会不停收缩和伸展，从而达到神经元之间彼此建立连接或断开连接的目的。

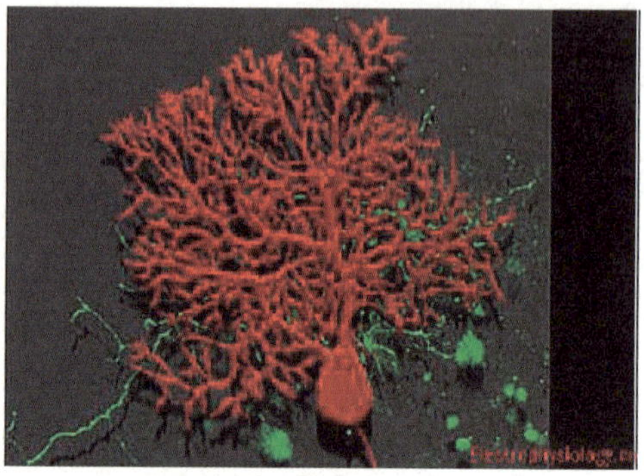

步骤2：神经元胞体之间联系。它们用突触“手臂”彼此连接，之间距离紧密，仅20纳米。染绿的是神经元，红色表明该细胞正与其他细胞“互通信息”。

步骤3：神经网络复杂对话。亮白点是大型浦肯野细胞（Purkinje cell），周围穗状是树突，中间是聚在小脑深处的轴突。细胞会反复发送电脉冲，像“演练”如何与其他神经元衔接。该“装配”好了的“线路”能支持数十亿脑细胞间的复杂对话。

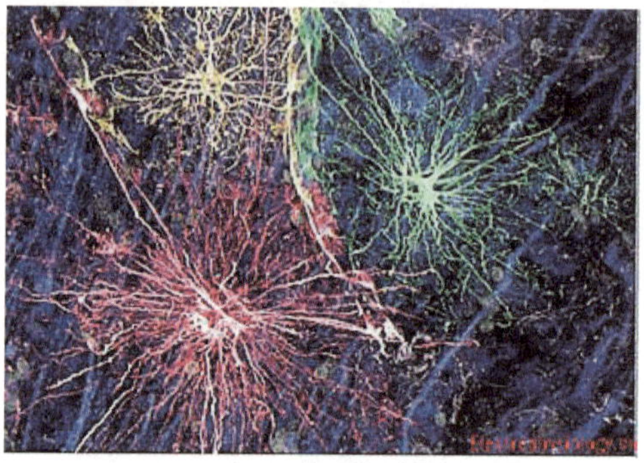

步骤4：大脑动力系统管道供血。为了给传送血液（营养）提供动力，大脑“安装”了直径长度不同的“管道”。图为1平方毫米的大脑皮层，沿表面分布的血管延伸至大脑内部的毛细血管。血流速度由本地神经元需求决定。

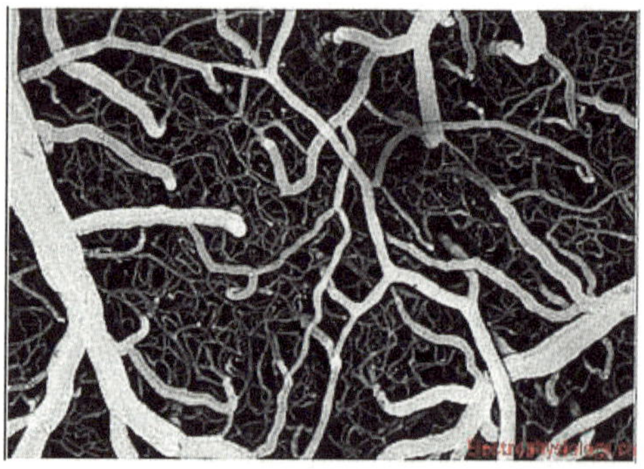

步骤5：大脑神经细胞的黏合。胶质细胞与神经元的数量比为10∶1。它们黏合神经元，保护神经元、突触联系和血液免受周围循环性分子侵袭，也通过钙离子进行相互“谈话”，形成自己的专属“通信网络”。

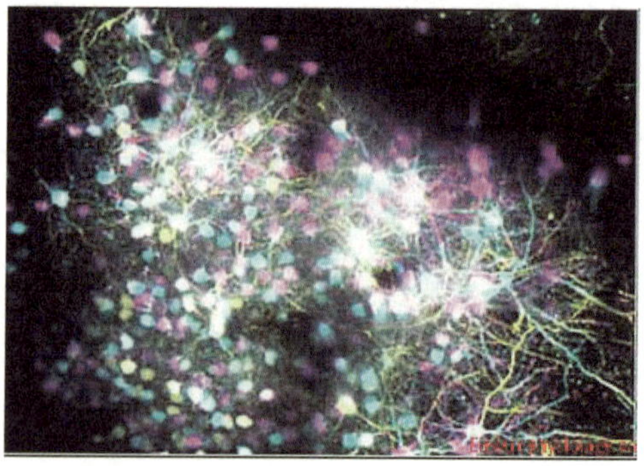

步骤6：大脑学习。图为大脑中所有神经元都处在正确位置时的样子，亮粉、黄色、蓝表示处在视觉皮质不同层面和深度的细胞，在记忆或学习新信息时，可以看到大脑不断进行“自我改造”的动态过程。

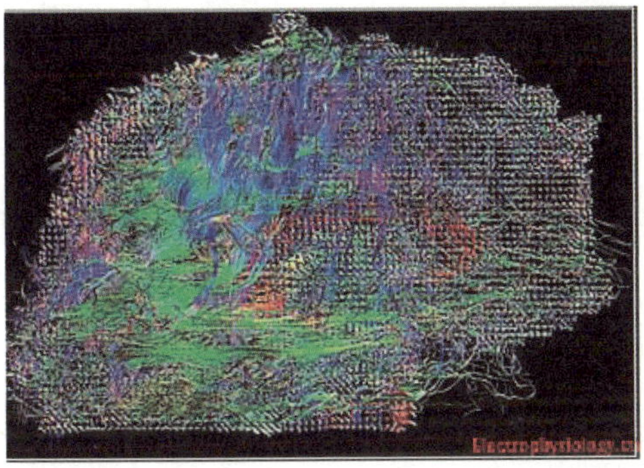

步骤7：完整畅通的信息加工。图为利用高角分辨率弥散成像（HARDI）技术制作的完整大脑组织图像。长长的“电线”代表纤维束，绿色表示大脑后部视觉皮质与眼睛之间的连接。大脑组织结构如果运行不畅，可能是线路（元素及其之间的联系）障碍。

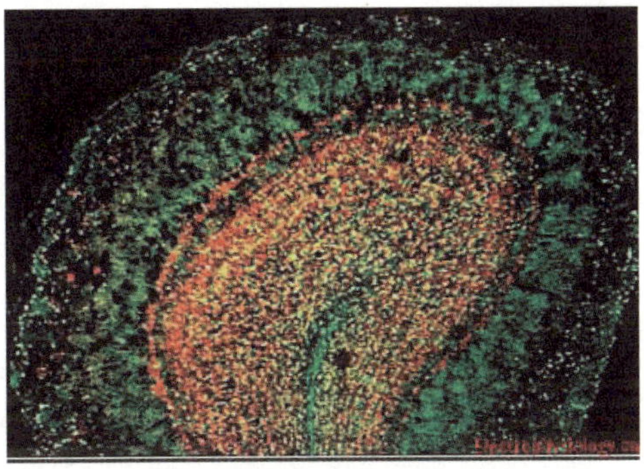

步骤8：神经元及其联系的更新。有研究认为，神经元数量天生既定，一生不会再增长，只是功能激活、联系的建立或中断。也有研究发现，大脑结构机制形成并“运行”后，还会不断产生新神经元，否则大脑将逐渐丧失功能。图中绿色代表较“年轻”的细胞，形成于动物成年期。

【图2-8】神经元“点↔点”工作机制各环节的生化过程图解①

（虽然这些图像几乎都来自鼠类大脑，但对理解人脑学习与知识获得也是一个可参考的生化过程，意义非凡）

在人脑这一复杂而精密的生物结构及其生理、化学、物理变化过程中，所产生的不是或不仅是物质，而是感觉、知觉、形象、记忆、意识、思维、知识、思想、价值观、需求、兴趣、信念和诗情画意等奇妙的精神现象！

换个角度说，一个给定的物质或精神信息在脑细胞之间的传递，实际上也就是一个或n个神经化学递质或电脉冲的实现，或在细胞之间建立了暂时联系。一旦这个联系被固定下来，就成为稳定的神经元之间的联系，可能类似生理性桥梁的建立，亦被称作“记忆轨迹”（也称“记忆痕迹”）或大脑联系图谱。神经元这一细节和关键部位因为信息刺激导致或暂时或稳固的物理、化学变化，继而或同步转化成人的认知、情感、意志、个性等高级精神活动。这种奇妙的物质能量向精神能量的转化，是大脑研究中最令人着迷的领域②，恐怕也是哲学中“物质变精神”最具说服力的证据，也应该是教学刺激转化为学生学习活动及学习成效最深层的依据。

① 步骤1图由德国杜宾根大学的神经生物学家贝恩得（Bernd）及同事们，利用电子显微镜作出；步骤2图由英国伦敦大学学院的迈克尔（Michael）和贝弗利（Beverly）提供，迈克尔还提供了步骤3图；步骤4图由美国加利福尼亚大学神经系统科学家安迪·史（Andy Shih）测定；步骤5图作者不详；步骤6图为麻省理工学院学习与记忆学院研究者们的成果；步骤7图由加州大学的保罗·汤姆森所作；步骤8图作者不详。

② 东尼·博赞，巴利·博赞.思维导图[M].叶刚，译.北京：中信出版社，2009：24.

因为神经元突触间的键合具有高度特定性及坚实的理化生物质活动支持，“人脑乃是一台施了魔法的编织机，千百万织梭往复翻飞于斯，织就花纹转瞬即逝……此消彼长，宛如银河欢舞九天”[①]，各种信息在精密的神经元结构中被正确、精确加工处理，即传导、贮存、提取、重组、提炼、更新、输出等。因此一个人的信息加工水平和能力或智能，最终就取决于神经元之间，或神经细胞之间接触部位（关节键）的细节的精细程度，以及生化电的活动水平。神经元突触连接不佳，化学递质或电脉冲不给力的大脑，信息加工和传导必然迟钝、阻塞、模糊、混乱、低效、无效或负效。这也是学习困难、注意力不集中等现象和焦躁不安、抑郁症等精神问题产生的原因。

以此类推，所谓教学，从生理层面讲[②]，也就是教师借助知识诱发学生大脑中的理化生过程进而接收教学信息，掌握或习得知识并转化为更多、更高级精神现象的过程！尽管人类对自己大脑的了解还很粗浅，“但是，我们现在已经知道的一切，足以使我们永久地改变对他人和自己的看法了”[③]，也足以改变我们对知识、教师教学、学生学习、获取知识及知识创新等可能性的看法了！

2.2 电脑：超级人造脑

2.2.1 电脑：人造TVS

电脑，就是一部由人类仿造自己大脑神经结构及其运动方式建构的人造脑（图2-9）。电脑内存条上一块一块的黑色长条是芯片，类似人脑神经系统。其中主板芯片CPU比其他芯片更加复杂和精密，是信息中央处理器，类似神经中枢，包含了类似中枢神经元的千千万万相互连接（键合）起来的电阻、电容及其他微元件。换句话说，所有芯片均由极其微小的电子元件，类似神经元，及元件之间的连接线，类似神经元突触的“手臂”相互连接而成；电子元件释放电子脉冲，以实现信息承载、传输与加工，类似神经元突触释放电脉冲和化学递质（图2-9）；整个电脑的集成电路系统，就是一个TVS网络结构，类似大脑神经网络。其他更多芯片，则类似中枢周围的神经系统，包括负责输入信息的感觉神经和输出信息的运动神经。

---

① 东尼·博赞，巴利·博赞.思维导图[M].叶刚，译.北京：中信出版社，2009：24.

② 唐智松.教育生理学[M].北京:线装书局,2013.

③ 东尼·博赞，巴利·博赞.思维导图[M].叶刚，译.北京：中信出版社，2009：23.

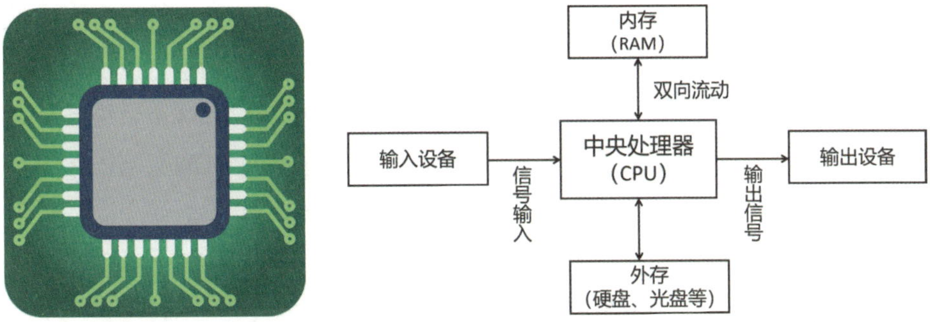

电脑系统TVS构型：以中央处理器（CPU主板芯片）为中枢的人造脑

各种电子元件
（电脑的微电子元件）
类似神经元及基本结构

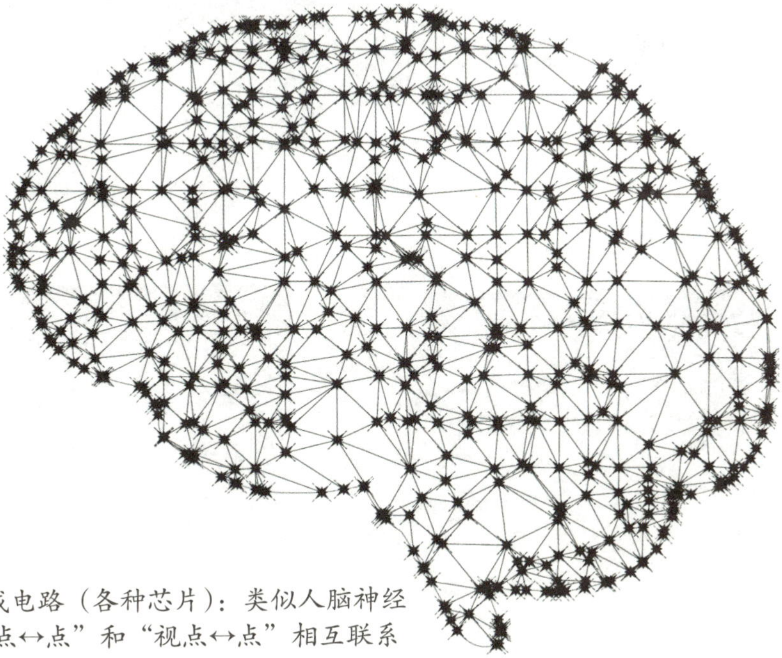

电脑集成电路（各种芯片）：类似人脑神经系统“点↔点”和“视点↔点”相互联系

【图2-9】电脑：人造TVS（图片来源于pixabay）

电脑芯片，本质上也就是传统电器中很多电子零件间线路“点↔点”相互连接的系统，与人的中枢认知系统有很高的相似性，因此，人脑也可以说是以中枢为视点的“点↔点”乃至“视点↔点”电路系统。只是目前，这个系统已经微缩成了小于人脑，也远小于传统电子零件和电路系统的芯片，其间实则包含了千千万万极微的电阻、电容及其他极微元件而已。电脑主板、硬盘、显卡等上都有很多芯片，但是CPU是比普通芯片更复杂、更精密的高智能芯片。

智能或高智能芯片就是基于各种专业信息，设计制作的微处理器和软件，类似各种专业人士的大脑和神经系统，如生物芯片或DNA信息处理器、股市信息分析芯片、GPS导航芯片、远程教学与管理芯片等（图2-10）。

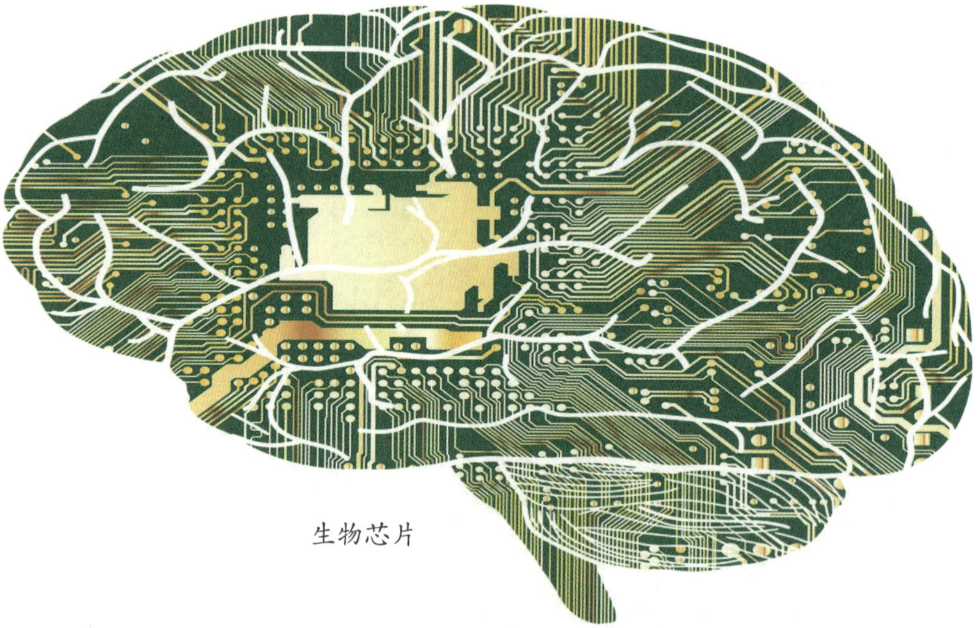

生物芯片

GPS导航芯片

远程教学与管理芯片

【图2-10】各种电脑芯片，类似各个领域专业人士的大脑中枢和神经网络“点↔点”和“视点↔点”相互联系和相互作用（互动）的系统

（图片来源于pixabay）

2.2.2 互联网：超大人造TVS

互联网，就是在各台电脑或人造脑之间建立起相互传递信息的远距、超大网络结构。其中每台电脑或手机等电子器具，都是这个远距、超大网络上的一个“点”。因此，全球互联网也就是一个远距、超大，甚至无形的“点↔点”相互联系与相互作用的人造TVS网络系统（图2-11）。

【图2-11】全球TVS互联网：一个超大远距、无形的人造脑神经网络系统

（图片来源于pixabay）

1969年12月，美国史坦福大学研究学院、加利福尼亚大学、加利福尼亚大学洛杉矶分校和犹他州大学的四台主要计算机，首次实现远距联结。其后40余年间，互联网的神经“手臂”几乎联结了全世界所有地区、单位、个人的电脑、手机、GPS定位器、系统感应器等。有趣的是，“电脑”（computer）与“交流”（communication），英文单词都有一个共同词根“com”，即“共、全、合、与”的意思，这似乎早就为电脑联网埋下了伏线。

在互联网基础之上，又出现了物联网，即万物联网。这不过是借助信息互联网进一步实现的万物乃至万事间的联系而已。

互联网，这个超大“点↔点”联系通道，如同大脑神经元突触联系的放大，再放大；神经系统及其功能的放大，再放大。人类的大脑不仅将每台电脑联结起来，而且使人人手中的手机、每台移动器械上的GPS、系统感应器等，都成了或大或小的人造移动电脑（既是信息终端，接收和反应信息，也是信息中枢，可加工和提炼信息）。人与人、人与物之间随时随地实现着“点↔点”或“视点↔点”的即时互动、延时互动、并联互动、串联互动，这大大激发和释放出人脑与生命的巨大思维能量、学习能量、创造能量，以及作用于自我和与客观互动的行为能力，扩展了人类认知世界，抑或构建、学习、交流和创新知识的可能空间和自由度。

2.2.3 云计算与大数据：超级中枢和超级计算力

人造脑有了超长手臂，还需要一个容量和功能都超大的人造中枢。20世纪末21世纪初，云计算诞生了。所谓云计算，指借助互联网，联结各级电脑或各级电脑的中央处理器，将各区块中产生的信息汇聚、储存起来，并进行更为综合的信息加工。云计算中心就类似若干电脑的超大公共中枢。

超大中枢平台，只有海量信息汇聚和储存的能力是不够的，还要有对海量信息的分析能力。于是大数据（big data）出现了，而所谓大数据，不仅指数据量大，更重要的“是指对海量的所有数据分析的方法”[①]，其与传统数据分析方法不同的是：数据不是来源于抽样，而是在一个领域可能占有的“所有”数据，或是系统现在拥有的全部数据。如现存于某产业领域、商业领域、管理机构，学校以及任何电脑、手机、感应器等中的文字、图形、声音等各种类型的全部数据。数据量甚至可以大到以G或T也难以计量，或要用P（1 000个T）、E（100万个T）或Z（10亿个T）计量。这些数据往往缺乏结构；类型繁多，包括网络日志、音频、视频、图片、地理位置等信息；价值密度相对较低。对这些庞大繁复的信息数据的加工及分析，发现其间的相互联系、存在的问题，以预测其发展趋势，为决策提供参考等，这就是大数据分析方法。虽然迄今仍有学者坚持说人文社会学科因主观因素太强，不可量化，但事实上，今天各类数字化和数据化的人文艺术信息，早已比比皆是。“万物皆数”的古希腊哲学思想发展至今天，已成为“一切皆可量化”及所有量化的数据皆有联系的客观事实。[②]触动一点，全网皆知（图2-12）。

---

① 维克托·迈尔-舍恩伯格，肯尼思·库克耶.大数据时代[M].盛杨燕，周涛，译.杭州：浙江人民出版社，2013.

② 赵伶俐.量化世界观与方法论——《大数据时代》点赞与批判[J].理论与改革，2014(6)：108-112.

大数据层出不穷，如宇宙中的原子和电子，背后隐藏着规律(相关或因果)
(图片来源于pixabay)

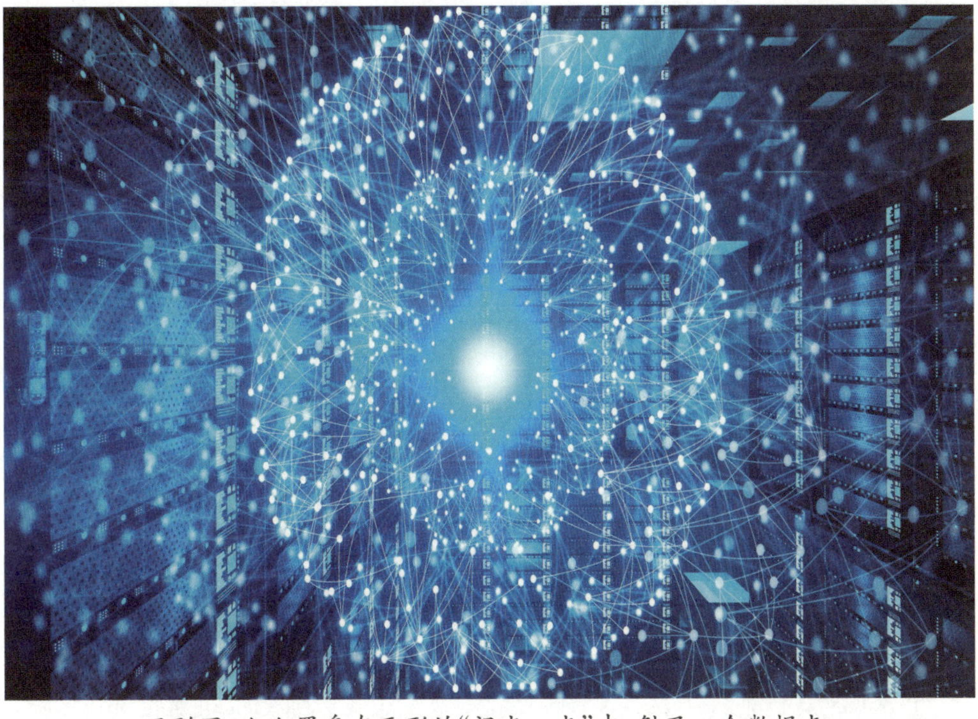

互联网：人人置身在无形的“视点↔点”中，触及一个数据点，
就可能扰动全网相关数据，这就是相关性与规律

【图2-12】大数据

几乎已经被普遍证明，“大数据、云计算一提出来，就是冲着复杂性而来的”[①]，大数据“标志着人类在寻求量化和认知世界的道路上前进了一大步。过去不可计量、存储、分析和共享的很多东西都被数据化了”；“创造了前所未有的可量化的维度……更多的改变正蓄势待发”[②]。

新的难题还将继续是：面对几乎无处不在、无不可能、种类繁多的浩瀚信息，如何提高信息分析即“提纯”信息的能力？这对于学校教学来说，一方面是教师能否有针对性地为学习者提供最恰适的知识与教学刺激，管理者是否能够用大数据分析方法了解和调控教学；另一方面是我们的学校教育教学是否能够培养出能够通过大数据驾驭教学的教师，以及将人造脑潜力发展到极致的高智慧的学生？人类教学已面临全新挑战。

2.2.4 人脑与电脑：世界观与方法论的挑战

新挑战还不止于此。在人脑这个自然平台上和在电脑这个人工平台上，除细胞和细胞网络结构、电子元件和元件网络结构等物质基础不同外，运行的工具、方式或传递信息的语言也不相同。例如，分别用中文和英文这两把“锄头”（工具），在相同的信息土壤中，挖掘出来的宝藏或劳作效果就会很不一样。英语结构严谨，反映事物或成分间逻辑关系的关系代词（联结点）等，用法分明，信息表达精确性高；中文则少有或“没有关系代名词，如that、which之类，使子句精确”，也“缺乏严格定义的子句（clause）结构”，所以中文在科学及法律上“有很大的缺点”或局限，当然“中文用来写诗则极好，原因也如上。因为写诗不需要精确，太精确的诗是不好的”，“就像……西方画起初比较精确，后来他们发觉精确不一定好，所以出现了抽象画派……我认为应当倡导把欧洲语言中比较精确的句子结构，其中若干特色，引入中文句子结构中去”[③]。

译作《大数据时代》2013年初出版，到2014年4月中译本就已印刷11次，获得了“2013年度中国影响力图书”、“2013年度大众喜爱的50种图书”、央视首届“中国好书”等20多个奖项。通过360导航检索与分析，当前十分热门的“大数据”概念，65%以上与“大数据时代”或《大数据时代》相关。全书观点尽管还

---

① 崔小屹，韩青.用数据说话：大数据时代的管理实践[M].北京：北京大学出版社，2013.

② 维克托·迈尔-舍恩伯格，肯尼思·库克耶.大数据时代[M].盛杨燕，周涛，译.杭州：浙江人民出版社，2013.

③ 杨振宁.科学、教育和中国现代化[M].北京：人民日报出版社，1987：29.

有值得商榷之处，但实例丰富、立意新颖、分析简明，加之大量类比手法、形象生动的文风等，也不愧“迄今为止我读过的最好的一本专著，中英文都算上”[①]。

该书掷地有声地指出：“量化一切，数据化的核心。”[②]从公元前3000年到当前，追述了人类量化万事万物的“雄心”，提出了“本质上世界是由信息构成的”抑或“世界的本质是数据”[③]的世界观。所提出的“不是随机样本，而是全体数据”；“不是精确性，而是混杂性”；“不是因果关系，而是相关关系”三大命题和分析方法特点，被认为是大数据时代人们对待数据信息的“三个转变”[④]，是与海量数据和量化世界观相匹配的方法论[⑤]，以及数据分析技术：

1.更多。不是随机样本，而是全体数据。（命题1）

2.更杂。不是精确性，而是混杂性。（命题2）

3.更好。不是因果关系，而是相关关系。（命题3）

传统统计学因为获取和处理全数据或大数据十分困难，才凭借“样本可以代替总体”的假设，用随机抽样获得的小数据进行概率分析与推论。有合理性，也有问题。《大数据时代》对传统分析方法的评判近乎绝对，事实上大数据采用的相关分析法，也是传统分析方法之一，原理相同；其论述的大数据分析不涉及因果关系，也未必周全；自认为提出的“思维变革”，从“数据、技术、思维三足鼎立”来分析论证，但大量举证的都是商业和管理类实例，范围狭窄，故不可广泛推衍，例如直接用于教育教学需要谨慎。其以量化一切或一切皆可数据化为视点，以三大技术命题和三足鼎立思维纵横交织，构成的《大数据时代》世界观与方法论的架构[⑥]，这种“视点↔点”的思维模式与方法，即从哲学世界观一以贯之的操作方法体系的建构逻辑，对教育教学有重要启示。

① 谢文.大数据经济[M].北京：北京联合出版公司，2016.

② 维克托·迈尔-舍恩伯格，肯尼思·库克耶.大数据时代[M].盛杨燕，周涛，译.杭州：浙江人民出版社，2013：105.

③ 维克托·迈尔-舍恩伯格，肯尼思·库克耶.大数据时代[M].盛杨燕，周涛，译.杭州：浙江人民出版社，2013:125.

④ 维克托·迈尔-舍恩伯格，肯尼思·库克耶.大数据时代[M].盛杨燕，周涛，译.杭州：浙江人民出版社，2013：17.

⑤ 赵伶俐.量化世界观与方法论——《大数据时代》点赞与批判[J].理论与改革，2014(6)：108-112.

⑥ 赵伶俐.视点结构教学技术原理[M].上海：百家出版社，2002.

2.2.5 人人置身“视点↔点”环境

大大小小人造脑、人造中枢、人造神经元和神经手臂，以惊人速度渗透到各行各业、各学科，以及人们的日常生活之中。其实，也就是将人类的所有个体，置身到了一个自己创造的TVS网络中。这大大小小的“点↔点”结构网络，从每个人的认知角度来说，也就是“视点↔点”结构网络，一个巨无霸的TVS信息与大脑环境。人人有电脑、手机等，只要有一个端口登上了互联网，就成为这一庞大的人造大脑神经网络上的一个“神经元”，并与所有“点”形成了“点↔点”或“视点↔点”互联互动关系。只是关系有显有隐、有近有远、有亲有疏而已。你可以不上网，但这就意味着你脱离了现实的人类关系，或现实社会；你即使不主动联系别人，也会被别人所联系，且无时无刻，随时随地。这是一个所有人都必须置身其间的TVS时代（图2–12）。

于是人们，当然包括教师和学生，不在TVS网上，就在上TVS网的路上，或者就在TVS网边。只要在轻轨上瞟一下，目光所及的所有车厢里，很多乘客都在低头看手机，便知道其势之猛且不可逆转。不仅是电子化或物化的TVS网络工具，也包括思维方式、工作方式、学习方式、娱乐方式、社交方式、日常行为方式和行为习惯等，均已悄然改变、快速发展与普及到每个角落。这迫使教育教学必须与信息化的TVS构型相适应。也就是说，学校知识、课程与教学，包括知识获得、知识交流、知识创新、知识应用等，都必将会按照“点↔点”和“视点↔点”逻辑进行深度建构，或改建。

2.3 人脑的优势与优化

无论人脑，还是人造脑，都具有“点↔点”或“视点↔点”同构性。但人类自身的这个脑与功能日益强大的人造脑“仍有许多原则区别”①。人类大脑，自有独具的优势，依然是、永远是人类认识、思维与精神活动的主流方式，也是人类教育教学不可忽视的根本点。

2.3.1 人脑的不可替代性

（1）自我感觉。人造脑已经开始具备一些视、听感觉，甚至触觉、嗅觉，但是，它永远不会有“自我”感觉。目前已有的传感器，使人造脑（或人工智能机

① 罗杰·彭罗斯.皇帝新脑[M].许明贤，吴忠超，译.长沙：湖南科学技术出版社，2007.

器）有了一些能“自己”感知和收集外界信息的功能，但绝大多数信息还是只有靠人工输入，无论输入方式多么先进。人脑则相反，自己的感觉是信息输入的天然通道，丰富的机体感觉神经体验，还能够带给人自己独有的生理和心理体验，例如喜怒哀乐、快感和美感。

（2）自觉意识。电脑没有自觉性，不能自觉到“自己”“此时此刻”在干什么、想什么，不知道自己正在工作、学习、下棋，或在按照某种目的和计划行事。而人脑有意识，能够自觉到或知道自己的思想、情感、行为的目的性、计划性、组织性，审视、调节和调教自我行为，还意识到自己是“可以理解、分析和滋养”的（这被称为“元认知”），并“通过自我应用”，“可以开发出一些新的思维方法，它们比现在正在全世界使用着的传统思维方式”①，以及比人工智能和一切信息化方式，更灵动，更富有创造性。

（3）速度操控。电脑处理复杂信息的运算速度，已远远快于人脑，但这也不是绝对的。人脑完全可以通过修改电脑程序和改变操作行为，来控制和改变电脑的运算速度。

（4）理性精度。电脑的确可以很有逻辑、很精确地从事“思维”工作，但是这种高度的理性能力，不管精度多高，模式多么丰富，本质上，都是受制于软件设计专家和信息操作者大脑的概念、判断、推理等理性活动水平的。例如大数据分析，只有理性思维能力强者方可驾驶；仅有高质量的电脑、云平台、区块链等，则不可能实现。

同理，电脑的信息加工精度已远超人脑，但其每一步精度的提升，都是专业人员大脑思维精度的表达与执行。换句话说，没有人脑的精度，就没有电脑的精度。当然，电脑的理性精度往往会超越很多普通使用者的思维精度。

（5）审美与艺术。这是只有人自己才能享受和创造的，且应当永远要为人类保留的一片精神绿洲（图2-13）。

2017年4月在中国深圳举行的IT领袖峰会，2018年8月在重庆举行的人工智能国际前沿论坛（图2-14），马化腾、李彦宏等行业巨头都与会且都分别谈到了人工智能的发展前景。人工智能分为弱人工智能、强人工智能、超人工智能三个阶段②，互联网只是开胃菜，人工智能才是主菜，而即使在超人工智能阶段（人

① 东尼·博赞，巴利·博赞.思维导图[M].叶刚，译.北京：中信出版社，2009：23.

② 李彦宏，等.智能革命——迎接人工智能时代的社会、经济与文化变革[M].北京：中信出版集团，2017：自序.

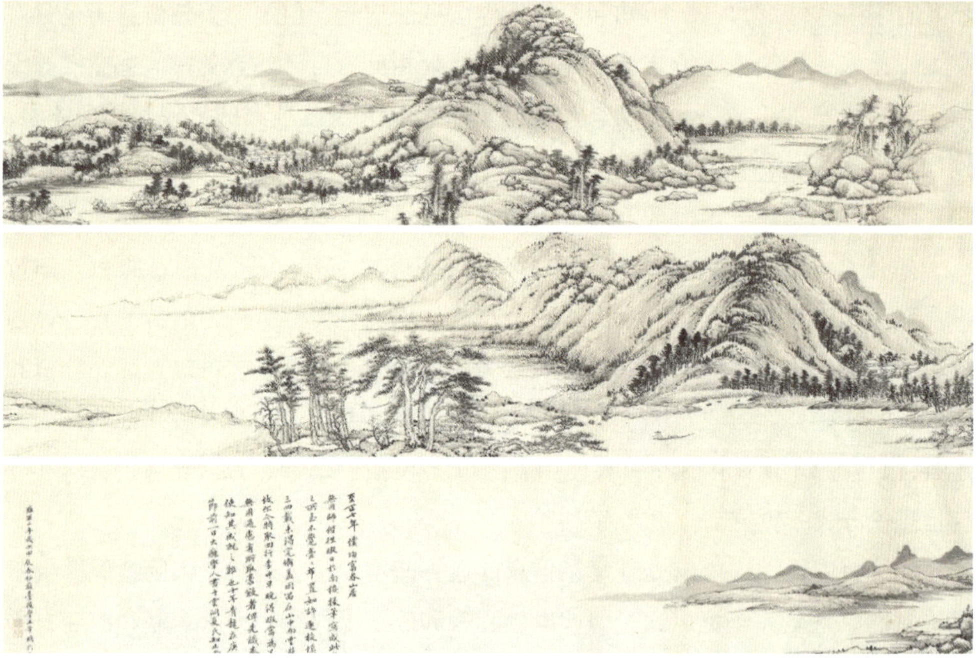

黄公望《富山春居图》

蒙克《黑云杉森林》

【图2-13】艺术家的创作和只有人类才能体验和享受到的愉悦

【图2-14】2018年8月人工智能国际前沿论坛（重庆）

工智能最高阶段），也“永远达不到人脑的水平”[①]。电脑模拟人脑，而人脑的很多功能，电脑永远无法模拟。即便有一定学习能力的机器人已经诞生，且机器学习能力还在日益加强，但人类学习的能动性及自我自觉的更新能力，机器永远赶不上。这里的“人”，是人群中的精英及所代表的人类智能和智慧。

就目前来看，电脑的逻辑运算能力和速度已远超人脑，而由人的“本质力量”（马克思）决定的人脑的直觉、美感愉悦、情感体验、价值信念、自觉能力和原创精神等，永远超强于电脑。或许有一天，人类会将电脑与人脑的优势整合为一体，重构一个理性与感性、逻辑与直觉、受控与自觉、执行与创新并存的，超乎寻常的信息加工模式，这或许会是TVS哲学、TVS与人工智能紧密结合的一个重要方向。只要有人这个有机生命体存在，人类大脑的知识获取、传授和学习模式的再优化和对电脑的掌控都是必然的。

2.3.2 人脑：系统同构，细节异构

每个人的大脑基本结构相同，亦如“万物同构”。但其细节结构却千差万别，因此，世界上没有完全相同的两个大脑。“神经元相互之间的连接方式从细节上说

① 李彦宏.中国国际智能产业博览会[EB/OL].（2019-08-07）.http://cq.people.com.cn/GB/367889/388273/index.html.

因人而异。”[1]突触数量、连接强弱、物理脉冲和化学递质释放水平等差异，决定了其信息传递的方向和速度、加工深度和广度，或者分析精度和综合跨度等差异，也必然决定了神经元乃至整个神经体系结构质量和功能的差异。科学家与科学家不一样，科学家和普通人不一样，教师与教师、教师与学生、学生与学生都不会一样。100余年前巴黎一位神经科医生记录了无数大脑的质量和体积，结果是智障者的脑又大又沉。[2]说明脑的大小不是决定智力的因素，智力的决定因素是神经元及其突触联系的多寡与方式。于是人群中，有人聪明有人不聪明，有人深刻有人肤浅。聪明者、反应快者、准确者，都是相应神经元健康、突触联系丰富畅通的结果；反之，智障者、听障者、视障者等，都是相应神经元损伤、突触通路阻断的结果。没有人脑就没有思维；没有高质量人脑尤其是高质量中枢的神经联系，就没有高质量思维。

大脑是将客观世界原料加工成知识产品的工厂，或更像作坊。工厂机械生产，快速但千篇一律；手工作坊生产，既有一致性又带有强烈个体性。人脑视觉器官和视神经元一般都能感受380~780纳米内的电磁波，即可见光谱，所以一般人都有能看见紫、蓝、绿、黄、橙、红等颜色，并识别各种间色与混色的视觉能力；也有人不能分辨颜色，甚至完全不能感受颜色，那是因为视神经元或视觉器官细胞有障碍，不能正常接收380~780纳米的电磁波；另有人对颜色特别敏感，甚至能够从感觉中提炼和发现规律，用以创造新的和谐颜色的作品，这就有了色彩创造力。科学家能够发现一般人不能发现或者难以理解的一些物理现象，并提炼成科学定理，一般认为与他们大脑独特的精微结构有关。爱因斯坦的大脑至今还被保留着，以待今后揭示其构成的奥秘。

人类不同个体的思维和行为方式及能力，就是这样被各自神经元的独特联系所决定的。人类的教学和学习效果，也是这样被各自神经元的联系方式与质量所决定着，并反过来影响、决定或更加优化了大脑神经元联系的方式与质量。

2.3.3 人脑优化：突触连接与修剪

从细节上看，人脑优化也就是神经元突触联系的两大互为过程：一是突触连接或建构，也就是突触之间建立联系；二是突触修剪，也就是将长期死寂、失联

① 弗朗西斯·克里克.惊人的假说——灵魂的科学探索[M].汪云九，等译.长沙：湖南科学技术出版社，2000：268.

② 珍妮·卢普铵.知识与感知——探究人类的大脑[M].葛放，译.上海：百家出版社，2001：3.

等多余的突触删除。严格来说，神经元突触连接并非越多越好，而是之间准确有效的连接越多越好。所有盘根错节、有序无序、有用无用的突触都存在，大脑就会像一团乱麻，无法顺利、有效运转。如何从大量突触中创建一条或几条性能良好、流畅、有效率的神经通路，也就是，如何保留重要突触连接“成功的路径”，同时删除只会减慢大脑运转速度的突触及连接，是神经元乃至神经系统发展的重要任务。花园很美，但是需要精心养护，需要适时采用适当方法，修剪和除去额外的叶子和杂草，以便主体或主要植物能够更健康生长。有研究表明，突触修剪在胚胎阶段就开始了，出生后到两岁之间会加速进行，6岁之前会慢下来，然后直到12岁之前会再度加快。此阶段后会继续，但速度会慢下来。经常被用到的突触会茁壮成长，而不常用的则会枯萎。营养好的突触健康，营养不好的则会枯萎，因此还必须为那些健康存活的“植物施肥、浇水”。

所有人脑，从胚胎开始到成熟再到老，都在经历这样的建连与修剪互为的过程。有些大脑至老年都还在发展，还在建立新的联系和不断修剪；有的大脑，年轻阶段就已经很混乱，新的联系无法建立，杂草丛生、枯萎、干瘪、死亡，阿尔茨海默病就是最后结果。所以，即使先天很聪明，也就是先天神经突触连接较好的人，也需要反复经历认知、体验等常新的精神活动，才能使大脑神经元不断自我更新，创造准确、清晰、逻辑稳固的连接。这种能力也是后天学习和有效教学所赋予、所塑造的。

有学习能力的电脑，也可能有一定的“自我”优化和更新的能力，例如清除垃圾、新建文档等。因此如前所述或有些专家说“永远不可能”，这个结论也未必完全正确。

2.3.4 人脑优化：结构优良知识的杰作

人脑，这一“能在狭小的空间内靠消耗微不足道的能量来完成十分巧妙的工作”的“超常的神经机器（machine）是怎样产生的呢”①？人出生时，大脑已经是一个复杂结构，“它的很多部分已经各就各位”，随着自然生长和后天刺激两大因素的共同作用而逐渐成熟起来。尤其是后天经验和学校教学“将会不断调节这一大体确定的装置，直到它能完成精细的工作”②。除个体的直接经历外，对间接

① 弗朗西斯·克里克.惊人的假说——灵魂的科学探索[M].汪云九，等译.长沙：湖南科学技术出版社，2000：11.

② 弗朗西斯·克里克.惊人的假说——灵魂的科学探索[M].汪云九，等译.长沙：湖南科学技术出版社，2000：11.

知识的学习，即学习从直觉经验中提炼、概括出来的抽象知识，是人脑发展最为重要的后天功能。

“知识”，作为名词是指人脑认知活动的结果，作为动词是指人脑获得知识的认知过程。无论结果或过程，知识都是人脑独有的产物，尤其是超越经验的间接知识。人脑受到刺激，就可能产生认知活动与获得知识，这在大脑皮层上，就是脑细胞之间突触联系（连接）的激发、建构、重建、新建等。大脑某些细胞在某些时候最容易建立联系，这个时期被称为人的各种智力发展关键期。此时，如果能给予恰当刺激，尤其是结构良好的知识刺激，细胞间的联系就容易建立，能力就容易获得。听觉细胞是最早建立联系的细胞，早期提供适宜的音乐刺激，能够更有效地促进儿童听觉潜力发展等。人脑在学习、获取与创造知识的同时，自身也得到了优化。这就是大脑结构的知识优化。

所谓“结构良好的知识”，指高度概括提炼，且有序组织起来（逻辑性和系统性强）的知识，包括基于一定经验知识而对一类事物本质概括而生成的概念，对若干事物或概念之间关系揭示而生成的定律或定理，以及与本质和定律（规律）认识紧密相关而建立起来的情感和价值性知识（体验、价值尺度、理想和信念）等。科学知识就是概念和定律性知识，是“调节”大脑这一“装置”，直到它能“完成精细的工作”的最佳工具。同时，因为有了“高度进化和发达的大脑，它使我们能够顺利地处理与日常生活紧密相关的很多概念”，于是又能够获得、发现和创生更多概念和定律性知识。目前，学校教学是人类下一代能够较快速提供和获得这样的系统知识的主要渠道。或许不久的将来，互联网和云计算平台与专门的学科系统知识深度融合而编制的智能教学芯片，能够支持人类个体自主的系统而精细的深度学习，那时学习可以完全脱离学校教学，情况就会发生翻天覆地的变化。2018年，国家自然科学基金新修订的评审标准已经提出了重视知识系统建构和发展人工智能的项目优先。前些年已风行的MOOCs，已强调知识模块，但观其内部构成，其碎片化的知识较多，知识点间的内在联系和系统化水平偏低，很是遗憾。无论如何，受过结构良好的专门知识训练的大脑才“能够把握许多超越我们日常经验的现象，比如相对论和量子力学”①，这是人类学校教学有必要存在的充要理由。

所谓“教育公平”，在很具体、很微观的层面上来说，就是学校教学能否为每

① 弗朗西斯·克里克.惊人的假说——灵魂的科学探索[M].汪云九，等译.长沙：湖南科学技术出版社，2000：13.

个学生提供与之相适应的、结构良好的系统知识刺激，以帮助或促使其大脑神经元间建立良好的突触联系，消除或修剪掉冗杂无用的突触，使每个人与生俱有的潜力得以高度激发、挖掘和实现。这也是教学、知识教学或人才培养想要取得的最根本、最切实的效果。

于是，结构良好的大脑、结构良好的知识和结构严谨的宇宙世界三者，就成了促进人脑自身发展不可分割、互动生成与发展、互为优化的三个基本面。学校教学就是这三个基本面有机一体的桥梁。大脑神经元间突触连接的细节、宇宙物质原子间粒子连接的细节、学科知识关键点间连接的细节，就是这一桥梁受力不可或缺的支架。

然而很遗憾，并不是所有学校教学，都能提供这样结构良好、细节精致的系统知识，更缺乏用这样的知识和认知方式来调节学生大脑，直到它能够完成逻辑的、精细的、创造性的工作。这是人类教学迄今为止普遍效果不理想的重要原因，也应该是所有教学改革最根本的着力点。

2.3.5 心脑一体：智力、知识、情感态度价值观

电脑是一个可以独立存在的机器。而人脑，则是一个完整生命体中的最高级的组成部分，它与生命体的任何部分都有机关联，不可能孤立存在。例如，大脑中枢活动与心脏跳动、肠胃蠕动、激素分泌及变化高度相关（图2-15）。人的学习与创造，以及所有人都向往的身心愉悦体验或美感体验，都是有机生命系统中除了动脑，还要动心、动身等的综合活动结果，是在同一个生命体系中，各部分、各要素之间相互依存、复杂作用的产物。失去A则必然会消极影响或失去B、C、D……这就是所谓的有机联系。人类认知活动受制于大脑神经元和神经系统，还受制于由大脑相应部位指挥的心脏、皮肤电位，以及贯穿全身的激素系统等全身性生理变化。这些变化决定了感觉、知觉、联想、想象、思维的水平，也决定了人对事物所持的兴趣、情感、态度、选择性和行为驱力。在心理学中，这些统称为个性倾向或价值尺度，在教学系统中则称为情感、态度、价值观等，其实都与人的全生理和全心理活动及水平高度相关。

人的学习和教学，就不仅仅是一个依赖大脑的智力活动过程，同时必须是调动全身机体感觉、启动脉搏、叩击心弦、驱使行动等非智力活动的过程，是一个智力与非智力高度协调融合的物质与精神全生命体参与的有节奏的循环往复的系统活动过程。所谓“牵一发，动全身”！缺少或弱化全机体任何一个因素或环节，都会使大脑学习、获取或创新知识降低效率。

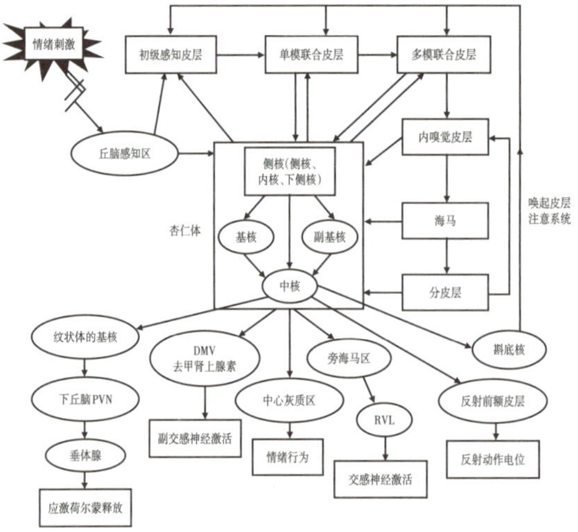

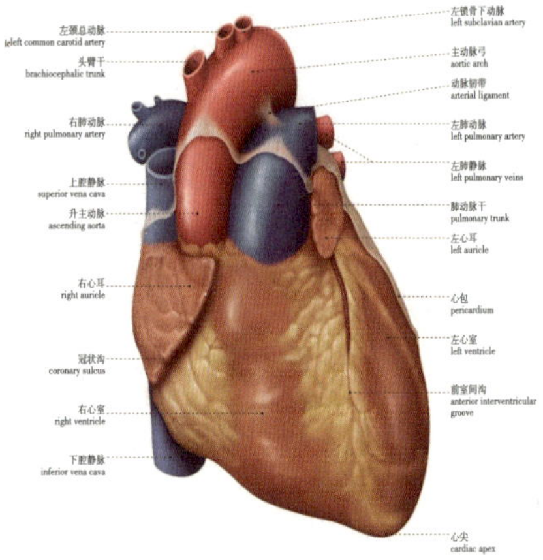

人脑加工情感信息的神经网络示意图①

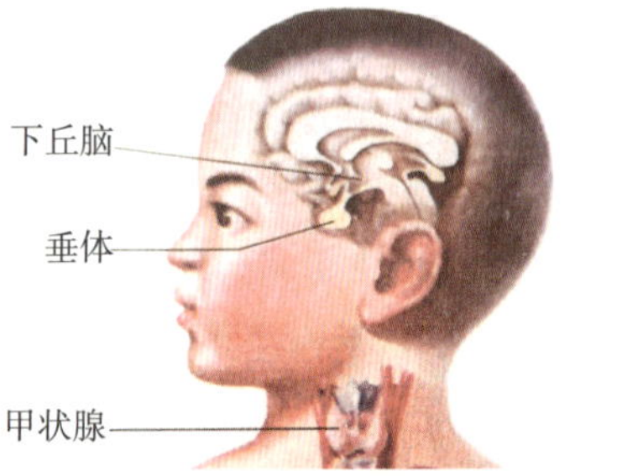

下丘脑和垂体位置示意图

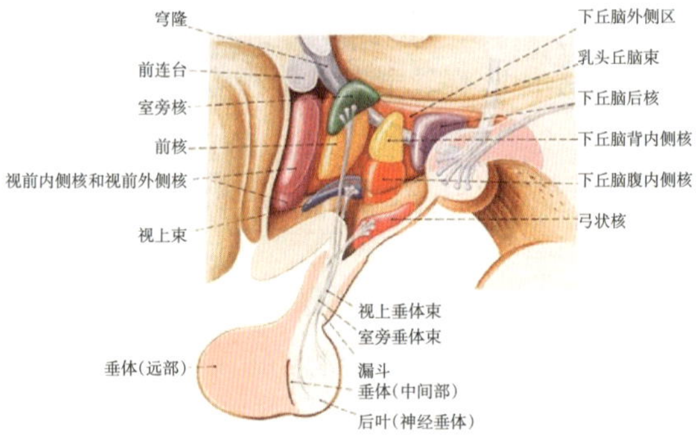

下丘脑核团模式图

【图2-15】人脑下丘脑：调控激素系统与心脏等活动的中枢

真正有效的教学和深度学习，必须同时启动心灵与大脑，变身心被动为主动，变枯燥无聊为可感生动，变空洞肤浅为饱满深刻。概言之为准确、有效、美感；或精准、高效、美感高峰体验！这样的教学，也称为心脑统一的教学，是TVS哲学与定律、教学定律和课程逻辑、操作技术和艺术行为体系及多学科跨界学习与建构（参见《TVS：视点结构教学》书系第三部TVS《教学行为体系》）最重要的心脑统一机制，以及人脑与电脑统一机制。

2.3.6 人脑与人造脑互补建构——人工智能的本质

人类根据自己的脑神经结构与活动原理创造了人造脑，因此，人脑和人造脑

① 丁峻.情感演化论[M].北京：科学出版社，2010:406.

本身就是一个互补的有机整体。可以说，人脑就是视点，电脑就是各个点，互联网就是将“视点↔点”连接起来的神经“手臂”。而所谓“人工智能”，也绝对不是电脑或机器单方面拥有的“智能”。

巴甫洛夫早就指出：“人当然是一个体系（如果更粗陋地说，人是一个机器）。”[①]约翰·麦卡锡（John McCarthy，1927—2011）首次提出“人工智能”的概念并定义其为“让机器的行为看起来就像是人类所表现出来的智能行为一样”[②]。一开始学者们就没有将人与机器分开过，只是对于两者的相似性和联系性有不同认识而已。美国心理学家奈瑟的《认知心理学》（1967）的出版，标志着认知心理学（cognitive psychology）的诞生，也是人脑和人造脑有机关系及研究的正式揭幕。这门“以信息加工观点为核心的心理学，又可称为信息加工心理学”，“所谓信息加工观点就是将人脑与计算机进行类比，将人脑看作类似于计算机的信息加工系统”[③]，“核心是揭示认知过程的内部心理机制，即信息是如何获得、贮存、加工和使用的”[④]。奈瑟晚年，对自己创建的认知心理学产生了怀疑，认为人的心理难以预料，认知心理学能解决的实际问题实际上很少。这是因为，他把人脑与人造脑看成简单的模仿和被模仿关系，对两者的互动建构关系缺乏理解，而得出的消极结论。

1980年的《第三次浪潮》、1996年的《数字化生存》及至2012年的《大数据时代》，前后仅32年时间，人脑借助人造脑的发展，在信息处理、知识获得与创新能力上，有了长足进步，及至对世界本质有了重新审思和哲学思考[⑤]。每一步发展历程，都为人类触及宇宙万物真相提供了新的参考，“为我们提供了一个从未有过的审视现实的视角。它是一种可以渗透到所有生活领域的世界观”和“改变人类探索世界的方法”[⑥]。上述这些出自IT人员之手的论著，除了具有逻辑理性，还都文笔生动、激情飞扬，足以修正对科技冰冷形象的传统偏见，是对人类继续探索和延伸自己的大脑空间和手臂最为美好的激励。

毫无疑问，人造脑进步的历程，本质还是人脑进步的历程，是人脑与人造脑互补互动建构的历程。它们之间不应该存在谁战胜谁的问题，除非在科幻小说里。

① 戈绍龙.高级神经活动研究论文集译本附录[M].上海：上海医学出版社，1955.

② 杰瑞·卡普兰.人人都应该知道的人工智能[M].汪婕舒，译.杭州：浙江人民出版社，2018：2.

③ 王甦，汪安圣.认知心理学[M].北京：北京大学出版社，1992：1.

④ 王甦，汪安圣.认知心理学[M].北京：北京大学出版社，1992：1.

⑤ 玛格丽特·A.博登.人工智能哲学[M].刘西瑞，王汉琦，译.上海：上海译文出版社，2006.

⑥ 维克托·迈尔-舍恩伯格，肯尼思·库克耶.大数据时代[M].盛杨燕，周涛，译.杭州：浙江人民出版社，2013：126，92.

2.4 人脑的可塑性：重审巴甫洛夫

俄国生理学家、心理学家伊凡·巴甫洛夫（Ivan Pavlov，1849—1936），是诺贝尔生理学或医学奖的第一位得主（1904），他最伟大的贡献，就是用实验证明和解释了高级神经系统活动机制，和大脑天然性与可塑性之间的神经转换机制——条件反射的建立。在他之前，人类还没有清楚认识到神经系统对人体几乎所有器官都具有的支配与调节作用。本章前述所有神经学的知识，包括神经系统、大脑中枢、神经元的结构功能，乃至细节，都与巴甫洛夫的研究直接或间接相关。当然，还需要特别指出，巴甫洛夫学说及其关键细节中潜藏着的缺陷——实验对象是动物，对人及人的发展本质，包括智力乃至身心全面发展的机制，多是推测，尚缺乏进一步实证和诠释。这也正是该伟大学说迄今被拘囿于有限学科，在距高级神经活动最近的教育教学领域也没能得到很好应用，难以释放出更巨大能量的重要原因。

巴甫洛夫成果的获得很不容易，因为他所在的是一个实验条件和脑探测技术极其匮乏的时代。在人类脑科学探测手段及其研究成果倍出的今天，重新审视巴甫洛夫的经典条件反射，以及建立在此基础上的经典条件反射学习理论，会有再次探测和发现人脑与学习"新大陆"的欣喜。

2.4.1 经典条件反射与实验

巴甫洛夫在做狗的消化实验时，意外发现了条件反射。他将食物显示给狗，再测量其唾液分泌量。开始，狗要吃到食物才分泌唾液，后来只要一看见食物狗就分泌唾液或增加分泌量，他称这为"心因性分泌"。他进一步发现，狗不仅因为食物分泌唾液，还可能对有关的非食物（例如，喂食者的脚步声、灯光等）产生唾液分泌反应。于是他用"铃声"和"食物"配合，设计了专门实验，也就是著名的经典条件反射实验（图2-16）。

铃声，本来是与食物无关的刺激，称为无条件刺激（unconditioned stimulus，US）。唾液，则是见到食物就会产生或增加的本能反应，称为无条件反应（unconditioned response，UR）。无条件刺激能够引起无条件反应，即US→UR，这种关系称作无条件反射，是动物和人都不需要经过学习，先天具有的本能。

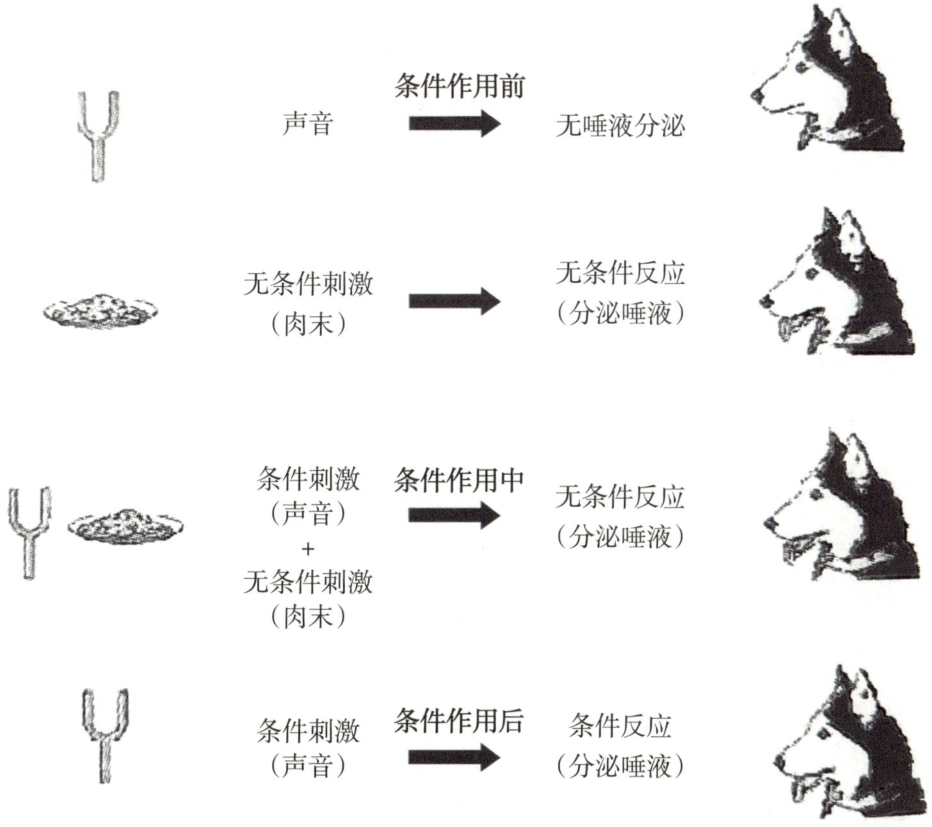

【图2-16】巴甫洛夫和他的经典条件反射实验[①]

① 黄希庭.心理学导论[M].北京：人民教育出版社，2007：311，312.

实验过程：先给狗听铃声，称无关的中性刺激（neutral stimulus，NS），接着再给食物，这样反复训练多次以后，狗就渐渐“学会”了在只有铃声（NS）却没有食物的情况下，也能分泌唾液，这就是条件反应（conditioned response，CR）。1901年，巴甫洛夫根据谢切诺夫《脑的反射》（1863）中的理论，将狗对食物之外的无关刺激（NS）所引起的唾液分泌现象（UR），正式称为条件反射（conditioned reflex，CR，即模式NS→UR→CR）。一个本来无关的中性刺激与一个原来就能引起某种反应的非条件刺激相结合，多次反复后，就能使动物学会对那个中性刺激做出反应，这就是经典条件反射（classical conditioning），又称巴甫洛夫条件反射。中性刺激因为与非条件刺激之间建立了联系，就转而称为条件刺激（conditioned stimulus，CS）。条件刺激就是需要动物学习的信息，学习能使中性刺激转化为条件刺激，并建立条件反射即NS→CS→CR。条件反射是需要后天学习才能获得的能力。

正如巴甫洛夫在《大脑两半球机能讲义》（1927）中系统论述条件反射活动规律时指出的：反射活动是神经系统活动的基本形式，包括非条件反射（又称无条件反射）与条件反射两类。二者的根本区别在于：前者是先天固有的，是在长期生物进化过程中形成的；后者是后天获得的，需要在后天一定条件中学习才能形成。而这个“一定条件”，就是在一定刺激条件下的“学习”；“一定刺激”放在学校教学环境中，首要的就是“知识”或系统的学科知识及教学。

2.4.2 条件反射特征与效应

条件反射不是一有条件刺激就能获得，如同并非有语言指导或提供知识，就能让学生学习或在大脑皮层上建立有效神经联系。条件反射也并非一旦获得就永远存在。条件反射的建立是一个具有获得、消退、恢复、泛化、分化等五大变化特征的动态过程。

获得：将条件刺激与无条件刺激多次结合呈现，就可以获得条件反应或加强条件反应。如将声音刺激与喂食结合呈现，狗便会获得对声音的唾液分泌反应。

消退：已形成的条件反应，不再重复呈现无条件刺激，即不予以强化，已习惯的反应就会逐渐消淡，最后完全不出现。如以铃声为条件刺激而形成唾液分泌条件反射的狗，如果多次只给铃声，不用食物强化，铃声引起的唾液分泌量将逐渐减少，至完全不能分泌，这就是条件反射的消退。一般来说，条件反射愈巩固，消退速度愈慢；反之越快。消退只是神经活动的暂时抑制，并不是完全消失或中断，一旦强化，就会恢复。

恢复：消退了的条件反应，在一定条件下会被重新激活再次出现，这叫恢复。因强化训练而重新激活，叫强化恢复。不再予以强化训练，也可能因为其他作用被重新激活，称自然恢复。条件反应的恢复比新的获得要快。

泛化：对某种特定条件刺激的反应建立或形成后，与条件刺激类似的刺激也能激发相同的条件反应。狗对铃声产生唾液分泌反应后，对近似铃声的声音也会产生反应。如用500赫的音调与进食结合建立了唾液分泌条件反射后，相近的音调也可能引起相同反射，这叫相似反射或后称的相似联想。只是与500赫音差越大，条件反射效应就越小。

分化：只对受到强化的刺激（如500赫的音调）产生食物分泌条件反射，而对其他近似刺激产生抑制效应，称为条件反射的分化。如果只对条件刺激进行强化，而对近似刺激不予强化，泛化反应就会逐渐消失，分化反应就会加强。分化性越高，条件反射的精度就越高，这是人类学习，尤其是概念性学习最为重要的神经基础。

巴甫洛夫还发现，对条件反射刺激的反应方式，狗与狗不一样。他据此对狗进行了分类。后按照同样特点将人划分为四种神经活动类型，并与古希腊人提出的四种气质类型相对应。这是他对人格心理的神经基础探究做出的贡献。

上述条件反射的获得、消退、恢复、泛化、分化与类型的效应、原理，也是TVS特别强调“点↔点”和“视点↔点”联系与建构及精细化学习与建构的神经基础（参见《TVS：视点结构教学》书系的第三部TVS《教学行为体系》）。

2.4.3 神经细胞建立联系的机制

如果说，巴甫洛夫关于条件反射建立及其变化特征的研究，是人类对高级神经活动认知的伟大成就，那么对经典条件反射形成机制的探究，深入到了神经细胞之间最微小的接触方式上，则显得逻辑更精细、精致和精美。巴甫洛夫提出了神经的“暂时联系”学说：由于条件刺激与非条件刺激的多次结合，二者在大脑皮层内产生的两个兴奋灶之间建立了暂时的机能联系——神经元接通。

从经典条件反射形成的实验来看，条件刺激必须早于非条件刺激出现，一般不少于0.5秒。这种严格的时序关系，机制是什么？巴甫洛夫解释，是由条件刺激和非条件刺激在感觉神经元汇聚的先后关系决定的。当非条件刺激作用于尾部时，就激活了中间神经元（facilitating interneuron），这些中间神经元与接受条件刺激的感觉神经元之间的“轴突—轴突”连接，在连接处产生了突触前易化，从而导致行为的敏感性。也就是说，在感觉神经元（尾部、末端感觉细胞）对条件刺激（例如，铃声）做出反应后，中间神经元（中枢神经细胞）再跟着被非条件刺激（例如，食物）激活，就比较容易获得感觉神经元与中间神经元轴突之间较大的突触前接触，从而易于建立条件反射。感觉神经元如果在条件刺激前没有活动，有关通道Ca^{2+}就是关闭的；只有非条件刺激作用于尾部（末端感觉神经元）时，才会激活中间神经元，通道打开，连接释放出5-HT，并引发一系列生化过程。这说明从感觉或感性的激活来引发大脑神经元间突触发生一系列生化过程，以更好建立高级条件反射，这样的感性与理性结合的教学，原来是受着这种精微的生化机制支配的！

这不禁令人感慨，一位教师如果不知道自己的教学会在学生头脑里引发怎样的物理与生化活动，以及这些活动的细节，又怎么能科学选择教给学生们什么样的知识（感性直观的，或理性抽象的）和这堂课及每天的课该如何去教？

当动物学会了做什么事之后，它就能够做它以前不会做的这些事，它的脑细胞一定也有变化。[①]它在什么地方变得不同了？……当学会一件事后，我们不知道“学会”究竟意味着什么，不知道神经系统里发生了什么变化。这是一个非常重要的问题，还完全没有得到解决。假设存在着某种记忆体，大脑就是这么一个有大量互相交连的接线和神经的物体，它大概是不能用一种简单直接的方式分析的。它同计算机及计算单元有相似之处，它们都有大量的布线，它们有某种元件同突触或神经元接点相似……要了解人类的行为还需要很长的时间。我们必须从后方很远的地方出发。[②]

① R. P. 费曼.费曼讲物理·入门[M].秦克诚，译.长沙：湖南科学技术出版社，2004：62.
② R. P. 费曼.费曼讲物理·入门[M].秦克诚，译.长沙：湖南科学技术出版社，2004：63.

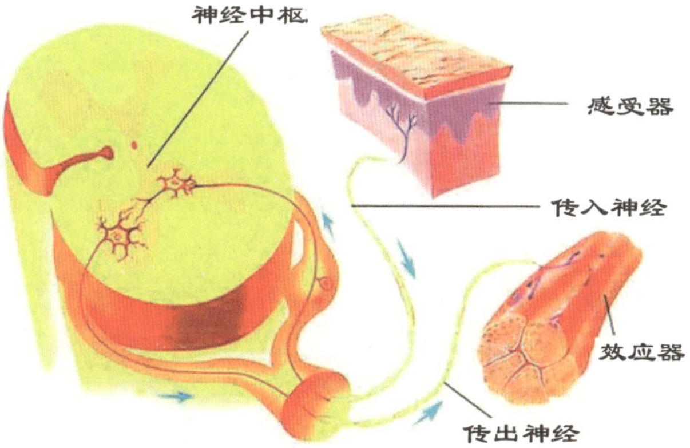

神经反射弧：
感受器（官）—传入神经—神经中枢（人脑、电脑智能核心部位）—传出神经—效应器（官）

【图2-17】神经元和神经细胞的反射弧模式图

这是美国物理学教授、量子力学家费曼（图2-18）对学习中脑细胞发生的事件的思考。他的大学本科物理教学深受师生喜爱，讲稿《费曼讲物理学》翻译成数十个国家的文字，堪称教学经典。

“一个物理体系完全由其粒子的排列方式所决定。如果你告诉我组成地球、太阳、银河系以及万事万物的粒子是如何排列的，你就已经彻底描绘了现实的模样”，而现在我们也知道了“一个人的肉体和精神特征”也都“不是别的，不过是他身体中粒子排列方式的一种体现而已。确定了粒子排列方式，你就确定了一切”[①]。

费曼：诺贝尔物理学奖获得者，教学深受师生喜爱，被认为是继爱因斯坦之后最睿智的理论物理学家

费曼生性活跃，喜爱跳舞、击鼓、修钟等，多才多艺

① B.格林.隐藏的现实——平行宇宙是什么[M].李剑龙，权伟龙，田苗，译.北京：人民邮电出版社，2013：39.

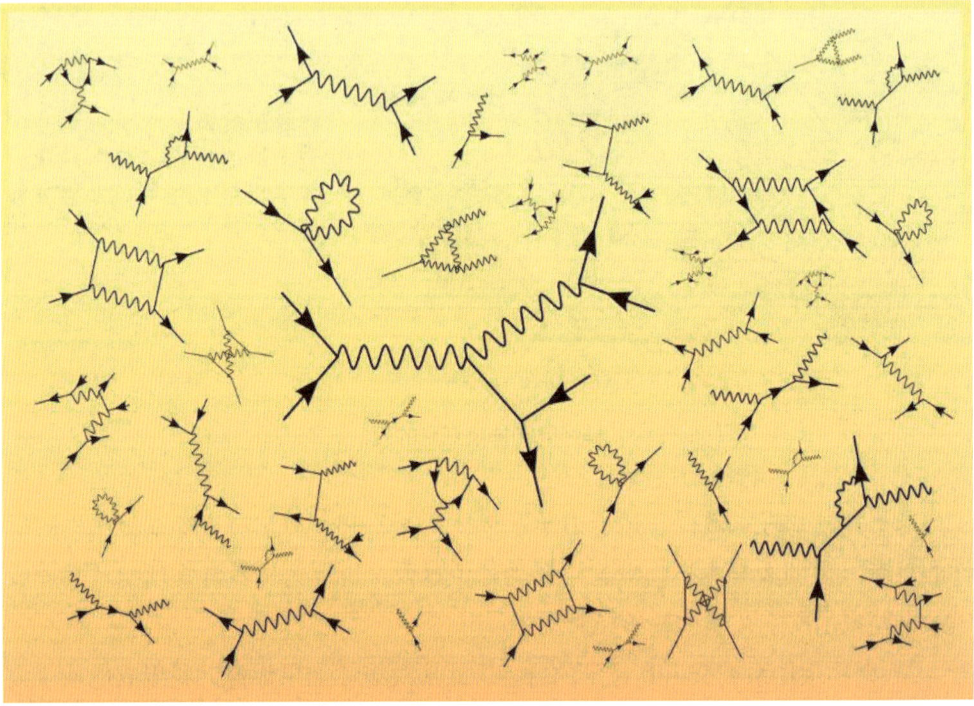

费曼图：用图形系统表达量子运动轨迹（“点↔点”模式），是费曼的杰出贡献之一

【图2-18】费曼与费曼图

这些原子和粒子的排列方式，在有机生命体的大脑中，就是神经元及其构成方式与活动方式，于是“你，你的喜悦、悲伤、回忆、抱负，你对人格同一性的感知，你的自由意志，事实上，这一切都不过是大量神经细胞集与其缔合分子的生理反应而已”[①]。“你不过是一堆神经元罢了！”[②]学习与教学，就是激活或重建这堆神经元的活动方式及之间的联系！

2.4.4 学习与教学：建立条件反射——神经联系

巴甫洛夫用条件反射实验，发现了人和动物学习的最基本的神经机制，建立了经典条件反射理论，也被认为是经典条件反射学习理论。他还在此基础上对人的高级神经活动做了许多推测，认为“学习”或“记忆”就是一个大脑皮层暂时神经联系的形成、巩固与恢复的过程，“所有的学习都是联系（条件反射）的形

① 弗朗西斯·克里克.惊人的假说——灵魂的科学探索[M].汪云九，等译.长沙：湖南科学技术出版社，2000.

② 刘易斯·卡罗尔.爱丽丝漫游奇遇记[M].崔虹，译.南昌：二十一世纪出版社，2009.

成，而联系的形成就是思想、思维、知识”[①]，学习就是条件反射的建立过程，记忆就是条件反射的巩固，思维和判断等就是条件反射的运用。与大脑神经系统先天具有的恒定的反射（无条件反射）相比，所有后天形成的反射都是暂时的有条件反射[②]，“显然，我们的一切培育、学习和训练，一切可能的习惯都是很长系列（也有译为很长时间）的条件反射”[③]。

学习，有消极和积极两大类。积极学习是建立神经联系；消极学习就是打断或抑制神经联系。在学校教学中引发的学习，主观意图都是建立知识与客观世界的联系，在神经学中就是建立感觉、中枢和运动神经元及神经系统之间的联系，这是积极学习。在神经病理学和行为治疗领域，厌恶疗法、系统脱敏疗法、泛滥疗法、爆炸疗法等，都是利用条件反射的获得、消退、恢复、泛化和分化等特点，推导出来的一系列打断、抑制神经联系的行为治疗理论与方法，属于消极学习。放到学校教学环境中来看，就是学生不良行为的矫正问题，即是想方设法打断原有行为反射链条，还是选择他所感兴趣的中性刺激，将其转化为条件刺激，帮助他建立积极的条件反射，以削弱或最终完全替代原不良反射（非条件反射和条件反射），也就是说将消极学习转化为积极学习，这无疑是教师教育教学的一种智慧和艺术。行为治疗或消极学习，是通过对消极刺激与行为反应链条的削弱或解除，来治疗、矫正不良行为和心理。与其后来矫正，还不如早期忽略消极刺激，多给予积极刺激，以不断建立新的积极条件反射的积极学习，来占据消极学习的时空，或替代原消极反射。这种以积极学习抑制消极学习的策略，兴许就是学校教学应该具有的正面的意义和智慧。

2.4.5 条件反射等级与第三级条件反射

条件反射是高等动物和人类具有普遍意义的对环境刺激的一种适应性反应。巴甫洛夫确定，当一种条件反射巩固后，再用另一种新刺激与条件反射相结合，还可以形成第二级条件反射。以此类推，也可以形成第三级条件反射。在人身上应该可以建立多级条件反射。

越是高级的条件反射，越是与整个神经反射的中间环节，即大脑皮层的结构

① 弗朗西斯·克里克.惊人的假说——灵魂的科学探索[M].汪云九，等译.长沙：湖南科学技术出版社，2000.

②戈绍龙.高级神经活动研究论文集译本附录[M].上海：上海医学出版社，1955.

③ 弗朗西斯·克里克.惊人的假说——灵魂的科学探索[M].汪云九，等译.长沙：湖南科学技术出版社，2000.

与活动技能相关。巴甫洛夫后来特别关注这一中间环节的活动特点与规律，因此才创立了动物和人类高级神经活动的学说。原则上说，任何一种能被动物和人类身体感受的信息，都可以作为条件刺激，因此在各种由非条件刺激引发的食物反射、防御反射、性反射以及内脏活动反射——呕吐反射、排尿反射等非条件反射基础上，通过训练建立条件反射，这称为第一信号系统条件反射。然而，人类还具有其他动物绝对没有的条件刺激——语言，据此可以建立任何其他动物都不可能建立的高级条件反射（有些动物可建立非常简单初级的条件反射），即由语言指令引发的身心反射活动，这称为第二信号系统条件反射。“第二信号系统”，解释了语词语言在人脑神经活动与学习中的重要作用，也是人类教学总是以讲授法来实施的神经基础。

但“语言”是一个复杂现象。仅语词，既有指代事物和现象的语词，也有指代概念的语词。而语句，既有日常表意的语句，也有表述专业知识的命题和内涵的指代定律的语句。不同指代有不同内涵，反映了人类对信息吸收、加工和输出指令的很大差度。一般语词、语句用以指代事物或现象的表层信息，而表述概念和命题（定律、定理）的则是对事物本质和规律（定律、定理）的指代。前者是普通语言的材料，后者是理性思维的基因或细胞。所以仅以“第二信号系统条件反射”，即语言条件反射，还不足以解释人类语言与高级神经活动尤其思维之间的关系，也不足以反映人脑高级神经活动条件反射建立水平的高度。

以另一具体事物信息（A′）指代具体事物信息（A），如用铃声、灯光等，指代“食物有了”，称为第一信号刺激，建立的是第一级条件反射。以语词（A″）指代具体事物信号（A）或第一信号（A′），语词就称为第二信号刺激，建立的是第二级条件反射。以概念（A‴）指代事物本质信号（AB′）或第二信号的本质（AB″），那么概念就应该称为第三信号刺激，建立的就应该是第三级条件反射。

只有人类才有语言和概念，而动物可能有简单初级的语言，但绝不可能有任何概念。所以，可以说大多数动物没有第二信号系统，少数动物有简单的第二信号系统；很多人或普通的人有第二信号系统，但未必有第三信号系统，或只有通过概念教学或训练的人才有第三信号系统。人类大脑除能理解第一信号系统的具体事物间的联系外，还能理解第二信号系统——语言，及类似语言的多种符号，也能理解更高级的第三信号系统——概念，乃至以概念为基础材料的判断、推理等，做出更高级而精细的理性条件反射。而这，才是一个完整的人脑高级神经活动的反射体系，是TVS哲学与TVS完整的神经机制，包含了巴甫洛夫的两级条件反射和由巴甫洛夫条件反射逻辑推导和对其创造性补充的第三级条件反射，或许还有更多高级条件反射。

2.4.6 巴甫洛夫的反射、行为主义、认知主义

巴甫洛夫的研究公布不久，一些心理学家如行为主义学派创始人华生，就开始主张一切心理都表现为行为，而一切行为都以经典条件反射为基础。巴甫洛夫也因此被学界视为行为主义的先驱。这一看法曾在相当长时间在苏俄和美国心理学界占统治地位。其实，经典条件反射不仅证明了动物的行为反应模式的建立，也证明了中枢认知的作用。只是受制于条件，对中枢神经的认知活动还没有做到像条件反射那样专业和精细而已。环境刺激信号经神经传达到大脑，大脑加工后才会指令做出行为反应。完整的条件反射应该是由环境刺激—大脑中枢—行为反应这三个环节构成的（图2-17）。严格地说，行为主义（S-R）和认知主义（S-O-R）这两个学派，都不过是特别关注了完整反射过程中的某两个环节而已，各有合理性，也各有片面性。

行为主义者（图2-19）自认为巴甫洛夫的经典条件反射是他们理论的依据，其实他们轻视或忽视了整个条件反射的中间环节——条件刺激（CS）建立的联系，就是在大脑中枢（O）开展和实现的。

行为主义创建者桑代克（Edward Thorndike，1874—1949）提出“刺激—反应”联结理论；华生（John Broadus Watson，1878—1958）将它修改为“刺激—行为反应”；新行为主义者斯金纳（Burrhus Frederic Skinner，1904—1990）则通过著名的斯金纳箱做的猩猩实验，提出了操作性条件反射。虽不完整，但各有进步、补充和贡献。简化公式表达如下：

桑代克：刺激（S）→反应联结（R）；

华　生：刺激（S）→行为反应（R）；

斯金纳：自身行为刺激（S）→强化行为反应（R）。

强化自身行为，就可强化对相应刺激的行为反应，这是斯金纳操作性条件反射最独特的发现与见解。后来用以解释奖励与惩罚对行为强化和消除的作用机制；与早期信息技术结合，发明了“程序教学”。

行为联结主义理论创建者桑代克

华生的《行为主义》

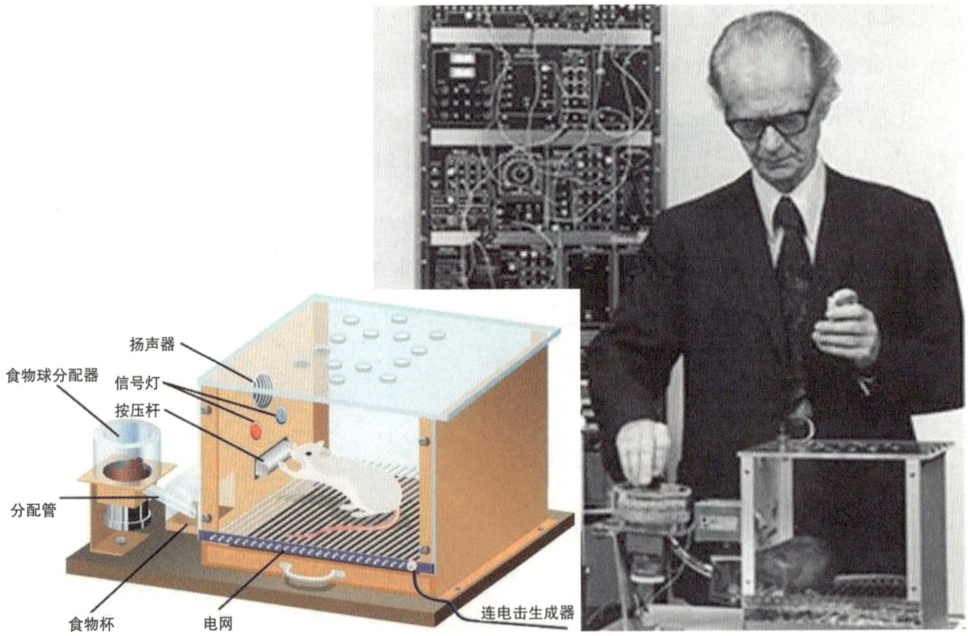

斯金纳的斯金纳箱实验与强化理论——操作条件反射

【图2-19】行为主义：以行为为视点，研究人的心理活动人脑是一个黑箱，人类永远不能真正知道在自己大脑中发生的活动，只有通过可见的行为反应，才能够明确知道刺激所产生的作用。行为主义的这一基本理论显然有偏差，因为不知道，并不表明不存在。或与当时落后的大脑研究技术有关。

认知主义对行为主义只看重“刺激—反应”，而忽视大脑中间环节的作用持否定态度。认知主义认为，神经中枢对刺激信息的接收、加工和行为反应，有重要调控作用，并将研究重点放到这一中间环节。早期有格式塔心理学、皮亚杰思维心理学等。20世纪60年代与信息科学理论结合，正式命名为认知心理学。简化公式表达如下：

刺激（S）→认知（O）→行为反应（R）

现代认知心理学着力大脑（O）与电脑（O′）的信息处理能力的类比研究，认知模式、认知水平和知识结构等成为关注热点。有较多研究更是高度集中在大脑中枢或额叶部位的信息加工能力上。人脑中枢极为重要，它是人脑及整个有机体结构中的一环，是一个牵连“刺激（S）—认知（O）—行为（R）”等心理和行为完整反射所有环节的中间过程。

无论什么学派，侧重点在哪里，学界都一致认为，人类有相当部分心理与行为可以用经典条件反射做出解释，包括人的高级神经活动、行为习得、记忆和理解力的发展等。

2.4.7 科学精神与价值

你能够想象出，一个濒临死亡的人，会把自己关在屋里做什么吗？“巴甫洛夫很忙……巴甫洛夫正在死亡”，是巴甫洛夫这位科学家留给世人的最后一句话。他在生命停止前的最后时段，把自己关在屋里密切注视自己身体和神经活动衰变的过程，并不断把感觉口授出来，让助手记录。他要赶在生命停止前的最后一刻，为人类神经科学留下最后的实证材料。如此镇定、超然、豁达、无私无畏，感天动地，惊世骇俗！巴甫洛夫认定自己是一名严谨的自然科学家，直至生命最后一刻仍在为此努力。还有什么样的条件反射能比这样的信念与意志力更为高级?！这，应该是“第四级条件反射”吧！这也应该是人类少数有信念的精英人物才有的第四级条件反射！

巴甫洛夫认为，当时的心理学如弗洛伊德精神分析学等，仅凭主观推测臆断得到“心灵”“意识”等这些看不见、摸不着的东西，不符合科学精神，所以他极不情愿被认为是心理学家，甚至威胁道，如果谁胆敢在他实验室里使用心理学术语，就毫不留情将其“击毙”。然而，鉴于他的实验和学说对心理学进程的重要影响，人们还是将他列入了生理心理学家行列。他做狗的实验，也曾在亲弟弟尼古拉身上做类似实验，导致本来不好的兄弟关系更加恶化，也激发了学界关于科学实验伦理问题的争论。在诺贝尔奖致谢辞中，他感谢上帝、助手，还有做实验的牧羊犬，但没有提及弟弟。尽管这些算是瑕疵，但远不能遮盖他作为人脑科学研究先驱的伟大成就与品格。

对巴甫洛夫学说价值的估量怎么说都不为过，因为任何人类的活动包括生理、心理和社会活动，都无一例外受到人的大脑支配，都是人的高级神经系统条件反射建立与强化的结果，虽然有级别差异。今天的人工智能和一切信息化的建构思路，也都受制于这一条件反射的基本逻辑。在本书系《TVS：视点结构教学》的第二部TVS《课程逻辑》、第三部TVS《教学行为体系》中，还将再次提到巴甫洛夫的条件反射理论和多级条件反射在认识论和教学中的应用与价值。

2.5 TVS神经机制：多重反射系统

2.5.1 基本模式：S↔O↔Q↔R

一切依存于大脑的“点↔点”或“视点↔点”相互联系和相互作用再吸纳巴甫洛夫神经学、行为主义、认知主义，以及现代脑科学研究的成果精华，整合建构的视点结构认知、学习和教学的神经基础，简称为TVS神经机制。

刺激（S）↔认知（O）↔情感态度价值观（Q）↔行为反应（R）

与前述几个公式相比，TVS神经机制（S↔O↔Q↔R）与巴甫洛夫学说、行为主义和认知学说反射的相同在于：巴甫洛夫神经反射的三大环节皆在其中。不同在于：（1）增加了情感态度价值观（Q）环节。现当代神经科学研究证明，大脑中除了认知中枢，还有情感或价值观中枢的存在。[①]情感中枢以满足获得愉悦快乐的要求为价值标准，最高愉悦就是美感。认知与情感价值观交织则决定着行为（S）的取向和方式。（2）TVS神经机制强调，整个反射是一个不可分割的完整过

① 丁月华."脑科学与认知神经美学"会议综述[J].美育学刊,2019(3).

程，且每个环节都与另一个环节相互作用（点↔点），也就是说，这一神经反射链条上的任何一环的构成与相互作用方式，都会对其他环节产生影响，它们在相互作用中互为存在、互动建构、互为发展。所有这些环节的核心或视点应该是中间的认知环节（O）。(3）结合巴甫洛夫、行为主义和认识学派的研究成果，对每个环节有新的解释。刺激（S），指所有存在的各类客观的和主观的刺激、信号或者知识（本书第三章）；中枢（O），除大脑的物质结构和功能外，还包括认知模式和已有知识及知识结构；新增的情感态度价值观（Q），与人的兴趣、态度和选择直接相关；行为（R），除运动神经固有的行为反应方式外，还包括训练后获得的反应方式、泛化与分化的精细程度、不同的行为类型与水平等。

巴甫洛夫条件反射的一系列定律，也都是TVS神经机制建构与活动定律，及在此基础上的拓展定律，包括：(1）反射活动是神经系统活动包括学习活动的基本形式。(2）反射分两大类：无条件反射和条件反射。二者根本区别在于：前者先天固有，是长期生物进化过程中形成的本能，不需要学习即会；后者是后天学习获得的，需要专门的学习条件（刺激）和训练。(3）条件反射具有获得、消退、恢复、泛化、分化五个特征，其随着条件刺激与无条件刺激结合的关系变化而发生变化。(4）条件反射建立的神经机制，说到底就是神经元突触之间联系的建立。所谓后天学习或通过教学而实现的学习，不过就是建立或有意识、有目的地建立条件反射，建立神经元与轴突之间的联系的过程。(5）人类高级神经系统活动不过是由初级到高级叠加建构的多重反射系统而已。

2.5.2 第三、第四、第n级信号系统构成

巴甫洛夫高级条件反射的第一信号系统（实物）、第二信号系统（语言），既揭示了形成高级条件反射的刺激条件，也揭示了学习对象的内容和难度、人脑感知和理解语言及相应思维的神经基础。

的确“语言是思维的外壳”，没有语言就没有思维。但是，语言本身还分层次等级。初级层次，是对事物和经验的描述性语言；高级层次，是对事物本质与规律的表述语，也就是概念（语词表述）和原理（陈述语句表述）。巴甫洛夫的第二信号系统，止于初级语言，还没有触及，至少还没有来得及有意识地触及高级语言，即概念和原理，及其在更高级条件反射建立中的作用。

人类高级神经系统活动首先是第一信号系统（实物）、第二信号系统（语言），不同程度协同作用的结果。通过有意识、有目的专门的系统训练，可以在建

立第一级、第二级条件反射的基础上，建立第三级条件反射（概念与命题信号系统）、第四级条件反射（信念与意志信号系统），乃至更复杂的人类和人工智能的n级条件反射。人的学习也因此从一级到n级，学校教学也因此从一级到n级，有了不同等级和水平的区分。

也可以说，人类高级神经活动的“刺激”，不仅有第一信号系统（实物）、第二信号系统（初级语言），还有第三信号系统（高级语言：概念和定律或规律或原理）、第四信号系统（高级观念：意志与信念）。每级刺激或信号系统内部，细分更为复杂，如有实物、事件、经验、图形、文字、数据、不同学科概念、概念级别、概念系统、原理、原理级别、情感、态度、价值观、意志、理想、信念等（参见本书3.3知识的分类）。由此所形成的各级条件反射，有更高的分化性、关联性和丰富性。

对概念和由概念组构而成的定律（原理、定理、规律）的学习，从皮亚杰（Jean Piaget，1896—1980）以来至近年，都是认知心理学、学习心理学、教育心理学等领域很重要的研究内容（参考本书系《TVS：视点结构教学》之第二部TVS《课程逻辑》）。“皮亚杰（1952）关于学习的基本模型是用心智把握概念，并在心理和物理上操纵这些概念。他非常喜欢的一个例子就是数学，数学里的基本运算包括运用加减乘除运算，对物体进行组合与分类”[①]等。只是很遗憾，有关研究迄今没有意识到，如果使用“第三信号系统”和“第三级条件反射”系统的建立来区别表述以普通语言信号系统和“第二级条件反射”系统的建立，那是再合适不过了。

除了第三信号系统（概念、定律等），还有第四信号系统（情感、价值观、信念等），是现当代人类学习尤其是深度学习与教学最难破解的内容。“我们是否有理由认为‘第三性质’或‘情感反应’是一种完全不同的反应呢？是否会出现这种情况，即对某些情感的反应也可以像对某些感觉的反应那样有规则地进行预测？”[②]这里所言的“第三性质”或“情感反应”，置入巴甫洛夫条件反射的解释系统中就可称为“第四信号系统”及“第四级条件反射”系统的建立。第三信号系统条件反射和第四信号系统条件反射，也是现当代人类学习者或者学生最重要的发展目标。

正如巴甫洛夫所言：“我确信，如果不屈不挠地做实验研究，于是动物及人类的许多其他比较复杂的行动事例，也许许多不确立的高级神经活动诸规律的特

① David A. Sousa.心智、脑与教育：教育神经科学对课堂教学的启示[M].周加仙，等译.上海：华东师范大学出版社，2013：6.

② 托马斯·门罗.走向科学的美学[M].石天曙，滕守尧，译.北京：中国文艺联合出版公司，1984：68.

点，都是可以了解的。”[1]

2.5.3 意识的神经机制与主客观性

在所有依存于大脑神经活动的心理现象中，意识是最神秘的一隅。

首次将大脑微观物质结构与大脑主观意识的产生联系起来进行深度思考的，还是量子物理学家、分子生物学创建者薛定谔及其他的《生命是什么》（参见本书1.5节）。“像人类的大脑这样的器官以及附属于它的感觉系统，为什么必须由大量的原子来构成，才能使其变化着的物理状态密切地对应于高度发展的思想？大脑作为一个整体，以及它的直接同环境相互作用的某些外周部分，和一台精巧而灵敏的足以反应并记录来自外界的单个原子的碰撞的机器相比，为什么它们是不相同的呢？”[2]可以说，“这个系统和外界之间的相互作用具有某种程度的物理学秩序，也就是说，它们也必须遵循严格的物理学定律并达到一定程度的准确性”。他用“某种程度”“一定程度”等来表述，是因为他看到了人的大脑基于对客观世界的感知而产生的意识和理性活动，既有客观性，也有很强的主观色彩。如《生命是什么》译者概述如下：

第一，意识的形成与生物体的学习密切相关。当一个情景一旦出现，对它的正确反应便形成意识。如果再不断重复这些情景，它又从意识中逐渐隐退，成为无意识反应。从应用的角度讲，构造学习机器（如基于神经网络的学习机）可从这个观点中获得启示。

第二，意识对于生物进化有反作用。行为的变化与体质的变化相平行，后者的偶然变化（据达尔文）会引起前者的变化；而前者的变化，某些特征的有效使用又影响选择，影响体质、器官，使其朝着有利的方向变异。薛定谔认为光靠达尔文的“偶然积累”，无法解释某些物种具有的那些特殊技能、习惯的形成和遗传固定。为了避免人类这个物种停滞不前，必须注意行为对进化的意义。

第三，阐明“客观性原则”作为一种科学方法的必要性。即使对于感知过程的研究，也必须坚持这一原则，即把认知主体排除在客观世界之外。同时薛定谔也深刻地指出这一方法的局限性……科学研究必须借助仪器，但仪器永远无法代替观察者，观察者的感官最终还是要介入……

---

① 戈绍龙.高级神经活动研究论文集译本附录[M].上海：上海医学出版社，1955.

② 埃尔温·薛定谔.生命是什么[M].罗来鸥，罗辽复，译.长沙：湖南科学技术出版社，2003:7-8.

第四，为什么众人意识中的世界是相同的，合成一个单一的世界？为什么单一意识的形成能以许多细胞许多次大脑为基础？前半主要是一个认识论问题，后半则是一个可能尚未完全解决的科学问题。①

其实，“意识”就是能将自己与客观世界清晰明确地区分开，有了对“我”的自觉自知性。“我是谁”，“为什么我是现在的这个我”，“我来自哪里，回到哪里去”，“我在变化与发展，为什么我知道过去的那个我，是我”等，这些本来属于心理学和哲学的问题与思考，现在进入了脑科学领域进行深度探究，更细致、深刻，证据确凿。这对智能化时代的学习和教学的启示，价值不可估量。

2.5.4 新趋势：心智、脑、教育

学习、教学与脑关系的深入研究，是对高级神经活动机制研究、对人的意识机制的探索，以及脑探测技术应用新的制高点。20世纪70年代早期至90年代，英国和美国相继研发了用X射线探测活体软组织、大脑组织活动状况的断层扫描技术CT（荣获1979年诺贝尔生理学或医学奖）、磁共振成像技术MRI（荣获2003年诺贝尔生理学或医学奖）、无创伤磁共振成像技术FMRI、可以观察活体脑某部位任何时刻激活程度的正电子发射断层扫描技术PET等。布什宣布20世纪90年代是“脑的十年”，神经影像技术的进步和美国政府投入大量研究经费，促成了神经科学研究的热潮。②

这一神经科学和大脑研究热潮，也带动了20世纪90年代后期世界多国“学习与脑”研究的兴起。美国哈佛大学教育学院费舍尔（K. W. Fischer）教授始创“国际心智、脑与教育学会”，并任《心智、脑与教育》的创刊主编，在“心智—脑—行为”项目基础上，首创国际上第一个“心、脑与教育”研究生专业。K. Kosik、A. Rosnfeld和K. Williams主办了全国性“学习与脑”会议。在法国巴黎，由经济合作与发展组织的Bruno dells Chiesa等启动了“学习科学与脑科学”项目，出版了《理解脑：走向新的学习科学》等著作。在日本东京，H. Koizumi等创办了儿童学协会，对儿童脑发展与学习进行纵向研究（2004）。在阿根廷，A. Battro著有《半个脑足矣》一

① 埃尔温·薛定谔.生命是什么[M].罗来鸥，罗辽复，译.长沙：湖南科学技术出版社，2003：译后记.

② David A. Sousa.心智、脑与教育：教育神经科学对课堂教学的启示[M].周加仙，等译.上海：华东师范大学出版社，2013：8.

书，对只有半个脑但发育尚正常的男孩Nico进行了个案研究。[1]“仿佛就在瞬间，将生物学与教育结合起来的活动如雨后春笋般在世界的许多地方涌现出来。”[2]

很庆幸，中国学界也有了明显动静。仅2014年岁末，本书作者就托友人连连买到好几本有关著作《心智、脑与教育——教育神经科学对课堂教学的启示》、《审美的脑：从演化角度阐释人类对美与艺术的追求》[3]（图2-20）、《生物心理学》、《情感演化论》等，这些都不同程度涉及脑与学习、学习与脑发展问题。2018年10月，我和我的博士生们共7人，组团参加了上海社会科学院举办的“脑科学与认知神经美学”学术研讨会，会上我就错觉美感与神经基础、美育包括审美化教学的神经基础、人工智能与审美和人的全面发展等问题，发表了见解。很遗憾的是，要不是手上这个书系撰写已近10年，大易文稿10数次，不能再继续拖延了，本章这部分内容完全可以做更为丰富的阐释和补充。

2.5.5 创建新大脑

TVS神经机制，以及人脑和人造脑的共性、差异及互动建构关系等，是整个《TVS：视点结构教学》书系理论与操作体系的生理基础，是对神经系统与神经元间联系细节的构成与条件反射系统建立更新的解释，是人类各种认知方式、知识构成和准确、有效、美感教学坚实的生理基础。

无论人脑还是电脑、人类智能还是人工智能，都共同提出了“人机世界迫切需要新的大脑”[4]这个极富挑战性的命题。

如何以人脑中枢及高级条件反射的建立为视点，充分协调利用人脑和人造脑各自的优势，恰如其分地理解和构建知识结构、学生学习结构、教师教学结构等，以促进学习者大脑、生命整体与人格的全面发展，个性和创造性的发展，在大学里还有专业发展、跨专业发展等，都是对人类如何自我更新、如何改革教学与学习方式的最大、最根本的智慧考量。

① David A. Sousa.心智、脑与教育：教育神经科学对课堂教学的启示[M].周加仙，等译.上海：华东师范大学出版社，2013：译丛总序.

② David A. Sousa.心智、脑与教育：教育神经科学对课堂教学的启示[M].周加仙，等译.上海：华东师范大学出版社，2013：译丛总序.

③ 安简·查特吉.审美的脑：从演化角度阐释人类对美与艺术的追求[M].杭州：浙江大学出版社，2016.

④ 李彦宏，等.智能革命——迎接人工智能时代的社会、经济与文化变革[M].北京：中信出版集团，2017：105.

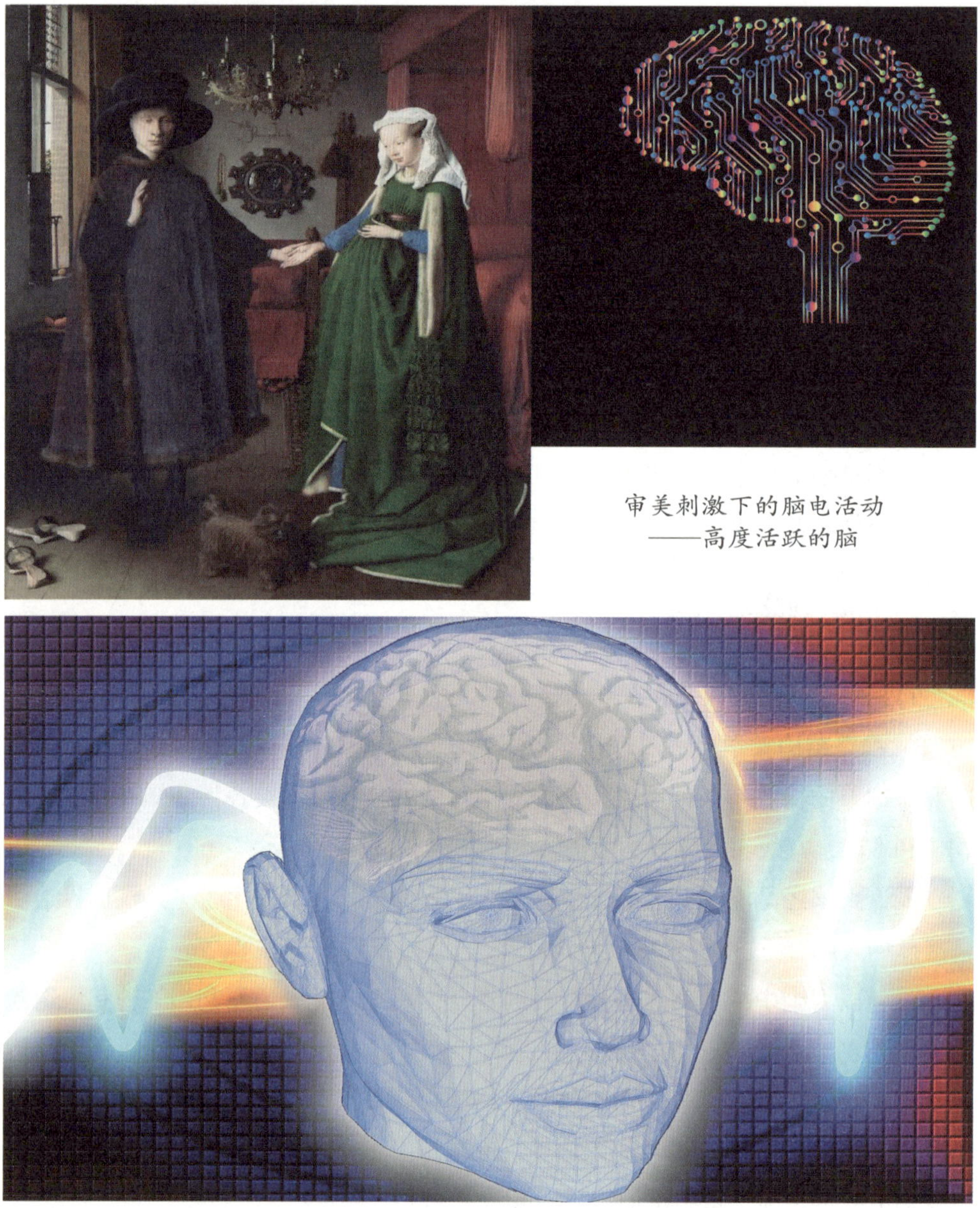

【图2-20】神经美学·审美的脑机制（图片来源于pixabay）

第三章 知识是人脑对世界的能动反映：TVS认知成果

许多人认为他们的眼睛就像照相机一样把世界投射到他们的脑袋里面，这样的话他们就能看见事物了。但是事实当然不会如此简单……你（应该）更清楚地了解人的心智是如何建构世界的。

——【英】麦克劳斯

一个不重视培养智力的民族注定将被淘汰。

——【英】怀特海

知识就是人借助大脑对客观世界认知与建构的产物。这一认知与建构过程，是人脑的心智活动与心智提升的过程，也是只有人脑心智能及的活动与过程。因此，一个重视智力和知识的民族与学校，才可能通过教学培养全面发展的智慧的人。

——本书作者

本章概述：所谓知识，就是人脑对世界的反映，是宇宙世界信息在人脑神经系统中建立的多级条件反射及其成果，是宇宙世界“点↔点”和人脑认知“视点↔点”两大结构相互作用形成的叠加效应。这种反射或叠加效应受个体大脑机制与刺激特点影响，会有误差或错觉。日常可容忍错觉，艺术偏爱错觉，而科学力避错觉等，于是人类知识就有了若干种类、层次和水平，并由不同符号系统表达出来。智慧是心智发展的最高形式，是结构良好的科学知识与人文知识、思维方式和情感态度价值观的函数。从古至今多学科案例证明，任何领域或简单或复杂的知识，皆以“点↔点”或“视点↔点”模式建构。这就是视点结构哲学，哲学的认识论和知识观：用一个知识点，最佳是概念作为视点，以视点知识定义的关键词与其他相关知识建立逻辑联系，组成一个有序而清晰分明的知识结构。这是人脑对客观世界能动映射的一种最杰出的成果。

本章关键词：知识、能动、投射、映射、折射、错觉、知识分类、二分法、三分法、四分法、五分法、经验性知识、陈述性知识、程序性知识、价值性知识、研究性知识、综合性知识、概念、原理、技术、符号、科学知识、人文知识、聪明与智慧、理性思维、智慧函数、TVS智慧、多元知识、方法、能力、价值观、全面发展、个性发展、知识建构、TVS知识系统。

人类掌握了平衡定律（视点），便可在复杂的、
危险的环境中驾驭自己起伏跌宕的命运（结构）。

问题：人类知识形态是如何构成的？

宇宙世界是自然客观的存在（第一章）；人脑是将客观世界摄入、加工、转换成知识的操作平台（第二章）；知识是人脑对客观世界加工（认知）的成果（本章）。这三大系统、三大结构、三张大网，“点↔点”或“视点↔点”建构，但不是一一对应或完全重叠关系。也就是说，人脑对宇宙世界加工所获得的知识，不可能与宇宙客观世界完全同一，知识的秩序也不可能完全等同自然秩序。尽管科学家们力求同一。

学者、教师、学生等，这些成天与知识打交道的人，对知识是什么、如何获得、如何加工和深度加工等一系列问题，理当给予足够关注，这无疑也是对人类智力或智慧的获得及其发展的关注。毫无疑问，一个不重视知识的教与学的民族，或“一个不重视培养智力的民族注定将被淘汰”[①]。

3.1 世界·人脑·知识的局限

迄今所谓的“宇宙世界”或者“客观世界”，其实都不过是被人类“主观”所认知到的“客观”，是人类凭借自己的大脑，从自己可能的“视点”，观察认知到的宇宙客观世界的成果而已。就连所谓“宇宙”这个知识（概念），也并非纯粹客观的，它“有感性、知性和理性三个不同的结构层次”，相应就有了感官直接触及的宇宙、认知告知我们的宇宙、理性推导的宇宙三个层次。人类不可能用自己的肉体感觉直接触及宇宙的全部，甚至只能感知到宇宙的一个微小角落。且宇宙在微观、中观、宏观所拥有的万事万物又“有各自的界限和范围”，“有着逻辑和内容上的递进关系”，并受限于人类大脑个体认知的范围、方式和风格的影响，因此“现代宇宙学”也被称为“宇宙有限论”[②]。

人类自知所获知识有局限，仍不放弃探求客观世界真相，获得真知和真理的努力。过程中，也促进了自己大脑智力与身心的发展与进化。

① 艾尔弗雷德·诺思·怀特海.教育的目的[M].杨彦捷，译.福州：福建人民出版社，2018.

② 刘伯山.“宇宙”概念的结构层次及其界限[J].学术月刊，2002(11)：25-28.

3.1.1 谁的“知识”正确?

“知识”的定义有多种。知识是“人们在社会实践中积累起来的经验”[①]，是“人们在改造世界的实践中所获得的认识和经验的总和”[②]，是“人类的认识成果。来自生产活动、处理人际社会关系活动和科学实验等实践活动。从实践中得到的感性认识经过去粗取精、去伪存真、由此及彼、由表及里的加工制作，上升为抽象的理性的认识，成为以概念为单元的系统的科学理论，这是知识的比较完备的形态”[③]。“所谓知识，就它反映的内容而言，是客观事物的属性与联系的反映，是客观世界在人脑中的主观映象。就它的反映活动形式而言，有时表现为主体对事物的感性知觉或表象，属于感性知识，有时表现为关于事物的概念或规律，属于理性知识。”[④]简言之，知识是“人类的认识成果”，从认识过程看“可分为感性知识和理性知识”，而“以概念为元素的系统的科学理论，这是知识的比较完备的形态”[⑤]。

上述知识的定义和所指经验、经验总和、认识成果、感性知识、理性知识、以概念为元素的系统的科学理论等，究竟是什么意思？相互之间是什么关系？我们“生活在这一广阔的、时而亲切时而残酷的世界中”，“仰望浩渺的星空，不断地提出一长串问题”，并借我们所获得的各种知识如此地理解着、解答着“我们处于其中的世界……”[⑥]

最基础的问题是：如果人类所获得的知识，不可能完全是客观世界本来面貌的反映，那么，什么样的知识才更正确、更接近客观真相呢（图3-1）？这还得回到“知识是如何获得的”这一起点问题上来。

---

① 辞海编辑委员会.辞海(缩印本)[M].上海:上海辞书出版社,1980.

② 中国社会科学院语言研究所词典编辑室.现代汉语词典(第6版)[M].北京:商务印书馆,2014.

③ 许国志.系统科学大辞典[M].昆明:云南科技出版社,1994.

④ 中国大百科全书总编辑委员会《教育》编辑委员会,中国大百科全书出版社编辑部.中国大百科全书·教育[M].北京:中国大百科全书出版社,1985.

⑤ 田运.思维辞典[M].杭州:浙江教育出版社,1996:338.

⑥ 斯蒂芬·霍金,列纳德·蒙洛迪诺.大设计[M].吴忠超,译.长沙:湖南科学技术出版社,2011:3.

▲爱因斯坦广义相对论：俯“看”到的宏观宇宙景象

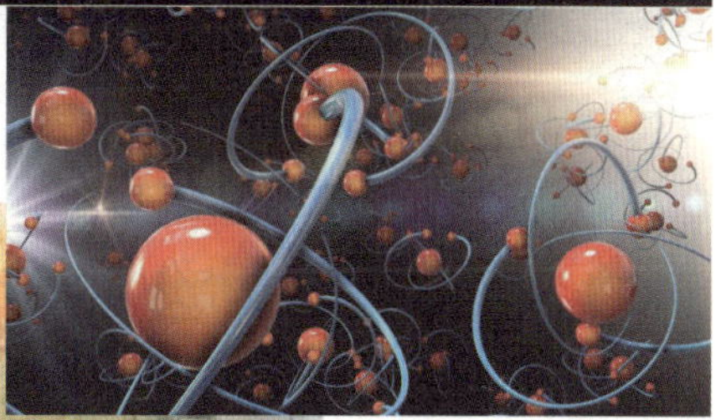

▲量子物理学家看到的：原子内部的微观景象

◀莫奈《日出·印象》：现代派画家直观到的世界印象

▲在数字技术支持下的3D绘画

【图3-1】它们是真的吗？

（不同人从不同层面、不同视点看到的世界，

都是同一宇宙世界的某个侧面，甚至某种假象而已　图片来源于pixabay）

3.1.2 投射、反射、折射、映射

现在有一面普通平面镜子，穿过空气的光线投射（projection）到镜面上，镜面反光（反射，reflex）并入射到人眼中，于是你就从镜子中看见了自己的面容（虚像）。现在，还有一面凹面镜（哈哈镜），穿过空气的光线投射到哈哈镜面上，哈哈镜将光线反射，不，是折射（refraction）到你眼中来，于是你从镜子中也看到了自己的面容（虚像）。从这两个镜面中看到的你，会是一样的吗？它们与你自己客观的相貌是一致的吗？你是如何判定的呢？实际上，你没法判断哪个是更真实的你，因为你一生都没有看见过与你自己一模一样的你自己的真象。我们只能借助光线和镜子反射才能看到自己，而光线穿过空气会受空气影响；镜面材质和形状不同，光线也不可能绝对垂直入射（有入射角），因此镜中所出现的自己的“镜像”与“真象”总有误差。只是平面镜的误差远小于哈哈镜（大弧度凹凸的镜面）而已。

再考察更多因素的影响，归纳来说，我们每个人都永远无法看到自己完全真实的面貌，因为除了：(1) 光线穿过的空气介质密度不同，投射到镜面上的角度、强度、密度、清晰度也不同；(2) 眼前的实体镜面平凹不同、材质不同，反射或折射就有差异；(3) 人脑和视觉器官也是又一“镜面”，其材质、大层面结构、神经元微观结构方式与精度不同，过去积累的知识与经验不同，视象成形也会受到影响；(4) 于是，综合起来最后由大脑反映、反射或折射出来的你看到的你，或宇宙万物的影像，在角度、强度、清晰度、精确度上，都不可避免地有了差别。

当光从一种介质进入另一种介质，绝对的垂直投入和垂直反射（入射角和反射角都等于0°）只是理论状况。因此，严格地说，所有的反射都是折射，又称屈折。当入射角>0°和反射角>0°时，即便在同种介质中运行的折射率也会不断变化，光波速度和运行方向等都会发生改变，都会导致所见事物完全可能与事物本有的形态、秩序、结构、性质等不一致。经典的实验是：一条直木棒插在水里，透过水看到的是曲折的木棒。

不发生折射的全反射或看到绝对的真象的条件是：(1) 光线在真空中；(2) 垂直入射（入射角为0°）；(3) 垂直反射（折射角为0°）；(4) 投射在没有任何杂质的透明的视网膜和大脑中反射。但这些理想的情况几乎是不可能存在的，因此，人类要想获得与宇宙万物客观面貌和本质完全相同的知识，或客观世界在人脑中的全反射而获得的认知成果，至少在现实条件下尚无可能。

通过人类大脑加工后获得的宇宙万物的任何知识，不可能是大脑对宇宙客体

一成不变的直接摹写，都不过是折射或多次折射的结果。这一外界客观刺激投射和折射到大脑并在大脑中再几经折射及加工的过程，就是心理学中所谓的“认识过程”。聚焦到信息入射大脑这一小段过程中，认知还受到更多主客观因素的影响。例如，人脑观测事物借助的实验仪器；不同观测者的不同观测点；教师对知识或信息的理解水平、传授（入射）方法；学生已有的知识基础及接受和理解知识（反射）的方式等都不相同，所以知识获得与学习效果就肯定有了大大小小的误差。

正是发现并尊重这类事实，才有了量子测不准理论和相对论。这两种被认为严重对立的理论，其实都指出了人脑对客观世界认知的主观参数问题，一是观测工具或方法不同，二是观测点不同，都会影响我们对真象的判断。如量子力学代表人物海森堡所言，“我们所观测的不是自然界本身，而是我们用来探测问题的方法所揭示的自然界。”也如爱因斯坦相对论所言，两个人在不同地方同时观察同一个运动着的物体，结果是不一样的。

但是，不能因为人对客观世界的认知和知识受到多次干扰（折射）和总是渗入了某些主观性，就否认宇宙万物秩序和自然定律的客观性。这是爱因斯坦反驳量子测不准理论时最坚持的观点和立场，也是学校课程与知识构成，教师教学与学生学习应有的坚定立场。TVS哲学及教学，就是想探索如何通过主观视点，尽可能逼近客观世界秩序真象的认知规律或逻辑轨道。

3.1.3 人脑知识建构：错觉与纠错

“许多视觉和错觉的例子”，证明“我们感知到的世界实际上是我们的大脑根据感官材料加工而成的复杂的产物”①，证明人脑认知与所获知识总是具有客观性和主观建构性。

观看图3-2（左）：（1）粗略第一眼看是人像；（2）稍细看是各种水果；（3）再细看是各种水果形态之间的相互联系；（4）综合看是各种水果形态之间恰到好处的联系而构成的整体——人像。n次观看，就是人认识事物普遍会有的n个认知层次：整体轮廓、构成元素、元素间的结构关系、元素整合成的统一体。借此，“你（应该）更清楚地了解人的心智是如何建构世界的”②。

① 佛比·麦克劳顿.透视与错觉[M].贺俊杰，周石平，译.长沙：湖南科学技术出版社，2012：本书简介.

② 佛比·麦克劳顿.透视与错觉[M].贺俊杰，周石平，译.长沙：湖南科学技术出版社，2012.

图3-2（右）是画家凡·高眼中被阳光渲染的流动的云下教堂的虚像，在科学家看来这完全就是错觉，但从艺术创作和欣赏的角度看，这的确很美。

阿钦博尔多(1527—1593)的油画①　　凡·高眼中的星空与流云下的教堂虚像

【图3-2】错觉：人对真实世界的不真实感觉

错觉（illusion），是人脑对真实世界的不真实的感知觉，是在特定条件下对事物产生的“歪曲知觉”②。在心理学实验或艺术活动中，有不少这样的错觉图片（图3-3），乍眼看上去，都会有异样感；定睛观看细节，反复分析关系，再综合成新的整体；如此，就会看到或分辨出真相，建构起接近真象的或正确的知识。面对同一宇宙事物，不同人脑的折射或反映，都有不同层次的认知水平和认知成果，更有不断纠错和抵达事物真相、揭示事物本质和规律（秩序与定律）的高级的认知成果或知识的获得。

完形心理学又称格式塔心理学，其创始人韦特默（Max Wertheimer，1880—1943）及同人，用实验证明了人的完形认知规律的存在。他的实验助手考夫卡（Kurt Koffka，1886—1941）在《格式塔心理学原理》中采纳并坚持使用了两个重要概念“心物场”（psycho-physical field）和“同型论”（isomorphism）来阐明了完形认知的条件。实验证明，虽然人的经验世界与物理世界不是一一对应关系，例如错觉的存在，但是人类的心理活动却总是趋向将对象知觉成一个完美的形态。因此，

① 赫尔曼·哈肯.大脑工作原理——脑活动、行为和认知的协同学研究[M].郭治安，吕翎，译.上海：上海科技教育出版社，2000:4.

② 黄希庭.心理学导论[M].北京：人民教育出版社，2007:257.

“现实世界”其实是心与物在相互作用的心理场（psychological field）中实现主客观统一的完形（同型论），而相关的物理客观现实称作物理场（physical field）。两个场相互依存，相互作用，统一成为整体心理现象或认知的动力结构，即“心物场”。书中还特别说明不能将“格式塔”（gestalt，趋于完形）简译为“structure”（结构或构造）。该学派的研究源起于视知觉经验，特别强调经验和行为的整体性，但所提出的“心理场”“物理场”概念，“世界”是心物共同构型、整体不是等于而是大于部分之和等命题，其意义和应用范围都已远远超过了视知觉经验的限度。如该学派另一代表人物苛勒（Wolfgang Kohler，1887—1967）指出，“格式塔”这个形状意义上的概念，其实可以包括学习、回忆、志向、情绪、思维、运动等人类认知和心理活动的整个过程。

【图3-3】错觉与纠错：反复观察细节发现联系，最终还是能逼近或知道真相，求得真知，发现真理

科学知识、社会知识和人文知识，都是宇宙客观世界与人脑共同构建的产物。关键在于这种心理场和物理场，主观和客观相互作用共同构型的结果，最终是否能反映或逼近客观世界的真实；或者如艺术家凡·高那样，就是要以眼前的错觉为真，有意保留、强调或美化主观错觉，而这也是另一类视觉真实。什么是真？是客观真实的真，还是主观感觉的真？或许，这就是科学认识与创造和艺术认识与创造最重要的分水岭。

人脑有极强的知识建构能力，包括错觉和纠错能力。大脑“镜面”结构和质量不同，决定了每个大脑所获知识会有所不同。但因为客观世界和每个大脑主观世界都是从“点↔点”或“视点↔点”基本结构来建立的，故其折射出来或认知到的知识也必然包含相同性。况且，宇宙是同一个宇宙，它客观存在着，不是任何神或人个体设计的，因此它无可争议地具有先于或超越任何主观意识存在的“先在性”和“客观性”。人类大脑对这同一个客观存在的“先在性”的宇宙世界的认知，也必然包含其“客观的”“先在的”“本真形态”[①]。正如空气和镜面这两个介质的密度和结构，都会影响光线的入射方式和折射方式，并影响你的相貌在镜子中的成像。但最终你还是你，不是别人。精明的制镜商会有意利用镜面凹凸技术，制造具有喜剧色彩的哈哈镜，或使你的肌肤看上去很平滑的镜子等，但这只是人有意识地利用错觉原理发明的娱乐技术而已。所有人都明白，这不是真相。

科学追求真相，提炼真知，探索真相背后隐藏的真理或定律。科学家尽可能保持客观态度，尽可能合理地借助观测、实验和数学工具等，找出自然本有的秩序。他们就成了目前人类具有最大避错和纠错能力，或最大可能逼近宇宙世界本来面貌的人。

3.1.4 真理至高无上

自然现象、自然秩序和自然定律是客观的，但反映这个客观秩序和定律都会受条件干扰。正因为如此，科学家才会通过反复实验和观测来步步逼近客观真相，揭示客观规律或真理。“我们先发现‘错’的定律，然后再发现‘对’的定律。”[②]

真，指客观世界的本来面貌，与“虚假”相对；真象（真相），指人脑对客观真实面貌的反映，与“错觉”和“假象”相对；真知，是人脑对客观事物一般属

① 季苹.教什么知识——对教学的知识论基础的认识[M].北京：教育科学出版社，2009.

② R. P. 费曼.费曼讲物理·入门[M]秦克诚，译.长沙：湖南科学技术出版社，2004:2.

性几乎完全正确的认识或全反射，与“误解”或“折射”相对；真理，是人脑对客观事物本质和规律定律的认知，是最高级和最深度的反映与反射，同“肤浅”、“同‘谬误’相对”[①]。所谓求真，就是发现真相，获得真知，探索真理，最高境界和目标就是掌握基本的自然秩序和自然定律。这就是科学。推演到人类社会，就是研究千变万化的人类社会的基本秩序和定律。推演到教学，就是基于有序知识在纷繁复杂的教学现象中建构基本的教学秩序和教学定律。

如何剥去现象和经验的外表，以透视本质规律或探索真理，有三条必由路径。（1）基于丰富的经验，进行严谨的逻辑推理，这是公元前6世纪至公元前5世纪，古希腊哲学科学影响至今的传统；（2）实证，以数据说话，这是17—19世纪实证科学与实证哲学奠定的基础；（3）反复实践，“依客观上社会实践的结果如何而定”[②]，实践是检验真理的唯一方法，这是19—20世纪马克思主义实践论的要义。三者，其实是互为补充的完整过程。任何探索真理的科学活动，都源起于真实经验与现象，再经由推理和理论假设、实证尤其实验，也包括实践性实证，最后提炼和确认定律或真理。“真理（aletheia）的真实意思是去蔽（unverborgenheit）”（海德格尔），也就是剥掉事物表面形态的遮蔽性（verborgenheit）和掩饰性（verhohlenheit）[③]，透视本质与规律。凡是未经实证或反复实践检验的理论，都只是假设。

尽管所谓科学知识，也不过是宇宙秩序通过人脑结构反射加工后形成的结构性影像或“映射像”，是人类大脑“加工整理后”，“按各自所描述对象的类型、范围和层次等主客观标准，形成的规范化、系统化的知识体系”，而“个体知识结构可看作是科学知识体系结构在人脑中所形成的一个映射像”，是“指某个人的知识集会在其头脑中形成的”“人脑认知结构的一个部分”[④]。但是，伴随实验或实证方法的确认和越来越娴熟的运用，人类科学有了长足进步，也逐渐纠正了过去以权威的想法说法作为真理的历史。任何哲学假说、学术争议、政治人物言论等，都必须以科学实证为据。在中国古代经典话语体系中，真理、规律等统称为“道”。“道法自然”（老子《道德经》）是中国古人从经验和推理中得出的关于宇宙万物的根本知识，与西方所言“真理”一样，受到中国历代文人的至高推崇。中西方历史上曾被奉为“真理”的各种“经”，也都是“圣人”对宇宙万物秩序的

① 辞海编辑委员会.辞海(缩印本)[M].上海:上海辞书出版社,1980:141.

② 毛泽东.毛泽东选集(一卷本)[M].北京:人民出版社,1964:261.

③ 汉斯-格奥尔格·伽达默尔.诠释学Ⅰ:真理与方法[M].洪汉鼎,译.北京:商务印书馆,2010:57.

④ 田运.思维辞典[M].杭州:浙江教育出版社,1996:341.

先知先觉或经验提炼的见解。而今，都面临着科学的检验。

在艺术或美学意义上，人们似乎都喜欢能够产生美感错觉的那面镜子，然而内心深处却仍然期待自己真实的肌肤就像看上去那么平滑。求美的根本，还是求真。在艺术例如绘画中，借助几何原理和技法，在二维平面画布上创造三维空间错觉，目的还是想使画面更逼近真实的世界景象。中国古典绘画采用散点透视，不求形似但求神似，也是为了要表现最真实的情感。凡·高、毕加索、达利等的现代抽象艺术等，也是用变形以表达人类最真实真切的感知、梦境与情绪。艺术的根本，还是求真。

真理至高无上！因为人类根本不企望将“整个知识大厦建筑在不可靠的”纯“私有空间”[①]基础上，所以，更逼近真的科学才在近现代人类历史中占有了至高无上的位置。“科学的原则（或简直可以说是科学的定义）是，实验是一切知识的检验者。实验是判断科学‘真理’的惟一标准”[②]，“力图寻找不同形态之间的组织原则（organizing principles），并且，在理想的情况下，用数学描述这些形态和它们之间的相互关系”[③]。所有这些努力，也共同界定了现当代科学作为真理的三大标志：

（1）实证。理论必须经过实证或实验证明，才能判定是否为真理。

（2）理论自洽。理论严谨，是能够表达不同事物共同本质的概念和原理的有机组织体。

（3）数学。理论必须用数学工具和模型表达，力求精确。

因为坚持以追求真理为唯一目的，科学成了当今人类认知领域中最神圣的、至高无上的事业。“在我们探索知识的旅程中，科学家已经成了高擎火炬者”[④]，科学知识也无可争议地成为表征人类文明的火炬。不可否认，科学“这种知识”，仍然“可能在细节上有错误，但是我们相信可以通过曾经使我们产生信念的那些

① 伯特兰·罗素.我们关于外间世界的知识——哲学上科学方法应用的一个领域[M].陈启伟，译.上海:上海译文出版社,2006:48.

② R. P. 费曼.费曼讲物理·入门[M]秦克诚，译.长沙:湖南科学技术出版社,2004:2.

③ 弗里德里希·克拉默.混沌与秩序——生物系统的复杂结构[M].柯志阳，吴彤，译.上海:上海科技教育出版社,2000:9.

④ 斯蒂芬·霍金，列纳德·蒙洛迪诺.大设计[M].吴忠超，译.长沙:湖南科学技术出版社,2011:3.

方法来发现和校正它们”。真理不局限于自然科学。一些研究人类社会与人的精神现象的学科，如经济学、社会学、心理学、美学、艺术学等，也都已意识到，仅停留在个人见解和争议上，“几乎永远是徒劳无益的”[①]，于是也改道朝着科学方向前行。“时代思潮是由社会的有教养阶层中实际占统治地位的宇宙观所产生的”，“在过去的三个世纪中”（17—19世纪），“科学方面所产生的宇宙观压倒了其他方面所形成的旧观点而独步一时”[②]。

真理至高无上！这是唯人类才能独树一帜的知识观和价值观。古希腊哲学家苏格拉底（Socrates，前470—前399）宣扬他坚信的真理，被教会关入牢房，并为捍卫真理不惜牺牲自己的生命，他当着弟子们的面从容服毒自杀，开创了“真理至高无上”和“为真理献身”的崇高人类精神，召唤着历代科学家和学者们孜孜不倦严谨求真，坚守真理。意大利科学家布鲁诺（Giordano Bruno，1548—1600）反对地心说，宣传和发展哥白尼日心说与宇宙观，被教会监禁，最后烧死在罗马鲜花广场。意大利科学家伽利略（Galileo Galilei，1564—1642），在比萨斜塔做自由落体实验，创立了物理实验方法，制造出人类第一架天文望远镜，因提倡哥白尼的日心说被教会审判为终身软禁，成为科学史上最久远的冤案。两度荣获诺贝尔奖的法籍波兰科学家居里夫人（Marie Curie，1867—1934），因长期坚持探究放射性元素，患恶性贫血病逝世。这些坚守和探索真理的学者和科学家们，用生命诠释了“真理至高无上”这一神圣命题（图3-4）。

教师通过教学传授真知真理，学生通过学习获得真知真理，岂能不对这些求真的人类精英及其赴汤蹈火所求得的真知真理，充满神圣感与敬畏?!

当今，位居世界高等学府之首的哈佛大学（1636），办学理念就是崇尚真理；校训是“与真理为友”（完整内容：“与柏拉图为友，与亚里士多德为友，更要与真理为友。”英文：Let Plato be your friend，and Aristotle，but more let your friend be truth）。校徽就是真理“VERITAS”这7个字母刻写在深红色盾形的三本书上（图3-5）。真理，真理，还是真理！到20世纪末，6位美国总统、33名诺贝尔奖获得者、32名普利策奖获得者，以及大批世界级学术创始人和带头人，科学家、文学家、思想家等，都出自这所以真理为上的高等学府。

① 伯特兰·罗素.我们关于外间世界的知识——哲学上科学方法应用的一个领域[M].陈启伟，译.上海：上海译文出版社，2006：14.

② A. N. 怀特海.科学与近代世界[M].何钦，译.北京：商务印书馆，1959.

真理至高无上：苏格拉底之死（达维特，1787）

意大利哲学家、科学家布鲁诺因为坚持日心说在刑场上被烧死

美国电影《伽利略：为真理而战》剧照（2002）

居里夫人：因放射性元素实验，患恶性贫血病逝世

【图3-4】为真理献身的学者和科学家们

【图3-5】以真理为友：哈佛大学的校徽与大门

高举真理的旗帜，弘扬“真善美”的精神，早已定格为人类大学和所有学者共同的神圣使命、人性的至高境界，也是人类教育教学不可迷失的根本之道。

3.1.5 真善美一体：科学与人文非对立面

除了求真，还要求善、求美。“真善美”是人类文明最完整、最崇高、最永恒的内涵和意义。[①]

被誉为中国“六经之首”的《易经》和“万经之王”的《道德经》（老子著），都是阐释万物存在及变化之“道”的经典范本（图3-6），且同时也都揭示“道”（真）与“德”（善）乃至与“美”的内在联系。

无论西方，还是东方，真善美都是人类共同的至高追求。所谓人文科学，应该是反映人类真善美精神活动与知识成果的所有知识学科与文明的总称。自然科学是人类理性文明最值得骄傲的组成部分，与人文科学不是对立关系，诚如真善美不可分割。然而非常遗憾，当下却流行一种与科学对立起来的狭隘的人文观，一度极大左右了当今学校课程与教学的走向……

伽达默尔（Hans-Georg Gadamer，1900—2002）在《诠释学Ⅰ：真理与方法》中，最先将人文科学限指为“精神科学”[②]，并与自然科学对立起来，认为“精神科学”才是一种与自然科学及其发现方法很不相同的“真理”；是一种以人类各种文化现象或“历史传承物”作为“探究的对象”的，力致关注和解释感性经验或者

① 霍华德·加德纳.重塑真善美[M].沈致隆，杨彦捷，译.北京：中国人民大学出版社，2012.

② 汉斯-格奥尔格·伽达默尔.诠释学Ⅰ：真理与方法（修订译本）[M].洪汉鼎，译.北京：商务印书馆，2010:5.

【图3-6】伏羲创《八卦》，孔子为《易传》注，蕴含数理之真、之善、之美

人类的“共同感觉”（common sense，或译为“共通感”）和“健全感觉”（bon sens）[①]的“真理的经验”；是“我们必须一起参与其中去获取的（teil zu gewinnen）真理”[②]。此书被认为是“理解当代德国哲学的发展非读不可”的著作，问世以来“西方哲学和美学受到它的重大影响”，并“迅速地波及西方的文艺批判理论、历史学、法学和神学等各人文科学领域”，成为“标志当代西方哲学人文主义思潮中的一

① 汉斯-格奥尔格·伽达默尔.诠释学Ⅰ:真理与方法(修订译本)[M].洪汉鼎,译.北京:商务印书馆,2010:43-44.

② 汉斯-格奥尔格·伽达默尔.诠释学Ⅰ:真理与方法(修订译本)[M].洪汉鼎,译.北京:商务印书馆,2010:5.

个重要哲学流派”[①]。虽然见解有理且深刻，但其强烈的偏颇态度，对科学真理价值的贬低，导致了将人文与科学对立起来的思潮，并深刻影响了教育教学的走向。

相反的是宗教，曾在中世纪与科学的冲突达到极点，但如今也试图与科学建立亲近关系。《基督教科学箴言报》(*The Christian Science Monitor*)，这份面向全美和世界的宗教报纸，命名中直接就用了“科学”，读者涉及美国白宫、国会、高等学校、研究机构的官员和学者。《基督教科学箴言报》声明“我们不仅要告诉读者发生了什么事，更要告诉读者为什么会发生”，辟有文学、艺术、文化、科学、教育、生活等特稿专栏，其科学内容并不少于“人文”，在知识界和政界都享有盛誉。其创办者玛丽·贝克·埃迪夫人（Mrs. Mary Baker Eddy），还创办了基督教科学派教会（图3-7）和基督教科学出版社，表明基督教作为人类的精神（人文）产物，主动寻求与科学一体的强烈意愿。

“科学是使人精神变得勇敢的最好途径”，这当中当然应当包括人文精神和社会科学。伽达默尔的人类的“共同感觉”或“健全感觉”，也不过是严谨的科学研究的起点与过程的支持；而在人类的共同精神追求和共同感觉经验中的“共同性”，必须通过科学途径和方法才能够提炼出来。同时，科学研究所体现出来的认真、严谨、忘我的科学精神，也是一种高尚的人文精神。人文与科学水乳交融，只是人文科学与自然科学在研究内容上各有侧重而已。本书系《TVS：视点结构教学》论述的视点结构哲学和视点结构教学，其“TVS逻辑”部分就主要涉及科学，而“TVS审美化教学”就不仅涉及科学逻辑，也充分体现“教学美感”等人文追求。如布鲁诺曾说“为真理而斗争是人生最大的乐趣”。追求真理、证明真理、坚持真理、献身真理等，本身就是最独特、最崇高的人文精神。

然而，科学与人文竟然被切割成了似乎水火不相容的两重天。蔓延到学校教学中，更演变成了强化人文必须以削弱科学为前提的极端观念和做法。似乎在学校讲科学、传授科学知识、追求真理等，都是过分的科学主义，是阻碍学生人文精神发展的罪魁。结果是：教学越来越轻视知识，不讲概念，不遵循科学规律，看似要让学生自由轻松，却让学生在面对知识时困难重重，更加紧张无助。真正的人文性如兴趣、个性、价值观、情感、行动取向和对真理的敬仰等，因为缺乏知识的支持，最终变成了无知，也无趣。

---

① 汉斯-格奥尔格·伽达默尔.诠释学Ⅰ:真理与方法(修订译本)[M].洪汉鼎,译.北京:商务印书馆,2010:1.

【图3-7】基督教科学派教会：以“科学”命名自己的教会及活动中心

（图片来源于pixabay）

这种偏颇的"人文"尽管口头上也承认"科学思想是科学家共同具有的价值观……及其实现这种观念的勇气。这个勇气，我们把它叫做科学精神"[①]。科学"就是按规律办事"，要懂得承认和尊重规律；懂得违背规律是要受到惩罚的；懂得干什么事情都必须弄清它的根本原理，都必须抓住最基本的东西[②]等。但这时一般话锋会突转，科学"也可能对人类造成伤害。比如，原子弹、生物武器。所以我们还要有人文思想，而人文思想始终关心一个问题：就是人。尊重人，关心人，爱护人，就是把创造出来的东西，始终造福于人类，把它对人类的危害降低到最低程度。"[③]于是，科学马上又与人文成了对立面，而且甘拜下风。

不可忘了，近代科学正是在文艺复兴时期的人文精神孕育中发展起来的一朵最灿烂的人类智慧之花，而历代杰出科学家们也大多深藏人文情怀。[④]数学家罗素因其"多样且重要的作品，持续不断地追求人道主义理想和思想自由"，1950年被授予诺贝尔文学奖。这是对罗素，也是对所有科学家人文精神的最大认可和褒扬！真正的科学与人文，从来就不可分离，也没有分离过。

如何让科学知识内在的人文能量释放出来，将自然科学和社会科学共同拥有的感性、理性、想象、智慧及美感宣讲出来，并让学生乐意学习知识、接受真理和创新知识，是当代教师必做的功课，也日益成为信息化教学、人工智能+教学深度融合及深度学习等必须突破的瓶颈。

3.2 知识的种类与特点

哲学家、心理学家、教育学家等，都对知识有过分类。从不同角度、不同依据着手，会得到不同知识种类和形态。以下的知识分类，不是仅指自然科学或仅指人文科学，而是综合起来对人类知识总体的各种分类。

3.2.1 亚里士多德的四分法

亚里士多德的重要哲学著作《形而上学》（公元前4世纪）认为，自然界有一种内在"原因"。这种"原因"不同于如今所言的"因果"关系的原因，而是人类

---

① 魏学来.智慧的痛苦[M].北京：中国人民大学出版社，2004:77-78.

② 魏学来.智慧的痛苦[M].北京：中国人民大学出版社，2004:83.

③ 魏学来.智慧的痛苦[M].北京：中国人民大学出版社，2004:84.

④ 刘易斯·沃尔珀特，艾莉森·理查兹.激情澎湃——科学家的内心世界[M].柯欣瑞，译.上海：上海科技教育出版社，2000.

认识到的关于自然的四种元素因子："目的因""物质因""动力因"和"形式因"[①]。对这四种元素因子及相互关系的认识，就构成了人类知识的四种基本类型。这对现当代人类教学与学习仍具有重要参考价值（表3-1）。

表3-1 亚里士多德四种自然构成的原因（元素因子）及对人类教学与学习的指导意义

	物质因（material cause）	形式因（formal cause）	动力因（efficient cause）	目的因（final cause）
亚里士多德自然四因素和四种知识类型	(1)指一个事物的零件、成分、基础或原料(要素、成分) (2)形成一个完整的(系统、架构、混合、综合、复合或结合)	(1)构成一个完整事物的基本法则 (2)包括定义、形状、本质、综合等的形式规则等	(1)指的是事物或元素的改变及改变的起因和动力 (2)即"是什么改变了什么",或是什么造成和助推了"这个改变" (3)这个动力要么"达其善",即求终善;要么"求其真",即求完整;要么"成其美",即求和谐	(1)事物存在的原因或是改变的原因 (2)包括有目的的行动和活动结果
对现当代人类学习与教学的提示	学习与教学最基本的知识与行为单元,及对各种知识和行为单元的整合建构	基本结构关系:规范、法则、本质、定义、综合等的逻辑规则	学习与教学的基本动机(起因)与"动力"是:求其真、达其善、成其美	学习与教学必究事物存在和变化的原因;求目的与结果

注：本表由本书作者根据《形而上学》和参照现当代教学与学习知识而制

3.2.2 认知派的二分法

20世纪60年代，心理学与信息科学结合，产生了以信息加工为核心视点的认知心理学。随之"知识成了信息加工心理学的一个中心概念"。该领域学者们"大多同意把广义的知识分为两大类：一类为陈述性知识（declarative knowledge），一类为程序性知识（procedural knowledge）"。陈述性知识回答世界上一切事物"是什么"，程序性知识回答"怎么办"（如何做）。陈述性知识等价于传统所言的概念、原理或定律等理论性知识，程序性知识等价于传统所言的行为技能。这就是在当今教育理论和实践界普遍有"知识和技能"说法的源头。但是，这在肯定"知识"的同时，又将"技能"排斥在"知识"之外。实际上，"技能"也是一种知识，即程序性知识，不过是关于行为方法与技能的知识而已，这类知识的学习不能只靠讲解和理解，还要通过反复训练。其也是"在练习基础上形成的按某种规则或操作程序顺利完成某种智慧任务或身体协调任务的能力"[②]。陈述性知识与程序性知识有相互转化的关系。

① 亚里士多德.形而上学[M].吴寿彭,译.北京:商务印书馆,1959:6-7.
② 韩仁生,苗军芙,李传银.教育心理学[M].济南:山东人民出版社,2013:113.

"知识"（含程序性或技能性知识）与"能力"是两个相对且相互转化的概念。对于陈述性和程序性两种知识，个体通过理解和训练就可掌握。而能力是通过两种知识的运用或迁移应用形成的，是知识应用和迁移应用的结果。陈述性知识和程序性知识可以转化生成两种能力：一是动脑筋的"智能"；二是动身手的"技能"。

这种二分法分类，是关于知识的最简、最基础的分类，可以更明晰理解和评判其他各种分类而得到的知识。

3.2.3 加涅、皮连生等的三分法

当代任何一本教育心理学著作，几乎都会提到美国心理学家加涅（Robert Mills Gagne，1916—2002）关于学习的8个层次的分类，以及基于此对学习的3种结果和知识的分类。

加涅从信息加工理念出发，将知识划归到言语信息范畴，认为知识分为符号（labels）、事实(facts)和有组织的知识（organized knowledge）三大类，学习因此也有了相应种类、过程和结果。（1）符号知识与学习，也就是学习与记住事物的名称，即符号所指代的对象和含义。（2）事实知识与学习，因为一个事实就是表达两个或两个以上有名称的客体或事件之间关系的言语陈述。（3）有组织的知识与学习，即学习是由许多单个事实联结成的大的整体。该分类将"符号"单立为一个知识类型，有积极意义，但只定义了符号具有记忆价值，这是局限；后两类知识类似奥苏伯尔提出的命题和命题网，不过都是用"事实"去表述的，显然与感性经验的事实有混淆。

对这三类知识的学习，有8个层次的学习活动（1968）：信号学习、反应学习、连锁学习、言语联想学习、辨别学习、概念学习、原理（规则）学习、解决问题学习。后来被压缩为6个层次（1971），最后再提炼为5个层次（1977），即联结与连锁学习、辨别学习、概念学习、规则学习、高级规则学习。这些学习层次或水平的划分，其实也可以看成知识的分类。

中国教育心理学家皮连生，同样从信息加工理论出发，定义知识为"主体通过与其环境相互作用而获得的信息及其组织"，它储存于个体之外是人类知识，储存在个体内即为个体知识。知识总体上可分为陈述性知识（declarative knowledge）、程序性知识（procedural knowledge）和策略性知识（tactical knowledge）三类。前两类知识与认知派的二分法相同。

3.2.4 布鲁姆、奥苏伯尔、季苹等的四分法

布鲁姆（Benjamin Bloom，1913—1989）在他的教育目标分类学与教学评价体系中，将知识分为四类：事实性知识、概念性知识、程序性知识和反省性知识（是后增的，即评价性知识）。其在早期认知派知识二分法的基础上，增加了事实性（经验性）知识和反省性（评价性）知识，并将“陈述性知识”聚焦到了“概念性知识”上。

奥苏伯尔也主张四分法，认为知识从初级到高级分为四个等级类型：符号表征、概念、命题、命题网络。（1）最简单的知识是建立事物与符号的表征关系，即为事物命名；（2）较复杂的知识是获得同类事物的概念；（3）更高级的知识是习得表述事物之关系的命题；（4）最后，学习者头脑中的原有命题和新学习的命题建立联系，组成命题网络，他“称这种命题网络为认知结构”①。奥苏伯尔的这一分类，同时揭示了从知识符号到概念、到命题（定律、定理）再到命题网络即知识表征及网络构成的逻辑过程，他将这一知识网络构成的过程称为“认知结构”的建立。“知识”有了最核心的聚焦点“概念”。他还将知识由概念构成的命题和“命题网络”与“认知结构”内在联系起来，使知识结构与认知结构有了高度相关性。同样的方法也可以迁移到对各科知识的再分类及过程中去，如程序性知识的分类和学习就有了技术命名符号、技术概念、技术定律、技术网络等。

中国学者季苹在《教什么知识——对教学的知识论基础的认识》中，鞭笞当前学校严重轻视知识教学的倾向，坚决捍卫知识在学校教育中的绝对重要地位，并将知识分为四类，即事实性（现象性）知识、概念性知识、方法性知识、价值性知识四个层面，认为这是学校“各学科的具体的知识”的前台形式，而后台就是这些知识的哲学论。②这一分类采纳了布鲁姆四分法中的事实、概念两类，将程序性知识转变为“方法性知识”，增加了“价值性知识”，将通常所言的“情感、态度、价值观”纳入了“知识”概念和体系中。这是一个非常重要的补充，更符合现代学校通过知识促进人全面发展的需求。但与此同时，其忽略了反省性知识即评价性知识，并将“原理知识”（也就是命题性知识）直接“含在概念性知识中”③，突显了概念与原理或规律、定律的相关性，却忽视了这两类知识的层级差

① 邵瑞珍.教育心理学[M].上海：上海教育出版社，1988：252.

② 季苹.教什么知识——对教学的知识论基础的认识[M].北京：教育科学出版社，2009：121.

③ 季苹.教什么知识——对教学的知识论基础的认识[M].北京：教育科学出版社，2009：75，150.

异，及其对教学的不同要求和对学生智能发展的不同价值。

世界经合组织（OECD）在年度报告《以知识为基础的经济》（1996）中，也将知识分为四大类，分别是事实性知识、原理性知识、程序性知识和创新性知识：

1）知道是什么的知识（know-what），主要是叙述事实的知识；
2）知道为什么的知识（know-why），主要是自然原理和规律方面的知识；
3）知道怎么做的知识（know-how），主要是指做某些事的技能和能力；
4）知道是谁的知识（know-who），主要是指谁发明或者发现了这个知识的知识。

上述四种分类，“创新性知识”即关于发现和发明的知识，是对知识类别的又一重要补充。但在“事实性知识”和“原理性知识”之间的一个十分重要的具有本质性转换的知识被忽略了，这就是“概念性知识”。而概念，是最基础的理性知识，是感性知识和理性知识的分水岭，是原理或规律、定律性知识的构成元素，也是所有知识的聚焦点。

3.2.5 本书作者的整合分类：六（十四）分法

整合上述种种知识分类，以及人类认知、学习和学校教学等主要获取知识的不同环境、条件和方式，本书作者将知识分为经验性知识、理论性知识、应用性知识、价值性知识、评价性知识和研究性知识等六大类十四小类（图3-8）。这不仅仅是知识分类，也表达了知识从感性经验提炼上升到理性水平，转化为行为技能，伴随价值取向与动力、对自我的反省修正和研究创新知识的全过程。各类知识有差异，更存在递进和转换等相互作用的关系。其中，理论性知识中的“概念”知识，是感性知识上升到理性知识的关节点和理性知识的起点。良好的知识、知识结构（知识秩序、组织）和认知结构（包括思维方式与结构）的建立，与概念的准确性、精确性及结构系统性直接关联，是人类知识、学习和学校教学有效性提高不折不扣的前提条件（参见《TVS：视点结构教学》书系的第二部TVS《课程逻辑》、第三部TVS《教学行为体系》等）。

（1）经验性知识。其也称现象性、事实性知识，感性知识等，是其他所有知识的来源和概念性知识的概括对象。在学校教育中，主要指各科教学中的举例，以及学生的各种实践活动等。又可分为：1）个体经验知识，指凭个人眼、耳、鼻、舌、身五官活动，获得视觉、听觉、嗅觉、味觉和触觉等感觉经验的知识。

对于任何个体生命来说，感觉是最实在也最生动的具身认知和经验。教学举例或教学实践活动，都是为了让感性经验不足的学习者获得这种切实的具身体验，以便更容易理解和掌握较准确的理性知识。2）人类经验知识，指凭借大众感觉经验包括行为活动经验，进行一定总结并获得大众认可的知识。工作学习中通常所谓的“经验总结”“经验交流”就属于这类知识。因为来源于部分人共同认可的经验，所以它可能优于个体经验知识。但因其基本上还是直接经验，不具有较本质的概括性和普遍性，故难以实现知识迁移，仍存在很大的局限性。

- **（1）经验性知识**（事实性知识）
  - 1）个体经验知识：个人在实际经历中积累起来的感性与事实知识
  - 2）人类经验知识：人类在实际经历中积累起来的共同感性与事实知识
- **（2）理论性知识**（陈述性知识）
  - 3）概念：提炼和定义事物的本质特征（内涵）与外延的知识
  - 4）原理：反映事物或概念之间内在联系与规律的知识
- **（3）应用性知识**（程序性知识、行为性知识）
  - 5）模式性知识：理论转化而来的稳定的实际操作行为与行为基本结构
  - 6）技术性知识：科学理论转化而来的实际操作行为程序和要领
  - 7）方法性知识（策略性知识）：经验和理论转化而来的实践操作行为
  - 8）隐性知识：隐藏在人体或人脑中不可视的操作模式、技术、方法
- **（4）价值性知识**（动向动力性知识）
  - 9）价值性知识：价值取向、需要、理想、信念等动力知识
- **（5）评价性知识**（反省性知识）
  - 10）标尺性知识：提供标准的知识
  - 11）工具性知识：提供操作手段和工作条件的知识
  - 12）观念性知识：提供看事物和问题角度的知识
- **（6）研究性知识**
  - 13）假设性知识：有待实证的知识
  - 14）实证性知识：通过实证并提炼为概念、原理、方法、技术、模式等的知识

【图3-8】六(十四)类知识类型：根据层次、表现形式与功能不同的分类
（注：概念是经验性知识上升为理论性知识，转化为应用性知识、价值性知识和研究性知识的关键，也是评价性知识精细化的基石）

“不论对学习者个人来说，还是对社会来说，教育都必须以经验为基础——这种经验往往是一些个人的实际的生活经验”，如常言“百闻不如一见”。但同时也要指出：“世界上没有一种训练像经验的训练那样严格地受到理智的发展和指导的检

验”①，而这种指导着经验训练的所谓“理智发展、指导、检验”的知识，也就是第二大类，理论性知识。

（2）理论性知识。即陈述性知识，指揭示和解释事物本质（概念）及相互联系的知识，是科学知识最典型的形式。包括：3）概念（理论思维的起点），是对一类经验和事实提炼出共同本质特征的反映，或定义。包含内涵和外延，是判断一个事物“是”或“不是”的本质的知识。例如“三角形”，指“三条边首尾相接构成的封闭图形”，这就是对所有具有三条边和三个内角构成的几何形状的本质概括，是几何学最基本的知识单元。概念也是学校自然学科课程中普遍的存在和主要内容。4）原理（“点↔点”联系与作用的方式、定律、定则），指被科学证实为真的事物或概念间本质联系的知识。如牛顿第三定律，“作用力与反作用力同时存在，作用点相同，大小相等，方向相反”，就是由“作用力”“反作用力”“同时”“作用点”“大小 ”“方向”等概念，按照一定逻辑关系连接而成的一个判断或命题。再如“三角形的内角和等于180^0”这一内角和定律，包括了“三角形”“内角”“180°”等三个实体概念，“的”“和”及“等于”三个关系概念。六个概念共同构成的“内角和定律”，概括了所有三角形内角之间的确定关系。欧几里得《几何原本》中的命题7：如果两条直线平行，在这两条直线上各任意取一点，则连接两点的直线和两条平行线在同一平面内。②该命题包含了“平行线”“任意点”“两点直线”“平面”等实体概念，“直线上”“连接”“同一平面内”等方位或关系概念。自然科学主要由这样的知识构成，用以反映自然事物的内在秩序和在一定条件下变化的必然性。或者说自然科学存在的根本目的，就是要发现这些事物的本质（概念）及相互联系与相互作用（原理、定律等）。社会科学和人文科学中，一些被历史经验证明具有普适性和稳定性的思想、认知和行为规则等知识，也当有着与自然科学知识相同的形式特点，只是所指对象和方法有异而已。

（3）应用性知识。即程序性知识、行为性知识、方法性知识、策略性知识等，指行为和实践性的过程、模式、技术、方法、要领等，有很强的程序性和秩序要领。所有其他知识都只有转化为操作行为，在实践中应用才能彰显出其应有价值。一种教育教学理论，如果不能够转化为实际且有效的操作行为，其价值就应该受到质疑。应用性知识包括：5）模式性知识，指由理论转化而来的比较稳定的逻辑过程或操作结构。如本书系《TVS：视点结构教学》之第三部TVS《教

① 约翰·杜威.我们怎样思维·经验与教育[M].姜文闵，译.北京：人民教育出版社，1991.

② 欧几里得.欧几里得·几何原本[M].兰纪正，朱恩宽，译.西安：陕西科学技术出版社，2003：513.

学行为体系》中的TVS模式和变式。6）技术性知识，由科学理论知识转化而来的有一定程序和要领的操作行为。因其受到科学理论的支持和制约，所以比经验性方法在操作程序和要领上更严谨，也更具效力。如相对论及其质能公式转化成了核技术，而原子弹成功爆炸就是核理论技术效力的强有力实证。7）方法性知识，广义的包括模式与技术；狭义的指除了模式和技术以外的所有具体做法的概称，包括个人经验性做法、集体经验性做法、具体工作方法、学习方法、教学方法等。“实践是检验真理的唯一标准”，所谓“实践”指的就是应用知识的操作性活动与各种具体方法。8）隐性知识，指隐藏在人体或人脑内部的活动、模式或操作性知识。例如，思维方法、记忆术、细胞行为等，仅思维方法还包括更为抽象和更为具体的方法，如分析与归纳、抽象和概括、判断和推理等思维模式、技术、计量方法、统计方法等。而这些，也都可以看成内隐在大脑中的神经或神经细胞行为。这类知识也需要通过反复训练方可习得。

（4）**价值性知识**。其指伴随其他各种知识过程所获得的情感体验、态度亲疏、兴趣倾向与选择尺度（标准）。“概念和原理是知识的基本形式和载体”，而“方法、情感、态度、价值观都将凝结为概念和原理而得以集中，得以明确地表达”[①]。如道德、邪恶、美丑等，本质都是价值标准和价值判断性知识，但所呈现出来的仍然是事实、概念、原理、方法，只是带有明显的倾向性而已。价值性知识，是选择的尺度或标尺，其中，真善美、理想和信念等具有积极的方向性和强大的动力性。人在面临两种以上可能性时，价值性知识对选择与行为决策起着决定性作用。

（5）**评价性知识**。即反省性知识，指对所做过的事的结果进行优劣、价值大小或水平高低判断的知识。其与价值性知识有高相关，同时与其他知识也联系紧密。它包括：10）标尺性知识，即评价判断的依据、指标或尺度；11）工具性知识，即观测评价与判断所依据的方法，如观测仪器、调查问卷、测量量表等工具；12）观念性知识，包括为什么评价、为什么使用这种方法而不使用另一种方法等的理论观念、观点。

（6）**研究性知识**。亦即如何创新知识的知识，是为人类带来前所未有的新知识的知识，是人类知识进步的源泉，是科学研究最重要的知识范畴（本书系《TVS：视点结构教学》之第五部TVS《学术思维与写作》就主要是讲这类知识生成的过程）。它包括：13）假设性知识，也称假说，指没有经过实证的知识或理

① 季苹.教什么知识——对教学的知识论基础的认识[M].北京：教育科学出版社，2009：150.

论。也就是说，只有经过实证的知识，才能够称为科学概念或原理。假说类知识是科学研究不可或缺的先导，但远远不是科学的全部。如霍金的“宇宙大爆炸”理论，以及“黑洞”学说，就是建立在以往得到证实的科学知识基础上的推理，但迄今尚未得到确凿证据证明，所以还只是科学假说，科学界也因此争论不休。14）实证性知识，凭借科学方法包括实验、测量、观察记录等，获取现象事实，进行数学分析，提炼概括而获得的新概念（一类事物的本质特征）、新定理（几类事物之间的内在关系）、新建的系统理论（所有概念和定理之间的逻辑联系）等。此外，硕士生、博士生则是在教师指导下学习研究性知识，并应用研究性知识去进行科学研究，探索创造新知识，包括新概念、新原理、新技术模式等。相应活动也称为知识创新活动。它的独特优势在于突破经验局限，排除假设中不合理因素的干扰，发现之前没有发现的事物内在本质与规律。

3.2.6 人类知识与个体知识：二分法

人类知识指人类历经数千年发展积累下来的知识。个体知识指在个人生命史上通过各种渠道获得与积累下来的知识，包括个人从日常生活亲身体验中获得的个人经验知识；从学校教学中获得的较系统的学科知识，这在很大程度上是对人类知识的学习，并内化成为个人知识。

人类知识为个体知识的形成提供了重要源泉。个体所提供的有价值的新知识，也丰富了人类知识。因此，人类知识也就是历史上很多有价值的个体知识构成的。学校教学所传授的知识，一定是对人类知识的精选，一定是以最好的方式引导学生获得最好的人类知识，并内化成自己能应用 、会创新的个体知识及知识结构。

3.3 符号：知识的可视化形态

3.3.1 知识的知识

从客观万事万物转化成人脑的知识，有一个不可忽视的转化环节或过程，这就是“符号”化。以“符号”表征在头脑中的知识，使得隐藏在头脑中的“知识”或者存储在电脑（智能化电器）中的知识，都获得了可视的形态。

加涅将“符号”看作一个知识的种类。其实，符号是所有人类知识（除有些不自觉的经验外）共有的特征或表征，是指代或标示上述任何分类中的知识的知识，如巴甫洛夫表征事物信息的“信号”。它可以使得任何知识，包括隐性的或抽象不可感的知识，都具有了可感可视的形式。有些知识，例如实物、行为等本身具有可视可感形态，感觉神经和中枢可据此进行感性与理性加工；但更多知识，例如概念或本质、原理或理论、模式或方法技术、价值观情感信念等，都是不可视即很抽象的知识，必须用相应符号指代，才能被感知、理性加工和表达出来。因此，说符号也是一种很特殊的知识类型，是适当的。

这种知识，对人类智能、思维、认知等高级神经活动，以及当代人工智能，从弱人工智能、强人工智能，到超人工智能发展①的深刻认知，都有特别重要的价值。从某种意义上来说，获得知识和学习知识，或深度传授知识与深度学习知识，就是人脑或电脑在获取或学习各种和各层次的符号，感知和理解符号形式，深度解析符号形式及所指代的含义（一般理性）、内涵（科学理性）或意味（美学意义）；或对符号的深度精度加工，或表浅模糊加工而已。

3.3.2 知识、符号、逻辑、智能

这里所说的智能，概指人类智能和人工智能。在心理学中，智能又称为智力(intelligence)，指“人们在获得知识和运用知识解决问题时所必须具备的心理条件或特征”②。简言之，就是对知识加工（思维）和应用知识处理问题（行为）的能力。而符号，如上所述就是指代知识的知识。符号之间的逻辑关系，基础就是知识和基于知识认知的逻辑，然后才有处理问题的行为之间的逻辑关系。智能就是基于知识（符号）、认知（运算）和行为（决策与执行）之间逻辑关系和逻辑过程的信息加工能力。无论人类智能还是人工智能，本质相同，机制有所不同而已。

然而，“思维在被现代形式逻辑解释为形式标记的处理之前，一直是不可捉摸和难以名状的东西”，人们更没有认识到“符号系统和智能”的关系。“从柏拉图的《美诺篇》到今天，走过了一条漫长的道路”，“在这条路途上的大部分进展是进入20世纪后取得的，而其中很大的部分又是在20世纪中叶以后取得的”，即“在计算机教我们知道符号如何能由机器加工之前，它看来主要仍是存在于柏拉图的理念王国里……本世纪中叶，在这些发展处于转折点上的时候，图灵作出了伟大的贡献——将现代逻辑（包括符号认知——本书作者）引入了计算机”③。

① 李彦宏，等.智能革命[M].北京：中信出版集团，2017：自序.

② 中国大百科全书·心理学卷[M].北京：中国大百科全书出版社，1991：556.

③ 玛格丽特·博登.人工智能哲学[M].刘西瑞，王汉琦，译.上海：上海译文出版社，2001：175-176.

所谓“柏拉图的理念王国”，主要是指古希腊哲学家柏拉图与其老师苏格拉底关于某些知识含义的对话场景。很有代表性的是《美诺篇》①的开篇，关于什么是人的“德性”的对话，亦即著名的“美诺之问”（图3-9）。

“美诺之问”的古希腊文原文：

Μένων: ἔχεις μοι εἰπεῖν, ὦ Σώκρατες, ἆρα διδακτὸν ἡ ἀρετή; ἢ οὐ διδακτὸν ἀλλ' ἀσκητόν; ἢ οὔτε ἀσκητὸν οὔτε μαθητόν, ἀλλὰ φύσει παραγίγνεται τοῖς ἀνθρώποις ἢ ἄλλῳ τινὶ τρόπῳ.

“美诺之问”的拉丁文译文：

Potesne mihi ostendere Socrates, doceri virtus possit, necne, an exercitatione potius acquiratur? Aut num fortasse nec doctrina, nec usu bominibus comparetur, sed ipsa natura, vel alio quopiam modo hominibus insit?

【图3-9】柏拉图及《美诺篇》中关于“德性”及教育的“美诺之问”

《美诺篇》在世界上有很多译本。“美诺之问”（希腊文和拉丁文，图3-9）也有很多译法。其基本意思看似一致，但有些细节值得推敲，且与译者对语言符号与知识逻辑的理解高度关联。其在中国当代至少有如下三种译法：

王太庆译本：枚农：你能不能告诉我，苏格拉底呀，品德是可以传授的呢，还是锻炼成功的？如果既不能教，又不能练，是不是人本来就有的，还是用什么别的办法取得的？②

王晓朝译本：美诺：请你告诉我，苏格拉底，美德能教吗？或者说，美德是通过实践得来的吗？或者说，美德既不是通过教诲也不是通过实践得来的，而是一种天性或别的什么东西？③

① 柏拉图.柏拉图对话集[M].王太庆，译.北京：商务印书馆，2004.

② 柏拉图.柏拉图对话集[M].王太庆，译.北京：商务印书馆，2004.

③ 柏拉图.柏拉图全集（第一卷）[M].王晓朝，译.北京：人民出版社，2002：491.

陈庆翻译：美诺：苏格拉底，你能告诉我，德性是能被教授的东西吗？抑或德性不是能被教授的东西，而是通过训练获得的东西？抑或它不是通过训练获得的东西，也不是能被学会的东西，而是人自然地或以某些其他方式得到的？①

最容易产生歧义的，是其中一个重要单词“ἡ ἀρετή”，是翻译成“品德”“美德”，还是“德性”？要正确而透彻理解这个单词，又涉及很多其他相关知识，如关于人性、道德、善，还有教育的含义及理性逻辑、教学方法等。因此，这一提问虽然被称为“西方思想史上经典的教育之问”，却因为如何理解和翻译，与不同译者和使用者的知识储备、思维逻辑、对语言符号和知识掌握水平直接关联，而转化成了后来许多相关学科关于知识、符号、思维、人类智能，乃至人工智能研究的哲学问题，乃至技术问题。

再者，“美诺之问”本身还包含了几个连锁的逻辑提问和命题，更引导我们对世间事物的思维、知识与符号间逻辑关系的高度关注与思考。

“美诺之问”蕴含了四个命题（proposition）：

第一，德性是能被教授的东西；

第二，德性是通过训练获得的东西；

第三，德性是人自然地得到的；

第四，德性是人以某些其他方式得到的。

这四个命题都有一个共同主词：德性。它们的区别在谓词方面……

所谓的“主词（subject）”与“谓词（predicate）”都是逻辑概念。主词意指被断言的东西，谓词意指用来断言的东西。日常语言语法上的“主语—谓语”结构与哲学上的“主词—谓词”结构不同。哲学上所理解的“主词”必须是具有如下语言功能的术语：指称某个人或某个物。这里“谓词”指的是“一阶谓词（a ‘first-oder’ predicate）”②。

① 陈庆.从柏拉图“美诺之问”看教育哲学与教育学的基本问题——反思中国教育学研究之正途[J].教育学术月刊,2017(1):3-15.

② 陈庆.从柏拉图“美诺之问”看教育哲学与教育学的基本问题——反思中国教育学研究之正途[J].教育学术月刊,2017(1):3-15.

如果说，有关“美诺之问”的翻译和争议是关于不同知识符号或概念含义的争议，后来便转化为了人类理性思维和知识的严谨逻辑的讨论，也导致了柏拉图的学生亚里士多德将老师柏拉图提出的“理念”明确化，开创了让知识和思路更准确、清晰的人类理性思维的逻辑规则体系（也是一种知识和符号体系），即著名的“形式逻辑”。有关学说大部分写入了他的《形而上学》（第四卷）和《工具论》中，至今对科学思维和各领域学术思维及知识的生成和应用等，都有深刻影响。

现代计算机逻辑的奠基者、英国著名数学家和逻辑学家图灵（Alan Mathison Turing，1912—1954），被称为“计算机科学之父”“人工智能之父”。其最大贡献就是：将古希腊时期就创建的形式逻辑引入计算机，使得机器或者电脑也能进行精确思维和发出行为指令，提出了“图灵机”和“图灵测试”等重要概念（图3-10）。所有的本质就是：将机器思维方式建立在人类思维形式逻辑规则之上，并促成了一套机器也能够识别（理解）的、明确表征知识或信息的符号系统的诞生。

从什么是“ἡ ἀρετή”所表述的真正含义（品德、美德、德性?）到人类理性思维的逻辑建构，人类智能发展以及人工智能发展等，每一步都贯穿了对符号这种表征知识的知识的创建、识别、理解与应用。可见，人类所发明的符号体系独到的价值和符号性知识的力量。

“符号是智能行动的根基，这无疑是人工智能最重要的论题。因此，它对于整个计算机科学来说，也是最重要的问题”，因为计算机或人工智能的一个“必备条件就是存储和处理符号的能力”[①]。

3.3.3 理解知识，先理解符号

换句话说，所有知识都要用一种方式表征出来，这种表征方式就是符号。也因此，我们要学习知识，认识事物的本质、自然秩序与自然定律、社会秩序与社会定律等，首先要学习和认知的其实是符号。不能理解符号，如数学概念的符号、数学定律的符号或公式，就不能理解和掌握其所指知识。人类通过符号表征知识和理解知识所指对象的意义，因此，符号学习也是人类高级智力活动，是高级神经反射活动机制建立的前提，是发现、学习、传授和创新知识必须跨过的重要门槛。

① 玛格丽特·博登.人工智能哲学[M].刘西瑞，王汉琦，译.上海：上海译文出版社，2001：145.

早期打字机与发报机——符号指代内容

英国数学家图灵，计算机科学之父

【图3-10】早期打字机与发报机、图灵和图灵机：
最早的计算机——通过符号识别、获取和处理信息（知识）

加德纳（Howard Gardner，1943— ）的多元智能理论，提出了人类有九种智能，而每种智能都必须同时满足八项标准，第八项指标就是："能够被选作智能的，必然和人类所应用的符号系统有一定的关系"①，"理解知识如何应用的前提是理解它如何在人脑中表征的"②。换句话说，符号是知识的可视化表征，也是智能的表征，虽然知识是客观宇宙世界的反应，但事实上，人不可能直接将宇宙万物实实在在地搬到大脑中来，投入大脑中的宇宙"光线"或生成的"知识"都不是实在物。大脑的信息"加工"，只是一个关于知识理解现象与过程的形象的比喻。那么究竟《世界是如何进入脑袋的》（*Wie Kommt die Welt in den Kopf*）并被理解的呢？其实宇宙万事万物进入大脑只有两种形式：一是直观形象；二是指代符号。也就是说，前述六（十四）种知识都是通过直观形象或符号这两种形式表达出来的。而符号也不过是一种可视的形象。

3.3.4 符号与专业知识

可以直观其形象的事物有无数，只要感知过就会在大脑中留下映像。大多不用刻意学习和教学即可获得。但符号却是人为的、有限的，往往也是专业化很强的知识，所指代的含义，需要系统学习和教学指导方能习得。除了通常所用语言语词文字符号外，人类历史上产生（发明）和使用过更多更神秘的，至今我们也读不懂的符号（图3-11）。此外，还有现在我们在不同领域接触到的各种符号，如数学符号、物理符号、化学符号、地理符号、交通符号、制图符号、音乐符号、艺术符号等（图3-12）。

可以说没有符号，就几乎没有人的高级神经活动，没有高级信息加工活动与能力，没有真正的思维和对宇宙万事万物的深刻理解。某种意义上，知识学习与教学就是从指代知识的符号传授和学习开始的，且贯穿过程始终。学者、教师、学生等，与其说是在与知识打交道，通过知识在与所知宇宙万物打交道，不如说更多是在与知识的符号打交道。

---

① 沈致隆.多元智能理论之父加德纳[M].太原：山西人民出版社，2016.

② 王世意.心理学原理及其应用[M].西安：陕西师范大学出版总社有限公司，2014：70.

哈拉帕文明图符中的文字

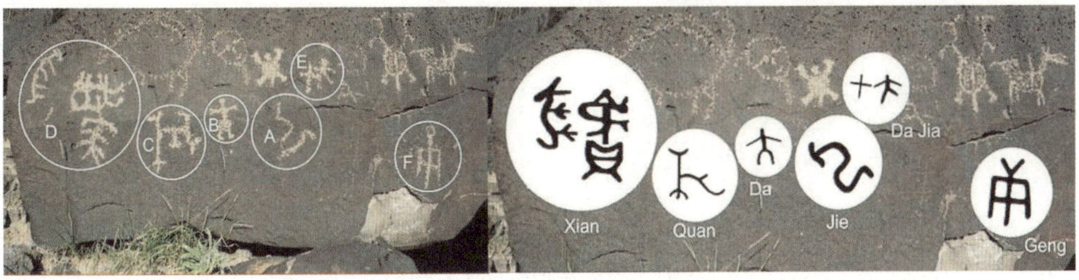

【图3-11】世界各国古老的文明和知识，这些符号你理解多少？

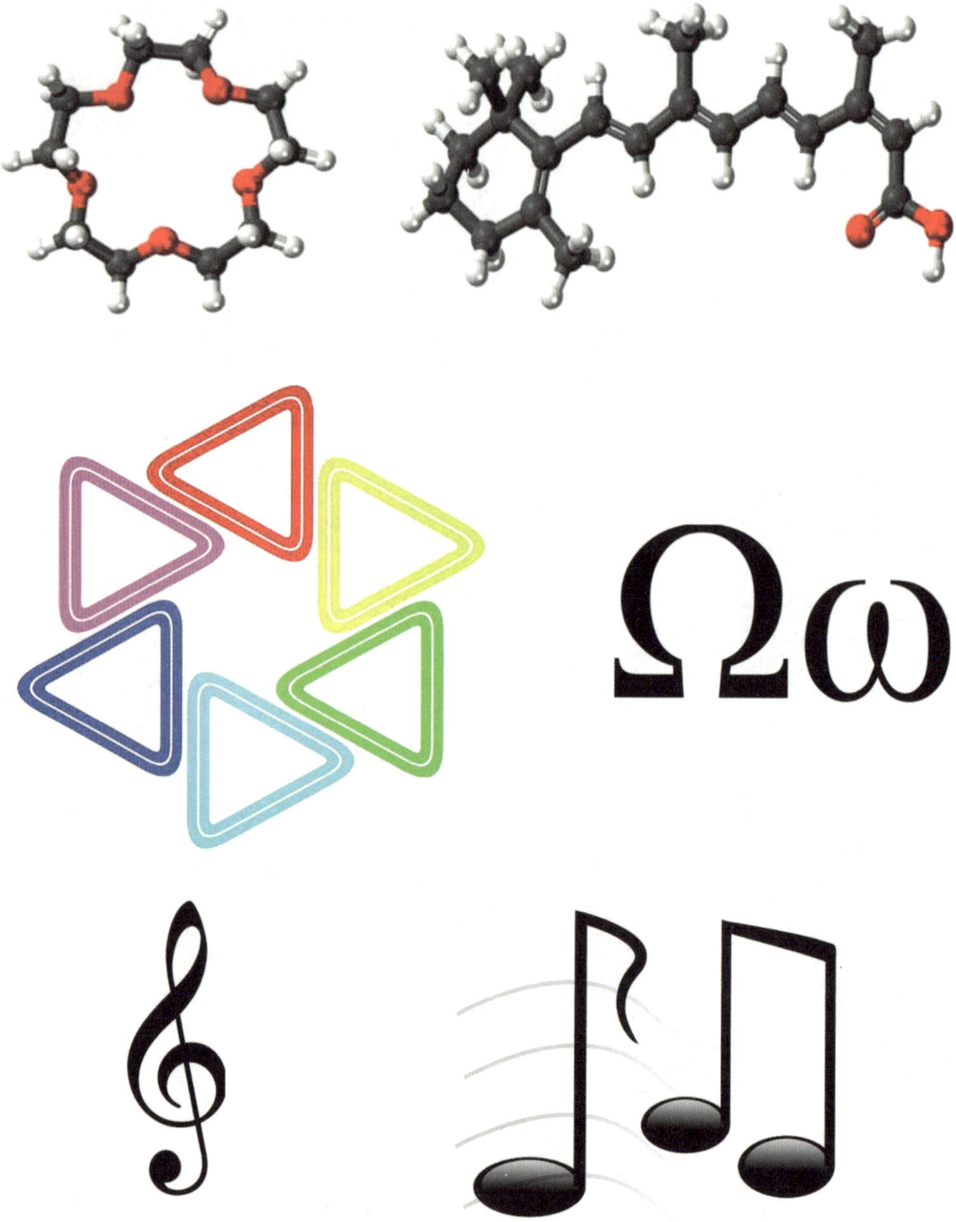

【图3-12】人类用以表征各领域知识的符号

3.3.5 为万事万物命名

就像每个人必须要有名字（符号）才能登记在花名册上一样，首先必须给宇宙万事万物命名，即一一赋予其指代符号，宇宙万事万物才能以符号的形式进入大脑，成为大脑能够理解、储存、加工和输出的“实物”。符号，是人脑认知这个世界最早期最美好的发明。世界各国的古老文明和知识，都是这些或那些，看得懂或看不懂，形象或抽象的符号。

仅语词文字符号，就是一个庞大的符号知识体系，或以“字↔字”“词↔词”即“点↔点”结构关系构成的语句、段落和更大句群，它们与宇宙万事万物及其相互关系、相互作用构成了巨大的指代符号系统。指代实体事物的叫名词；指代事物运动状态的叫动词；指代事物属性的叫形容词；指代事物程度数量的叫副词、数词、量词；指代事物之间各种关系的叫介词、连接词等。各种更专业化的知识领域，例如数学、物理、化学、地理、音乐、美术、舞蹈、影视等，都有自己表征“点↔点”知识关系的符号体系。因此，从指代和表征的意义上讲，所有的符号都可以广义地称为“语词文字”。

尽管符号本身是有形状或形象的，但这个形象，肯定不是客观原形，因此符号必然具有抽象性。即使是直接获得的感觉形象，进入大脑后也只是原物的“影子”，也必然具有了一定的抽象性。凡是进入大脑的客观世界信息，都必然兼具形象和抽象双性。自然景象、美术图案、抽象概念等，概莫能外，程度有异而已。这是大脑理解客观世界，获得感性信息，并进行深度理性加工的前提。

小学生首先要认识字词句，这便是人类学习和学科知识的基本表达符号；其次要认识数字符号和公式，这便是所有科学知识如物理学、化学、生物学等知识借以表达和思维加工的基本符号与方式。有时候，符号本身比知识本身更难理解，一不小心，很多学生就因此而被挡在了知识大门之外。

3.3.6 概念与语词符号

语词通常用来做指代概念的符号，或物化的形式载体。

概念是反映一类事物共同本质特征和范围的知识单元①，是理性思维的基本单元②，是理性思维和理论知识构成的原子。概念的内部结构，包含内涵和外延两部分。内涵是指概念所反映的一类事物共同的本质属性；外延是指概念所指对象或一类事物的范围。也可以说，内涵就是质，外延就是量。因为概念已从具体事物的外部形式或形象中抽取剥离出来，所以与直接感性知识相比，当然很“抽象”。

① 中华人民共和国国家标准GB/T15237·1-2000:“概念”是对特征的独特组合而形成的知识单元。

② 德国工业标准2342将“概念”定义为一个“通过使用抽象化的方式从一群事物中提取出来的反映其共同特征的思维单位”。

但概念也有形象。概念除了其概括的事物对象多是有形象的外，它还以自身的符号形式而获得了独特而生动的形象，如汉字“比”，数学符号“=”等。

概念的表达符号就是语词（语词的书写符号就是文字）。但是，语词并不等同于概念。语词与概念不是一一对应关系。概念是对事物本质和范围的反映，而语词则是词义与声音（还有字形）的结合体，词义与概念本质及范围有关联，但非一回事；概念通过语词符号来表征，但语词并不都用来表征概念；概念的定义或内涵和外延是通过语词组成的语句来表征的，但二者也并非一一对应关系。

概念与语词之间有四种基本关系：（1）一个语词表达一个概念；（2）几个语词表达同一个概念；（3）一个语词表达好几个概念；（4）语词不表达概念，或仅具有象征意义（图3-13）。

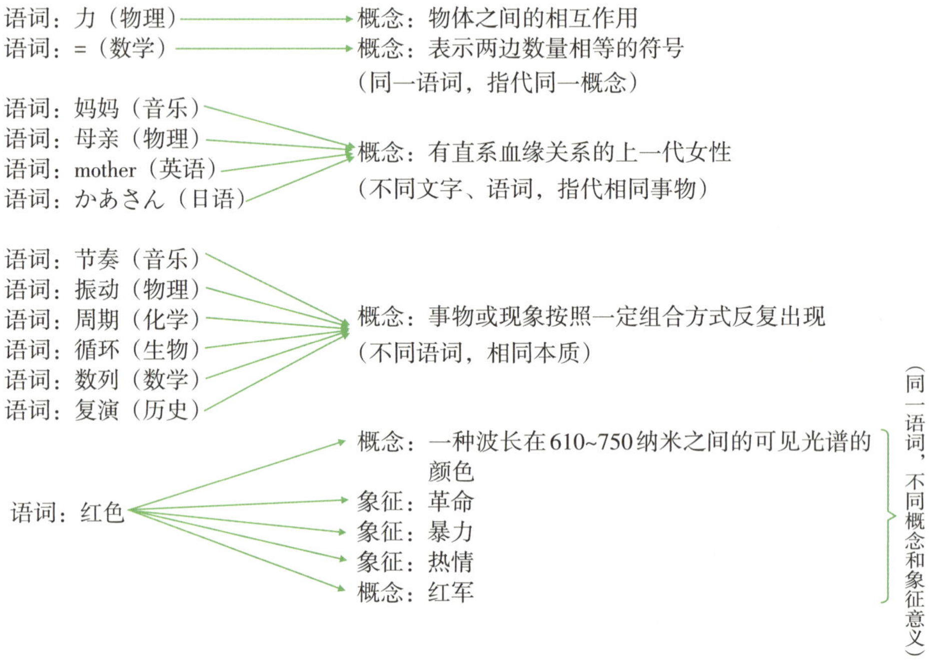

【图3-13】语词与概念之间的关系

概念与语词乃至语句的这种复杂关系，使得概念理解常常受到日常语词或语句多义的干扰，造成语词教学与概念教学的错位，以及概念学习的困难。例如，有的语词并不表达任何概念，造成难以精确理解的知识教学，影响学习的效率；或有多种象征意义的语词又用以表达某种概念，出现在某些个体头脑中，只能理解语词的象征意义，难以形成概念等。

学习语言和学习知识（如概念）不是一回事。学习语言，从学习字词开始，并伴随着语词和语句的丰富而提升着语言水平。但真正意义上的知识学习是从学习符号（字词句）和概念开始的，并伴随着概念学习和理解水平的提升而提升着思维水平。有的人语言能力不错，但知识欠缺且思维能力不高；有的人语言能力较低，但知识很丰富，思维能力也很强。这就是两种学习类型不平衡产生的矛盾结果。

学校教学早期侧重字词句学习和训练，中后期越来越侧重知识或专业知识（概念与原理）的传授与掌握。核心目标和难点是借助字词句符号学习知识（概念、原理或定律），发展思维，完善人格。如果早期没有语言符号的学习与发展，对中后期借助字词句符号学习概念性知识当然会有消极影响。如果早期只重在学习字词句或语言，很多人中后期就只有理解、接受和使用日常语言进行交流的能力，而没有养成或几乎丧失了理解概念和原理，并以此进行判断、推理的思维能力。人与人在知识和思维能力方面的差异就越来越大，学力差距也越来越明显。

在学校课程设置和教学中，两种教学和学习往往是分割的，字词句属于语文学科教学的主体，概念则是自然学科教学的主体，而它们使用的符号尤其语言符号有相当部分又是共同的，但意义或内涵又不对应。有些字词句又是概念性知识的符号，例如“场”在语文学科中作为一个语词的意思，不一定就是自然学科中同一语词所指概念的意思；在这个学科中的语词概念，在另一个学科中内涵也可能不同，例如在语文、物理、化学等学科中所指的“最小单元”等。如此复杂，给知识认知、教学和学习带来不少困难。

所以，对学科以及多门学科的基本知识、概念与符号的系统整理，是知识研究与人类教学彻底改进的重要任务，总有一天，或许就是智能化教育不久的将来，会成为学校知识与课程改革的一个重要而精细的研究专题。

3.3.7 原理与语句符号

原理，或曰定律、定理、规律等，是事物之间本质联系的反映。从表达形式或符号意义上来说，就是若干概念按照一定逻辑连接成的一个判断或肯定性句符，或一个单句或复句。例如，“三角形的内角和等于180°”，这一“内角和定律”，在形式上就是一个肯定判断或判断单句。再如，“商品价格与原料成本成正比，与生产量成反比”，这一“价格定律”，在形式上就是一个肯定判断或判断复句。

科学原理或者定律，一般都有相应的数学模型即公式。如物理学中的“摩擦定律”，指摩擦力（f）是物体垂直压力（N）与摩擦系数（μ）的乘积，公式：$f=\mu N$。借助数学的精确性，科学知识也具备了精确性。因此，马克思说：一门科学只有在成功地运用数学时，才算达到了真正完善的地步。[①]这也是很多学科包括社会学科、人文学科学者努力的方向。另外还有两个努力方向：一是实证；二是理论系统。三个方向或特征，合为科学。

概念作为知识的基本表达形式，与词语符号形成非一一对应的关系。而命题、原理、定律等，则是概念及其关系构成的更大知识表达单位，在语言符号中，命题一般由陈述句来表达。疑问句、祈使句、感叹句等一般不直接表达命题，只表示某种请求、提问或愿望等，但间接也包含了命题的意义。如“北京多美丽呀”就表达了“北京是非常美丽的”这样一个肯定命题。“难道我说的话不对吗”就表达了“我说的话是正确的”这样一个肯定命题。

命题与定律（原理）有时候等值，有时候又并不完全相同。命题可以是对一个事实的判断；定律（原理）是经科学实证而对事实之间、本质之间、概念之间关系的确定判断。在陈述句、命题、原理之间，又存在着这样复杂的关系，更导致了原理性知识和语言语句符号在认知、教学与学习上的差异和难度。

3.3.8 推理符号与句群

如果说概念是借助语词对事实本质的提炼概括，原理是对事实或概念间本质联系的揭示、判断与表达，那么推理就是从事实或概念导出事实发展趋势、概念、新概念或新原理的思维过程。这是一个用多个语句或句群符号有机整合起来的更大单元的知识与思维表征的符号群、语言句群，及推理和语言表述过程。

这个过程，遵循一系列逻辑规则和语言规则。例如，形式逻辑思维的三段论推理，就遵循同一律、矛盾律、排中律等三大基本规律或法则；同时，在符号形式上又表现为一群按照某种语法规则组织起来的句群或符号群。换句话说，推理就是按照逻辑思维规则建构一组语句符号之间相互关系的逻辑过程。而论证，就是无数推理的逻辑连接，是一个庞大的推理或逻辑动态符号群。在自然学科中，三段论式的推理性论证或逻辑句群多见；在社会学科中，类比性推理论说或比喻性句群多见。

无论哪种推理或论证，都必须建立在真实而典型的事实、或多或少明确的概念、正确的判断（命题原理）基础上，都是一定抽象思维或者认识能力形成的重

① 孙成竹.马克思哲学：人的存在的现象学[M].济南：山东大学出版社，2018.

要过程，包括十分看重形象思维的审美与艺术推论活动。

3.3.9 抽象知识的非文字符号

概念、判断（原理或定律）、推理等的表达，除用文字、语词、语句、句群外，还会用一套看上去更专业、更简扼的符号。例如，数学、物理、化学和逻辑学中，用以表达概念、定律或公式、推理和论证过程的那些字母、数字、线条等非文字符号。

常用的数学概念符号——数学的专业语言

数字符号：1 2 3 4 5 6 7 8 9 0

代数符号：x y z；a b c d；N n；π（圆周率）

几何符号：⊥ // ∠ ⌒ ⊙ ≡ ≌ △

数量关系与推理符号：+ − × ÷ = ∝ ～ ≠ ≤ ≥ ≈ ∞ &

…………

化学元素概念符号——化学的专业语言

1.H 氢　2.He 氦　3.Li 锂　4.Be 铍　5.B 硼　6.C 碳　7.N 氮　8.O 氧

9.F 氟　10.Ne 氖　11.Na 钠　12.Mg 镁　13.Al 铝　14.Si 硅　15.P 磷　16.S 硫

17.Cl 氯　18.Ar 氩　19.K 钾　20.Ca 钙

还有 Fe 铁，Zn 锌，Cu 铜，Hg 汞，Ag 银，Mn 锰

$Zn + H_2SO_4 = ZnSO_4 + H_2\uparrow$——化学：锌、稀硫酸置换反应方程式

…………

物理学概念与定律符号——物理学的专业语言

F（力）、m（质量）、c（光速）、E（能量）、p（动量）、I（冲量）

$F_1/F_2=l_2/l_1$（杠杆平衡原理，公式）

$v=S/t$（速度公式）

$E=mc^2$（爱因斯坦狭义相对论质能转换公式）

$v_{\frac{t}{2}}=\frac{v_t+v_o}{2}$（物理：中间时刻速度公式）

…………

逻辑学概念符号——形式逻辑的专业语言

否定（非）：−A　Ā　Np　¬ A

合取（和）：A·B　A&B　Kpq　AB　A∧B

析取（则）：A∨B　Apq

蕴含（包含）：A⊃B　A→B　Cpq

…………

更多科学概念与定律符号及专业语言

$(A+a)^2=AA+2Aa+aa$——生物：遗传基因概率公式

$V^2=G(M+m)(2/r-1/a)$——天文：天体活力公式

相对高度∠$(n+1)$*等高距，≥$(n+1)$*等高距——地理：两点相对高度公式

RCS1,2=RCS2,1——经济：商品边际替代率公式

B=f(P×E)——心理：勒温的人格与环境公式

…………

哪怕曾经受过相当专业教育的人，也大多不那么喜欢符号与方程，更何况普通学生。所以史蒂芬·霍金的出版商曾对他说过“书中每放入一个方程，书的销量就会减半”的名言①。有些学生害怕这些天书般的符号和公式，所以不喜欢数学、物理、化学等，是可以理解的。

然而，恰恰是这些文字和非文字符号所指代的概念和原理（定律、命题），才能够使得数学和自然科学的许多知识，能够将纷繁复杂的宇宙万物及相互联系、相互作用（“点↔点”交织的知识结构网络），准确、清晰、简明地表达出来。只是，我们的确必须要先认真地学习和掌握这些专业知识符号，才能借以走进各学科知识精美而宏伟的殿堂。没有它途，也没有“王者之路”。

3.3.10 抽象知识的图像符号——形象化

图像符号，也是一种非文字符号。其指代的虽然可能是很抽象的内容，但外观上却给人形象生动的模样，远不像上述科学符号或公式那么令人生畏。如宗教用以表达图腾、信仰和教规的图形符号；日常社会生活中用以表达交通规则的符号等（图3-14）。从这些图像符号的设计上，就可以看到这些符号知识的创建者力图让认知者和学习者感到形象、生动、易于接受的意图。

科学家们还常用一些更具美学意味的图像符号表达抽象的数学或科学概念、定理或原理。如古希腊数学家毕达哥拉斯用以表达或显现勾股定理关系的“毕达哥拉斯树”（图3-15），无异于一幅美丽的图画，一幅精美的艺术作品。本书中的好多物理、数学、生物、地理等的模型图，也都是抽象知识生动且有美感的图像化符号。

① 江晓原.科学外史[M].上海:复旦大学出版社,2013:48.

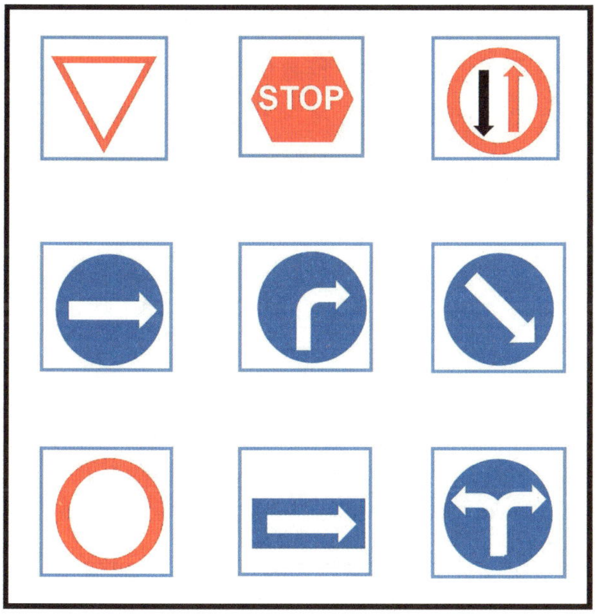

交通规则符号（图标）——社会生活的特殊语言（也必须通过专门教学才能理解和掌握）

【图3-14】表达交通规则的专门化知识符号

【图3-15】毕达哥拉斯树——勾股定理的图像符号

人类早期就多用形象化的图像来表达认知成果，或称知识的图像化符号。如中国的甲骨文字、东巴文字。古希腊人类“几何学之父”欧几里得的《几何原本》中大量表达几何关系和解法的图像，近代笛卡儿创建的坐标系，将代数和几何融为一体，使本来不可视的数量关系成了可视的、雅致的逻辑图像。现当代数学、物理学、生物学等中，也大量采用图形符号（模型）来表达抽象知识（图3–16），使得数学及至自然科学的抽象知识也具有了生动形象的符号表征。

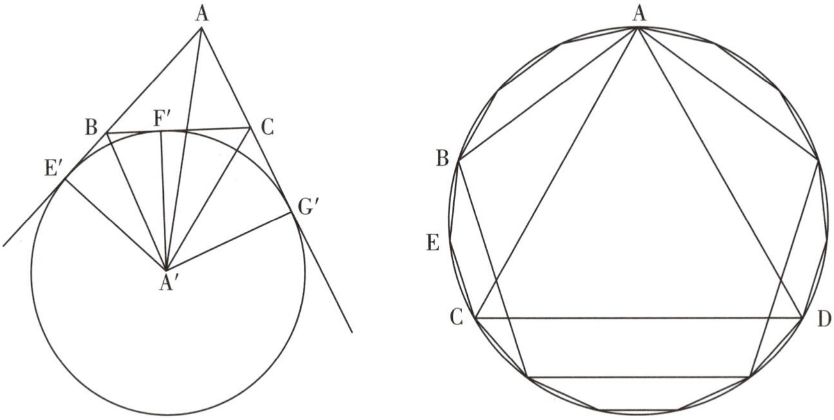

欧几里得《几何原本》中的几何图像①

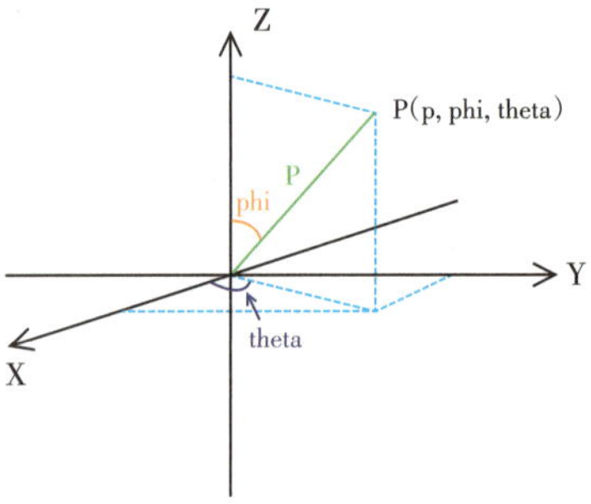

笛卡儿的坐标系（数形结合）

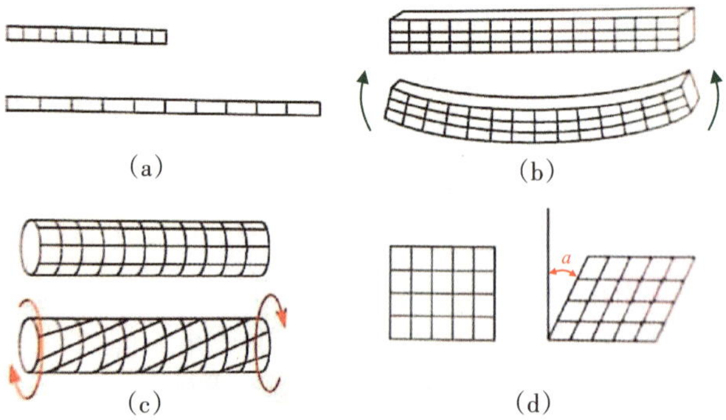

物理学和生物力学中表达杆状物体的基本变形模式图②

【图3–16】数学与科学知识及知识逻辑结构的图像符号

美术，是艺术的一个种类，换个角度看它也不过是完全图像化的人类知识符号。事实上，早期更多的写实作品，更像是人类直观经验性知识的摹临或具象化符号，而现当代的抽象派作品，包括舞蹈、书法等更像是人类精神世界活动的图像化或模型符号（图3–17）。

---

① 欧几里得.几何原本[M].南京：江苏人民出版社，2011：110，123.

② 姜宗来，樊瑜波，等.生物力学——从基础到前沿[M].北京：科学出版社，2010：11.

蒙克的《呐喊》

毕加索的
《亚威农的少女》

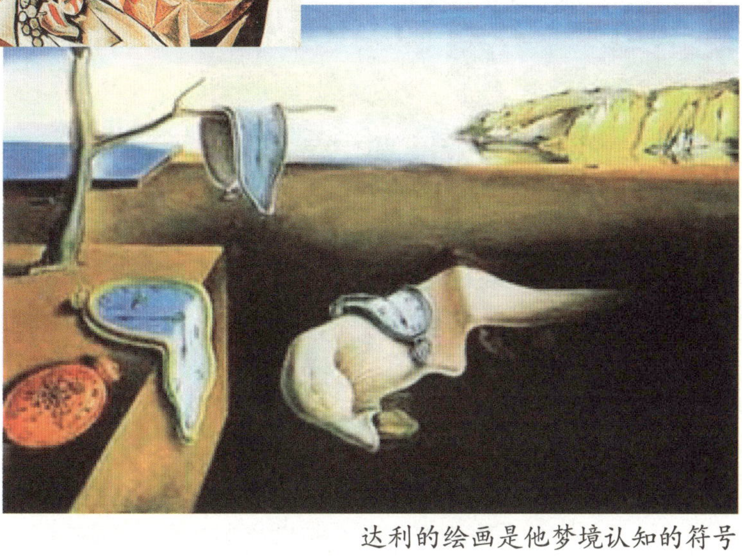

达利的绘画是他梦境认知的符号

杨丽萍的孔雀舞，是她对自然和人性理解与崇敬的行为诠释——符号

【图3-17】艺术家内世界外化的知识符号或模型

用以表达较为抽象知识的或人类心灵世界活动的图像符号及符号系统，有些其实很生动形象，且有较高美学品格（图3-15）。但一般人难以理解，所以鉴赏也困难。对于专业人士来说，他们是非常熟悉专业知识符号的，如我们普通人日常使用的语言文字符号一样。甚至，专业人员会觉得专业符号比日常语言文字更简洁、更直观、更形象，具有高度概括性，如果从审美角度来看，它们也是具有专业性的审美意象符号系统。这或许也正是好多艺术家或艺术工作者，善于创作美术、音乐、舞蹈等作品，却很难用一般语言加以表述的原因所在。有些日常生活符号，如交通符号（图3-14）等也同样形象，但也具有一定的专业特性，所指知识内涵需要进行专门教学、学习，甚至通过专门考试，才能够为普通大众理解、掌握、欣赏。

3.3.11 系统知识的符号——网络结构与金字塔

系统知识，指知识"点↔点"间内在逻辑构成的一个知识秩序、组织结构体，或陈述性知识（概念和原理）、程序性知识、价值性知识等构成的观念与行为体系等。凡系统知识都是有内在逻辑关联的，或称"内在结构"。这种不可直观的内在结构，通常用可直观的线条框架图表达出来，如物理知识系统结构图、数学知识系统结构图、技术行为流程图、价值观结构图等（图3-18。更多参见本书系《TVS：视点结构教学》之第二部TVS《课程逻辑》中的各学科TVS知识结构图）。

系统知识结构图，典型的有"点↔点"网络结构。其采用可视线条，将抽象的、难以理解和掌握的知识点之间的逻辑关系明示出来，所谓"相互联系，相互作用"就获得了某种程度的直观特性。整个系统的"点↔点"网状结构，便一目了然。所有领域或学科知识，无论多么抽象，只要成体系，都可以用网络结构符号（框架图）表示出来。换个角度说，任何一门学科，任何个人知识，是否能用一个网络框架图直观、简明地表达出来，也可以作为评价其知识是否成体系的一个重要指标。学校知识、课程、教学与学习，亦理当如此（参见本书系《TVS：视点结构教学》之第二部TVS《课程逻辑》）。

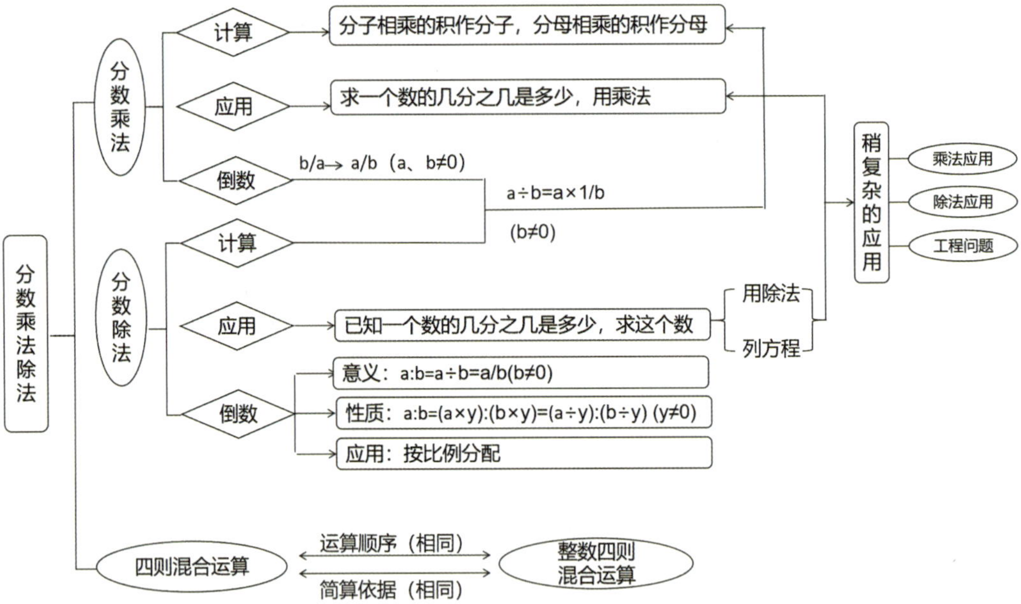

小学数学“分数乘法除法”框架图——陈述性知识与应用系统符号

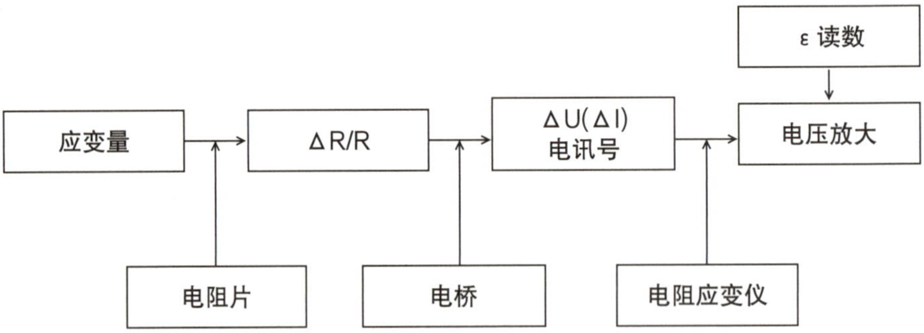

电阻应变测试框架图①——程序性知识表征符号

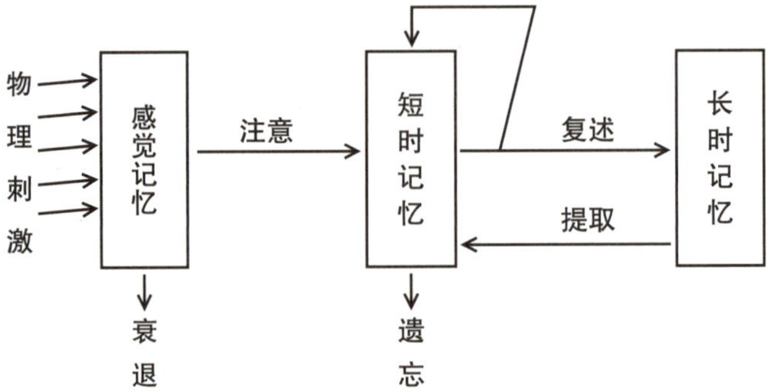

人脑记忆系统与过程模式图②——程序性知识表征符号

① 姜宗来，樊瑜波.生物力学——从基础到前沿[M].北京：科学出版社，2010:69.

② 黄希庭.心理学导论(第二版)[M].北京：人民教育出版社，2007:341.

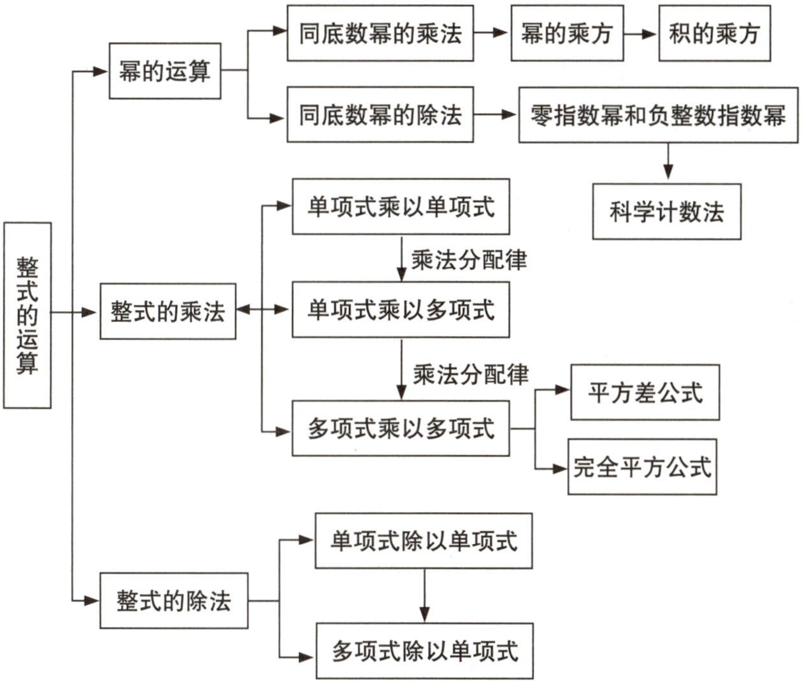

中学“整式的运算”框架图——陈述性和程序性知识系统结构符号

【图3-18】知识系统的符号与网络结构

另一种系统知识的典型表达符号，是金字塔模式，即系统知识常用自下而上或自上而下的金字塔状符号来表达。自下而上，就是从现象、事实或经验中逐一向上提炼抽象建构，这是归纳性体系；自上而下，就是从学科最高抽象的知识或概念出发，逐一向下分解建构，这是演绎性体系。自下而上或自上而下，本质相同，都是同一个金字塔的不同观察视角而已（图3-19）。以陈述性知识为例，在金字塔底层的是事实，第二层是经验性知识，第三层是初级概念，第四层……顶层是高级概念，或定律和高级定律。这也是一个专门领域知识系统由初级向高级发现发明动态生成过程的反映，或自上而下由普适向具体的演绎应用过程。以最顶端的学科概念为“视点”，向下逐一展开各层级的概念，这种“视点↔点”演绎的金字塔知识系统，更彰显了一个成熟的知识系统稳定的重心与逻辑层次，这往往是大学教学的基本逻辑。自下而上的过程，往往是低段教学的基本逻辑。

埃及金字塔（图片来源于pixabay）

本书作者和挚友在埃及金字塔前

知识系统的金字塔

【图3-19】金字塔：稳定的建筑，稳定的知识系统的符号

3.3.12 知识、符号、思维、智能教学

必须清晰意识到，在知识和思维之间、教学与学习之间，有个一不小心就会被忽略的中介，这就是上述表达知识的符号。无论对于人脑还是电脑来说，所谓知识系统，其实就是一个表征内容的符号系统，是指代宇宙万事万物名称、性质、动态、关系、本质、规律、行为、观念，以及对这些信息加工过程的一系列表意符号系统。所谓思维活动，就是以这些符号为载体的大脑或电脑的内部逻辑活动行为。毫无疑问，知识符号是人类从事思维活动的重要杠杆。因此，与其说"语言是思维的物质外壳"，没有语言就没有思维，还不如说没有知识及其符号，就没有思维，乃至教学与学习；没有概念及其符号，就没有深刻的思维、智能，乃至教学和学习。

"知识是人类认识世界、改造世界的强大武器，是认识新事物、解决新问题的出发点"，"知识是孕育和发展思维的强大动力，缺乏知识的认识思维是贫乏的、盲目的。而人类的一切思维成果又成为知识世界的一部分"，所以"知识就是力量"[①]。而符号，作为所有人类知识呈现、保存、加工、流传、教学与学习的重要表征，更是"知识力量"的力量。"符号是智能行动的根基，这无疑是人工智能最重要的论题。因此，它对于整个计算机科学来说，也是最重要的问题。"[②]

从某种意义上来说，学习或获得一个专门领域的知识，就是理解一个专门领域的表意符号系统，或者说依托这一符号系统进行思维，并形成相应思维方式。一个人的思维方式，深受其所掌握的符号系统及其所指代意义的制约。结构良好的知识与符号系统，是良好思维能力形成不可或缺的前提。这也是教师教学和学生学习不可绕过的重要内容与目标。

如果一些关键知识与符号教学不到位，学生的思维就调动不起来，课堂就成了发布一部部难解天书，让人头脑阻塞、晕头转向的所在。学生学习困难，在很多时候是理解和掌握知识符号的困难。我们的教师和教学，往往很少关注符号给学生带来的困难。这些代表知识的符号，几乎每一个都有来历、有故事、有形象生动的历史与现在，稍加研究与讲解，它们就会焕发出活力，与所表征的知识一起显现出它们独特的魅力与张力。在已有人类知识体系基础上，学校教学应该如何帮助学习者突破符号瓶颈，在大脑、行为和价值观方面建立知识体系的金字塔或网络结构模型，进而培养其理性逻辑思维能力，形成具有高迁移度和跨度的，

① 田运.思维辞典[M].杭州：浙江教育出版社，1996:338.

② 玛格丽特·博登.人工智能哲学[M].刘西瑞，王汉琦，译.上海：上海译文出版社，2001:145.

更彰显人类理性思维与智慧的知识的力量？这是古今中外人类经典知识系统的合理构型与高效教学，包括智能化教学应该努力的基本方向（参见本书第四章）！

任何一个人的头脑，都不可能装下所有知识及符号系统。但是，通过提炼概括和适当的教学与学习，却可以获得一个关于所有知识及系统的、最具共性和概括性的基本符号表达式，这就是TVS和TVS哲学的“点↔点”和“视点↔点”模式。

3.4 智慧：多元知识的函数

科学知识是超越个体经验局限的，反映事物本质及规律，也最具有普遍价值的一类高级知识。但高级知识并不只有这一类，如前述各类知识（3.2）及其符号性知识（3.3）。不同经历、不同行业、不同领域、不同学科的个体，所需知识与所获知识肯定有别，各种知识都有存在价值，应用时也有取舍。在一定需求前提下，并非经验性知识的价值就绝对低于科学知识，感性的价值就绝对低于理性。例如，临床医生的经验知识，艺术家创作中的直觉知识等，都是非常宝贵，甚至有时候是起着关键作用的知识。如何选择与巧妙组合知识，构建学校课程和教学，恰如其分地应用各种知识解决种种问题，是一种高级智慧。智慧，本身就是多元知识的函数。

3.4.1 知识拿来做什么？

知识拿来做什么？这是知识的价值问题，也为多元知识的获得与加工和各级各类学校教学的知识选择提供了依据。知识是人脑对宇宙万事万物认知加工的成果，但并不是所有人都必须拥有所有知识。一般人有些科学常识，加之丰富的个体经验同时善于吸收他人经验，他就有了足够可用的知识；科学家则必须有深刻渊博的科学概念、原理、方法技术等知识，否则就不可能成为专家和进行知识创新。一般画者，有美术学科基本知识和技法，加之丰富的个体直觉即可；美术家，除此之外还必须有较精深的专业知识、跨学科知识和技法；而美术研究者，技法性知识可以相对弱一些，但是美术审美经验、美术学科系统理论知识，以及研究性、创新性和评价性知识，就必不可少。

知识还有更重要的价值，就是通过学习获得对宇宙万事万物及其相互关系的理解，使得人的身体和心灵，即人格得到全面与和谐发展，这是知识的人格塑造价值和哲学、美学、伦理学价值。知识的实用价值是局部价值，人格、哲学、美学、伦理学等价值是系统价值。仅有局部价值不能实现系统价值，系统价值则必须包含局部价值。

学校知识教学与学习的独特价值在于：在帮助学习者掌握专业的实用价值的同时，更好地实现知识的系统价值。也就是说，教师教知识和学生学知识，根本目的都不仅在于知识获得和实用本身，而是以人格全面发展与精神塑造为最高宗旨的。

为什么教知识，为什么学知识，应该怎样教和怎样学知识等，都应该回到人类教学的根本宗旨上来：培养人格完善的、精神丰满的、智慧的人。

3.4.2 聪明、智慧、价值、知识

所谓“智慧的人”，也称“智者”。“智慧”与“聪明”经常被混为一谈。从知识角度看，没有知识的人或许也聪明，但肯定不智慧；有知识的人未必有智慧。下面三个故事表明了聪明和智慧的区别，也说明了智慧与知识的关系。

故事1：从前有个国王，瞎了一只眼，瘸了一条腿。有一天，他招来三个画家给自己画像。第一个画家把国王画得很像，国王说是有意丑化他，把画家杀了。第二个画家把国王画得很完美，国王说是有意讽刺他，把这个画家也杀了。第三个画家把国王画成打猎的姿态，端着猎枪，一只瞎眼闭着，一只好眼瞄准，一条瘸腿跪在地上，一条好腿弓在前面。国王十分满意，赏给了他很多钱。

三个画家都有较好的绘画知识和技法，然而第一个画家完全不动脑筋，是愚蠢；第二个画家动了脑筋，显得聪明，但是自作聪明，也是愚蠢；第三个画家画出了真实的国王，又没有暴露他的弱点，是智慧。其实，这就是一个如何选择看待和表现事物的视点，在视点与对象系统中其他点间建立全新的“视点↔点”关系的问题。视点选择恰当，系统所有因素就会组构成一个最佳结构，原本系统的漏洞或缺点就都会得到改良或变成优点。做到这点，当然需要足够的知识甚至专业知识来支持。否则，就无法找到和表现出那个最佳视点，也当然不能与系统中其他点建立最佳关系。聪明有先天性，但是如果没有后天知识做支撑，就转化不成灵活解决问题的智慧。

故事2：孩子们总是偷偷到牧师的花园里摘花。牧师雇人看守、用铁丝网把花

园围起来等，都没有解决问题。有一天，一个小男孩正要摘花，牧师问道："孩子，你想要哪一枝花呢？"小男孩指着一枝郁金香。牧师爽快地说："这花归你了。如果你把花留在这儿，它还能开好几天。要是现在摘了它，就只能玩一会儿，你看怎么好呢？"小男孩想了一下说："那我就把它留在这儿，等放学后再来看它。"那天，很多孩子都得到了牧师送的花，而且都同意把他们的花留在花园。那年春天，牧师把整个花园的花都送给了孩子们，却没丢一枝花。

这个故事，同样是通过改变"视点"，调整系统多点之间的关系或"结构"，得以巧妙解决问题的实例。牧师用他的智慧，帮助孩子们改变了看待事物的视点，使之立即觉得这些花都是"属于自己的花"，认知和知识得到了更新，于是情感态度价值观以及行为上，就与花建立了崭新的积极关系，他们也便自觉乐意去保护花了。

故事3：《史记》卷四十一《越王勾践世家》中写道：楚国陶朱公的二儿子杀人犯了死罪，叫小儿子前去探视，但老大争着要去。行前，朱公写一信并包千金，叫老大去见老友庄生，托他向楚王求情。庄生先收下黄金，打算事成后还回。适逢这年楚国有灾，庄生向楚王建议实施大赦，楚王接受了建议。老大不知这正是庄生为救他弟弟想出的计策，他又去看庄生，要回了黄金。庄生连夜进宫再见楚王，说外面传言大赦是因为朱家的贿赂。楚王大怒，下令把朱公二儿子杀了才颁大赦令。全家大哀，朱公却说：此结局早在意料之中，老大从小跟我创业，把钱看得太重，反而害了弟弟；当初欲派小儿子去，是因为他出生时家境殷实，送出黄金也就送了，不会计较。

这是一个价值观视点与思维视点共同决定行为方式及其效果的故事。庄生以救人救己合取的价值选择和思维为视点，迅速调整各方面因素组构成最佳关系（结构），形成了解决问题的最周全方案，是最大智慧；朱公解决问题的基本思路是正确的，也意料到价值取向会在其中起重要作用，但是没有坚持采取正确行动，是小智慧；老大看似在救弟弟，但其最根本的价值取向和思维视点是自己的利益，因此认为既救出了弟弟，又拿回了银子，好处都占了，结果却因小利失大局，是典型的小聪明、大愚蠢。三个人可以说都聪明，但是考虑问题的价值取向不同，思维视点与线路不同，行为结果也必然不同。在现实生活中，以个人眼前利益为视点看问题的人不少，他们在工作和生活中皆随利益旋转，难以与周边多因素建立良好的“视点↔点”关系。这正是看似聪明者，却最终成不了大事的重要原因。

归纳起来，智慧与聪明的区别如表3-2所示。

表3-2　聪明与智慧之比较

知识		方法能力		价值观		关系
聪明	智慧	聪明	智慧	聪明	智慧	
接受甚快 够用为限 模仿跟踪 懒求甚解 现用现学 断章取义 粗糙应对 实用为先	接受甚快 深究真知 根基扎实 积累深厚 学海无涯 系统探究 细节探微 真理至上	感知力强 计算力强 逻辑力强 智商高 觉悟低 视角单一 小处着眼 细节马虎 坐享其成 少做多赚	感知力强 逻辑力强 直觉洞察 情商高 觉悟高 设身处地 大局着眼 细节周到 善于行动 适量适赚	不说真话 不肯吃亏 唯利是图 虚情假意 有己无人 欲望膨胀 满足自己 斩尽杀绝 好夺擅争 推卸责任	怕说假话 怕占便宜 助人为乐 真情重义 自他兼顾 淡泊自持 使人愉悦 适可而止 懂得退让 勇于担当	过于聪明，阻碍智慧 拥有智慧，更加聪明 知识不牢不足，小聪明 知识扎实广博，大智慧 偷奸耍滑，聪明得小利 知行全能，智慧掌大局 聪明为己，终损自己 智慧助人，终助自己

理想的教育教学培养的是智者或智慧的人。聪明，聪者耳灵也，明者目清也。听得清，看得明，大脑神经活动反应速度快，灵活机动，是一种较强的先天感知、记忆和理解事物的能力；智慧是在先天聪明和后天知识基础上发展起来的分析和解决问题的能力，是认知能力、思维能力、判断力、记忆力、想象力、忍耐力与审美能力等内在高级智能，并与价值观（选择性）高度相关的综合能力。在真知和一定方法基础上，价值观往往会成为智慧的决定性因素，如朱公救子那个故事一样。聪明而没有智慧，往往是最大的愚蠢。

中文里将“wisdom”翻译成“智慧”。词典中对“智慧”的注解是“对事物能迅速、灵活、正确地理解和解决的能力”。智慧的形成与知识（包括积极的价值性知识）的获得相关。智慧，“智”与“知”通，上面是一个“知”，有知识之意；下面是一个“日”，有知道、明白、明了之意。“慧”与“会”通，原是佛教用语，指能领悟真理的心，且有解决问题的办法。“慧”与“智”连起来，有心、有知识、懂道理、有方法，能巧妙地做事和解决问题，即称智慧。智慧是一个无限循环上升的知识环，起点或知识大厦的基础是感性和真理性知识，中端是方法性知识，高端是价值性知识。“智慧就是有关某些原理和原因的知识。”[①]哲学“是关于智慧的学问”，因此也是“关于世界观的学说，是自然知识和社会知识的概括和总结”[②]。大智慧者，是知道、明了宇宙天地间万事万物相互联系和相互作用，存在、运动与发展变化本质和规律的人，是通天彻地，知过去，明现在，晓未来……面对问题，思路清晰，行为决策巧妙而有效的人。优秀的教师，就应该是这样的智者，学生也才可能被培养成这样智慧的人，社会才会有智慧的“建设者和接班人”。

3.4.3 智慧是知识的能动应用

对知识的精准理解、迁移及灵活机动的应用“是一种智慧技能”，其本质在于“它们能在不同于原先的学习型情景中应用”[③]。这种能将原来学习的知识应用到新的情境中去解决新问题的能力，叫知识的“迁移”力，也就是通常所言的知识转化成了能力，抑或“知识不是死的，而是活的”的实质意义所在。简单说，知识的活用、高效应用，就是知识的能动性。尽管大多知识是对客观世界的反映。

即使专业相同，所学知识相同，但在个人头脑中形成的知识结构不同，价值观念不同，也会导致思维方式不同、行为方式不同、处理问题的智慧与水平不同，人的发展结果也当然不相同。这就是知识的能动性。

惠勒（J. A. Wheeler，1911—2008）就形象地描绘了拥有不同视点和知识结构的爱因斯坦及量子力学两个重要代表人物玻尔、海森堡三人之间认知方式的差别：

第一个人：我以我所看到的来评判。
第二个人：我根据它们的本来情形来判断。
第三个人：在我做出判断之前，它们什么都不是！[④]

亚里士多德从知识的等级阐述过智慧的水平，说的就是各种知识所具有的能动性大小。“有经验的人较之只有官感的人为富于智慧，技术家又较之经验家，大

① 亚里士多德.形而上学[M].吴寿彭，译.北京：商务印书馆，1959：3.
② 曹长德.教育哲学[M].合肥：中国科学技术大学出版社，2015：5.
③ 邵瑞珍.教育心理学[M].上海：上海教育出版社，1988：102.
④ 罗杰·G.牛顿.探求万物之理——混沌、夸克与拉普拉斯妖[M].李香莲，译.上海：上海科技教育出版社，2000：189.

匠师又较之工匠为富于智慧，而理论部门的知识比之生产部门更应是较高的智慧。这样，明显地，智慧就是有关某些原理与原因的知识。”① “求知是人类的本性”，“我们乐于使用我们的感觉就是一个证明；即使并无实用，人们总爱好感觉，而在诸感觉中，尤重视觉。无论我们将有所作为，或竟是无所作为，较之其它感觉，我们都特爱观看。”② 感官或感性知识，是人类求知的前提。但是，高级智慧决不会停留在感性知识阶段，理性知识或“原理与原因的知识”才是具有更高级水平的智慧。

学校知识与课程，应当是集中了人类各种知识的精华，从海量知识中精选出最优质感性知识，并上升到最优质理性知识的，结构优良的知识体系，以此铺就的能动性培养全面发展的智者的路径、跑道。

3.4.4 智慧与人的全面发展

智慧是在解决问题的过程中所表现出来的知识、认知、价值观和行为能力等的有机综合体，是真善美的多元整合体。“人的智慧应该包括三个部分：一个是知识，一个是方法，而最高层次是观念”③，这与当代教育领域为人们所熟知的三维课程目标和教学目标，即知识、能力方法、情感态度价值观的表述基本相当。结合中国教育方针来说，就是要培养德智体美劳全面发展多元整合的人，以“人的全面发展”实现“社会的全面发展”④。

总之，智慧这一包含知识、能力和情感态度价值观等多种因素及其有机联系的复杂变量，除了通常定义的知识外，方法能力、情感态度、价值观等都是广义的知识，在智慧系统中都占有重要地位。因此，智慧是多元知识交互作用的函数。真理性知识，例如透彻的科学概念、科学原理等是智慧坚实的基础；巧妙的思维和解决问题的能力，是由知识迁移转化而来的行为方法，是智慧的可观测标志；价值观是知识、认知、行为方法积淀生成的价值取向和选择标准，在选择解决问题的思路和行为方法中扮演着定向性角色，是所有实际行动的内在驱动力。

① 亚里士多德.形而上学[M].吴寿彭，译.北京：商务印书馆，1983：3.

② 亚里士多德.形而上学[M].吴寿彭，译.北京：商务印书馆，1983：1.

③ 魏学来.智慧的痛苦[M].北京：中国人民大学出版社，2004：76.

④ 赵兴良，等.社会主义社会的全面发展与人的全面发展研究[M].南昌：江西人民出版社，2008：17.

3.4.5 学校教学如何使人智慧

学校教学的必要性，就在于传授有价值的精良知识，使学生在习得知识的同时，也获得获取知识的方法，获得追求真知真理的态度与情感价值观，促进健全人格与智慧的发展。“虽然智力教育的一个主要目的是传授知识，但智力教育还有另一个要素，比较模糊却更伟大，因而也具有更重要的意义：古人称之为‘智慧’。你不掌握某些基本知识就不可能聪明；但你可以很容易地获得知识却仍然没有智慧。智慧是掌握知识的方式。它涉及知识的处理，确定有关问题时知识的选择，以及运用知识使我们的直觉经验更有价值。这种对知识的掌握便是智慧”，而“从古人向往追求神圣的智慧，降低到现代人获得各个学科的书本知识，这标志着在漫长的时间里教育的失败”[①]。目前学校教育教学盛行人本主义，但是倡导“人本主义”并不等于关注了“人的全面发展”。如果特别关注了人的感性、兴趣、自主、随机发展等，却明确轻视人的理性、智力、逻辑、规范等品质的发展，这与人的全面发展和个性和谐发展相悖，肯定也不是智慧的教育。

“发展的目的在于使人日臻完善；使他的人格丰富多彩，表达方式多种多样；使他作为一个人，作为一个家庭和社会的成员，作为一个公民和生产者、技术发明者和有创造性的理想家，来承担各种不同的责任”（埃德加·富尔向联合国教科文组织呈送的报告，1972）[②]。“人既是发展的第一主角，又是发展的终极目标”，“不应再像过去那样，只是从教育对经济发展产生影响的角度，而应以一种更加开阔的眼光，即以促进人的发展的眼光来确定教育的定义”；“教育应当促进每个人的全面发展，即身心、智力、敏感性、审美意识、个人责任感、精神价值等方面的发展。应该使每个人尤其借助于青年时代所受的教育，能够形成一种独立自主的、富有批判精神的思想意识，以及培养自己的判断能力，以便由他自己确定在人生的各种不同的情况下他认为应该做的事情”（“关于发展问题”的巴黎国际会议，1994）。[③]

总之，教育教学的最大智慧就是以组织结构良好的多元、全面、系统、生动的知识为桥梁道路，以人的全面、个性、创造性发展为本，发掘每位学生的潜能，激发个体感性理性思维、兴趣、价值感、成就感、美感与所有积极的本质力量，使人成为智慧的人。

---

① 艾尔弗雷德·诺思·怀特海.教育的目的[M].杨彦捷，译.福州：福建人民出版社，2018.

② 刘吉林.试析研究性学习蕴含的新教育理念[J].山东教育科研，2001(10)：24-27.

③ 联合国教科文组织总部中文科.教育——财富蕴藏其中[M].北京：教育科学出版社，1996.

3.5 TVS："视点↔点"知识组织策略

多元知识不是杂多，而必须是"有组织的知识"。这在加涅知识分类中是最高级的知识，进而便有了有组织的高级知识学习、有组织的教学等一系列命题，引发了之后的很多学者对各专业、各行业的"知识的组织性"与获得性问题进行研究。

那么，从海量的人类知识库中选择出来的各种知识，包括专业性知识等，是如何组织起来的呢？这个问题看似并不复杂，其实很不简单，也是学校课程和内容建构的难点所在。

3.5.1 知识功能最大化的组织模式："视点↔点"

"智者"，首先必须是"知者"。这个"知"除了指人所拥有的所有知识外，更指精选各学科、各专业、各行业基本的、通用的重要知识元（原因，亚里士多德），且在相互间建立了良好的组织结构；是人对现存知识再加工、再简化、再秩序化的"点↔点"相互联系的逻辑重构，也体现了人类获得与运用知识的更大能动性！

这样的组织化知识，才能使教师教学有效、高效；使学生学习有效、高效，高质量理解或掌握人类数千年来所产知识的共同要义，借以发展学生的全面性、个性、创造性，最终成为能精准、灵活、大跨度应用知识解决各种问题的智者。这是学校"如何传承和发展客观性知识或者公共知识，关照个体知识在个体发展中的意义及其两者之间的有机联系"的，任何课程改革要取得"重大突破"[①]的关键所在。

以宇宙万物"点↔点"基本模式和人类认知与学习的"视点↔点"基本模式相交融而生成的TVS哲学与定律体系，重点要解决的就是这个关键：如何在人类已有的海量知识中选择既有利于知识传承与发展，又有利于学生全面、个性和创造性等发展的知识，并组织转化为学校课程内容与教学系统。毫无疑问，这也是TVS哲学的根基、智慧与最大价值。

古今中外的海量知识，繁复的知识种类（3.2）和如此多样的知识表征符号，知识的知识（3.3），选择哪些知识点，或者说哪些知识点更具有组织其他知识点的能力，既能反映客观世界真相，又符合人类认知规律，且易于学生理解和掌握呢？

---

① 余文森.个体知识与公共知识——课程变革的知识基础研究[M].北京：教育科学出版社，2010.

本书第一章和第二章已经提炼和论证了TVS哲学的两条最基本定律：一是宇宙万事万物的“点↔点”同构定律；二是认知宇宙万事万物的“视点↔点”认知结构定律。这两条定律共同应用于知识组织或建构，以“点↔点”万物客观定律或模式为后台，以“视点↔点”认知定律或模式为前台，前后台互为交织就可以建立或简明清晰表达知识间及万物万事间的逻辑联系与互动相生关系。这就是TVS哲学的知识观和方法论（参见书系总序·从宇宙到教学）。

以下列举若干案例，以表明如何以TVS哲学的知识观和方法论来建立“有组织的知识”体系。

3.5.2 以“细胞”为视点的人体知识组织建构

人体的基本单位是细胞。由细胞组成器官，再组构而成九大子系统（也有称八大系统）。由简到繁，逐级构成能够协同完成生理活动与功能的有机生命整体系统。人体各子系统，消化系统、呼吸系统、循环系统、泌尿系统、运动系统、生殖系统、内分泌系统、免疫系统（此类有争议）和神经系统等，无一不是由细胞构成，每个子系统的细胞有共性也有特性，由此决定了细胞功能乃至子系统和全生命体的功能。所以“细胞”是统摄人体生命系统的重要“视点”，可一以贯之地将整个人体生命的知识有机统一起来（图3-20）。其中，神经细胞及所构成的神经系统中枢，是主导整个生命系统运动的核心所在，因此，它是全生命体“视点”中的“视点”。当代中国高中生物课及教材，第一必修就是《分子与细胞》（2017版），建议改为《细胞与生命体》。

“细胞”病变或解体，则整个生命组织器官与系统就解体死亡；“中枢”神经元病变，则脑功能失常，人体所有感觉和运动（活动）功能失灵，即使肢体还有部分细胞活着，人也是丧失了意识和自主性的植物人。所以，细胞是统摄和透视活体生命系统构成及健全水平的基本“视点”，而神经细胞是细胞教学的第一逻辑起点。

3.5.3 以“商品”为视点的《资本论》知识组织结构

《资本论》这一庞大思想理论系统的基本单元就是“商品”这一概念，亦称逻辑起点。本书开篇即道：“资本主义社会，商品生产占统治地位，社会财富表现为‘庞大的商品堆积’，而单个的商品是这种财富的基本元素，所以，研究资本主义生产过程，必须从分析商品开始。”[①]紧接着定义了“商品是为交换而生产的劳

① 卡尔·马克思.资本论[M].曾令先，卞彬，金永，译.南京：江苏人民出版社，2011:4.

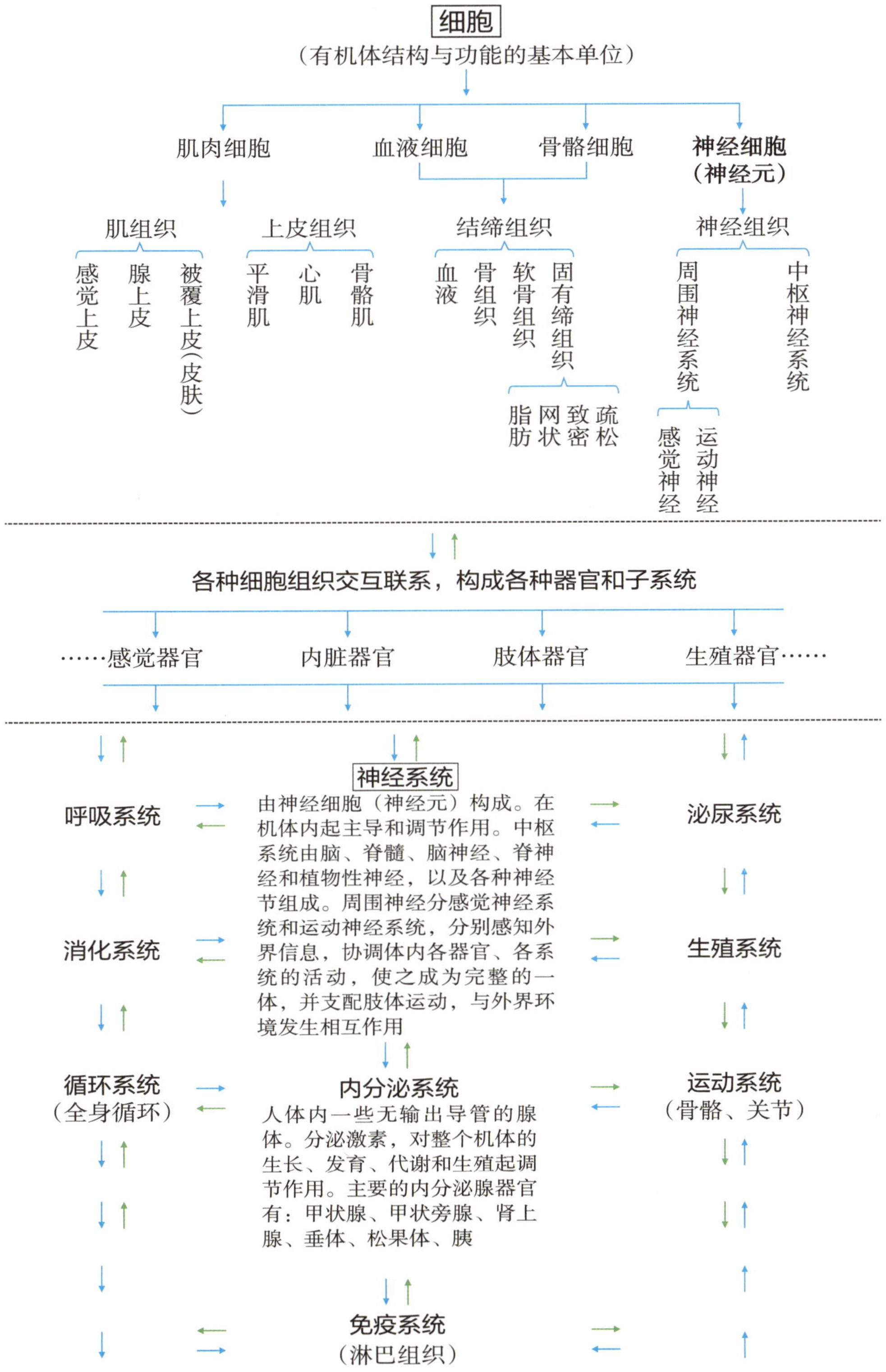

【图3-20】以“细胞”为视点构成的人体生理与知识组织结构

动产品。”[①]定义中“交换”和“生产”两个关键词，就成了商品区别于其他劳动产品或非商品劳动产物的本质特征。根据“商品”这一基本概念的两个关键词逻辑地延展、联结各种相关概念，便逐步展开创建了整个《资本论》的各部分内容，推演出完整的概念与定律体系。商品可以用来“交换”，是因为其具有“使用价值和价值”（交换价值）；商品具有交换价值，便获得“利润”和对“利润最大化”的追求，这是资本“再生产”和资本主义发展的“动力源”；“工人”和“顾客”帮助“资本家”共同完成了围绕“商品”的整个“资本投入”“生产”“消费”和“增值”过程，这同时也是一个劳动者“体力”“精力”和“时间”被尽可能“剥削”，因此“人性异化”的过程；当商品过多而消费不足时，工人的生活保障便会低到无法维持“最低生计”的水平，这时“无产阶级”的“社会革命”就不可避免地“爆发”了。

将“商品”这一核心概念作为《资本论》知识系统的元素、原子或基本视点，就可以逻辑地推导出：在商品这一元素内部，就蕴含着资本主义自身毁灭的危机，预示了这个系统终将瓦解的必然性。这与爱因斯坦发现的伟大的质能统一定律 $E=mc^2$，表明了物质（原子、元素）的能量就蕴藏在内部粒子中，只要给予运动加速度，物质凭自身产生的巨大能量，就会让系统爆炸，两者有异曲同工之妙。

更辩证地看，“商品”的内在能量是把“双刃剑”，正如“粒子运动”的能量是一把“双刃剑”一样。爱因斯坦著名的公式 $E=mc^2$，可能是这种“双刃剑”的最佳例证，一方面它是质量与能量统一的科学发现，另一方面它将永远是核武器的源头。[②]同理，“商品”内部酝酿的能量，可以摧毁一个社会，如资本主义社会；也可以创新一个社会，如社会主义社会就需要通过商品生产与交换使人民过上小康生活，共产主义社会就需要物质包括商品的极大丰富！通过“商品”这一概念或视点，我们看到了资本主义、社会主义和共产主义的辩证关联性及本质区别。

《资本论》从以最基本的概念“商品”为逻辑起点和“视点”，到一系列判断、推理和推论，包括与当时数学、化学、生物等学科的科学成果及其知识的深度联系，建立起了这一凝聚了马克思一生心血和智慧的“光辉灿烂的科学巨著”。它的“光辉灿烂”，不仅因为其内容的伟大，更因为它的知识组织建构的过程与方

① 卡尔·马克思.资本论[M].曾令先，卞彬，金永，译.南京：江苏人民出版社，2011:4.

② M. 沃特金斯.一生受用的公式[M].张萩，译.长沙：湖南科学技术出版社，2004.

式所蕴含的不可抗拒的逻辑力量、科学力量、理性美的力量，《资本论》不愧是政治经济学的经典巨著！

3.5.4 以“商品”为视点的经济学知识组织结构

经济学是研究商品及其融资、生产、流通、消费等四大因素之间关系的学问，而这四者的最基本概念还是“商品”。没有“商品”，融资、生产、流通、消费的就只是“物品”，或没有交换价值的“劳动产品”。所谓“经济学”，是以“商品”为视点，与融资、生产、流通和消费等基本概念交织构成下位更多概念及逻辑联系的一个知识组织体系（图3-21）。

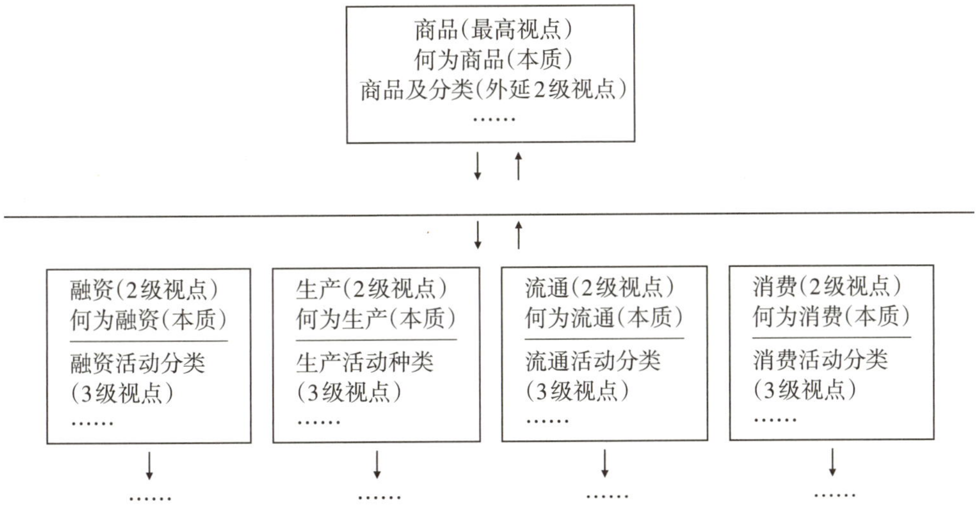

【图3-21】以“商品”为视点的经济学知识组织结构

一个知识组织系统的“视点”，还不止一个。事实上，除了最高“视点”（最基本、最普适的概念）如“商品”外，在知识组织系统的每一个层级上都有相对较高的那个知识视点，或不同角度的知识视点，如“融资”“生产”“流通”“消费”及以下各级知识等，会构成《资本论》或《政治经济学》的2级、3级视点，以及下位更多较小的视点。这只是理论上的看法。事实上，一个良好的知识组织体，只需要很少具有高度普适性的视点，就可以组织全局，如前述有机生命体的知识视点“细胞”（图3-20），还有本处经济学的知识视点“商品”（图3-21）。

3.5.5 以“格物”为视点的中国文化知识组织结构

说到中国古典文化，总是给人模糊不清、深不可测的印象。这是片面阐释导致的错觉。中国古典文化中的理性思考，从来就没有缺席过。《易经》《道德经》《黄帝内经》《中庸》《大学》等，都是对事物构成本质与规律（道）富有理性逻辑的阐释，只是缺乏科学实证而已。如中国古代经典文论《大学》中的“格物”，即事物的本质规定性和规律，就是该作全部内容的逻辑起点或视点，是“八目”之首目；“致知”作为第二目，指对格物即事物本质和规律的透彻认知、理解和掌握。有了“格物”与“致知”，然后才依次有了“诚意、正心、修身、齐家、治国、平天下”等，接着有了对“平天下、治国、齐家、修身、正心、诚意、致知、格物”的阐释。此为《大学》以“格物”为核心或视点，循环阐释“八目”及相互关联而构成的环形逻辑（参见本书系《TVS：视点结构教学》之第二部TVS《课程逻辑》）。

即便是特别讲求意象和含而不露的中国古典诗词、对联、谜语等，也都有自己严谨的韵律、对仗、谜格等“格物”之逻辑规则。诗词格律，是唐以来中国诗词声韵构成的严密规范体系。常言格律有三类：古体诗格律、近体诗格律、词格律等。近体诗包括五言律诗、七言律诗、五言绝句与七言绝句。它们都各有独特而严格的韵律规范。有学者将诗词韵律归纳为：一三五不论，二四六分明，既有严谨格律，也有灵活性。但也有作者故意在二四六位置上突破格律，以营造美感破缺的效果，这就是拗句。就算是拗句也有规律，不可随意拗。中国著名语言学家王力（1900—1986）的《诗词格律》[①]，首章就以“格律”为视点或逻辑起点，与“诗词格律的一些概念”诸如诗律、律诗、词、韵、四声、平仄、对仗等建立逻辑关系，以后各章就是对这些概念逐一进行释义和举例，并取三种典型格律诗词进行分析举例等。可见，诗词格律知识的组织秩序是十分讲究的。

又如所谓“谜格”，就是指谜语构成的规律或规则体系，也是中国诗文及文化的重要“视点”，其与谜语的谜面、谜目、谜底等三要素，共同构成了谜语的知识组织体系。掌握了这一知识体系及组织规则，就可以轻易地猜谜破谜了。基本逻辑思路是：参照谜面给出的条件、谜目的范围提示，推测谜底。“谜格”用当今术语表述，就是谜底和谜面相扣合的逻辑规则或“谜语模式”。谜格从明末扬州马苍山始创的《广陵十八格》以来，历代文人对其进行补充创新，迄今已有上百格，如曹娥格、虾须格、解领格、展翼格、蝇头格、蜓尾格、燕尾格、蜂腰格、碎锦

① 王力.诗词格律[M].北京：中华书局，2009.

格、离合格、鹭胫格、宝塔格、鼎足格、�格、筠梢格、折巾格、徐妃格、半面格、折翼格、折屐格、只履格、放踵格、摩顶格、蝉蜕格、摘遍格、同心格、合璧格、比目格、并蒂格、梨花格、粉底格、白头格、玉颈格、粉腿格、素心格、朱履格等。

谜语创作和猜谜，不仅是中国古典文化的组成部分，也早就成了中国民间的一种智力娱乐游戏，启迪着智慧的智力教育方式。

3.5.6 以“气血”为视点的中医知识组织结构

中医也像中国文化艺术一样，一直被公众认为是高度依赖经验的模糊系统。其实不然。

中医与西医面对的，都是人体生理、病理与诊治问题。只是因为视点不同，即逻辑起点不同，组建的知识结构也不同，当然也包括诊治方法与手段（也是知识）不同，就有了不同的诊断结论和治疗方案。

西医的基本单位、核心概念或视点，是有机生命体最基本的组织单元“细胞”（参见3.5.2）。在“分子遗传学”的知识体系中，基本单位或核心视点是基因DNA，由最小单元逐级构成整个生命系统。其实，将分子或DNA放到细胞中去讲是最符合逻辑的。以基本概念“细胞”为视点，延伸或派生出各级概念，彼此有着严密的内在逻辑联系，便形成了整个西医理论的知识组织系统。

中医也有个“一以贯之”统摄整个生命系统的视点，即“气血”。“血”比较实在，但什么是“气”，却至今模糊，没有明确定义。陈独秀因此讽刺中医“其想象之最神奇者，莫如‘气’之一说”，然“试遍索宇宙间，诚不知此‘气’之果为何物也”（《敬告青年》）。其实，如果借助西医和物理学定义“气”，不过就是生命的自主呼吸。“气吸”是推行“血”的能量，也是很实在的，只是定义不力而已。

西医的问题在于：虽然理论上可以“细胞”为视点看待生命组织体（图3-20），但其诊治的视点却是生命体的各个部分，如某组织器官的病变病灶等，把生命整体解剖为若干孤立的部分，就诊时分别去五官科、消化科、血液科、骨科、神经科等，哪里有肿痛就手术切掉哪里。这种被肢解的生命观和“头痛医头，脚痛医脚”的诊治方法，虽也治好了一些病，但面对疑难杂症，常捉襟见肘。

认真解读中医经典《黄帝内经》，可以发现其本身就是一个以“气血”概念为视点的，比较严谨的知识组织结构（陈述性知识体系，图3-22）和相应的诊治技术（程序性知识）系统。

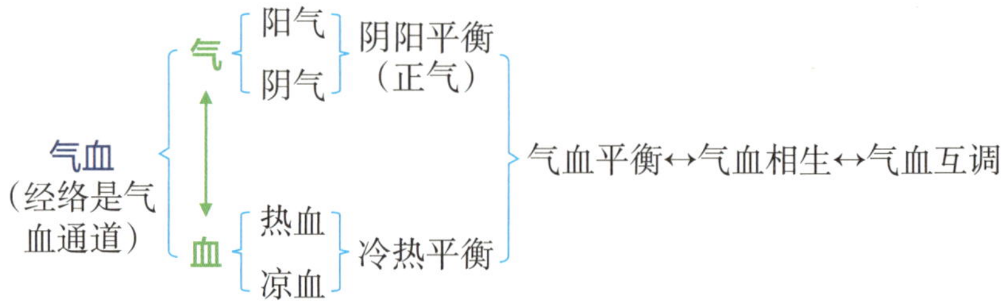

【图3-22】以“气血”为视点的中医知识组织结构

中医在根本上遵循《易经》的阴阳之道和逻辑。宋代程颐认为“阴阳者”为“气”；北宋张载认为“道”就是阴阳的气化过程，“一物两体，气也”（《正蒙·参两》）；王夫之认为，道是阴阳二气的统一体及其相互作用。“气”是生命最直观的表征，有气即有呼吸，有呼吸就是活体。无气则表征了生命的终结。“人活一口气”，人死叫“咽气”等生动的俗语，形象地说明了“气”在中医生命概念中的重要位置。

“气血”再聚焦，那就是“气”或《黄帝内经》中的“正气”或“阴阳平衡”，《黄帝内经》以“正气”为视点，讲养生长寿、治病祛邪之理。类推，太极拳、气功、瑜伽等中国和东方健身秘籍，就是运气，增正气强体能；针灸就是刺气穴和通正气的技术；中国诗书画歌唱等艺术活动，都讲究“气”“气韵”等。马一浮基于朱熹的“阴阳迭运者，气也。其理则所谓道”，将太极解释为天地“气”与“理”（道）的相互关系，认为“太极未形以前，冲漠无朕，可说气在理中；太极既形以后，万象森然，可说理在气中”，“气是变易，理是不易，全气是理，全理是气，即是简易”，“有气必有理”，“离气则无以见理”，“无此理则气亦不存”，“理气同时而具，本无先后，因言说乃有先后”等，所以有“理直气壮”之说。以中医“正气”为视点，可“一以贯之”延伸到对整个中国文化艺术乃至东方更多哲学思想和修身方法技术（图3-23）的理解。

中医有一个最简定律：“通则不痛，痛则不通。”说得透彻些，就是：气通则不痛，痛则气不通。与“血”联系起来，就是气血通则不痛，痛则气血不通。“气”与“血”并称，表明了气与血之间不可分割的联系。“血”是生命的营养，“气”推动“血”运行到身体各个器官。疾病就是气血亏空，治病就是补足或化通气血。气血两亏就得病，两亏到底生命就终止了。因此，要阴气阳气平衡，气血平衡，气血相生，调血以正气，正气以调血等。简洁、明了且深奥。

气功（图片来源于pixabay）

瑜伽（图片来源于pixabay）

书法 2012伦敦奥运中国书法音乐会（图片来源于中国经济网）

【图3-23】以“气血”贯之：中医之道及应用

当中医的“气血”与西医的“细胞”结合，细胞因有气血而养，细胞养则全身组织器官、系统皆通。于是中西医就统一了对生命、生理和病理的解释，可以整合中西医知识，互补构建一个系统与细节有机联系的生命知识体系，及诊治方法手段有机互补的，接近完美的医学体系。

3.5.7 以“君药”为视点的中药配方知识组织结构

《黄帝内经》围绕“气血调补”这个核心策略，阐述了以君药为视点，辅以臣、使（相）、佐（卒）等药，分层有序适量搭配各味中药的原则，由这个原则或原理、规则，针对具体病情派生出了基本的配方技术和模型。中药配方，在医生头脑中就是一个根据病情，选择几味或十几味、几十味药，进行“视点↔点”的建模过程，如同军队布阵、朝政建制、数学矩阵等，所以也叫“药方”或“方子”。君药，是药方中最主要的一味药，相当于药方的视点，需一以贯之地考虑其与药方中其他中药的相互联系、相互作用，以实现层层配方；臣药治疗次要的病痛；使药起引导与调和作用；佐药则降低副作用等。一张药方，主次依存，各司其职，协同调治病体，协调发挥最大医疗功效。如“一山不容二虎”，亦如“一个好汉三个帮”。藿香正气方是已被实践证明具有神奇疗效的经典中药配方，其以藿香为君药即视点，配以不同臣、使、佐药而构成。仅因该方的调制剂不同，便可以得到药性和疗效不同的藿香正气方系列，如藿香正气水（酒制），君药发挥作用最好但口感不太好；藿香正气液（无酒），口感好但君药发挥作用稍次；藿香正气丸与藿香正气胶囊（避免直接的药味刺激）等，在临床上能发挥多靶点、多途径整合治疗的作用。“药有个性之专长，方有合群之妙用”[①]，后世医家以此方为基本参照，创生出了更多藿香正气方。

以一位主药为视点，层层建构药物药理之间的相互作用关系，以达到相辅相成的疗效。中医药就是这样一个依循共同而简单法则运作的复杂系统，能够针对病人的整体状况，用多种甚至数十种药物之间的相互作用，建立非线性药物关系。从理论和技术思路来看，这是符合科学和生命逻辑的一个知识组织系统。比西医主要针对单一病症，又单一或混合用药，更先进。中医思想形成于数千年前的中国，却与现代系统论的哲学思想高度吻合，极其了不起。但是，由于中药所含成分、成分量、成分结构、相互影响及功能，目前尚未达到精确研究和量化的

① 曾晓虎.知中医 行中医[M].北京：人民军医出版社，2006.

标准，主要依靠医生个人经验进行配方，因此科学性还受到质疑。

3.5.8 以“禅行”为视点的佛教修行技术组织结构

佛教是一个派别众多的复杂观念体系，禅宗是其中有代表性的一支。“修行”是禅宗的核心理论（陈述性）和技术（程序性）知识，而“行禅”是这一宗教中最独特的“修行”行为、方法、技术或技法体系。“行禅”也称“禅行”，即指像佛陀那样毫不费力地、无须勉强地、正念地、放松地、享受地走路。现代著名佛教禅宗僧侣一行禅师（1926— ），明确定义了“禅行”的内涵即身心一体地行走，并分类阐述了“身行”和“心行”的构成以及各自的修炼方法，构成了层次分明的“禅行”方法（即技能及训练）体系（图3-24）。

- 禅行（身心一体地行走）
  - 心行（以佛心走路）
    - 1.四识：意识、根识、藏识、末那识
    - 2.心所：51种心行的内容；能知与所知
    - 3.五种普通的心行：触、作意、受、想、思
    - 4.五种特别的心行：欲、胜解、定、念、慧
    - 5.心行转化：心不会死，只会转化
  - 身行（以佛足走路）
    - 1.两足交换：行禅步伐训练
    - 2.正念呼吸：正念呼吸训练；心身协调
    - 3.触地盖印：安住当下，充满知觉地触地（我活着，正在将平稳、坚定、解脱、喜悦盖印在地上）
    - 4.与谁走路：首选与爱人走；与父母；与先辈；与朋友；与陌生人；甚至与敌人等

【图3-24】以“禅行”为视点构建的禅宗修炼技法系统结构①

“禅行”，就是身心合一地行走。形式上在行走，实质却是“很深刻的心灵修行”，“是不修行的修行，不成就的成就”。一行禅师说，很多普通人“身体的脚是在走路，但因为心在别处”，所以“当我们的身体朝一个方向走时，心却拉着我们朝另一个方向去”。佛陀因为高超的行禅境界，又被称为“两足尊”，“即以两足行走的生物中最受人尊敬与喜爱者”②。“行禅”之“行”，非一般人所理解的行走的“行”，而是“行”（formation），梵文是“samskara”，即“形成”“有为”之意，

① 本图由本书作者根据一行禅师著作《一心走路——一行禅师最伟大的生命觉醒之作》，紫禁城出版社，2011年版各章主要内容编制。

② 一行禅师.一心走路——一行禅师最伟大的生命觉醒之作[M].赖隆彦，刘汉生，译.北京：紫禁城出版社，2011：18.

“指因缘和合时所显现的事物。当我们看着一朵花时，会知道，由于许多因素凑在一起，这朵花才会以那个形式显现。我们了解，若没有雨就没有水，花也就不可能显现。我们了解，阳光也在那里。土地、堆肥、园丁、时间、空间与许多因素凑在一起，才使得这朵花显现。花没有一个独立存在的实体，只是因缘和合而成的‘行’而已……只因为有许许多多的因缘和合，才让事物得以显现”。因此，“身为修行者，我们可以训练自己将一切事物都视为‘行’”[①]。

恍然大悟，为什么佛教修炼者被称为“行者”！

再进一步推演，“禅行”这一概念与自然科学对大自然的解释相通。大自然中万物之“运动”就是万物在相互作用中之“行”。怀特海（Alfred North Whitehead，1861—1947）的“有机世界”中没有实体，实体就是事物之间相互作用的“事件”过程，也就是“行程”。教师教学也是“行”，包括“心行”和“身行”，是教学思想观念、知识传授和教学行为的修炼修行。所以，教师也是行者。不过，他除了自身的修行外，还必须具有说服、示范和引导学生的心灵和身体一起“行”的素质与能力。

3.5.9 以“宝黛爱情”为视点的《红楼梦》知识组织结构

《红楼梦》以“宝黛爱情”为视点，一以贯之地描写了一园二府（大观园及荣国府和宁国府），四大家族四百多人错综复杂的相互关系及相互作用，及因此而导致的前后八年盛衰史。其间有情节交错的故事、性格各异的人物、风格各异的诗词文化、起伏跌宕的家族命运。作者曹雪芹（1715—1763）（图3-25）对这一庞大时空中发生的事件和涉及的各种知识，有序而精细的驾驭能力，深为历代学者赞叹。“宝黛爱情”这一视点，还因为有与生俱来的饰物“通灵宝玉”的象征意义而使整个作品的聚焦点更为形象，也更有神秘的韵味，也使作品串联成了主副相映、经纬交织、穿梭并进、细节清晰、缜密严谨的网状结构。身处其间的人物命运和故事情节，才有了一波掀起、万波摇曳、浓淡相间、疏密映衬、错落有致的美学张力，进而生动而深刻地诠释了封建社会及其置身其间者无可救赎的悲剧命运。堪称中国古典文学作品中经典的“视点↔点”章法组织结构。

① 一行禅师.一心走路——一行禅师最伟大的生命觉醒之作[M].赖隆彦,刘汉生,译.北京:紫禁城出版社,2011:36.

【图3-25】曹雪芹及其《红楼梦》：以“宝黛爱情”为视点透视封建社会体制

3.5.10 以“高深知识”为视点的高等教育知识组织结构

高等教育学作为一门学科，其目的是要揭示高等教育的本质和规律。[①]规律就是事物或理论系统概念要素之间的必然联系，也可用“点↔点”或“视点↔点”相互联系、相互作用的模式表达。观察、理解和掌握这个系统，最基本的“视点”就是以“高深知识”培养“高级专门人才”。或者说就是视点A面：高级专门人才；视点B面：高深知识。

以“高深知识”（内容）培养“高级专门人才”（目标），是高等教育体系中的两大基本视点，或一个视点的A、B两面。培养“高级专门人才”，是高等教育区别于基础教育的主要办学目的和第一使命[②]，此外，还有相关的知识创新（科研学术活动）、社会服务、文化传承（也可包含在人才培养和知识创新中）等目标和功能；而“高深知识”及相关课程和教学，又是区别于基础教育的内容、课程和教学的一大要素。两要素视点融为一体，共同与系统中其他各种因素建立相互联系、相互作用关系，这就是高等教育学的知识组织及各因素相互作用活动场的建构（图3-26）。

① 赵伶俐.如何衡量高等教育质量与水平[J].理工高教研究,2009,28(2):1-7.

② 张晋衡.大学论[M].北京:中国档案出版社,2010.

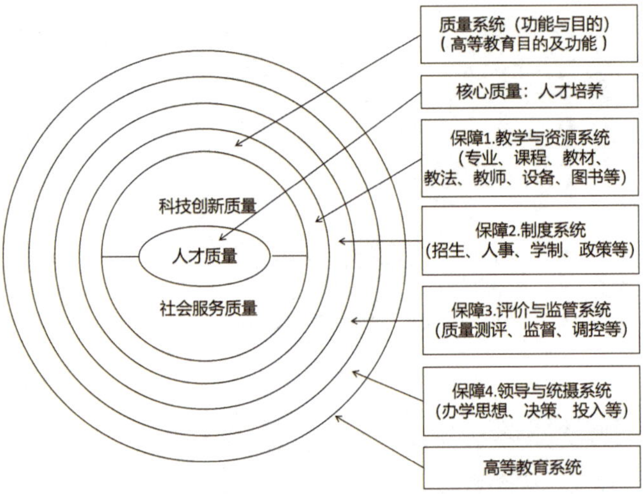

以“高深知识、高级专门人才”为视点，构建高等教育功能与系统环形结构

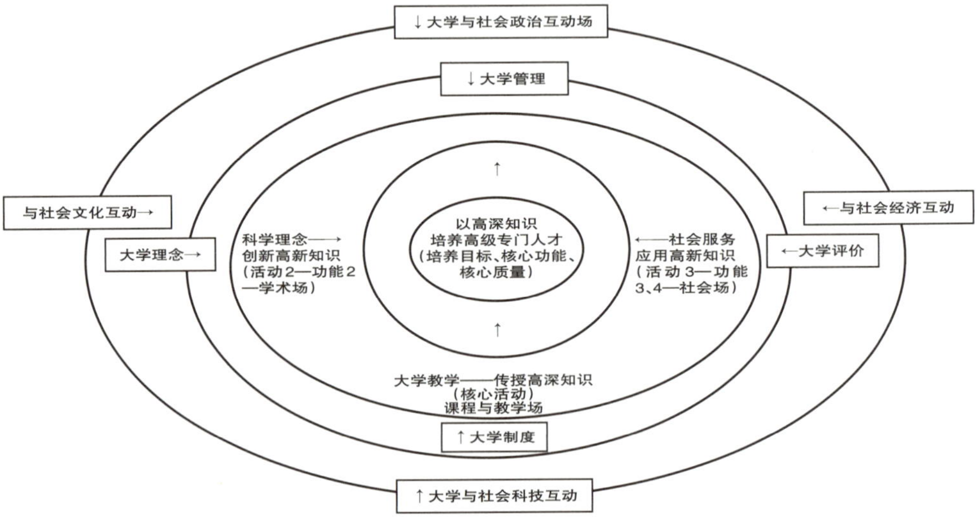

【图3-26】以“高深知识”为视点，建构培养“高级专门人才”和高等教育目标—功能的统一场①

以“高深知识”培养“高级专门人才”，以此为视点来看高等教育内部各因素的组织结构和外部更多复杂因素的组织结构，是高等教育学成为一个特殊的教育学理体系的重要思路与内容。在这个内外多因素相互联系交织互动的“视点↔点”场中，各因素及各种大大小小的教育活动协调进行，激发、释放出培养人才和推动社会前进的巨大能量。这也是人类以高深知识育人的巨大能动性与智慧的体现。

① 赵伶俐.TVS：视点结构大学功能-活动场[J].中国高教研究，2013(12)：31-33，76.

3.6 TVS 哲学定律

宇宙万事万物及其相互联系、相互作用，错综复杂，但都可以抽象为“点↔点”或“视点↔点”的基本关系式。从万事万物的“点↔点”基本关系式，可以抽象出“万物同构”这个定律。仅从人类认知角度看，知识都是宇宙万事万物投射到人脑进行加工后获得的成果，而这样的加工总是以“视点↔点”这样的认知模式或基本方式进行的，抽象到宇宙观、结构观、认识论与方法论，即称为“视点结构定律”。“万物同构”和“视点结构”是“TVS 哲学”的两大基本定律。

人类通过大脑客观、能动、简洁地反映这个纷繁复杂的宇宙世界。尽管面对同一对象或系统，选择的视点不同（或即使选择同一个视点），所透视延伸建构的时空结构也会不一样；或者视点性质不同，例如经验视点、概念视点、图像视点、问题视点等不同，所获得的知识结构也会有差异。但是，客观万事万物的本来面目或“点↔点”基本模式是不变的。从这个意义上来说，一个完整的知识系统，从某种意义上就已经给定了最佳视点（每个系统的逻辑起点或基本概念）。如果选择和确定了这个最佳视点，就能够比较客观、完整，且简明、能动地聚焦建构出最佳知识组织系统。视点是在物体识别或知识建构中很重要的因素。

但是人，尤其作为学习中个体的人，所面对的往往是一个已被他人，例如课程编制者、教材编制者或教师组编而成的知识组织（未必系统），要从中选择和确定既合乎客观真实，又合乎人类已有知识及认知方式，也合乎个体自身认知特点、能力和发展逻辑的一个视点，在大脑中建构起一个合理的立体知识结构和体系，不是一件简单的事。TVS 哲学及定律，就有助于学习者能动地完成这件事。

视点结构，一触即发——互联网与人工智能等，无论多么神通广大（结构），根本还是受人类智能操控的（视点）。

第四章 古今中外经典知识同构：TVS人类智慧

智慧就是有关某些原理与原因的知识。

——【古希腊】亚里士多德

你不掌握某些基本知识就不可能聪明，但你可以很容易地获得知识却仍然没有智慧。智慧是掌握知识的方式。它涉及知识的处理，确定有关问题时知识的选择，以及运用知识使我们的直觉经验更有价值。这种对知识的掌握便是智慧，通过智慧可以获得最本质的自由。

——【英】怀特海

从古今中外各类人群对知识的发现、选择与建构过程中，可以直观人类共同的智慧。

——本书作者

本章概述：经典知识成果及构型，是人类化繁为简，能动掌握宇宙事物本质及规律的智慧杰作。本章以“知识构型”为视点，考察古今中外人类宗教、科学、哲学等领域的经典知识成果，可见东西方知识表面千差万别，却内在同质同构，即都是以一个主概念“视点”，一以贯之构建整个知识系统“结构”的“视点↔点”构型，简称TVS构型。在基本知识构型下，尚有各种变型或变式，如自上而下的TVS、自下而上的TVS、自上自下交织的TVS、静态TVS和动态TVS等。这种反映和解释宇宙万事万物的共有的TVS模式，也更加肯定了学校知识选择与组织，包括课程内容选择与组织建构、教学模式和行为技术等的TVS逻辑形态。

本章关键词：易经、太一生万物、对称破缺、圣经、上帝唯一、真主归一、伊斯兰图案、圆心辐射、毕达哥拉斯、万数归一、德谟克里特、原子为1、亚里士多德、欧几里得、牛顿、莱布尼兹、微积分、分析综合、费希纳、科学美感、感性理性、爱因斯坦、相对论、海森堡、量子测不准、马克思、辩证法、怀特海、有机联系、罗素、宇宙视界、个人视界、卡尔、概念建构、马一浮、中西融合、李宗吾、多样统一、1与n、“视点↔点”、TVS构型、金字塔、自上而下、自下而上、静态TVS、动态TVS、现象、概念、规律、原理。

问题：为什么经典知识构型都相似？

面对“点↔点”同构的宇宙世界，人类借助大脑平台和“视点↔点”认知方式来掌握它。思维方式和文化价值观念不同，必然会选择不同视点，产出不同知识构型，但这只是问题的一个方面。仔细考察古今中外的经典知识构型，你会有更进一步的发现：千差万别中隐藏着相似，甚至相同。

在科学出现和盛行之前，人类主要是某些“先知先觉者”凭自己的觉悟和理解来解释宇宙万物存在的道理。这种以极少数高人的主观“视点”来建构的知识型体，并让绝大多数人确信和顶礼膜拜的现象，称为宗教。各种宗教学说，都反映了人类前科学时期的某种宇宙世界观、认识论和方法论。在此意义上，宗教就是一种早期哲学，是人类的前科学知识形态。并称为“世界三大宗教”的佛教、基督教和伊斯兰教，不约而同都表现出鲜明的“视点↔点”或“视点结构”模式。而从古希腊、古东方、古中国文化观念，到近现代的数学、科学、逻辑学以及种种哲学等，都或明或暗受到这种知识构型的影响。这是为什么呢？

4.1 中国《易经》

4.1.1 一位美国人手中的“圣经”

忍不住，还是想先讲一段自己亲身经历的故事：

2011年的一天，有位美国学者辗转托人找到我，说是曾在2004年美国全球整合教育学术会议上听了我的发言，很感兴趣。那次我发言的题目是“文理艺大综合课程原理”（关于TVS课程构成的原理）。恰巧那天我在北京出差，就约好在北京邮电大学宾馆面见。

敲门进来的，是一位60多岁的小个子老人。问过好，他立即从挎包里拿出一本书来。牛皮封面，已磨损很严重。我感叹地问：“呀，还随身带着《圣经》?”近些年多次出国，除在教堂做礼拜的人，几乎很难见到随身带《圣经》的了。老人却连连摇头说：“No，No，是《易经》”。我惊讶地问：“什么?《易经》?”拿到手里一看，竟然是英文版的《易经》！他说：“这本书带在我身边，已经40年了。”那神情好是得意，好顽皮，好可爱。我说：“能够拍一下封面吗?”他欣然同意。于是，我们的对话就从《易经》开始了。

尽管之前我写过两篇有关《易经》科学和美学统一并从视点结构思维角度进行解读的论文[①]，但是眼前的事实才突然让我对近现代欧美的《易经》崇拜热有了真切感受，也才突然理解了自己在论文中引用过的那些文献的分量。大哲学家黑格尔曾读到传教士翻译的《易经》，感叹“易经包含着中国人的智慧”[②]；大数学家莱布尼兹声称他的数学二进制与《易经》中太极阴阳八卦方法类同；诺贝尔物理学奖获得者玻尔声称他创建的“并协原理”（又译“互补原理”），得益于太极论阴阳相抱的开导，并把太极图作为家徽印在自己的衣袖上；物理学家弗·卡普拉在《物理学之道》中指出，现代物理学和《易经》最重要的共同特征都是变化和变革。英国易学家克·巴克特说，他发现传统的西方关于现实的模式在很多方面不符合科学事实，而上述几位科学巨匠却认识到，古老的中国《易经》令人惊异地接近了真理。更令人惊奇的是，所有地球生命的秘诀同《易经》都十分相似，64个卦象严格地对应着遗传密码中64个DNA密码子。1977年诺贝尔化学奖获得者普里戈津说“中国文化是欧洲科学灵感的来源”[③]。1949年英文版《易经》序言甚至这样认为：“谈到世界人类唯一的智慧宝典，首推中国的《易经》。在科学方面我们所得的定律，常常是短命的，或被后来的事实所推翻，唯独中国的《易经》，亘古常新，相延六千年之久，依然具有价值，而与最新的原子物理学有颇多相同的地方。”

中国古有儒、释、道三大宗教，三者形似各异，内理却相同相通，因为它们的源头，皆为《易经》。这种现象是民族文化传统惯性使然，还是意味着人类思维的某种必然性？雍正皇帝撰《上谕》曰：“三教之觉民于海内也”，都“理同出于一原”，与“道并行而不悖”，所以三者“外略形迹之异内证性理之同。而知三教初无异旨”。这篇论儒、释、道一体的文章，后成为佛家基础知识《十善业道经》的序文，同时为道家《道藏》总论中的一个篇目。

中华民族的文化始祖、中国古籍中记载的伏羲因占卜需要创建了太极和八卦，经由周文王再造64卦称为《周易》，孔子为之作《易传》，老子以其“道”为核心作《道德经》，再历经诸子百家，到东汉形成宗教，至南北朝盛行的相传必注释，延绵

---

① 赵伶俐.《易经》:TVS科学思维与审美思维的经典模式[J].美育学刊,2011,2(5):69-72.

② 黑格尔.哲学史讲演录(第一卷)[M].北京大学哲学系外国哲学史教研室,译.北京:生活·读书·新知三联书店,1957:120.

③ 杨建邺.物理学之美[M].北京:北京大学出版社,2011.

至今。其深含自然之道、天地人道、社会人生之道，甚至数理之道，“包罗至广，演变至繁”，作为一种世界观和方法论[①]，成了凝结中国远古圣贤和历代文人睿智卓识的哲学思想体系，贯穿在各种文化艺术、医术、民俗及日常生活之中。《易经》被誉为“中国智慧的‘金字塔’”“中国智慧的‘昆仑山’，即万水之源”[②]，堪称“经典中的经典、哲学中的哲学、智慧中的智慧”（南怀瑾）。

4.1.2 核心思想：太一生万物

《易经》主张天地社会万事万物，皆由“太极”或“太一”这个“一”化而派生。太极“一”分为阴阳两部，再演化为4卦、8卦、64卦等（图4-1）。每卦代表一类事物，每卦皆有6爻构成，以指代这类事物的主要特征。64卦共384爻，概括表述或表征了世间万事万物的基本特征及其相互关系。孔子解读为“易有太极，是生两仪，两仪生四象，四象生八卦”（《易传·系辞》）；老子解读为“道生一，一生二，二生三，三生万物”（《道德经》）。这是典型的“视点↔点”认知模式或知识构成模式。

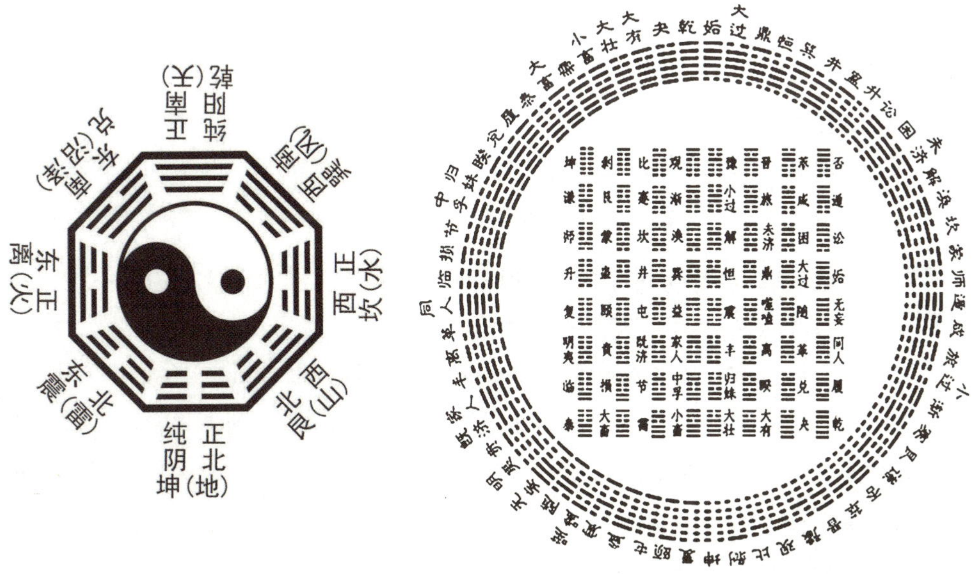

【图4-1】《易经》太极（太一）、阴阳、八卦、64卦

① 易中天.中国智慧[M].上海：上海文艺出版社，2011.

② 易中天.中国智慧[M].上海：上海文艺出版社，2011.

4.1.3 数理逻辑：2^n与计算机二进制

以数学语言来解读太极与卦的关系，就是“1”按照2^n逐层划分，便逻辑地形成了包罗万象的世界。这类似数学中的微积分，微分就是“1”按一定规则无限切分；积分就是所有微小的单元，层层组构成“1”。2^n与现代计算机使用的二进制也相通（图4–2）。

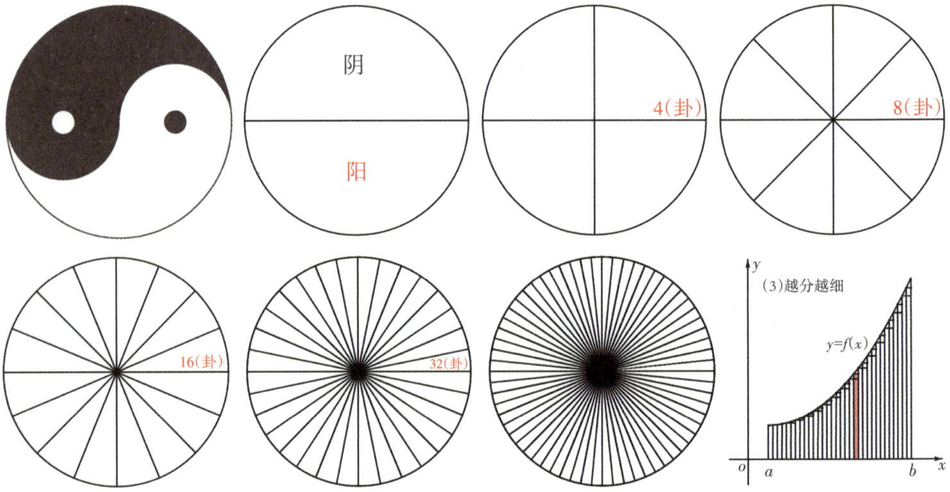

【图4–2】太一生万物：如2^n数理逻辑、圆切割微分与积分

传统十进制有“0~9”共10个基数单元，采用“逢十进一”和“借一当十”的规则进行运算。二进制则只有“1”和“0”两个基数单元（两个基本符号或叫字符，如太极的一阳一阴两个基本元素），遵循“逢二进一”和“借一当二”的运算规则，通过“1”通电、“0”断电的指令，就可以表达和计算宇宙万事万物（无限多的不同的由“1”和“0”交织构成的字符串）。

18世纪，德国数理大师莱布尼兹（Gottfried Wilhelm Leibniz，1646—1716）发现和构建了二进制。他有位在中国做传教士的朋友推荐他看到了《易经》及太极图，莱布尼兹发现数千年前的《易经》已经内含二进制思想（图4–3），惊赞中国古人的智慧，他亲自主编了《中国近况》（*Novissima Sinica*）向西方介绍中国，并致函康熙皇帝建议成立“北京科学院”，还说这下“可以让我加入中国籍了吧”[①]。

① 李文林.文明之光——图说数学史[M].济南：山东教育出版社，2005：80.

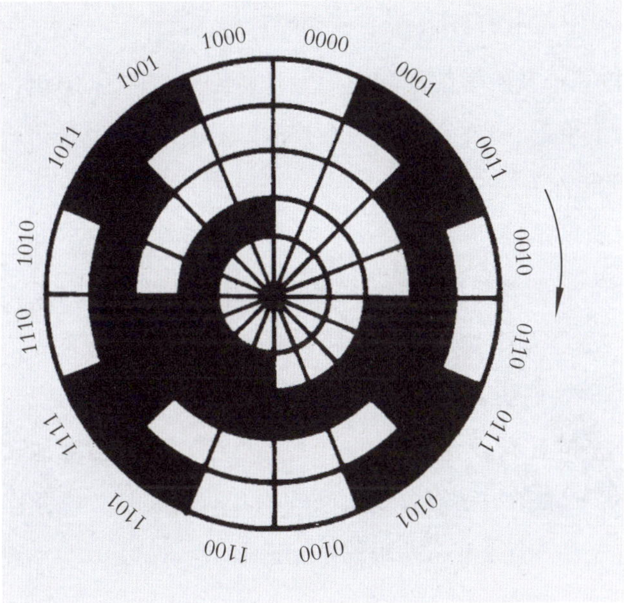

《易经》二进制编码

计算机二进制编码（图片来源于pixabay）

【图4-3】《易经》太极 2^n 切分与计算机二进制编码的内在一致性

4.1.4 《周易·系辞》的系统观："系属"关系

《易经》到春秋时期被孔子及后学解说和发挥为《易传》，有7种10篇，包括《彖传》上下篇、《象传》上下篇、《文言传》、《系辞传》上下篇、《说卦传》、《序卦传》和《杂卦传》。汉代起称为"十翼"。

十翼中作为通论的《周易·系辞》影响最大。其包括《系辞传·上》和《系辞传·下》，是对太极和64卦、每卦6爻及其相互关系，以及64卦共计384爻的相互关系所蕴含意义的揭示。"系"指事物之间的递属关系，合为系统。《系辞传·上》中曰："圣人设卦观象，系辞焉而明吉凶，刚柔相推而生变化。"唐孔颖达疏："卦象爻象，有吉有凶。若不系辞，其理未显。"一个"系"字，简练精准地表述了《易经》最重要的思想，那就是揭示宇宙万物之间的相互所属关系、相互作用关系。3000多年前的中国古人，就有了非常明晰的系统论思想。

4.1.5 《道德经》对《易经》的解读

春秋时期老子（约前571—471）的《道德经》（图4-4），原来分为《德经》和《道经》上下两篇，后改为前《道经》后《德经》，现通行81章本。

《道德经》中所谓"道德"，非今人所言人格品质的"道德"。"道"与"德"是两个概念，一为本一为用。用现在的话说，就是基础和应用两个相关领域。《道德经》是中国历史上首部用哲理韵文诗体撰写的，阐述所有领域之基本"道"理的哲学著作，后认为道教"九九归一"的思想也与之有关。

"'道'原指人行的道路，借用为事物运行变化所必须遵循的普遍规律或万物的本体。'德'和'得'意义相近"，"'道'的认识修养有得于己，亦称为'德'"[①]。"道德"即"得道"。道生天地万物，贯穿于万物之有，表现为无穷之用，但最后都必归于根本，这就是所谓的"天下万物生于有，有生于无"（《道德经》，第四十章）；"道生一，一生二，二生三，三生万物。万物负阴而抱阳，冲气以为和"（《道德经》，第四十二章）；道虽无形，却是有形万物的根本，也当然包括人之社会德行的根本，是谓"人法地，地法天，天法道，道法自然"（《道德经》，第二十五章），后人解读为"一切顺其自然"[②]。其无生有，有生于无，一生万物的思想和方法，就是《易经》高级的辩证法思想。所谓"道"，就是统一宇宙

① 辞海编辑委员会.辞海(缩印本)[M].上海:上海辞书出版社,1980:1062.

② 辞海编辑委员会.辞海(缩印本)[M].上海:上海辞书出版社,1980:1062.

万事万物的那个“1”，那个规律。宇宙万事万物（64卦384爻及相互关系）皆生于和遵从于“道”，得“道”便得到了天下所有知识的精华与智慧。仅5000余字的《道德经》，就是一个以天下大道或根本之道为视点建构的，观察和解释万事万物相互关联、相互作用的知识体系。与《易经》一样，《道德经》也是一个典型的TVS知识构型。

【图4-4】老子及《道德经》以“道”为视点的TVS知识构型——道为本，德为用，美为恰当

以《易经》和《道德经》为典型代表的中国古典文化中所谓的“道”，就是西方文化中的真理，或存在于事物变化中的规律。“道”指“法则、规律”，亦即“宇宙万物的本源、本体”等，“与具体事物‘器’相对”，也“与事物特殊规律的‘德’相对”[1]。史传公元前535年、前527年、前515年、前501年、前486年，孔子数次向老子求教天道：“吾乃忧大道不行，仁义不施，战乱不止，国乱不治也，故有人生短暂，不能有功于世、不能有为于民之感叹矣。”老子答曰：“天地无人推而自行，日月无人燃而自明，星辰无人列而自序，禽兽无人造而自生，此乃自然为之也，何劳人为乎？人之所以生、所以无、所以荣、所以辱，皆有自然之理、自然之道也。顺自然之理而趋，遵自然之道而行，国则自治，人则自正，

① 辞海编辑委员会.辞海(缩印本)[M].上海:上海辞书出版社,1980:1060.

何须津津于礼乐而倡仁义哉？津津于礼乐而倡仁义，则违人之本性远矣!”一个入世出道，一个入道出世，儒教和道教都共同蕴含中国古代“道”之智慧，只是方向与路径有异而已，对中国哲学、科学、政治、宗教、教育，对民众人生观和处世态度方法等，都产生了深刻影响。

古代中国就明确定义了教师教学的宗旨是“传道、授业、解惑也”（韩愈《师说》）。所传之“道”，就是天地人遵循的自然秩序、自然规律，普遍“道”理，也包括“传道”之道之法。所以“古之善为道者，微妙玄通”（《道德经》，第十五章），善为教者，微言大义，细节可以通向事物的高深之道，只是“其微易散”（《道德经》，第六十四章），因为细节细小，很容易被忽视和消解。所以，想要传授道或普遍道理，必先从细节着手。“图难于其易，为大于其细；天下难事，必作于易；天下大事，必作于细”（《道德经》，第六十三章）；“合抱之木，生于毫末；九层之台，起于累土；千里之行，始于足下”（《道德经》，第六十四章）。如同佛塔九级台阶，先要从垒土开始；欲行千里之外，先从脚下起步等。这些，也都是TVS及TVS哲学“之道”，教师“传道”之道。

遗憾的是：(1)《道德经》中的“自然”，被后世演化为自由自在，随意所为，不受约束。与遵循宇宙自然规律之道，已相去甚远。这与对夸美纽斯的“遵循自然”的误解或曲解，很是相似。(2)《道德经》后被奉为道教经典，有利于其传承，但同时也狭隘化了其原初怀抱的宇宙精神、辩证法思想，以及对真、善、美三者关系的深刻揭示。(3)“道”与“德”后来逐步合称为“道德”，而现在所言的“道德”，已经窄化为“社会意识形态之一。是一定社会调整人们之间以及个人和社会之间的关系的行为规范的总和。它以善和恶、正义和非正义、公正和偏私、诚实和虚伪等道德概念来评价人们的各种行为和调整人们之间的关系”[①]，在强化其社会之用或处世之德行的同时，已经忽视或遮蔽了原本蕴含的宇宙规律之大“道”。人与人之间的道德知识与自然客观事物之间的知识、规律或真理，还渐渐蜕变成了似乎不相关的两个领域。

4.1.6 辩证智慧：对称与对称破缺

西方科学界惯来秉持一个基本信念：宇宙万象都是对称的。因此，也形成了对称的思维方法，很多自然定律都根据“对称”的思维逻辑而推导出来。如有物

① 辞海编辑委员会.辞海(缩印本)[M].上海:上海辞书出版社,1980:1061.

质就有反物质，有粒子就有反粒子，有能量就有暗能量，有熵就有负熵，因而也就有了数学和物理学中的“正负对偶性”原理。华人科学家杨振宁和李政道却发现，在原子核内粒子间的弱相互作用中，存在不对称现象，也叫对称破缺。华裔女科学家吴健雄用实验证实了该现象和“宇称不守恒”定律的存在。杨振宁、李政道二人因此荣获1957年诺贝尔物理学奖。《科学美国人》的编辑和著名科学作家伽德勒（M. Gardner）问：为什么偏偏是三位中国人（图4-5）发现了这个定律？并提出了一个很有趣的推测：也许在西方和东方世界文化背景中的某些差异，如美学观念的不同，促使中国科学家去研究自然法则的不对称性？太极的阴阳图就说明，中国文化素来就强调和重视对称中含有的不对称性，而这就暗合了微观粒子乃至宏观宇宙中很可能存在对称性和“对称破缺”结构（图4-6）。相比起来，西方科学、建筑艺术和宗教等，都以对称为基本型。如十字架（基督教）和正六边形的大卫星（犹太教）符号等，都是十分规范和稳固的对称形式，缺乏奇异和可变性（图4-7）。

《易经》中太极图的“对称—不对称性”模式，不仅遵循了数理逻辑，更有审美逻辑。这种“美学思想传统也许早就使杨振宁和李政道受到潜移默化的影响，使他们更容易打破西方科学美学传统中保守的一面”[①]。能在普遍的对称中发现不对称，这是科学知识的创新，也是美学规律的发现。正因为有对称破缺的存在，一个系统才更有了动感与活力。

【图4-5】发现弱相互作用中宇称不守恒定律或对称破缺现象的三位华人科学家：李政道、杨振宁、吴健雄

① 杨建邺.物理学之美[M].北京：北京大学出版社，2011：196.

宇宙也存在对称破缺

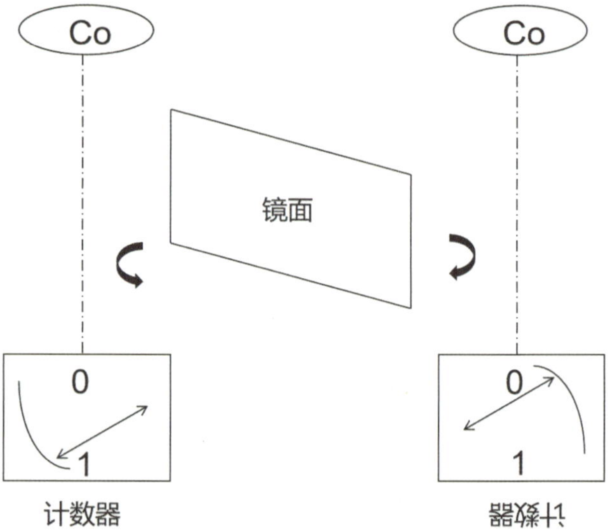

对称破缺：宇称不守恒模型1

埃舍尔绘画作品《骑士》
中的图形对称

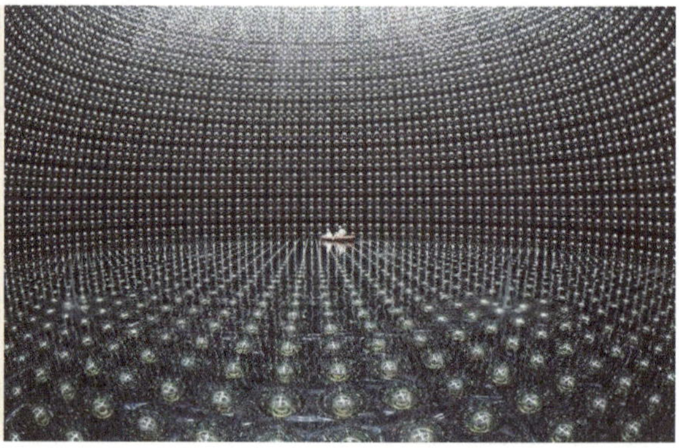

微观量子也存在对称破缺

【图4-6】宇称不守恒定律：对称破缺在微观世界与宏观世界都存在

【图4-7】西方宗教十分规范
而稳定的对称符号
（图片来源于pixabay）

4.1.7 易经与力学相通

1912年，严复（1854—1921）受命袁世凯任北京大学第一任校长。他是“中国西学第一者”，中国近代史上第一位系统翻译西方自然科学和哲学著作，向西方国家寻找真理的“先进的中国人”。他翻译了英国生物学家赫胥黎的《天演论》（图4-8），还有亚当·斯密的《国富论》、斯宾塞的《群学肄言》、孟德斯鸠的《法意》等自然科学、经济学、社会学、法学等名著，并首创了翻译的“信、达、雅”标准。

在译著《天演论》的按语中，他指出“周易与力学相通”，一语道破《易经》内含的力学原理。“吾易则名、数以为经，质力以为纬，而合而名之曰易，大宇之内，质力相推，非质无以见力，非力无以呈质，凡力皆乾也，凡质皆坤也。”① 太极图就正是指代由太极演化衍生的万事万物质力相易、乾坤相推、正负相吸相斥、相克相生的一个动态知识系统的模型。

【图4-8】严复翻译《天演论》(1896)，引入西方自然科学与哲学思想

① 李宗吾.心理与力学[M].北京：中国档案出版社，2006：150.

4.1.8 多学科：DNA、全息论、双赢论、和谐论

生命遗传基因DNA分子，是以最初的一个受精卵，按照2^n的形式分裂和增长，每次分裂分子都一分为二，这叫对称增长；并再以两条母链做模板，各复制出1为2、2为4、4为8，及至更多的分子链。与《易经》中“太一”的对称切分和无限动态生长的模式，完全相同。

宇宙事物大大小小的系统都是一个“1”，而所有的“1”都与整个宇宙大系统这个“1”的结构与信息相似，这就是全息论。《易经》中的太一生万物的数理构型，“也是宇宙全息统一、全息感应、全息重演和全能生成的数学公式。易学是古代的宇宙全息统一论”，“太极便是全息元，太极与太极之间，大太极与小太极之间，皆具有相同的信息”①。

“我们的先人以仰观俯察、取象比类的直观方法……竟与现代科学丝丝相合”，简洁动态的太极图像及其深刻寓意，就是一个“指代天地人万物及其变化之道（规律）的一个象征系统”②。一分为二，阴阳独立又合抱、对称相生交互推动的图像，也是现代社会经济、政治、集团协作等“双赢”理论的最生动和简洁的图解。生动与深刻互为表里、形象与抽象相得益彰，形神兼备，互放出科学与美学的魅力与张力。与古希腊毕达哥拉斯学派宇宙是由“数”构成的一首和谐的天体音乐的科学美学思想和知识体系的构成思想，有异曲同工之妙。因此，《易经》是一个试图涵盖天地人万事万物的“视点↔点”建构的经典知识构型③，也是“科学思维与审美思维的经典阐释”④。

4.2 基督教《圣经》

基督教发源于中东，在人类文明进程中，扮演了非常重要的角色，中世纪到文艺复兴时期尤甚。曾经遍及世界各地，如今为数尚多的宏伟壮观的教堂就是见证（图4-9）。有的教堂，如巴黎圣母院、科隆大教堂等仅修建就历经了几个世纪。

① 肖乐义,《试论易学、黑格尔和全息论——以数理为基础的哲理》。

② 唐颐.图解易经的智慧[M].西安:陕西师范大学出版社,2010.

③ 赵伶俐.《易经》:TVS科学思维与审美思维的经典模式[J].美育学刊,2011(5):69-72.

④ 赵伶俐.《易经》:人类科学思维和审美思维方式的精典阐释[J].心理科学,1999(3):237-240,287.

意大利：米兰大教堂

法国：巴黎圣母院

德国：科隆大圣马丁教堂

梵蒂冈：圣彼得大教堂

上海：徐家汇天主教大教堂

哈尔滨：圣·索菲亚大教堂

【图4-9】世界各地的大教堂见证了基督教的历史（图片来源于pixabay）

4.2.1 上帝与选民有约

基督教以“上帝万能”为视点，以契约方式与万民及其生死万事之间建立联系，构成了“视点↔点”的基督教教义和教规体系，《圣经》就是这一教义教规体系的载体，也是贯穿至今西方社会政治、精神崇拜及社会契约思想的源头。

所谓“约”，就是指上帝与人（上帝的选民）之间订立的“盟约”“契约”。“上帝”与“选民”有约：如果听从和执行我（上帝）的教义，那我就会拯救你们的生命（犹太教），或拯救你们的灵魂（基督教）。这些被教徒们奉为共同信仰和社会生活准则的“约”定，是历经1600多年和40多位作者，在不同时间、不同地点、不同环境中记录下来的上帝的启示。作者如此之众、历时如此长久、体系如此庞大的巨著，就是以“上帝万能”这个视点整合起来而形成的严密典型的“视点↔点”知识构型。只因为各派的“上帝”是不一样的，所以“上帝”视点的内涵也是不一样的，于是上帝与万民的契约和教义教规，也有不同。

4.2.2 《旧约》的核心视点：耶和华·上帝救赎

基督教和伊斯兰教的共同起源，是人类最古老的宗教之一犹太教，所信奉的唯一神就是耶和华，后称上帝。上帝耶和华与亚伯拉罕的后裔即犹太人或上帝的选民之间达成了“圣约”，称为“亚伯拉罕之约”或《犹太教圣经》(即《旧约全书》，简称为《旧约》)。耶和华承诺亚伯拉罕后裔——上帝的选民，将来遇到灾难，就会被降临的弥赛亚（Messiah，希腊语“基督”，指上帝选中具有特殊权力的人）所救赎。后在这一契约的基础上，又增加了十诫以及律法书，称《摩西五经》。《创世记》是《旧约》的首卷，也是其他各卷的基础，共50章。回溯上帝是如何在6天中造出宇宙万物和人的，第7天就休息了。这就是现在每周有7天的来历。同时也讲明了上帝造物造人的旨意，上帝与人类的关系、人与物和动物的关系及各种故事等。旨在阐释“上帝创造了一切”，即“上帝万能”这一核心观点(视点)，及上帝能拯救万民于苦难之中的道理和大大小小的故事，以证明耶和华至高权力的正当性。这些故事后成为文艺复兴时期艺术家米开朗琪罗巨幅教堂顶画《创世记》的题材（图4-10)。

4.2.3 《新约》的核心视点：耶稣基督·上帝博爱

后来的基督教信奉的上帝，不是耶和华，而是耶和华的儿子耶稣基督，耶稣的母亲是圣母玛利亚。在《旧约》中，就有圣子降生的预言。基督教将犹太教的《旧约》作为自己《新约》的一部分，认为《新约》和《旧约》一脉相承。《新约》的核心视点是“上帝博爱”。上帝是“万能”且“博爱”的，他爱所有诚民，诚民也要“尽心尽意尽力爱上帝”和“爱人如己”。这两条诫命，是律法和一切道理的总纲，进而将上帝的旨意和人间的各种美好的期许有机联系起来（结构）(图4-11)。

信徒们以“博爱”为核心，组成彼此相爱、奉基督之名敬拜上帝的团体，这就是基督教会。耶稣出生的那一年被后世定为公元元年。罗马教皇将太阳神的生日12月25日定为耶稣生日，即圣诞节。现在全世界使用的都是公元纪年法，又称西历。中国从1949年正式规定采用公元纪年，同时继续保留使用农历。

《创世记》全景

局部：创造亚当　　局部：伊甸园

【图4-10】梵蒂冈西斯廷教堂顶巨幅壁画《创世记》（米开朗琪罗）
（图片来源于pixabay）

【图4-11】耶稣基督：以“博爱”为视点，与万民订立和践行新约
（图片来源于pixabay）

4.2.4 《旧约》和《新约》知识构型相同

《圣经》包括《旧约》和《新约》，它不仅是一部宗教经典，还是一部文化巨著，融合着历史、文化、政治、经济、艺术、科学，并与古希腊和文艺复兴文明一起，演化形成了如今欧美占主要地位的文化体系，是研究和了解西方文化以及西方知识基本构型、思维方式和价值观念最为丰富和悠久的宝藏。

《旧约》在“上帝万能”或“上帝救赎”的核心（或视点）教义下，订立了很多与之相互关联的严格律法，如《摩西十诫》(《上帝十诫》)，这也构成了以色列和犹太民族传统伦理体系与道德行为准则。《新约》在承认《旧约》核心教义的基础上，为上帝赋予了“博爱”的品性。以“上帝万能且博爱”为视点，延伸出“上帝”富有人性的各种高崇完美的品质，并指导民众在“博爱”的感召下，去追求与获得更高尚的精神境界，以原谅一切原罪的包容性行使美善行。

以内涵不同的“视点”辐射建构的《旧约》和《新约》，其基本知识概念、内容或教义、行为准则等有所不同，但是两者的宗教知识体系的建构模型“视点↔点”，却是一样的。

基督教之下，还形成了天主教、东正教、新教等三大派别，以及更多宣称自己有着不同历史渊源和信仰的较小规模的派别，都从属于“上帝”与“万民”有约的“视点↔点”基本模式，同时有自己不同的特点。

4.3 伊斯兰教《古兰经》

伊斯兰教是发源于犹太教的另一支宗教，教徒称为穆斯林。因为伊斯兰国家的大多数人使用阿拉伯语，所以又称为阿拉伯伊斯兰人。

如果不是因为写这本书，本书作者还没有机会或者说还没有更多兴趣去认真关注这个神秘而伟大的民族对人类知识继承与发展做出的独特贡献，也不会发现伊斯兰教与基督教之间，《古兰经》与中国《易经》《道德经》之间，以及与人类诸多学科知识构型之间，存在着很大的相似性，甚至可以说在基本认识方式和思维逻辑上有着高度同一性。

4.3.1 真主唯一

伊斯兰教的核心视点是“真主安拉”。真主，即真理的主人，掌管着真理、智慧和光明的人。伊斯兰教的“圣经”就是《古兰经》。《古兰经》是真主安拉的神圣语言，表达着“真理”“光明”“智慧”等，是伊斯兰社会生活的最高准则和首要立法依据。真主安拉独一无二，他先于万有存在，无始无终，永恒不衰，具有超乎万物之上高超的、绝对的完美性。

4.3.2 伊斯兰图案：几何原理与“视点↔点”模型

由真主安拉的这种绝对至高无上、独一无二的完善性，创生出了万物世界，体现了其宇宙观、世界观和方法论，并典型地表现在伊斯兰艺术——装饰图案的构型中，遍布陶器、玻璃制品、金属制品、纺织品、手稿插图、木工和建筑等上。“经过历史的洗礼”，“已经发展成了可应用于各种媒质的多样风格，而这些不同的风格却统一于一些和谐的因素，使得人们瞬间即能辨认出它们的‘伊斯兰血统’”，“在伊斯兰文化中占有首要位置”[①]（图4-12）。

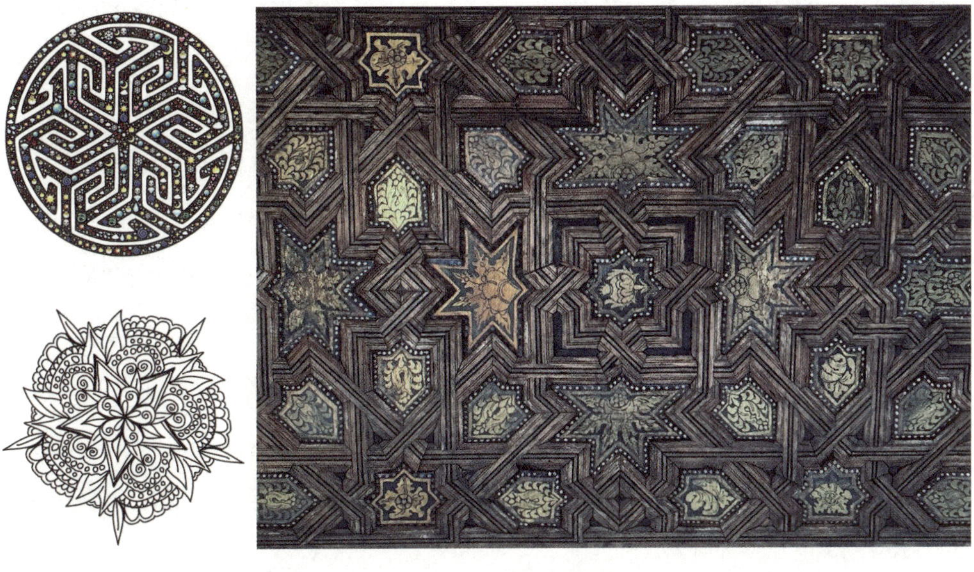

【图4-12】伊斯兰图案艺术特征鲜明，瞬间便能辨认出它们的“伊斯兰血统”
（图片来源于pixabay）

这些看似“繁杂视觉效果却统一的抽象装饰”，竟然都是严格按照几何规则绘制出来的，是对“真主唯一”的多样图示，与基督教教义和太极图等结构有内在相似性，都是典型的“视点↔点”模型（图4-13）。

① 道尔德·萨顿.几何天才的杰作：伊斯兰图案设计[M].贺俊杰，铁红玲，译.长沙：湖南科学技术出版社，2012：前言.

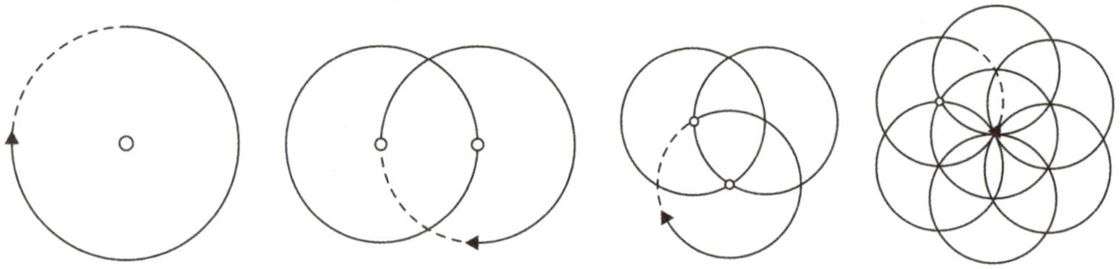

图4-13-1　图4-13-2　图4-13-3　图4-13-4

【图4-13】“真主唯一”的经典几何图解①

在平面上设一个点，无空间维度。然后以该点为起点连成一条线段，再以线段为半径，以定点为圆心画一个圆，这就是最原始最朴素的几何平面图（图4-13-1），它完美地体现了伊斯兰教中“真主唯一”的思想。然后以这个圆的圆周上任意一点为圆心再画一个圆，其圆周穿过第一个圆的圆心（图4-13-2），如此反复6次，每次都以新的交点为圆心作圆，最后形成围绕第一个圆的6个相同的圆（图4-13-4），这是《古兰经》中“真主曾在6日内创造了天地万物”思想的最佳体现。如此简单却美轮美奂的图案可以无限地扩展下去，最终形成由正六边形组成的棋盘式图案，完美无缺地铺满整个平面。在正六边形6条边的中点，构成了两个错叠的三角形，这就是伊斯兰世界人人皆知的“所罗门封印”……在每个六边形内重复这个六角星的外轮廓，就形成了由六角星和六边形交相映衬的图案。②

依次类推，还可以画出八边形并内嵌八角星，被形象称作“真主的呼吸”，呼吸之间释放出了火、风、土和木四种元素（最早由古希腊学者提出）；有的还嵌入对称的蔷薇花或花瓣、藤蔓、其他几何形、伊斯兰书法文字等，于是有了各种各样变化无限的图案（图4-12）。

无论如何变化，所有伊斯兰图案都是围绕“真主唯一”这个圆心原点展开的，或是以圆心为视点，逻辑地构建起来的一个精致、艺术又富含寓意的图像化知识构型。这就是一个逻辑精美的“视点↔点”知识构型！

① 道尔德·萨顿，道尔德·萨顿.几何天才的杰作：伊斯兰图案设计[M].俊杰，铁红玲，译.湖南科学技术出版社，2012：2.

② 道尔德·萨顿.几何天才的杰作：伊斯兰图案设计[M].贺俊杰，铁红玲，译.长沙：湖南科学技术出版社，2012：2.

这一几何构型手法与近代西画的视点——透视原理同源。达·芬奇《最后的晚餐》（图4-14），中间耶稣的眼睛是“视点”，从视点辐射出来的直线，构成了二维画面上的三维立体空间错觉效果，科学地表达了宗教故事与思想寓意，也创新了绘画的表现技法。在达·芬奇的引领下，这样遵循几何原理的艺术创作技法，成为文艺复兴及之后西方美术表现技法的主流。

达·芬奇：《最后的晚餐》

【图4-14】视点与结构：文艺复兴时期艺术作品中几何原理的应用

4.3.3 源自欧洲，返回欧洲，影响世界

伊斯兰文明深受古希腊文明和基督教的影响，并对保存古希腊文明、欧洲文艺复兴文明有着不可磨灭的贡献。古希腊就有的几何基本原理和方法被应用于早期伊斯兰图案中，也用在了后来文艺复兴时期达·芬奇等大师的画作中，就是证明。无独有偶，本书TVS《教学哲学》和本书系《TVS：视点结构教学》其他各本著述的基本概念和理论，例如点、视点、结构、建构等，也都与几何原理与光学的透视原理直接有关。

美国《科学》杂志刊登的一项研究，称中世纪伊斯兰对世界数学发展有过重要贡献，并以伊斯兰的许多中世纪建筑物外墙砖上都镶嵌有星形与多边形等被称作“girih”的华丽几何图案为证。其中，好多皆与西方20世纪70年代由英国数学物理学家罗杰·彭罗斯提出的、今天所言的“准晶体”设计如出一辙。而准晶体设计思想早在500年前的伊斯兰图案与建筑中就有了。

公元400年前后，古希腊的很多学术和著作被欧洲人排斥，却被阿拉伯人继承下来，从7世纪开始得到大量研究和应用。830年阿拔斯王朝在巴格达建立了伊斯兰世界第一所全国性综合学术与高等教育机构“智慧宫”（House of Wisdom，阿拉伯语：بيت الحكمة），亦称益智宫、哲理大学。设有翻译局、科学院、图书馆、天文台、医学及天文学校等。领导人、研究者和教师，均由学识渊博、造诣很深的学者担任（图4-15）。他们不惜用与著作等量的黄金，换得古希腊、古中国和古印度等地的珍贵典籍，进行总结、归纳、完善，再通过征战、商业、政治、移民等传播开来。

【图4－15】中世纪伊斯兰“智慧宫”（哲理大学）的学者与学术活动①

① 李文林.文明之光——图说数学史[M].济南：山东教育出版社，2005：51-52.

历经文艺复兴时期的振兴，古希腊文明得以从伊斯兰大量回到欧洲，受到重视并发扬开来，深深吸引着全世界的目光。中国古代四大发明、印度阿拉伯数字、古代西方哲学等，许多对人类科学发展至关重要的学科及其关键概念和理论体系，诸如代数、几何、阿拉伯数字等，都是在这个时期完成或建立的。这一切，对人类文明的继承和发扬功不可没。

4.4 西方数理哲学科学与知识构型

从古希腊的自然哲学家到西方近现代科学家，都有一个普遍信念，要“在自然界杂多现象之中，找出统摄一切的原则或者要素”①。如前所述，这样的科学和哲学取向，引领了从古至今人类多次重大的知识革命，及知识发现和建构方式的革命。

究竟谁是能够统摄全宇宙的那个“1”呢?

4.4.1 上帝与科学：谁是那个“1”?

人类世界无论西方还是东方，最早期的显学都只有神学。在相当一段文明史中，神都是至高无上的唯一。科学产生以后，神学的地位被动摇了，但科学和神学哪个至高无上，哪个占统治地位一直在反复争斗中。中世纪西方基督教神学仍占统治地位，“上帝”就是那个至高无上的“1”，万物由上帝这个“1”创生。而在中国，道教借《易经》奉太极为“1”，但在“太一生万物”的命题中，已含有2^n数理的，也就是科学的规定性。在伊斯兰教的“真主唯一”图案中，也已有严谨的几何逻辑规定性等。宗教中含有某种程度的科学逻辑规则的约束性，自觉不自觉地彰显了宗教向科学理性靠近的意图。

西方的科学探索起步于古希腊数学。毕达哥拉斯以“数”为“1”，欧几里得几何以“公理”为“1”，自上而下构建了宇宙的数学世界和几何世界；德谟克里特、亚里士多德等则以“原子”“元素”为物质的基本单元“1”，自下而上探索由物质单元“1”的微观到宏观构成的宇宙模式（参见第一章），或理论上作为“本一”的那个普适性的“第一原理”②等。

仿佛是，只要确定了“1”，就能够解释和建构“无限”；而“无限”又可逐级

① 朱光潜.西方美学史(上)[M].北京：北京理工大学出版社，2018：32.

② 亚里士多德.形而上学[M].吴寿彭，译.北京：商务印书馆，1981：37.

归结至最高点，就是“1”。“1”就是那个能够统摄全局的“视点”。问题是，我们如何认定那个“1”，是“上帝”还是“科学”？现代以前的整个人类世界就在神学与科学的对垒中，在这两大观念、思维及知识构型中，分分合合、此起彼伏、波澜壮阔地从古代、近代走到现当代。这个过程中，创生了很多影响深远的思维方式、逻辑路径与知识构型，至今仍坚挺地影响着人类的认知方式、知识呈现、学科发展、教与学的开展。

4.4.2 毕达哥拉斯万物皆数：“1”与“多”的逻辑

古希腊毕达哥拉斯（Pythagoras，约前580—前500年）所领导的毕达哥拉斯学派，主要研究哲学和数学，以及与数学紧密相关的音乐、天文学等，为后来人类的科学进程，乃至艺术和美学的科学进程及其知识构型等都奠定了坚实的基础（图4-16）。他们认为宇宙的原始法则，就是存在于宇宙组成成分之间的那种恒定不变的数的关系[①]，因此他们“最崇尚的信条”是无论物质还是精神世界“万物皆数”，而所有数皆由“1”生。由“1”有秩序地伸展到“10”，就是“完美与和谐的标志”。他们用这样的数论解释天体运动、发现音乐定律等，“成为用数学来解释和分析自然现象的先驱”[②]，同时也开辟了人类音乐科学和科学美学的历史。

古希腊数学家毕达哥拉斯：万物皆数，万数皆生于“1”

① 罗斌.世界哲学史[M].北京：北京燕山出版社，2011:3.

② 李文林.文明之光——图说数学史[M].济南：山东教育出版社，2005:21.

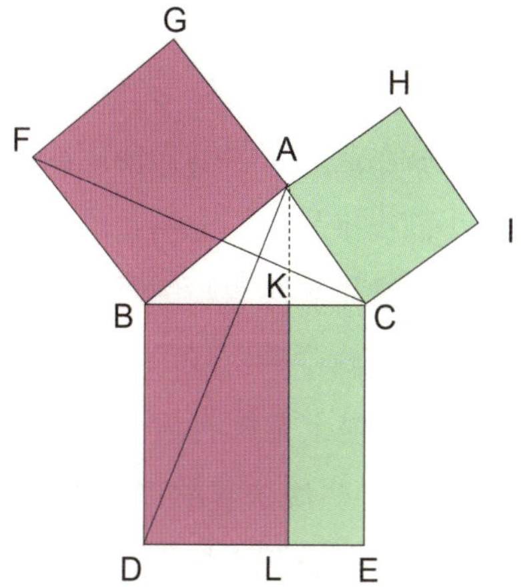

毕达哥拉斯用演绎法
证明的勾股定理

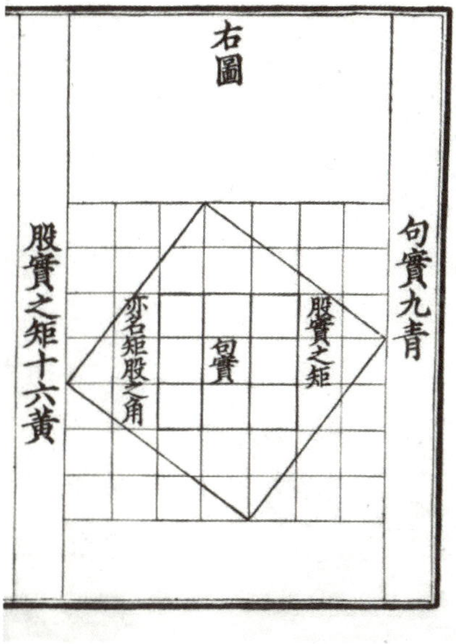

据中国西汉数学经典《周髀算经》记载，
商高在公元前1000年就发现了勾股定理并完成了证明

【图4-16】古希腊毕达哥拉斯和古中国的勾股定理的证明

毕达哥拉斯学派还抽象和列举出一与多、有限与无限、奇数与偶数、正方与长方等一系列对称的数概念，并认为其也分别代表人性与自然事物的善与恶、明与暗、直与曲、左与右、阳与阴、动与静等；认为世上一切事物皆可还原为上述10组对立范畴，其中“一与多”及与之紧密相关的“有限与无限”是最基本的两对范畴，这与中国《易经》太极“1”分阴阳“2”，再按照 2^n 分为“64”，涵盖无限多的对立又统一的思想，颇为相似。近现代的微积分数学、系统论哲学等，也都将复杂事物整体定义为“1”。这正是典型的基于客观“点↔点”和主观“视点↔点”的数学与万物万事的视点结构知识构型。

4.4.3 亚里士多德的形式逻辑：从“1”个前提推导新知

亚里士多德（Aristotle，前384—前322），古希腊伟大的哲学家、科学家、教育家，学问涉及逻辑学、修辞学、物理学、生物学、教育学、心理学、政治学、经济学、诗学、美学、博物学等，被誉为古希腊百科全书式的人物，对自然、社会和人文学科的知识建设、知识发展逻辑和理性思维都影响深远。

理性思维是人脑所独具的最高级的神经反射功能，是人类最高级的认知、思维和知识构型活动。亚里士多德最大的贡献就在于发现和创建了人类理性思维的基本逻辑范式，奠定了后世科学思维的基本形式规则、定律（规律）方法与规范。他力图将理性思维的逻辑形式与客观存在的逻辑秩序有机联系起来，将前人使用的推理规律规范化和系统化，确定了从一个大前提、一个小前提推导出结论的三段论推理系统，及同一律、排中律、矛盾律等基本思维规律，定义了思维逻辑的基本范畴等，以数学特别是几何为例进行了应用示范。有批判者说逻辑学的三段论法对实验科学毫无用处，因为科学要靠实证，不能靠理论推导，亚里士多德将演绎法绝对化，“用欺骗性的逻辑形式进行了许多错误的推论”等。这些说法显然失之偏颇。因为实证，包括实证方法设计、实施过程和所获的数据结果的分析提炼等，都必须依靠严谨的逻辑思维和推导方法，遵循思维逻辑形式的规范与定律。在实验归纳中也离不开概念和原理演绎。

拉斐尔油画《苏格拉底与柏拉图》

【图4-17】亚里士多德在《形而上学》和《工具论》中使用和制订了严谨的理性思维的形式逻辑

三段论是理性思维逻辑的基本形式，只要前提正确，就可推出正确结论。“前提”中的一个“大前提”，是一个包含着两个以上概念间关系的命题或定律，如“三角形的内角和等于180°”；一个“小前提”则是给出一个新概念，与大前提中的一个概念是所属关系，如“角架是三角形”。这样，从所属关系的两个前提中，就可以（本质特征）推断出正确的结论，如“角架的内角和等于180°”。结论也是一个命题，包括了新建立的概念及原有概念间的关系。如果进行实证，就是要采用实证方法，证明大小前提的真实性问题。在这个大前提中，最关键的还是“三角形”这个概念及定义，三角形定义的本质，便规定了整个推理的基本逻辑思路及真实合理性。这种按照概念逻辑推断结论，导出新知的思维方法，不仅在科学实验中必会用到，且至今依然是探索真知真理的学者、传授真知真理的教师、学习真知真理的学生，以及操控社会系统的治理者等，都必须掌握和遵循的基本理性思维规则与规范。如有违背，必将导致学术研究、知识教学与学习乃至社会治理的混乱。

4.4.4 欧几里得《几何原本》：以公理推导构建知识系统

古希腊欧几里得的《几何原本》（图4-18），被誉为西方科学的“圣经”，是“人类文明史上第一个演绎数学的公理化体系”[①]，也是第一个应用亚里士多德形式逻辑方法[②]推导建构的科学理论知识系统。其借助亚里士多德逻辑方法，将过去所积累下来的碎片化几何知识，“加以分类、比较，揭露彼此间的内在联系，整理在一个严密的系统之中”[③]。全书长达13卷，从5条公理（设为“1”）出发，推导出5条公设、119个定义和465条命题。它确定：数学中的每个命题，必须是已建立的一些命题的逻辑结论（近代科学将此建立在实证基础上）；所有逻辑链的共同出发点即公理，必须是一些基本定义或“被证明了”的或被认为是不证自明的（有长久历史或众多经验事实证明的）基本原理。这就是后来的公理化思想（定律化思想）。其定义、公设、设准、命题（定理定律），以及严谨的推理、证明等，

① 李文林.文明之光——图说数学史[M].济南：山东教育出版社，2005：26.

② 李文林.文明之光——图说数学史[M].济南：山东教育出版社，2005：24.

③ 项晶菁.数学文化选粹[M].西安：西北大学出版社，2015：38.

皆可用系统的符号和图像加以表征。这便是抽象思维与形象思维高度兼容、理性思维与感性思维同为一体、科学逻辑与美学逻辑兼容的人类思维及其表达方式，是最经典的知识构型与成果之一。

翁秉仁在《没有王者之路：几何原本》导读中言，这本结构严谨的数学著作，之所以是经典，还在于欧几里得采用了非常特殊的推理和逻辑的编纂法，他以天才的精准深刻的眼光，选择恰当的5个公理（合成一个清晰而大大的“视点”），将之前泰利斯、毕达哥拉斯、希波克拉提斯等人的研究获得的许多命题一步步推导整合成一个体系。引用笛卡儿的譬喻，欧几里得不是通过推理只找出一条铁链，而是将许多条推理的长链，将所有的命题都固定在5个牢靠的首环上，亦即5个公理或公设上[①]，以“视点↔点”模式将许多层次的几何概念和推导方法有机联系起来，“编织成一张铁链网”，精准展现了古希腊数学家们观察和提炼宇宙知识的智慧。爱因斯坦回忆道：“十二岁刚开学时，我经历了人生……奇妙的事，一本处理欧式几何的小书，上头提到三角形的三高交于一点，这件事绝非显然，但是书上却以不容置疑的确定性，证明了这个命题。那种清澈与确定的感觉，让我留下难以形容的印象”；还有勾股定理等，“人类竟然能够达到这样的确定性与纯粹思考，实在是不可思议”[②]。这一庞大的几何知识体系，作为人类数学史上第一丰碑对整个数学的发展产生了深远的影响。[③]《几何原本》不愧是人类所有科学理论系统“视点↔点”构建的丰碑和范本。

4.4.5 牛顿定律：以“力”为视点的物理学知识构型

近现代西方科学，始于牛顿（Sir Isaac Newton，1642—1727）。他促成了17世纪科学实证和数学方法“最伟大的结合”（图4-19）。其不朽著作《自然哲学的数学原理》（1687），用数学方法阐明了宇宙中最基本的法则——万有引力定律，$F=G\dfrac{M_1\cdot M_2}{R^2}$；以及惯性定律（$F_{net}=0$）、加速度定律（$F=mv/t$）、作用力与反作用力定律（$F=-F'$）等三大力学定律。这“1+3”共计四条定律，构成了经典

① 翁秉仁.没有王者之路：几何原本[M].北京：海豚出版社，2012.

② 翁秉仁.没有王者之路：几何原本[M].北京：海豚出版社，2012：20.

③ 欧几里得.欧几里得·几何原本[M].兰纪正，朱恩宽，译.西安：陕西科学技术出版社，2003.

古希腊数学家欧几里得

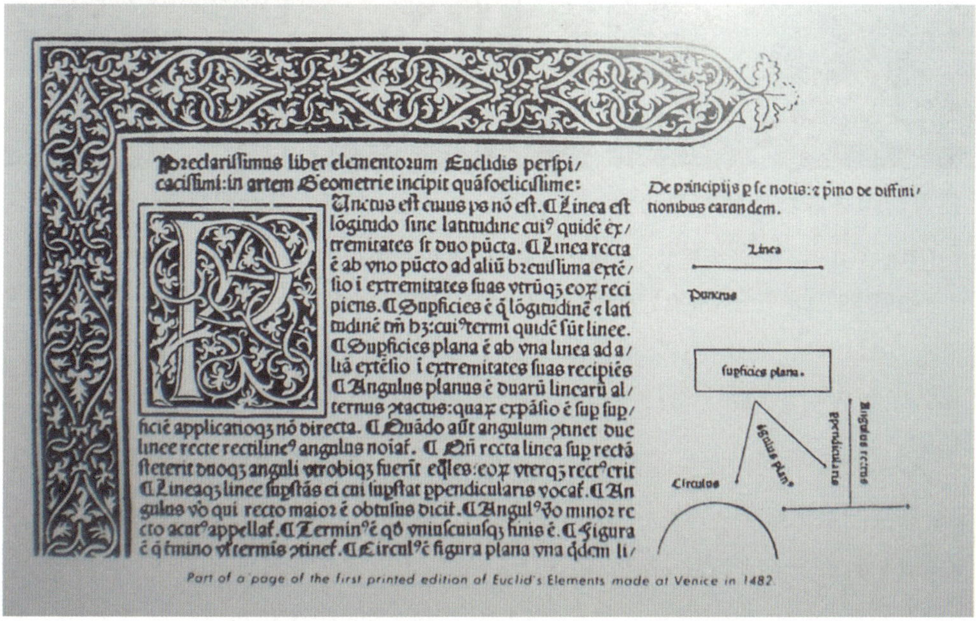

Preclarissimus liber elementorum Euclidis perspi/
cacissimi: in artem Geometrie incipit quá foelicissime:
Punctus est cuius ps nó est. Linea est
lógitudo sine latitudine cui⁹ quidé ex/
tremitates sr duo púcta. Linea recta
é ab vno púcto ad aliũ breuissima exté/
sio i extremitates suas vtrũqz eorum reci
piens. Supficies é q̃ lógitudiné et lati
tudiné tm̃ bz: cui⁹ termi quidé sũt linee.
Supficies plana é ab vna linea ad a/
liá extésio i extremitates suas recipiés
Angulus planus é duarũ linearũ al/
ternus ptactus: quarum expásio é sup sup/
ficié applicatioqz nó directa. Quádo aũt angulum ptinet due
linee recte rectiline⁹ angulus noiat. Qñ recta linea sup rectá
steterit duoqz anguli vtrobiqz fuerit eqles: eorum vterqz rect⁹ erit
Lineaqz linee supstás ei cui supstat ppendicularis vocat. An
gulus vo qui recto maior é obtusus dicit. Angul⁹ vo minor re
cto acut⁹ appellat. Termin⁹ é qd vniuscuiusqz finis é. Figura
é q̃ tmino vl termis ptinet. Circul⁹ é figura plana vna qdem li/

De principijs p se notis: et pmo de diffini/
tionibus earundem.

Part of a page of the first printed edition of Euclid's Elements made at Venice in 1482.

《几何原本》第一个印刷本（1482）影印件①

【图4-18】欧几里得及《几何原本》：西方科学的"圣经"

（首本运用亚里士多德形式逻辑以公理推导建构知识系统的数学理论著作）

① 李文林.文明之光——图说数学史[M].济南：山东教育出版社，2005：26.

物理学体系的基本概念（视点）及其相互关系（结构），“对于科学的哲学也有很大贡献，表明有一种思想系统，可以严密地运用于促进对客观世界的认识。他力求阐明他认为科学必须涉及的基本概念：空间、时间、质量、运动、力等等”，为人类观测和研究宇宙自然秩序提供了简明的高度概括的基本概念，就这样建构和表达了他的力学知识体系。“数学方法的运用；促进对条件的变更，即进行实验和对新成果的哲学意义的研究”①，揭开了科学实证、数学表达和理论系统三大要素有机结合的近现代自然科学历史。这是人类理性和智慧史上最伟大的知识成就和最经典的“视点↔点”物理学知识构型！

爱因斯坦书房挂着的牛顿油画

牛顿在做运动实验

【图4-19】牛顿的伟大贡献：促成了科学实证与数学方法最伟大的结合；确定和界定了物理学的基本概念（视点）及其关系（结构）；阐明了万有引力定律和三大力学定律

4.4.6 牛-莱氏微积分：1与n的分合同体律

17世纪几乎同时诞生了两位伟大的科学家，一是英国的牛顿，二是德国的莱布尼兹（图4-20）。他们先后发明了微积分（calculus），这一现代分析数学最核心的高级函数概念、理论和知识体系。

人们认为两位科学家的思路是不同的，但殊途同归。莱布尼兹很透彻地“发展了数学分析的理论”，牛顿则“从分析角度研究了综合”。其实所谓微积分，就

① 加德纳·墨菲，约瑟夫·柯瓦奇.近代心理学历史导引[M].林方，王景和，译.北京：商务印书馆，1980：36.

$$\int_b^a f(x)\,dx;\ \int_b^a f(x)\,dx = I = \lim_{\lambda \to 0}\sum_{i=0}^{n} f(\xi_1)\,\Delta x_1$$

【图4-20】德国伟大数学家莱布尼兹及定积分和微积分公式

是微分与积分这两个互逆的数学思想和分析运算方法，或者从逻辑思维方式来说，就是分析与综合这两大互逆的思维或运算的有机统一。微分将整体“1”无限切分，直至极其微小，趋于0（→0）；积分则将切分的各小量微量，逐级综合（整合）或者还原为整体“1”。两者互逆互存，缺一不可。两位数学家“都将面积、体积及其相当的问题归结为反切线（微分）运算”[①]，即都将一个系统整体的问题看成系统中所有极小量的有机集合。

微积分创建的意义，远不只是数学的伟大知识成果，也不只是后来多学科运用的工具。其在精确分析（微分）基础上实现精确综合（积分）的思想与推理运算系统，充分挖掘了数学中分解与求和两大互逆运算的关系潜力，确立了分析与综合两种思维方式的互逆与互为性，开启了近代以来科学知识构型自上而下和自下而上，互逆互为内在统一建构的历史。

类推，所有学校知识和教学也都不过是“1”与整个系统中各个层次较小单位的逻辑结构和建构。分析与综合方法、分科与综合课程等，本质上就是一个微分和积分问题，或自上而下（微分）和自下而上（积分）的视点结构而已。如此看来，莱布尼兹精细选择和设计的微积分符号（图4-20），其中积分“$\int$”（也就是积的符号“S”的拉长变形）和微分“dx”及定积分公式$\int_b^a f(x)\,dx$，也就是综合（$\int$）与分析（dx）思维及知识构型的符号和公式，是视点结构知识与教学的数理表达式。

4.4.7 费希纳实验美学：以美感透视心物关系

费希纳（Gustav Theodor Fechner，1801—1887），德国物理学家、实验心理学家和美学家，他以独特见识和智慧，将物理学研究方法迁移到心理学和美学研究中，在心理学领域创建了沿用至今的心理测量法、选择法、制作法等；首创了“物理·心理·审美”“统一”的思想和方法，其实也就是在寻找这三门学科，乃至更多学科共有的那个“1”，及所有相关知识与这个“1”之间的联系或结构关系，以建立多学科综合或跨界整合的知识构型。

费希纳出版了两卷本的《心理物理学纲要》（1860）、《实验美学论》（1871，实验美学诞生的标志）和《美学导论》（1876，首部科学美学理论体系）等，首次采用物理实验法聚焦人类“美感”研究，提倡将传统美学“自上而下”的纯思辨方式转化为“自下而上”的实证方式，通过实验证明了毕达哥拉斯发现的黄金分割数学比定律，即美感定律；提炼出“审美阈”、“审美加强”、“多样统一”、“审

① 李文林.文明之光——图说数学史[M].济南：山东教育出版社，2005.

美联想”、“审美对比”、“审美顺序”、“清晰性”、“审美调和”、“刺激持续性”、“快乐转化”（审美疲劳）、“用力最小”等13条有助于美感产生（生成）的审美定律，综合创建了科学美学的系统理论。他因此而成为实验美学的创始人，被誉为“近代美学之父”（图4–21）。

一位伟大的物理学家，成为近代美学之父，迈出了人类科学与美学、艺术、人文学科有机关联，逼近那个多学科统一的“1”进程中最伟大的一步！

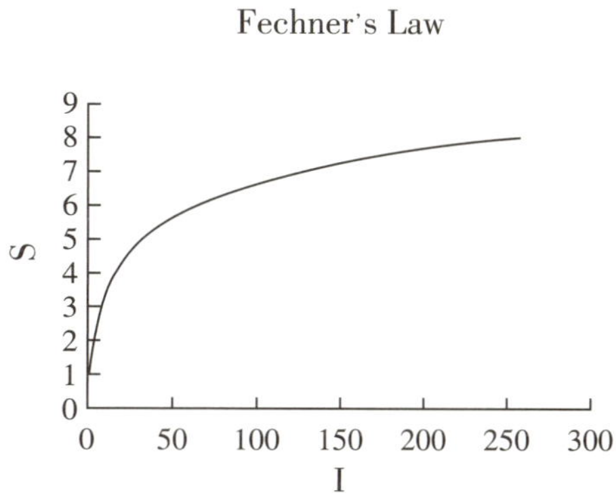

费希纳定律：人类第一个测量物理与心理关系的公式

【图4－21】费希纳及费希纳定律

令人费解的是，迄今以人的心理现象为研究对象的实验心理学，虽然已在自然科学和人文学科中都占有了一席位置，但是作为人类心理现象之重要构成部分的审美心理实验及规律研究，依然被大多数人固执地认为，“这是不可能的”。美学与科学理性怎能沾上边？沾上了审美就会立即丧失其特有的直觉性和美感。连锁反应是：艺术与科学、自由与秩序、创新与规范、人文与科学等一系列原本并非对立的概念和研究领域，也被对立起来。对学校知识构成和教学产生的消极影响，也显而易见，且有越来越甚的迹象。

4.4.8 爱因斯坦相对论：以“光速”重构质能时空关系

在20世纪获诺贝尔奖的700人（次）中，爱因斯坦的获奖道路最崎岖。1905年，25岁的爱因斯坦提出了著名的相对论，10年后的1915年提出了广义相对论。1909年他就被提名诺贝尔奖，正反意见都很激烈，直到1922年才有了结果，但诺贝尔奖评委会坚决不给“相对论”授奖，而是给他的“光电效应”授了奖，且还是以补发1921年诺贝尔物理学奖空缺的名义，并加上附加条件：获奖演说时，不得提及相对论。理由是，相对论没有采用实验手段，而是采用爱因斯坦十分强调的审美判断方法提出的，与科学界一直坚守的实证方法严重相悖。他们认为这简直是形而上学的工作，不是科学的一部分，而是科学中的达达主义。①

审美判断，也称直觉判断的方法，即通过审美直觉判断，提出科学假设。它在几乎所有伟大的科学发现和知识构型中都起着或明或显的作用，爱因斯坦相对论只是将这种方法，突出强化了出来而已。12岁时爱因斯坦就在想象人如果按照光速前进会怎样。时间会缩短？空间会压住？通过科学实证，证明审美直觉判断提出的假设是否成立，如果成立假设就转化成了定律。在假设性的思维活动中，借助以往概念和定律的逻辑推理，往往伴随现象的、形象的、直观的、经验的，甚至有趣的直觉推想或审美判断。数学从来都强调直觉的重要性！不过是对事物外在或内在数序即结构的直觉洞察，对和谐秩序的直觉敏感的“一见钟情”而已。优秀的审美直觉判断，是提出重大科学假设几乎不可或缺的一种思维，是比一般直觉、艺术直觉更为高级也更为精致的科学直觉。幸运的是，爱因斯坦对以“光速”前进的物质、能量和时间变化的直觉，最终还是得到了证实，相对论得到了科学界的普遍认同。

科学发现的审美直觉判断与知识构型，一直伴随着科学家们探索真理的历程。爱因斯坦之前的麦克斯韦和奥地利的玻尔兹曼（L. Boltzmann，1844—1906）等，都是物理学家和诗人，是审美直觉判断的高手。麦克斯韦伟大的电磁方程组的建立，伴随着他对电磁运动方式与场景的直觉；玻尔兹曼的墓碑上刻写着他的熵与热力学关系的“$S=k\log W$”公式，只是没有刻上他充满直觉和想象的伤感诗《天堂里的贝多芬》。之后的波动力学创始人德布罗意、量子力学代表人物海森

① 杨建邺.物理学之美[M].北京：北京大学出版社，2011：130.

堡和狄拉克，还有发明了测热辐射计的兰利（Samuel Pierpont Langle，1834—1906）等科学家，也都是科学审美判断的主张者和实践者。[1]杨振宁赞扬狄拉克的物理学文章有“秋水文章不染尘”的美感，没有任何渣滓，直达宇宙深处的奥秘。1956年，狄拉克在莫斯科大学物理系黑板上写下了“一个物理定律必须具有数学美”这一响亮的科学知识的美学论断。“随着科学革命的深入和成功，科学家们对科学理论中的审美判断有了根本性的转变，认识到在远离人们经验领域的宏观物理学和微观物理学里，少了审美判断几乎是寸步难行。”[2]

1905年，爱因斯坦在以往科学成果的基础上，根据审美直觉和想象力判断提出了著名的相对论质能方程式 $E=mc^2$，直到1919年的日食观察才被首次证实是定律。1945年美国首枚原子弹爆炸成功，这个定律被再次证明了其强大的真理性。2017年10月16日，全球多国科学家同步举行新闻发布会，宣布人类第一次探测到来自双中子星合并的引力波，“看到”了这一壮观宇宙发出的电磁（电粒子波动）信号，相对论的最后一块缺失的“拼图”被填补上了。相对论证实的过程，也同时有力证实了科学知识的审美方式与构型的逻辑合理性，“审美判断和实验检验逐渐成为发现真理、探索真理途中不可或缺的两种相辅相成的科学方法”[3]。只是审美直觉判断得到的往往是一种顿悟性知识，实证则是一个细致的甚至漫长确认与建构的过程。两种知识构型与“视点↔点”都紧密相关。

4.5 西方现当代哲学家的知识构型

人类关于客观世界的认知、知识获得与知识构造方法，也向来始于哲学家们所思考的问题。所谓哲学，就是研究世界上一切事物，包括自然界和人类社会发展中共同本质与普遍规律的学科，为人类认识宇宙世界万事万物、从事实践活动和解释与解决问题，提供最普适的宇宙观、知识观与方法论等。从此意义上来说，普适性较大的科学就是哲学。换句话说，是实证哲学。即使是以纯理论方式探讨普遍规律与普适方法的哲学，也需要学者有相当高水平的多学科知识，包括被实证的科学知识的积累和抽象提炼。

① 詹姆斯·W.麦卡里斯特.美与科学革命[M].李为，译.长春：吉林人民出版社，2000.
② 杨建邺.物理学之美[M].北京：北京大学出版社，2011:132.
③ 杨建邺.物理学之美[M].北京：北京大学出版社，2011:132.

4.5.1 康德的知识观：概念之于感性、知性与理性

伊曼努尔·康德（Immanuel Kant，1724—1804）（图 4-22），近代著名哲学家，德国古典哲学创始人，被认为是继苏格拉底、柏拉图和亚里士多德后，西方最具影响力的思想家之一。他关注笛卡儿、牛顿和莱布尼兹提出的科学与哲学命题，调和笛卡儿理性主义与培根经验主义等，发表著作众多，涉及自然哲学、宗教哲学、法律哲学、历史哲学等。代表作《纯粹理性批判》（1781）、《实践理性批判》（1788）和《判断力批判》（1790），分别系统阐述和综合建构了他的知识学（真）、伦理学（善）和美学（美）的哲学知识体系，从不同视点或侧面，对学界认识及知识偏见（以纯粹理性求真，以纯粹现实标准求善，以纯粹感性判断求美等）进行了批判和纠正。他将人的认识分为"感性""知性"和"理性"三个环节，在强调三种认知环节都很重要的同时，也明确提出了"概念"在感性知识上升到知性知识，进而到理性知识过程中的不可或缺的重要作用。

【图4-22】康德和他在柯尼斯堡大学被聘为无俸讲师（privatdozent）的签名（1755）

齐良骥在《康德的知识学》[①]开端，就引用了康德《纯粹理性批判》中的论述：

① 齐良骥.康德的知识学[M].北京：商务印书馆，2000.

我们的知识来自意识的两个基本源泉：第一是接受表象（对印象的接受力），第二是利用这些表象认识一个对象的能力（概念的主动性）……这两种能力并无高下之分。如没有感性，就不会有对象给予我们。而如没有知性，那就不能思想任何对象。思想无感性是空的，直观无概念是盲的。因此，既要使我们的概念成为感性的（这就是在直观方面为概念提供对象），又要使我们的直观本身成为可以理解的（这就是把直观置于概念之下）。①

“感性”指用身体五官直接接触对象世界，是对象与人的感官直接接触所获得的经验性知识，标志是“表象”。没有感性前提，人永远不可能认识客观对象，获得关于客观对象的知识，进而发展知性和理性。表象是通过感性接受对象形式的刺激并保存在头脑中的内心形象（心像）②，它是感知过的事物不在面前时在头脑中出现该事物的形象③，是由其他事物或语词唤起的，是在客观事物感知觉形象基础上，形成并保留在头脑中的感性经验，是知性与理性获取的重要前提。“知性”就是有较多的知识，包括感性知识和理性知识，没有感性，就没有表象，就知识匮乏，就没有经抽象而获得的概念，就没有知性和理性思维的存在与发展。同时人类知识不能停留在感性水平上。动物也有感性、有经验，而将感性上升为知性知识和理性，才是人类独有的知识获取与活动，反过来理性又促进了人类感性的提升。其中关键的一个环节就是要从经验中提取和建立“概念”。“概念”是理性思维的材料。

概念作为人的感性、知性和理性的桥梁，是人的认识在构造关于这个世界的知识，或是从“感性”上升到“知性”，上升到“理性”的活动中的基本逻辑形态。否则，人类根本不可能认识到事物的真相和本质。

4.5.2 马克思主义辩证法：微积分视点

“世界是普遍联系的”这一马克思主义哲学的重要命题，与18—19世纪在细胞学说、能量守恒转化定律、生物进化论等三大自然科学领域取得的巨大成果，高度关联。这些成果促使人们用联系和发展的眼光去看待世界，也构成了马克思

① 康德.纯粹理性批判[M].蓝公武，译.北京：商务印书馆，1982.

② 黄希庭，郑涌.心理学导论（第3版）[M].北京：人民教育出版社，2015：393.

③ 黄希庭，郑涌.心理学导论（第3版）[M].北京：人民教育出版社，2015.

主义的科学观。马克思、恩格斯两人共同的数学兴趣，及其辩证法思想，显著地受到17世纪微积分数学思想方法的启迪，并有力支持着他们的科学观（图4-23）。两相结合，构成了马克思主义考察描绘“宇宙、宇宙的发展和人类的发展”的哲学工具与辩证法这一核心视点。

【图4-23】马克思与恩格斯（上），马克思的《数学手稿》（1975中译版）（下）

马克思（Karl Heinrich Marx，1818—1883）一生酷爱数学，数十年如一日利用闲暇时间学习和钻研数学，留下的近千页《数学手稿》[①]，被誉为“历史上最卓越的”“数学哲学著作”，也是他辩证法思想的重要来源。他分析微积分的“无穷小量”，作为变化过程永远趋于零但不等于零，作为变化结果却等于零，生动说明了零与非零、否定之否定的辩证性质。恩格斯对此高度赞扬：“在一切理论成就中，未必再有什么像十七世纪下半叶微积分的发明那样看作人类精神的最高胜利了。”[②]恩格斯指出，英国哲学家、大主教贝克莱（G. Berkely，1685—1753）认为“无穷小量”既是零又不是零，是自相矛盾的，应该从数学中“驱逐出去”，其误区是直接“用形式逻辑去证明辩证法”[③]。正如高等数学的很多证明“从初等数学的观点看来，严格地说都是错误的”；也如用石器时代的手工去指责科学背景下的生产方式。

科学在数学工具，尤其是在微积分的支持下，变得更精准也更简单了。据马克思的女婿拉法格回忆，马克思曾强调说：一门科学只有在成功地运用数学时，才算达到了真正完善的地步。

马克思主义哲学的科学视点叠加数学的微积分视点，提炼出“世界是普遍联系的”这一哲学命题，及在这种普遍联系中的辩证关系。在今天数字化时代，以数学眼光去看待人类社会的剧变，更彰显出深刻意义和价值。以“数字化”或“数据化”为视点，可透视信息化、互联网、物联网、大数据、智能化等背后“量化一切”的世界观及在“1”和“0”之间微分与积分的强大意义，也可辩证看待人类社会各领域可能发生的种种变化与革命。微积分之于辩证法，与毕达哥拉斯万物归数、万数归一，《易经》太一生万物等数理思维方法，“有异曲同工之妙，之美”。

4.5.3 怀特海的过程哲学：以有机联系为视点

阿尔弗雷德·诺思·怀特海，英国著名数学家、逻辑学家，过程哲学（也称有机哲学、机体哲学）创建者，先后执教英国剑桥大学、伦敦大学，美国哈佛大学，留下了大量有影响力的著作（图4-24）。怀特海与法国的柏格森（Henri Bergson，1859—1941）、美国的杜威（John Dewey，1859—1952）一起，被认为是20

① 马克思.数学手稿[M].北京大学《数学手稿》编译组，编译.北京：人民出版社，1975.

② 马克思.数学手稿[M].北京大学《数学手稿》编译组，编译.北京：人民出版社，1975.

③ 中共中央马克思恩格斯列宁斯大林著作编译局.马克思恩格斯选集（第三卷）[M].北京：人民出版社，1972：175.

世纪前半叶最重要的三位哲学家。他的哲学思想以复杂生命体各部分、各元素的“有机联系”为视点，建立了看待整个世界万事万物相互联系的“有机模式”，广博而精微，深受爱因斯坦等不少科学家赞赏。

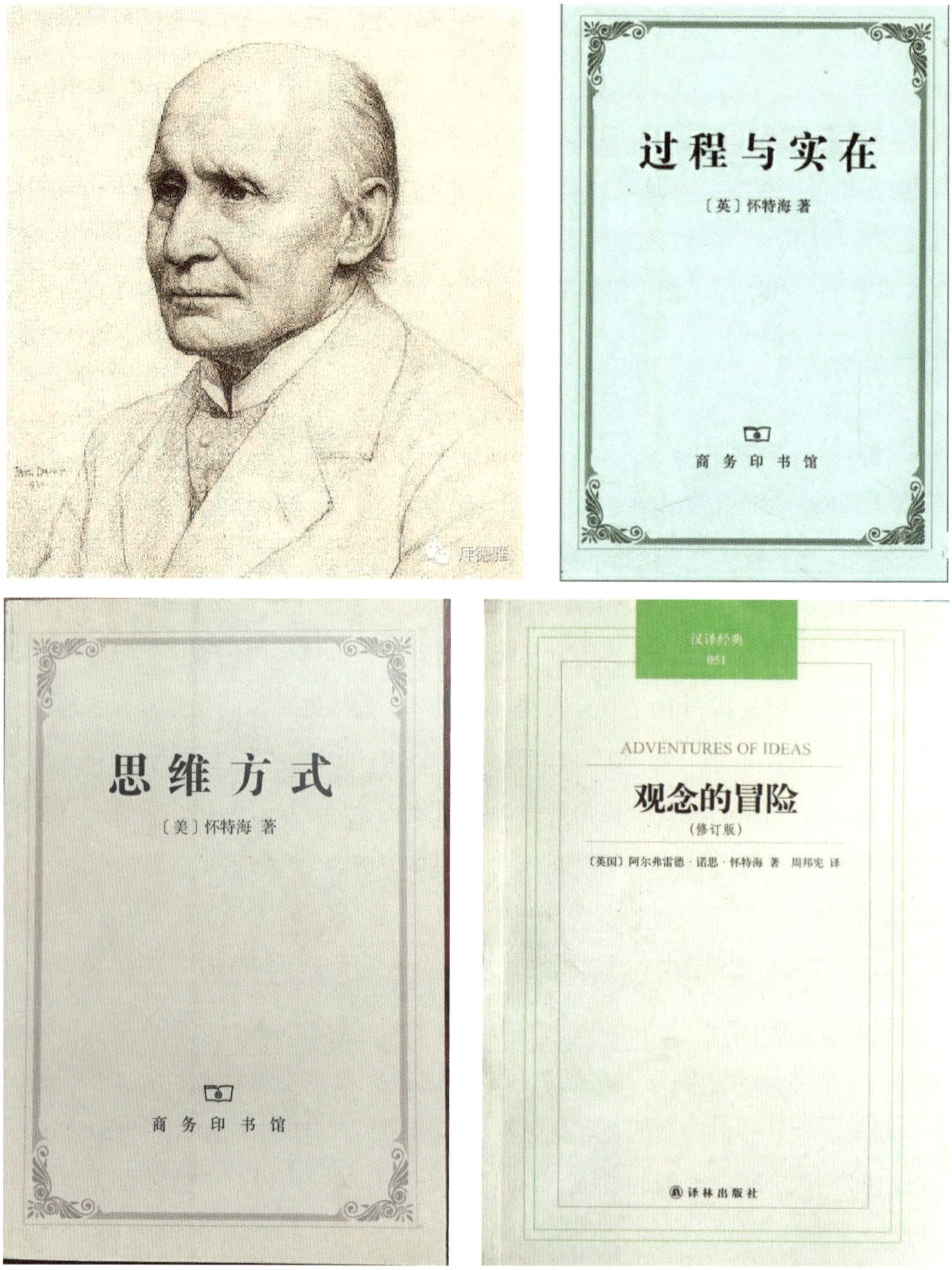

【图4-24】有机哲学：怀特海及部分著作的中译本

怀特海的哲学思想在民国时期就译介到中国，实现了“与中国哲学的第一次握手”[①]。20世纪末期，美国建构性后现代主义代表人物小约翰·B. 科布（John B. Cobb，1925）和大卫·雷·格里芬（D. R. Griffin，1939）等联手中国博士王治和、樊美君夫妇，在保护生态的观念下积极传播怀特海有机哲学，被认为是怀特海的哲学思想“与中国哲学的第二次握手”（图4-25）。

怀特海有机哲学思想继承者格里芬及中国博士王治和夫妇（左2，右2）和本书作者（左1）及朋友潘莉（右1）等在中国（哈尔滨工业大学，2012）

本书作者赵伶俐在世界怀特海研讨会上发言（波兰，克拉克夫大学，2013）

【图4-25】怀特海思想研究在当代中国与世界

怀特海有机哲学，以有机体基本单位细胞之间的“有机联系”为视点，建立了关于整个宇宙世界的有机模式或解释体系，也就是关于整个宇宙世界万事万物有机联系的认知模式或知识构型。他认为，之前一些被认为是普遍真理的“十分明显的形而上学的命题”，都不过是按照“一个实体加上又一个实体等于两个实体”这样的思路，即按照单个实体的相加关系或“算术定理”[②]来解释宇宙世界

① 王锟.怀特海与中国哲学的第一次握手[M].北京：北京大学出版社，2014.

② A. N. 怀特海.过程与实在（卷一）[M].周邦宪，译.贵阳：贵州人民出版社，2006：198.

的。但这远不能刻画事物之间错综复杂的联系。他借助生物学中细胞之间因为“有机联系”才有了生命机体的存在的原理，指出“机体哲学是关于现实（actuality）的一种细胞理论。事实的每一个基本单位就是一个细胞复合体”[①]，每一个现实存在——每种植物、动物或人——都只能被看作参与并依赖于整个宇宙机体的相互联系、相互作用的一个事件、一个事件过程，“只能被理解为一个过程”[②]。机体哲学就是“企图将世界描述成诸个体现实实有发生的过程”[③]，他充分吸取爱因斯坦广义相对论的时空观，“清楚而分明地意识到世界的‘广延’关系。这些关系包括空间的‘广延性’和时间的‘广延性’”，因此“当前世界”就是一个“诸广延关系的一个连续统（continuum）”[④]。换句话说，整个宇宙世界就是一个时间和空间纵横广延、复杂交错的有机联系系统，是正在发生着联系的过程或事件。因此，有机哲学又被称为“过程哲学”。

只有在相互作用的事件过程中，从TVS哲学来看，也就是在“点↔点”互动关联中，所谓“实体”例如“细胞”才是“活体”，也才有了生命的意义。“事物或者实体的性质，并不取决于单个事物，而是取决于事物或物体之间的相互关系。按照爱因斯坦的相对论，这些关系是相对存在的，关系本身也具有非恒定性”，“一个广延连续统是……整体与部分的关系；重合关系，以及具有公共部分；交往关系；以及从这些基本关系衍生出来的其他关系”[⑤]。其中“所有成员的精神都有独创性反应”，都具有某种程度的主导性，这样的“一个群集方可称为‘有生命的’”，且该“体系中活的要素的创造性活动对整个体系有保护作用”[⑥]。他将人的生命和精神之间的相互作用，提升到了宇宙万物间“相互作用”的至高地位。

怀特海的有机哲学被后来某些学者归属到“后现代哲学”中，认为他是“后现代哲学”反对理性主义甚至科学主义的先驱。这对怀特海及其有机哲学有严重曲解。这种被曲解了的怀特海及偏狭的“后现代”理论思潮，还成了21世纪开端至今，当代中国基础教育课程改革的基础理论之一，其积极影响与负面影响都不可小视。怀特海强调“有机联系”与生命活体的“过程性”，绝对没有反对理性主义或科学主义。恰恰相反，他作为一位数学家是十分严谨的，他正是在理性分析细胞是

① A. N. 怀特海.过程与实在(卷二)[M].周邦宪,译.贵阳:贵州人民出版社,2006:299.

② A. N. 怀特海.过程与实在(卷二)[M].周邦宪,译.贵阳:贵州人民出版社,2006:311.

③ A. N. 怀特海.过程与实在(卷一)[M].周邦宪,译.贵阳:贵州人民出版社,2006:82.

④ A. N. 怀特海.过程与实在(卷一)[M].周邦宪,译.贵阳:贵州人民出版社,2006:83.

⑤ A. N. 怀特海.过程与实在(卷一)[M].周邦宪,译.贵阳:贵州人民出版社,2006:90.

⑥ A. N. 怀特海.过程与实在(卷一)[M].周邦宪,译.贵阳:贵州人民出版社,2006:119.

如何精细地连接成有机生命体的基础上，才发现和提出每一个细胞及细胞间联系的过程对于有机生命整体的价值的。作为严肃的数学家和哲学家，他不可能反对理性，他只是在质疑过去的一些理论或知识构型，过于看重“点”的集合，而轻视了“点↔点”之间的有机联系与互动过程而已。

4.5.4 罗素的知识论：以“视景”为视点

英国数理哲学家伯特兰·罗素（Bertrand Russell，1872—1970）是怀特海的学生。师生俩合著的三大卷巨著《数学原理》（1910—1913），融哲学、数学和逻辑学为一体，全面系统地总结了莱布尼兹以来的重大成果，以其严谨的逻辑力量创立了庞大的数理逻辑方法与知识体系，标志着人类逻辑思维的再次“空前进步”，“被称为永久性的伟大学术著作之一”（图4-26）。最有意味的是，这位数学哲学家不是以他的数学成就获得诺贝尔奖，而是以《婚姻与道德》这部作品，荣获了1950年诺贝尔奖，以表彰他“持续不断地追求人道主义理想和思想自由”。这一方面是因为诺贝尔奖有设立数学奖，另一方面也是对罗素、对所有科学家所持人文精神的最大认可和褒扬。

罗素与自己的导师怀特海的知识观，最大的不同在于从“有机”联系视点转到了“视景”这个视点上，即以“视景”为视点，探究人类是如何认知这个宇宙世界，并建立起关于宇宙世界的知识形态的。在《我们关于外间世界的知识——哲学上科学方法应用的一个领域》[①]中，他认为哲学的本质就是认识外在客观世界是如何在我们大脑或内心构成逻辑的[②]，即知识构型的逻辑问题。由于个体观看世界的视点和视角不同，因此便形成了人与人有所不同的“视景空间”（类似“认知空间”“知识空间”）（图4-27）。如同一张桌子从一个视点看和绕着桌子从不同视点看，其视觉效果肯定不一样。[③]因此，每一个体的“私有视景”、“私有空间”或“私有世界”，与客观整体的“视景空间”就有了差异。[④]这就是客观物理世界与主观心理世界的不同所在。

① 伯特兰·罗素.我们关于外间世界的知识——哲学上科学方法应用的一个领域[M].陈启伟，译.上海：上海译文出版社，2006.

② 伯特兰·罗素.我们关于外间世界的知识——哲学上科学方法应用的一个领域[M].陈启伟，译.上海：上海译文出版社，2006：24.

③ 伯特兰·罗素.我们关于外间世界的知识——哲学上科学方法应用的一个领域[M].陈启伟，译.上海：上海译文出版社，2006：57.

④ 伯特兰·罗素.我们关于外间世界的知识——哲学上科学方法应用的一个领域[M].陈启伟，译.上海：上海译文出版社，2006：66-68.

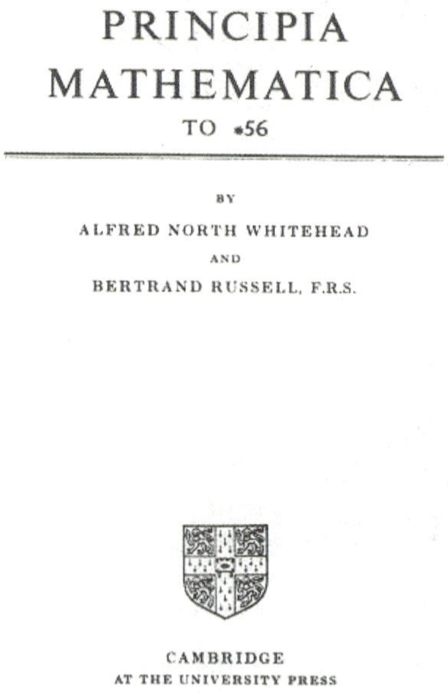
PRINCIPIA
MATHEMATICA
TO *56

BY
ALFRED NORTH WHITEHEAD
AND
BERTRAND RUSSELL, F.R.S.

CAMBRIDGE
AT THE UNIVERSITY PRESS

【图4-26】罗素与其导师怀特海共同创立了数理逻辑学，合作撰写了巨著《数学原理》

问题在于：我们怎样才能知道，我们的心理世界对客观外间世界的感觉和认识是正确的呢？

“必须找到某种方法把物理学世界和感官世界的鸿沟沟通起来”，即将客观真实逻辑构造与“感觉材料的逻辑构造”[①]联系起来。他认为科学方法就是，将很多

① 伯特兰·罗素.我们关于外间世界的知识——哲学上科学方法应用的一个领域[M].陈启伟，译.上海：上海译文出版社，2006:75.

个体的“私有视景”整合起来，证明大家感觉到的这张桌子具有共同属性，如都有四只脚等，从而得到一个关于桌子的公认“事实”或客观“视景”，然后给“桌子”下一个确切定义。对世界上所有事物的认知，道理相同。这种客观“视景”的确认，是哲学的任务，也是一个科学实证的过程。

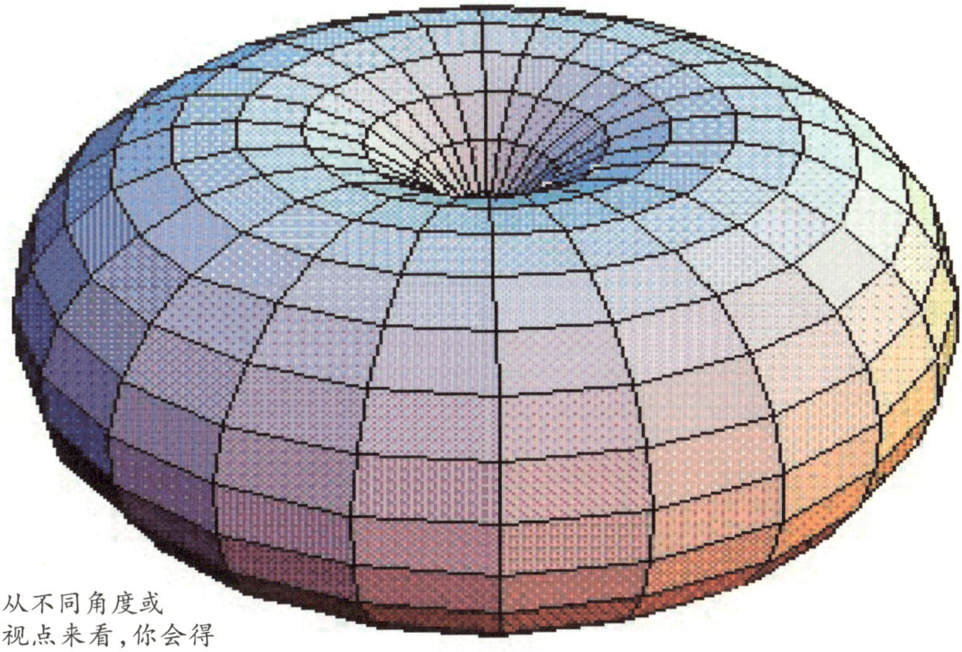

从不同角度或
视点来看，你会得
到不同的“私有视景”

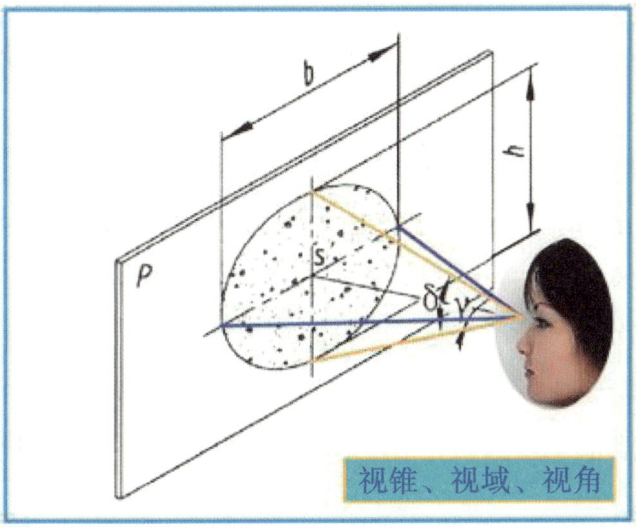

每个人的“私有视景”都是有限的

毕加索的多维视点绘画

【图4-27】视点或视角：每一个体的“私有视景”不同于客观整体的“视景空间”

罗素认为，哲学一直就比其他各门学问提出的问题多，但“获得的成果少”，原因就是“所有的哲学派别对于哲学的问题和方法的看法都是错误的”，许多传统问题，凭借目前的哲学“不能解决”，但可以用“最先进的科学已达到的那种精确可靠性来解决”①。哲学应该成为科学方法的应用领域。罗素的另一部哲学著作《哲学简史》②，基本上就是一部自然科学从思辨到实证的思想史。

遗憾的是，至今很多哲学、美学、教育学理论，更多人文社科理论，都仍然建立在作者个人的“私有空间”“私有视景”或者经验基础上，且不打算采用科学的方法去证实。

视点结构知识构型，也强调视点及视点展开形成的视角。但这个“视点”与“视景空间”，不是脱离客观“视景空间”的纯粹主观设定或认知的产物，而是以客观世界“点↔点”相互作用为本体构成的，主观有限选择和众多科学家、教师和学生共同实证和建构的“视点↔点”“视景空间”。

4.5.5 卡尔纳普的理性重构论：以原初概念为视点

鲁道夫·卡尔纳普（R. Carnap，1891—1970），是20世纪西方著名逻辑构造主义哲学或分析哲学的领军人物（图4-28）。代表作《世界的逻辑构造》（1966），从标题上看就有我们所认识的客观“世界”，是由人类的认知“逻辑”来建构的意思。他继承了罗素和怀特海的有机理论与逻辑分析法，但主张以“原初概念”来推演和“理性重构”知识形体。他认为，人们迄今多注意从公理（原理）中推演命题系统，却很少重视从原初经验中提取获得的原初概念，以此来推演和建构的知识系统更接近客观性。他提出了能够“反映世界构造”的“概念的构造系统”，这种构造方式涉及“两个部分”的“基础问题”，即“基本要素和基本关系”（此与布鲁纳的结构主义教学主张原理相同，也是“视点↔点”教学和哲学的重要参考理论）。具体方法是：首先分析现有学科领域的所有概念，以还原到有直接经验支持的基本概念即原初概念上；再以原初概念定义为“基础”，层层引导出所有概念及其定义，重构出等级序列分明的概念谱系。这样，以原初概念层层推导建构

① 伯特兰·罗素.我们关于外间世界的知识——哲学上科学方法应用的一个领域[M].陈启伟，译.上海：上海译文出版社，2006:1.

② 伯特兰·罗素.哲学简史[M].伯庸，译.北京：台海出版社，2017.

起来的概念系统，就具有可还原性和传递性。在此基础上，还可以构造出一个所有学科概念统一的知识大系统，而不必将知识再分割为互不相关的各个门类。

【图4-28】卡尔纳普和他的《世界的逻辑构造》

卡尔纳普知识构造的积极价值在于：(1) 强调以“原初概念”为视点，并对已有学科概念进行全面整理；(2) 原初概念又是建立在原初经验之上的，这就重新审视了概念的经验来源的重要价值，在英语系统中，有时“实验”和“经验”有等价含义，实验其实是有统计学意义的经验；(3) 提出了为概念进行明确定义，并通过概念定义来实现学科和各学科概念之间的联系；(4) 以概念定义来链接、重建学科概念系统，探索多学科统一的概念大系统，以达到解释世界全貌之目的。

卡尔纳普以“原初概念”或“基本概念”为视点，建立了所有概念之间的逻辑链条（结构）的知识构型，也就是一种典型的“视点↔点”模式。只不过他还差了对一个关键环节的阐述：概念间是如何通过定义联系起来的？这便是TVS哲学和教学理论与操作体系建构中最为紧要的一环（参见本书第一章中“键合”的内容；本书系《TVS：视点结构教学》中第二部TVS《课程逻辑》和第三部TVS《教学行为体系》）。

4.6 异构中的同构：本体“1”与多元“n”

所谓东方西方，本来就只是一个地理概念。近代以来人们约定俗成，将欧洲以东地区主要是亚洲称为东方，包括日本、朝鲜、印度，以及东南亚、阿拉伯等国家和地区；将欧洲以及欧洲以西的国家和地区称为西方。现代人在这一地理概念上，逐步加入了政治和经济含义，于是西方世界用以指称资本主义社会、经济发达国家等；东方世界用以指称社会主义社会、经济欠发达国家等。这也是人类知识及其知识构型受制于视点、视点定义及变化的一个佐证。

必须承认，即使面对的是完全相同的宇宙世界万事万物，仅认知方式、思维方式或语言结构方式不同，就使得东西方文化与知识构型有若干显著不同。然而，不同中其实又具有一些高度同一的内涵。因为客观世界及“点↔点”构型是完全同一的。仅从中国《易经》与现代科学重要基础的二进制和微积分等的内在联系，伊斯兰图案艺术的画法和西画中根据几何原理形成的三维画法的相似性，就可以看到东西方在文化、思维和知识构型上有着深刻的内在渊源。看似纷繁浩瀚，南辕北辙，却有着贯穿其中的共同秩序，这便是科学家们从古至今矢志不渝，探索本体“1”及本体“1”与“n”，即视点与结构的信念根源所在。

“我们研究的主题是本体；我们所探讨的正是本体的原理与原因。倘宇宙为一整体（完物），本体就是这整体的第一部分；倘这整体只是各部分的串联，本体便当在序次上为第一。”①

4.6.1 基本构型：“1”与“n”的关系

在东西方思维和知识构型的演进中，诞生了一些成对或相对的关键概念，如：统一与多样、系统与要素、太极与64卦、秩序与混沌、简单与复杂、本质与现象、阴与阳、纲与目、积分与微分、综合与分析、演绎与归纳、理性与感性、抽象与形象、科学与人文、视点与结构等（表4-1）。这些成对或相对范畴，几乎概括了人类思维和知识构型中的大多数既矛盾又协调的关系，勾画了宇宙万事万物时而对立、时而交织、时而统一的时空图像，也是从不同层面和角度，表述了在人类思维和知识构型中始终存在的同一对基本关系——“1”与“n”，及由此派生的基本矛盾（表4-1）。如果愿意，你完全可以将表4-1无限排列下去，便能展现出各个知识领域或学科在各个层面上都存在的“1”与“n”的矛盾与协调关系。这种由“1”点到

① 亚里士多德.形而上学[M].吴寿彭，译.北京：商务印书馆，1983:237.

"几"点，"几"点到"几"点，"几"点到"1"点等，有机联系一体的构型，也就是"点↔点"或"视点↔点"。简明指代符号可用"TVS"。准确来说，应该是"VS"（视点结构），为了统一，使用"TVS"（视点结构教学）。二者本质相同。

表4-1　人类思维与知识构型的基本矛盾："1"与"n"

主要知识领域或学科来源	1	n	表达式1↔n
西方哲学、美学	统一	多样	统一↔多样
中国易经	太一	n卦	太一↔n卦
伊斯兰图案	圆心	多样形	圆心↔多样形
物理	宇宙	粒子	宇宙↔粒子（原子、元素）
物理	秩序	混沌	秩序↔混沌
美学	和谐	对抗	和谐↔对抗
系统论	整体	要素	整体↔要素
生物	简单	复杂	简单↔复杂
哲学	本质	现象	本质↔现象
数学	积分	微分	积分↔微分
逻辑学	综合	分析	综合↔分析
思维学	理性	感性	理性↔感性
思维学	抽象	形象	抽象↔形象
知识学	科学	人文	科学↔人文
TVS哲学	视点	结构	视点↔点（多点）
……	……	……	（可无限添加，如：统一与自由、全面与个性、规范与创造、集中与民主……）
归纳（共同模型）	统整为"1"（视点）	展开为"n"（多点、多样、多元）	视点↔点（以"1"为视点与多点、多样、多元相互联系，或从多点、多样、多元递进到视点"1"。有机联系，建构一体。概称"视点结构"，借用"视点结构教学"的英文缩写符号"TVS"）

4.6.2 基本动态过程："1"与"n"交互演进

视点↔点，形象地表述了人类认知或思维与知识构型中，核心知识（如核心概念）与整体知识系统中所有点之间的顺向和逆向结构关系。这种关系不是僵硬固定不变的，而是从顶层视点"1"，层层演绎，直到底层的"自上而下的视点结构"；或从底层现象（事实）或知识点逐层归纳到顶层"1"的"自下而上的视点结构"。在这个过程中，不仅"结构"层次在变，"视点"也在变。在这一层次这一侧面是"视点"，在另一层次另一侧面就成了相关"点"或其他原相关点也可能成了"视点"。这便形成了在同一个系统中，"视点"及"结构"的变化，也就有了循环往复的"自上而下、自左向右"或"交织换位"的视点和结构。但有一点，系统的客观样态"点↔点"是由客观规定了的，且"视点↔点"这一基本模式未变。

前述《易经》《古兰经》《圣经》等经典文化知识构型，都是从顶层"1"，即"太极""圆心"或"中心"为起始视点，层层向下演绎至多元多因素的结构系统。作为科学思维和表述工具的数学，从古希腊毕达哥拉斯和欧几里得等起，也都是以"1"，或"数"或"公理"为起始视点，层层向下演绎构成的严密的知识系统。经历了漫长的中世纪，继之而起的是东方文明、东方数学。在文艺复兴时期之前的中世纪，古希腊式的数学通过阿拉伯人再传回到欧洲，两相融会结合，孕育了近代数学①，而"与古希腊数学相比，中世纪的东方数学表现出强烈的算法精神"。"算法"成了这一时期中国、印度和阿拉伯数学的视点，为数学处理很多具体的现实问题提供了精细的运算技术，与古希腊的数学，"与欧几里得的演绎风格迥然不同却又相辅相成"②。以牛顿为代表的近代科学家，开辟了从实证中提炼理论，或从万象（n）中提炼定律（1），并用数学符号和公式加以精确表述的逻辑思维方法。"概念"或"定律"就成为现当代科学家思维方式和知识构型的"视点"，在此之下，包罗了万事万物万象。

牛顿和莱布尼兹发明的微积分及公式（定律），则将自上而下和自下而上的思维和知识构型有机整合为一体，形成了更深刻精细的互逆互为的数学思想、概念和运算方法体系。同时，莱布尼兹等则高度赞扬中国3000多年前的《易经》，就已经深含这种精确运算的思维和知识构型。当代信息化、智能化等高科技则采用二进制（"1"和"0"两个符号），来表达万事万物无论如何变化，其原理都是视点"1"，然后才逻辑地有了多，以至无穷。但"视点↔点"基本模式未变。

① 李文林.文明之光——图说数学史[M].济南：山东教育出版社，2005.

② 李文林.文明之光——图说数学史[M].济南：山东教育出版社，2005：35.

用最简单的话来说，无非就是将世界统整为“1”和将“1 ”切分为多或无限，“1”与“n”的交互演进或“视点↔点”的动态过程，是在自上而下和自下而上的多种往复演化中诞生、发展、成熟、完善起来的。无论自然科学还是人文科学、社会科学，只要是“科学”，其思维和知识，都离不开这样的构型与过程。

4.6.3 一以贯之，万物归一：化繁为简，博而能约

“吾道一以贯之”（孔子《论语·里仁》）。而此“一”指的是“忠恕”，因此“一以贯之”最早的意思是指以“忠恕”为视点，将其贯穿为人为事的始终。后世从更多角度加以诠释，原意被淡化了，而“一以贯之”则成为具有普遍意义的中国人学、政治学、哲学和逻辑理论。“一以贯之”与“万物归一”互为，都是以“1”为聚焦点的逻辑。以“1”为视点，来透视整个宇宙世界万事万物，是人脑对宇宙世界最为奇妙的能动反映、知识成果与智慧。

宇宙现象纷繁复杂，可是科学家包括人文和社会科学家们却深信，宇宙万事万物背后有统一的秩序和规律。这一坚定信念，指引着一代又一代科学家孜孜不倦探索，“前仆后继地寻找这种规律性”[①]。前述东西方思维和知识构型都吻合这一思路（图4–29）。如此相似，难道会是偶然？

易中天教授说《周易》是“讲世界宇宙的原理，从一个点出发，讲了一圈后，又回到这个起点，一切从头开始”[②]，这也是对东西方从古至今思维和知识发现、建构、重建、创建历程的形象概括。

莱布尼兹在他献给公爵的纪念章上刻写着：“从虚无创造万有，用一就够了。”[③]也就等于将万物置于0～1之间，万物万事万象也就化繁为简了。“我们试图逐步分析万事万物，把乍看之下很不相同的事物综合在一起，希望能够减少不同类事物的数目”[④]，乃至统一为一个系统的“1”。这便是近代、现当代科学的基本诉求。

钱锺书先生长达120万字的《管锥编》（中华书局，1990），是评点《周易正义》《毛诗正义》《左传正义》等十部典籍而成的札记类巨著。有人贬低其文体“缺乏系统性”。然而正如《管锥编》之“管锥”所寓，其所采取的是由“一点通

① 徐纪敏.科学美学思想史[M].长沙：湖南人民出版社，1987：95.

② 易中天.中国智慧[M].上海：上海文艺出版社，2011：11.

③ 韩雪涛.莱布尼兹、二进制与《周易》[J].三思科学（电子杂志），2003夏季合刊.

④ R. P. 费曼.费曼讲物理·入门[M].秦克诚，译.长沙：湖南科学技术出版社，2004：23.

及多学科”和由广博及简约的基本思路、方法，故成为中国文化宏大与简约辩证统一的典范，有“中国文化的百科式全书”之誉。

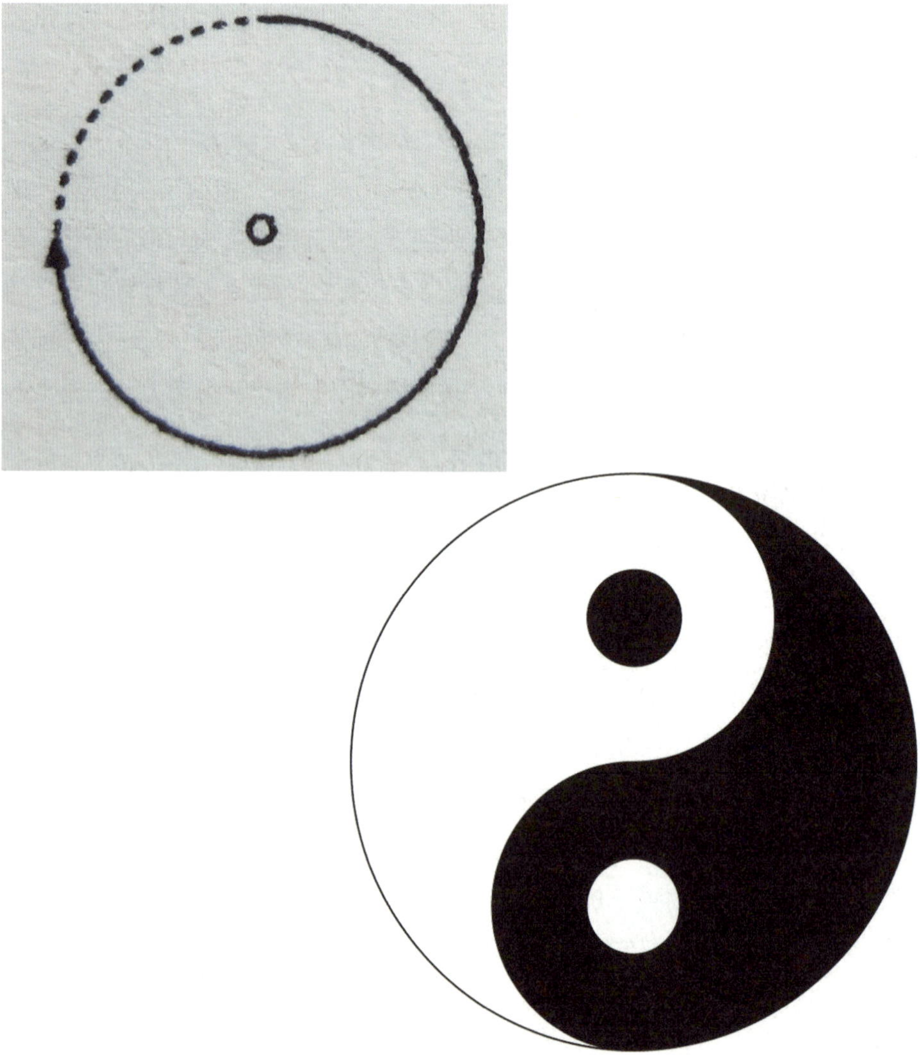

【图4-29】伊斯兰图案、易经太极图
（以一个视点统摄整体：东西方同构TVS）

白色最简，却是天下所有色彩的统一体，因此它可以分解出五彩缤纷的颜色。再复杂烦琐的事物，只要找到核心视点和各点之间的内在结构关系，那都能够简化，一目了然；再简约的知识，只要找到与其他知识点之间的内在联系，也都会呈现出它本有的琳琅满目的多样性。孔子问子贡：“汝以予为多学而识之者与?”子贡对曰:“然!非与?”孔子曰:“非也，予一以贯之。”钱学森说“多学而识之者”未必能“一以贯之”，而“一以贯之”者必是“多学而识之者”。

从一个点（视点）出发，逻辑地生发出或者建构一个有机的、开放的、包容无限的系统（结构），然后回归到这个视点，往复循环，交织推进，无限上升至宏观“1”，或无限沉入微观“多”，或无限逼近“0”，再无限上升到万物万事的宏大宇宙中等：这就是TVS哲学、思维、知识勾画的繁而简，博而约的世界图景!

4.6.4 金字塔与网络混合的知识构型

在本书阐释“系统知识的符号”（参见本书3.3.11）之时，已谈到“金字塔”和“网络结构”是表征知识系统的两大典型符号。本处，从知识构型角度谈知识体系金字塔和网络构型，肯定与知识符号高度相关，“视点”不同而已。

杨振宁先生对物理学科结构的表述足以代表现当代整个自然科学领域所有成熟学科的知识构型及建构过程（图4-30）:（1）从科学知识来源上看，这是典型地从实验抽象到数学及数学模型建构的自下而上的构型；（2）从科学知识的完整系统来看，这是从概念和概念构成定律的数学表达（模型）到实验到实践实证的自上而下的构型。

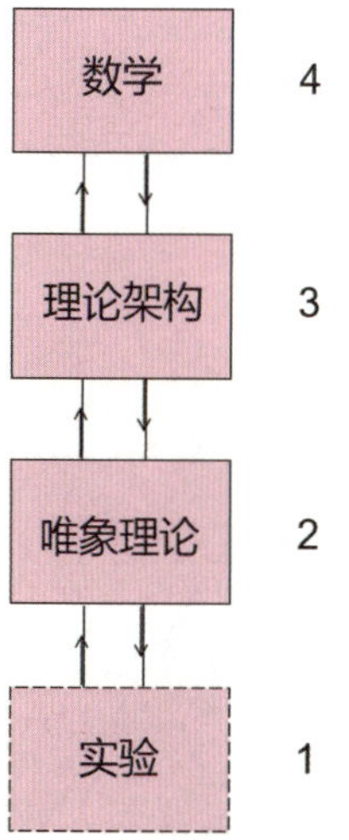

物理学的三个领域+数学化

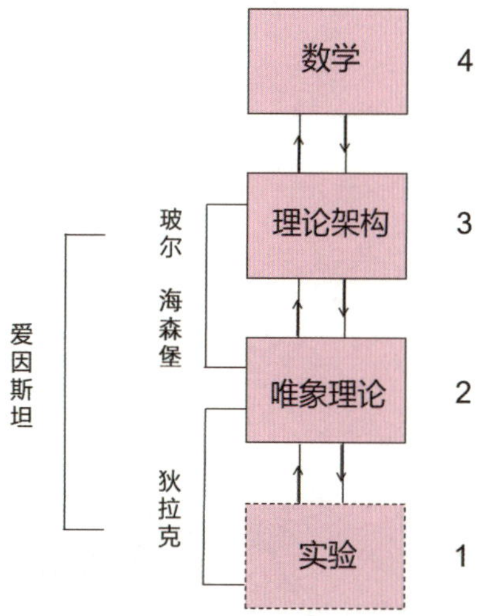

20世纪几位物理学家的研究领域

【图4-30】现当代科学（物理）知识构型与建构的基本过程①

① 杨建邺.物理学之美[M].北京:北京大学出版社,2011.

或者从现象到实验，再从中层层概括和提炼建构起科学概念、定律和知识体系。其中也包括了从现象观察和实验研究中概括得到唯象理论，对唯象理论进行概括得到宏观理论（图4-31）。当然，现象观察、唯象理论、理论架构都需要借助数学。

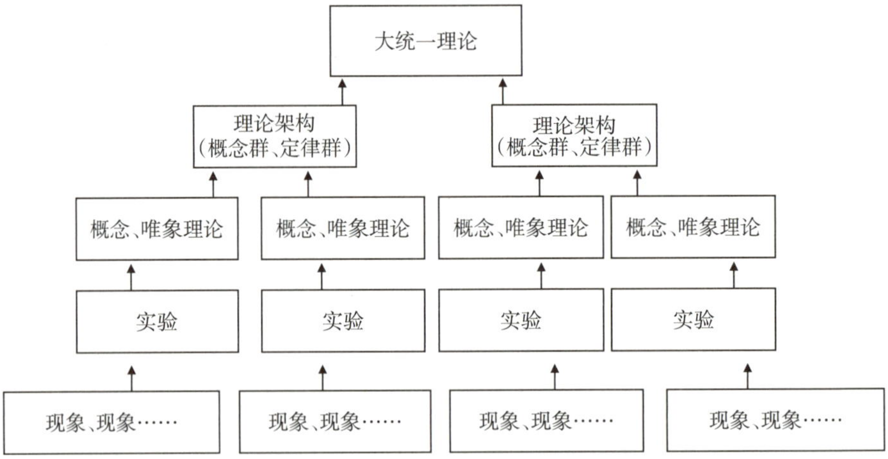

【图4-31】现当代科学知识构型及建构过程

或者说，任何成熟的科学理论系统或学科知识构型，都是一个相对完备的概念系统，以及由概念间关系构成的定律或定律群。这些概念和定律都是通过对大量现象的本质提炼或科学实验层层概括获得的（图4-32）。

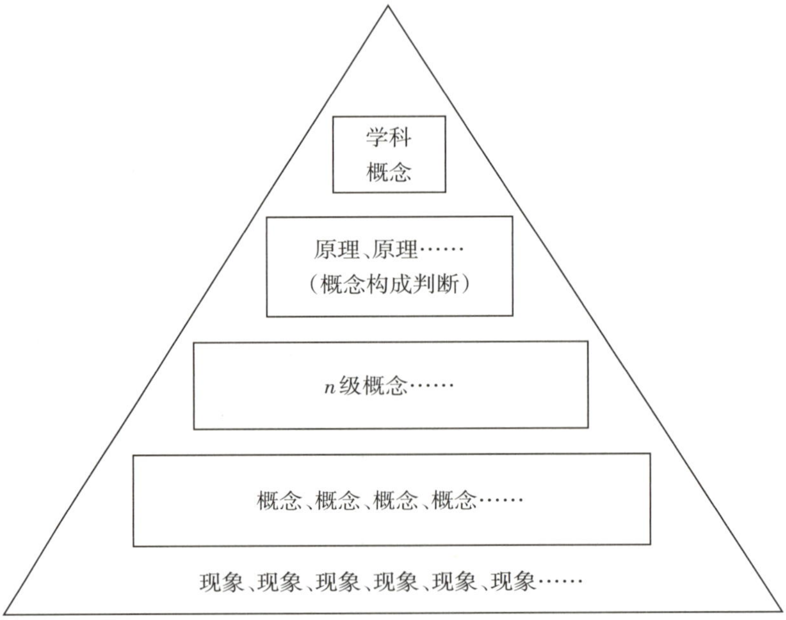

【图4-32】系统的科学知识金字塔

一个成熟的、系统的科学知识构型，换个方式看其实类似一个金字塔构型（图4-32）。塔尖是学科的整个“视点”，塔身及其内部逻辑联系是“结构”。当然，这个金字塔的内部“结构”，又是一个多元交织的网络结构。这种金字塔及网络的混合构型，也是现当代信息化、智能化背景下学校学科知识构成、课程内容构成及教学的基础。我们进入这个知识体系时，允许以不同视点进入，此时看上去会是无中心、无塔尖的知识形态。

当然，学校知识与教学，绝不是现有科学知识及构型的直接照搬，还要与学生的认知特点和规律相适应，对科学知识进行选择和重新组织。因此，学校学科知识或概念及概念间（定律）、概念和事实之间等，是如何再次重组和有机联系起来的，就成了学校知识课程与教学独特的基本问题（见本书系《TVS：视点结构教学》之第二部TVS《课程逻辑》）。

4.6.5 科学的“审美+”知识构型

任何时候，任何条件下，都不能将知识及其体系，看成生硬的颗粒和骨架。绝大多数人都认为，科学很严肃，很呆板，与艺术与审美无关，而把科学看成“不具个性的、冷冰冰的、纯客观的事业”，换句话说是缺乏生动性和美感的活动。“这当然是一派胡言”[①]，这是对科学的极大曲解。[②]且不论其他，就是科学知识体系的金字塔兼容网络构型本身，就是一种内在逻辑层次清晰美和外在形式对称、稳定、庄重美的统一。

从古希腊毕达哥拉斯开始，直到18世纪中期为止，人类都处在“自然科学和美学浑然一体的时期”，自然科学家们都是以美学标准如和谐、对称、节奏、多样、同一等，来看待自然和评价科学理论的。“自然现象可以引起人们的美感，对自然现象的探索也是一种审美实践活动”，而“科学家之所以致力于自然现象规律性探索，除了好奇心、事业心，为人类谋幸福等伦理的和心理的动因之外，的确还有一种科学美学的动因”，“宇宙的和谐就是众美之源”，“他们研究自然是为了从中得到乐趣。而他们能够得到乐趣，正是因为自然的美”，否则“就不值得”孜孜不倦毕生追求，而“科学家的生命也就不存在了”。[③]

① R. P. 费曼.费曼讲物理·入门[M].秦克诚，译.长沙：湖南科学技术出版社，2004.

② 赵伶俐.臻美思维实现求知与求美的一体化[J].人民教育，2015(15)：13-15.

③ 徐纪敏.科学美学思想史[M].长沙：湖南人民出版社，1987：87.

只是很遗憾，1750年，鲍姆嘉通提出“美学”概念，同时将美学定义为研究感性的学科，使“美学”正式从哲学中独立出来的同时，也把美学从理性、从自然科学中分化了出来。自此，美学便脱离了科学和理性的轨道。“18世纪以后发展起来的美学理论”，“把自然科学绝对地排斥在美学的大门之外”，“否定了自然科学的研究也是一种审美实践”①等，真是憾事。“18世纪以后的美学理论，由于拒绝从自然科学中引进恰当的观点和方法，所以只能在一个狭小的圈子里转。今天美学界有人提出用当代自然科学的观点和方法改造美学理论，确实是十分必要的。这正是当年亚里士多德所开创的道理。”②

从彭加勒、海森堡、爱因斯坦、狄拉克等起到今天的信息化、智能化，被认为“是自然科学与美学又趋于综合的阶段”，科学家们在各自的研究领域重新“发现了科学理论的审美价值”，但“至今这种科学美学复兴的呼声主要还只来自自然科学家方面，并没有得到美学界的反应。这一事实充分说明，自然科学与美学的分离确实已经太久了”③。当今，信息化、智能化的每一步进展，都与听觉艺术、视觉艺术、思维和行为艺术及其给人们带来的美感体验（用户体验）直接相关。但是，这些都还没有得到教育者们的有力响应。这与从事教育教学、美学、科学技术的人们缺乏相关知识，缺乏共同知识语言和关联性学术活动等直接相关。“正如马克思所说的，不懂得音乐的耳朵是无法理解音乐的。这些搞美学研究的人，完全不懂或基本上不懂自然科学，当然也就不能欣赏自然科学理论的美了”，自己不能欣赏自然科学的美岂能“断然否定它的美的存在”？“今天仍然坚持要把自然科学拒绝在美学的大门之外，是毫无道理的。”④

同理，自己不热爱、不透彻理解科学知识、技术发展，也无法欣赏科技之美，甚至还无法欣赏音乐、美术等艺术的教师们，拒绝在教学中还科学之美以本来面目，也是“毫无道理”的。

今天的学校将“审美+”信息化、智能化等高科技手段+高美感教学拒绝在课堂门外，更是毫无道理的。“能让我们接近一种更高尚的生活并对这种生活抱有希望的，只有科学和艺术”（贝多芬），科学+审美的知识、课程及教学构型，是TVS哲学和教学内涵的品质与希望。

① 徐纪敏.科学美学思想史[M].长沙：湖南人民出版社，1987：87.

② 徐纪敏.科学美学思想史[M].长沙：湖南人民出版社，1987：79.

③ 徐纪敏.科学美学思想史[M].长沙：湖南人民出版社，1987：12-13.

④ 徐纪敏.科学美学思想史[M].长沙：湖南人民出版社，1987：13.

4.7 现当代中国学者的智慧：中西兼容的视点

4.7.1 马一浮：以“人心”为视点统整中西文化

国学大师马一浮先生（1883—1967），与梁漱溟、熊十力三人，被誉为中国“现代三圣”。他精通中国哲学与文化艺术，在文字、书法、诗歌、古典文学等方面都深有造诣，对儒释道三者的通释达到了“圆融无碍”之境地。他多次留学和考察西欧，通法、英、德、日、俄、拉等六种外语和西方文化，是将马克思的《资本论》引入中国的第一人（图4-33），旨在唤醒和振兴中华民族。1904年3月17日，他在病中写道：“今天下午我得到英译本马格士（马克思）《资本论》一册，此书求之半年矣，今始得之，大快，大快，胜服仙药十剂，予病若失矣！”

【图4-33】马一浮：学贯中西，是将马克思《资本论》引入中国的第一人；并以“人心”为视点，建立了“六艺摄于一心”的中西文化兼容理论

马一浮以“人心”（人性）这个概念为视点，一以贯之地论证了中国文化知识与西方文化知识的内在联系。在代表作《泰和宜山会语》[①]中他言：“国学就是六艺之学”；“一切道术皆统摄于六艺”，而“六艺统摄于一心，即一心之全体大用也”。这与北宋邵雍的“心为太极”（《心学》）相呼应。他阐释道：人心（人性）不仅贯穿六艺，统摄中国文化，也统摄了西方文化。西方文化不外真、善、美，也都包含于六艺之中，如“诗书是至善，礼乐是至美，易春秋是至真”，而西方所言的“自然科学可统于易，社会科学（或人文科学）可统于春秋”，“文学艺术统于诗乐，政治法律经济统于书礼”等。总之，世上“无有一事一理能出于六艺之外者”，“世界人类一切文化最后之归宿，必归于六艺”，而“六艺统摄于一心”。这是典型的中西方知识构型统一的TVS理论。

马一浮先生所持的中西文化“内外本末只是一贯”，以及明确将《易经》归于自然科学范畴的深刻见解，表明他的“国学”非一般国学，他为“国学大师”非一般国学大师。他是透解中西文化，并致力于以中国传统文化知识为视点，统摄西方知识，建构人类知识共同体的伟大思想家和开创者之一。

4.7.2 李宗吾：以“心力”为视点贯通东西

李宗吾（1879—1943），除了他为大众所知的《厚黑学全集》[②]以外，还著有一本少有人知的《心理与力学》[③]。他研究和借用西方自然科学力学，将“力”这个概念及其力学定律迁移至研究中国社会人心的心理学中，提出了“心力”这个概念，并以“心力”为视点，建立了中西贯通的学问体系。他以跨学科、跨文化方式，明确提出并阐释了“心理依力学规律变化”的假设，认定物理定律、社会定律、心理定律的相通性；还大胆提出了“性灵由磁电转变而来”这一假设（他称“臆说”。杜威在《我们怎样思维》中也称假设为“臆说”）。他认为：“有了这两个臆说，纷纷纭纭之事物，就有轨道可循；而世界纷歧之学说，可汇归为一，中、西、印三方学说，亦可汇归为一。”[④]当时的四川大学理学院教授江超西为此书作“序”，其言“将心理与力学贯通为一”的目的在于使“东西学术，遂融合无间，谓非学术上之大发明，不可得已”[⑤]。

① 马一浮.泰和宜山会语[M].沈阳：辽宁教育出版社，1998.
② 李宗吾.厚黑学全集[M].北京：中国城市出版社，2010.
③ 李宗吾.心理与力学[M].北京：中国档案出版社，2006.
④ 李宗吾.心理与力学[M].北京：中国档案出版社，2006：15.
⑤ 李宗吾.心理与力学[M].北京：中国档案出版社，2006：序.

值得庆幸的是，“性灵由磁电转变而来”这一伟大假设，有科学家用量子理论和有关实验以求证明。1900年，美国医生MacDouga，用只有万分之一误差的电子天平秤，来称人濒死前后的体重，发现当心脏跳动最后一下，脑电波停止时，人的体重就突然变轻，少了21克。测试6个垂死病例，结果相同。但用猴子和狗做同样实验，体重丝毫没减。于是他认为减少的那21克或许就是人的灵魂的重量。[①]后有科学家采用“激光粒度测试仪”来测试人濒死期的机体现象，看到了类似电磁波的一束蓝色旋转的光体离开机体，称为“灵魂出窍”。20世纪中期，科学家提出了所谓“人的灵魂”属于“量子信息”或“量子物质”（quantum substances）的假设。1996年，美国物理学家哈梅罗夫博士与牛津大学心理学教授罗杰·彭罗斯，认为人类的大脑实际上就是一个生物量子电脑，可对生命信息进行记录、储存、转移、发送和存档，人类的意识或灵魂就被包裹在这被称为微管细胞的脑结构中。濒死体验就是一种大脑微管量子引力效应，当量子计算机的程序开始失灵，到心脏停止跳动，血液停止流动，微管就失去了它们的量子态。2001年6月20日，英国的山姆医生应邀在休斯敦莱斯大学做了《濒死体验：透视脑死亡还是透视一门新的意识科学?》的报告。他是世界上第一个用可重复科学实验证明“灵魂”即意识存在，且相对自己的肉体生命有可能独立存在的人。他在100多个病人中，发现有7个被抢救过来的有“濒死体验”的病人能说出自己“灵魂”离体时看到的景象。“灵魂”并非虚无缥缈的想象，而可能就是生命的另一种存在形式（电磁波或量子粒子波）。濒死时或死亡后，量子灵魂就失去了有机生命的“物质载体”，无法再与现世见面、互动和沟通信息，这便是“阴阳两隔”；量子遵从物质不灭定律，所以人的灵魂可以离开肉体，但永远不死不灭；所有量子现象，几乎都是电磁波现象，所以灵魂或性灵就是电磁波。

可见，李宗吾的“灵性由磁电转变而来”的“臆说”，是有合理依据的科学推理的产物，是中国社会学者将中西方知识深度融合而提出的有较高科学价值的假设和跨学科跨文化的创新知识，充分展示了中国学者“汇归为一”的中国智慧。

李宗吾以“我”的“心力”为视点，以万有引力定律为主线，构建反映社会关系、人心与人心的引力和反引力、聚焦与辐射社会人道人性的知识系统，指出：“宇宙之内，由离心向心两力相互作用，才生出万有不齐之事事物物。表面上看，似乎参差错乱，其实有一定不移之轨道。人与物，造物是用一种大力，同样鼓铸之，故人事与物理相通。离心力与向心力，二者互相为变，所以世上有许多

① 埃本·亚历山大.天堂的证据[M].谢仲伟，译.南昌：百花洲文艺出版社，2013：译者序.

事，我们强之使合，他反转相离，有时纵之使离，他又自行结合了。”[①]他还指出：“儒家最重要的，是《大学》、《中庸》二书，《中庸》‘放之则弥六合’，是层层放大，‘卷之则退藏于密’，是层层缩小，具备了发散与收缩两种现象；《大学》亦然。”[②]他进一步做了十数个以力学原理为依据，以多层面或多角度概念做视点，而建构的中国传统文化之于种种人心之间的“视点↔点”圆形模式图。例如，以“我”为视点（图4-34）和以“心力”之聚焦点“意”为视点（图4-35）做的图示，直观一看，都是典型的“视点↔点”圆形模式。

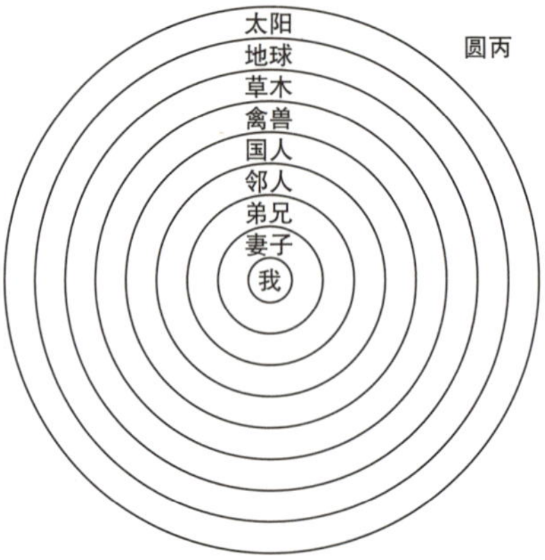

【图4-34】李宗吾以“我”为视点，辐射构建社会关系的知识体系[③]

【图4-35】李宗吾以“意”（“心力”的聚焦点）为视点，
辐射构建的个人与社会关系结构模式[④]

牛顿的万有引力定律让几乎所有学生都知道“凡是有形有体之物，都要受引力的吸引”。然而这还不够透彻，因为牛顿并没有揭示为什么万物皆有引力。“到爱因

① 李宗吾.心理与力学[M].北京：中国档案出版社，2006：73.

② 李宗吾.心理与力学[M].北京：中国档案出版社，2006：156.

③ 李宗吾.心理与力学[M].北京：中国档案出版社，2006：44.

④ 李宗吾.心理与力学[M].北京：中国档案出版社，2006：157.

斯坦出来，发明相对论，把牛顿之说扩大之”，解释道：“太空中的星球发出的光线，经过其他星球，也要受其吸引，由于天空中众星球互相吸引之故，于是以直线进行之光线，就变成弯弯曲曲的形状”，“我们研究心理学，何妨把爱因斯坦之说再扩大之，说‘我们的心中，也有一种引力，能把耳闻目睹、无形无体之物，吸引来成为一个心。心之构成，与地球之构成相似。’我们这样的设想，即牛顿的三例和爱因斯坦的相对论，就可适用到心理学方面，而人事上一切变化，就可本力学规例去考察他了”，他因此界定“通常所称的心，是由于一种力，经过五官出去，把外边的事物牵引进来，集合而成的”①。

他除了将人与人之间的关系类比为引力、斥力外，还类比为电磁力②，因此就有了以知情合一的“意”为视点的学说，及其以视点“意”为逻辑线索构建的人与人之间的心理关系结构模式（图4-35）。电磁是一种力。我们人体，是电子集合而成，心是电磁现象。身心本是一物，所以身心皆“不能逃脱磁电学的规律，不能逃脱力学的规律”。“心理的现象，与磁电的现象是很相似的”，“人的心，分知、情、意三者，意是知与情合并而成，其元素只有知、情二者。磁电同性相推，异性相引，其相推相引，有似吾人之理。”③

他由引力和电磁力，进一步引出向心和离心二力：“人事千变万化，都是由离心向心二力生出来的”，而“一部《易经》和老子《道德经》，俱是发明此理，所谓物极必反也。所以宇宙间事事物物，都是正负二力，互为消长。此古人治国，以有一张一弛之说也”④，如庄子说“天地与我并生，万物与我为一”⑤。

于是，西方科学与中国哲学便自然融为一体了，是典型的“视点↔点”构型，顺理成章，没有任何牵强附会。

4.7.3 民族知识与人类知识：继承与重构

郑永年的《中国的知识重建》，是近几年中国学界比较畅销的一本著述。他认为“知识体系是任何一个文明的核心，没有这个核心，任何文明就很难在世界上生存和发展”⑥，那么这个“任何文明”，也就当然既包括各个国家与民族的文

① 李宗吾.心理与力学[M].北京：中国档案出版社，2006：4.
② 李宗吾.心理与力学[M].北京：中国档案出版社，2006：7.
③ 李宗吾.心理与力学[M].北京：中国档案出版社，2006：7.
④ 李宗吾.心理与力学[M].北京：中国档案出版社，2006：110-111.
⑤ 李宗吾.心理与力学[M].北京：中国档案出版社，2006：9.
⑥ 郑永年.中国的知识重建[M].北京：东方出版社，2018：前言.

明，也当然包括全人类的文明，以及全人类在各个历史进程中的文明。毫无疑问，所有这些整合或人类文明文化的核心，那就一定是有机整合起来形成的没有逻辑违和感的相对稳定的知识体系，也是人类共同认定且相对稳定的认知方法、思维方法、价值观念等的体现。

反映了人类共有知识内核的各种不同知识、认知与思维方式、情感价值体系之间逻辑关联的知识体系，才是全人类文明最为重要的核心力量。然而只有共性没有个性的知识体系又是单调、生硬、缺乏活力的；只有个性没有共性的知识是散乱的，不能成为人类共同的知识体系。

因此，所有人类“伟大时代的伟大实践需要人们来解释，来提升，来概念化和理论化”①，而这种概念化、理论化的趋势，会沿着两大方向演进。一个方向是，越来越体现出人类共同的知识，如概念、定律、知识构型，以及认知方法、思维方法乃至价值观（宇宙观、知识观、人生观）；另一个方向是，越来越固执地保持着人类每个群体所拥有的知识个性，乃至独特的认识方式、思维方式和价值观念，人类和民族也就会越来越隔离，各自为政，或分道扬镳。当代中国政府提出了“人类命运共同体”②这个概念和理想，知识体的共建，是共性包容个性，个性依存共性，交织演进，互为补充和支撑的一个重大策略。

如前所述，各种文化的不同知识构型，彰显着共同的“视点↔点”内核，共性与个性一目了然。共性就是最高抽象的那个共同概念或共同视点。不管是什么人，不管是什么民族、什么国度，都无一例外会追求“幸福”和追求“美”。因

① 郑永年.中国的知识重建[M].北京：东方出版社，2018：前言.

②“人类命运共同体”是21世纪中国政府针对全球政治、经济、军事的紧张局势，主张世界各国协同治理而提出和反复使用的一个关于人类社会建设的重要概念，且毫无疑问会涉及人类人文社会科学知识的重建问题。其指出，各国要在追求本国利益时兼顾他国合理关切，在谋求本国发展中促进各国共同发展。人类只有一个地球，各国共处一个世界。当前国际形势基本特点是世界多极化、经济全球化、文化多样化和社会信息化，粮食安全、资源短缺、气候变化、网络攻击、人口爆炸、环境污染、疾病流行、跨国犯罪等全球非传统安全问题层出不穷，对国际秩序和人类生存构成了严峻挑战。不论人们身处何国、信仰何如、是否愿意，实际上已经处在一个命运共同体中。2011年《中国的和平发展》白皮书中提出，要以“命运共同体”的新视角，寻求人类共同利益和共同价值的新内涵。2013年习近平就任中共总书记后首次会见外国人士就表示，国际社会日益成为一个你中有我、我中有你的“命运共同体”，面对世界经济的复杂形势和全球性问题，任何国家都不可能独善其身。2018年3月11日，第十三届全国人民代表大会第一次会议通过的宪法修正案，将宪法序言第十二自然段中“发展同各国的外交关系和经济、文化的交流”修改为“发展面向各国的外交关系和经济、文化交流，推动构建人类命运共同体”。之后，“人类命运共同体”入选中国2018年十大流行语。与此同时，一种以应对人类共同挑战为目的的全球价值观已开始形成，并逐步获得国际共识。

此，人类各个不同传统、习俗、语言的民族的共同视点就是“幸福”或“美”。“多样统一”在任何多元的人类现象中，都是至高的美学定律，乃至宇宙规律、科学规律和社会规律，是不懈追求的和谐至美境界。此为“人类命运共同体”，即人类知识共同体、人类思维共同体，人类认知、情感、愿望和行为的共同本质。在这个大前提下，所有的个性便拥有了独特的逻辑地位和色彩。

郑永年针对当代中国知识生产、知识创新或知识附加值的“短缺”，提出了“中国的知识重建”这一命题，认为中国儒家或者道家传统文化（国学），都没有形成自己的知识体系，所以在世界上缺乏“话语权”。当今的重要任务，是要建立中国自己的知识体系与话语权。[①]这是一种爱国的说法，但有些偏执。如果根据这位作者的说法，中国缺乏支撑自己科技、社会和文明发展的核心知识体系，这是一个事实的话，那也不是“创建出基于中国经验之上的中国社会科学体系”[②]就可以解决的问题。

人类和一个民族的“知识体系”显然都绝对不能排除自然科学知识体系的支持，而自然科学知识恰恰具有高度的人类共性，因为“自然”及其自然规律不会因为民族传统和文体化不同而不同。只有社会科学没有自然科学的知识体系，一定是十分乏力的。众所周知，马克思主义提出的社会主义和共产主义社会的主张及其知识体系，就是建立在当时的数学、生物细胞科学等自然科学成果之上的，所以，它才是全世界信仰者认同和值得信仰的社会科学知识体系。

因此，仅仅立足于争取中国话语权的“中国的知识重建”，仅仅指向社会科学知识体系而重建“中国的知识体系”的说法，至少是不周全的，还有自己将“中国知识”排除在人类知识体系之外、将自然科学知识排除在“中国知识”之外的危险。

“知识创新”是近些年很热门的一个词，也是一个比较模糊和笼统的概念。字面上讲，知识创新就是创造新知识。然而，这并不完全符合人类知识进步的历程。人类知识，尤其是那些最为基础的知识（学校教育教学中必须传授给学生，学生必须牢牢掌握并能够应用的人类共有的知识），是历经漫长积累，概括、提炼的智慧成果，特别是好多科学知识都有了基本稳定的内涵、外延和结构，且迄今在各个学科都有较高的使用率，例如微积分、能量、生命体、社会制度等，这些是需要全人类共同保护和继承的知识。在这个意义上，所谓知识创新，恰恰不是

① 郑永年.中国的知识重建[M].北京：东方出版社，2018.

② 郑永年.中国的知识重建[M].北京：东方出版社，2018：前言.

完全求新，而是在继承基础上，发现新知，或对新旧知识关系进行重建。梳理和继承人类共同的、稳定的基本知识，同时添加新的认知成果、新的知识，两者交融，重建一种新旧融合、共性与个性融合的新的知识体系，才是当今学者们的神圣使命，也是学校教育教学及课程编制者严肃而神圣的使命。

与其特别强调说“中国的知识重建”，还不如说中国学者应该积极参与国际合作，致力于“人类知识重构”，在将中国知识精华与人类知识有机整合的过程中，做出中国人独特的重要贡献。

在这个角度上来审视中国科幻电影《流浪地球》（图4-36），其主题在于拯救地球，不是为了拯救上海、拯救中国，而是为了拯救和保护人类共同的文明，当地球将要毁灭之时，中国人带上人类所有经典知识，与地球一起去太空流浪。这一主题故事和壮丽的影视语言，向全世界宣布，中国人将引领人类“带上地球文明史上人类的全部知识”，“带着地球去流浪”，去太阳系以外寻找新的家园，彰显了中国人在人类文明和知识面前的包容大量、宽广无私的人文情怀，西方科学理性逻辑和东方人整体思维相交融的伟大想象力，以及中国人以自己的宇宙观、知识观和方法论，积极参与人类知识继承和重建的信念与智慧。

4.8 TVS 哲学再认

古今中外的宗教、科学、艺术、哲学和其他更多学科知识领域，都是基于宇宙客观世界“点↔点”模式和人类自身的认知方式与思维的“视点↔点”模式而交织建构起来的，这就是人类共有知识观的普遍性和TVS哲学构成的两大基础定律。

人类的知识、西方的知识、东方的知识、中国的知识等，都值得尊重。整合所有这些知识及其知识体系中的合理内核，发现其共同性，重构人类的知识体系和话语体系，是当代人类哲学、科学、教育、教学的重要任务。

TVS知识构型，就是基于人类知识共同体的立意而提出的，是人类各种有代表性的知识体系中内隐的共性或共同的知识构型。将这一内隐的共同构型挖掘出来、彰显出来，实现人类关于宇宙观、知识观、认识论、学校知识、学校课程、学校教学的合理继承与重构是TVS哲学的一大目标。

《流浪地球》小说作者刘慈欣

《流浪地球》电影主演吴京

《流浪地球》电影：荒凉、废弃、停摆的地球（中国上海场景）

《流浪地球》电影：脱轨的地球经过大质量的木星，被木星引力拖行

【图4-36】《流浪地球》：中国人带着人类知识与地球一起去太空流浪，积极参与人类知识的继承与重建①

①《流浪地球》这部定位为2019年2月“春节档”的影片，拍摄时并不被看好，投资人中途撤资，开播首日排名靠后。春节档期快结束时，票房排名榜首，2月底票房过41个亿，3月全国高校开学，各地影院又迎来了新的高潮，大小电影院座无虚席。这一当代中国影响空前的科幻电影，引起了国人乃至一些国际观影者对中国科幻电影和大制作的讨论与赞叹。然而，《流浪地球》更深层的价值还在于它的人类知识观和中国人参与人类知识，包括宇宙宏观和量子微观知识的继承与重建的勇气与智慧。

2011年4月12日，本书作者在所就职的西南大学主持召开了“2011科学教育和人文教育国际（中瑞）研讨会”（图4-37），并在开幕式上做了主题发言，表达了我们愿与世界共享共建人类知识新体系的愿望。特以这一主题发言作为本章的结束语。

在“2011科学教育和人文教育国际（中瑞）研讨会”开幕式上的主题报告
“为了人类科学精神与人文精神的协调发展”

来自瑞典的专家们、国内的专家们和所有在座的老师同学们，上午好！

瑞典是世界著名科学家诺贝尔（Alfred Bernhard Nobel,1833—1896）的祖国，至今每年诺贝尔奖的颁奖仪式都在那里举行，因此瑞典也是世界科学前沿信息的发布中心。去年（2010年）9月我受邀到瑞典于默奥大学进行学术交流，并怀着崇敬的心情参观了在斯德哥尔摩的诺贝尔奖颁奖大厅（图4-38），更深刻感受到一位学者追求真理的神圣使命感和责任感。在诺贝尔奖颁奖晚会宽阔的音乐舞厅，那充满阿拉伯风情的辉煌壁画艺术令我震撼，我也深刻感受到瑞典人民奇异的艺术创造力、博大包容的人文情怀和灿烂的人文之美。

我们中国也有科学与人文结合的传统，3000多年前的一本奇书《易经》就是典型代表（赵伶俐，《〈易经〉：人类科学思维和审美思维方式的精典阐释》，1999）。这本奇书将世界万物看成一个统一体，称为太极，由这个1生出2，即一阴一阳两个因素，再生出4、8、16、32、64等，称为4卦、8卦、16卦、32卦、64卦等。这种2的n次幂的数理逻辑，受到了17世纪德国数学大师莱布尼兹的高度赞赏，认为与他发明的二进制原理（1679年）几乎吻合。二进制成了现当代计算机数据和运算系统建构与运行的基础。另一方面，《易经》的每一卦还都配有卦画，用以形象表述（比喻、象征）所包含的社会人生道理，这种形象思维被中国数千年文化传承下来，表现为艺术、社会、生活等领域的独特理论与智慧，并深刻影响了整个东方文明。《易经》本有的科学人文“一以贯之”的精髓，似乎被东西方割裂地继承了，西方发现和发扬了其科学和数学思维，而东方更侧重继承了其人文和美学思维。这无疑是人类文明史上一大喜悲参半的事件。

今天我们有机会聚集到一起，就科学教育与人文教育结合的主题进行学术讨论；2007年12月，国内十几门学科约30位学者也曾聚集在这里，研讨类似问题；近些年国内国际类似主题的学术研讨会也连连召开（图4-39，图4-40）；借本次会议之机我们还将商讨筹备成立“中国自然辩证法学会科学与艺术研究会”等。所有这些努力本身就表明我们对人类自身文化、自身发展和自身教育重新审视的兴趣，对科学教育和人文教育携手回归为有机统一体的期待。

所以，今天召开的这个小型精致的国际会议，其意义重大且影响深远。

谢谢大家！

赵伶俐

【中国·西南大学教育学部·高等教育研究所·美育研究中心（现美育研究院）】

2011年4月12日

【图4-37】中央教科所前所长朱小蔓教授与瑞典学者联袂主持在西南大学召开的“2011科学教育和人文教育国际（中瑞）研讨会”

【图4-38】本书作者在瑞典于默奥大学交流后，
参观瑞典斯德哥尔摩诺贝尔奖颁奖大厅和举办晚会的音乐舞厅（2010）

【图4-39】2004年11月，本书作者在美国参加全球整合教育国际研讨会，
与美国后现代哲学代表柯布教授在一起

【图4-40】2016年底，本书作者在加拿大拉瓦尔大学举行“跨界思维与跨界教学”讲座的广告

第五章 万物同构与人类视点：TVS 哲学定律

建立哲学的正确方法是构成一套思想的框架，然后坚定不移地探求用那套框架来解释经验……所有起构造作用的思想都受某种这样的框架支配，即使没有被认识到，也并不减少它在指导想象方面的影响力。

——【英】怀特海

科学是我们致力于回答一个包容了所有其他问题的重大哲学问题，即我们是谁这一整体中的一部分。我们的任务不是去发现一些别人还没有发现的东西，而是针对所有人都看见的东西做一些从未有过的思考。

——【奥】薛定谔

从科学到美学到哲学到教学，一以贯之的逻辑与乐趣，就在对“包容了所有其他问题的重大哲学的问题”，即宇宙万物定律和思想方法的探索与传播。

——本书作者

本章概述：哲学是由自然、社会、人文等多领域学科知识提炼而成的，普适的宇宙观、世界观、知识观、人生观、价值观和方法论。哲学定律是对多领域科学定律的提炼整合。有些单学科定律因为有高度跨学科普适性，也可以直接提升为哲学定律。“点↔点”相互作用是多领域、多学科共同揭示的万物相互联系的基本模式，这便构成了TVS哲学的第一大基本定律“万物同构律”；而迄今为止的所谓宇宙万物及其相互作用的基本模式，都是从人类“视点”观测、推理得到的认知成果或知识和知识构型。这一普适性的“视点↔点”认知模式和知识建构体，也就构成了TVS哲学的第二大基本定律“视点结构律”。因为“万物同构律”最终以“视点结构律”表达出来，所以“视点结构律”才是TVS哲学最核心的定律。两大基本定律依存交织派生出TVS哲学的六大方法定律和四大动力定律。TVS哲学共计十二大定律，适用于所有自然、社会、人文学科及实践领域，以培养全面、个性和创造性发展的智者为宗旨的基础教育，培养具有高深专业知识的高级专门人才的高等教育，各级各类学校教学，更不例外。万物同道，教学同理。

关键词：自然定律、哲学定律、TVS哲学、TVS系统论、TVS哲学定律、万物同构律、视点结构律、聚焦建构律、细节系统律、分合同体律、形象抽象律、臻美完型律、原型创新律、互动相生律、动态平衡律、节奏循环律、美感源动律、广谱性、万物同道、教学同理。

问题：万物·认知·教学：三体何以相融？

相对于广袤、浩瀚、无垠的宇宙万物客观世界，人类认知和所获知识只是一片汪洋，学校知识则仅仅是汪洋中的一叶扁舟。要将这体量无比大和无比小的“三体”（刘慈欣笔下的“三体”，指宇宙中的三大星体）融为一体，或者要用一叶扁舟渡过汪洋，去到那广袤、浩瀚、无边无际的宇宙时空场中去漫步，或者跳一场欢快的踢踏舞，或者荡一支优雅的华尔兹，或者面对“三体”复杂的相互作用与“事件”（怀特海有机哲学、过程哲学），作为人，作为学者，作为教师，作为学生的你，是否想过要去探索、去发现这些“事件”背后隐藏的定律、捷径或者妙招？

5.1 自然定律、科学定律、哲学定律

5.1.1 天问：诗、宗教、科学、哲学

宇宙及其万物，为什么如此这般构成？这个问题，令古今中外多少学者着迷。

中国古代最伟大的浪漫主义诗人屈原（约前340—前278）（图5-1），以四字句构成的长诗《天问》（收于西汉《楚辞》），开篇即问：“遂古之初，谁传道之？上下未形，何由考之？冥昭瞢闇（méng àn），谁能极之？冯翼惟像，何以识之？”一位2000多年前的诗人，就能够对宇宙万物何来、何形、何去、何识等发出如此深刻的提问，继而还一口气对苍天、对大地、对自然、对社会、对历史、对人生，甚至对女子体态如何丰腴等，足足提出了173个问题。驰骋天地之间，囊括系统究于细节，堪称“千古万古至奇之作”，令人惊叹不已。然而，要回答这些问题，却不是一首长诗所能为的。

宗教试图回答这些问题。东西方古老的宗教及各宗教学派代表人物，各以不同视点，来解释宇宙万事万物构成之“自然之道”、人类“社会之道”或“神明之道”，正误交织，难分伯仲（参见本书4.1，4.2，4.3）。

科学立志来回答这些问题。16世纪近代实证科学的兴起，17、18、19世纪科学的高歌猛进，以大量实证成果证明了自然秩序、自然定律毋庸置疑的存在，迫

【图5-1】屈原在其《天问》中向苍天提出173个问题

使宗教不得不将解答“天问”的权杖一点一点交给了科学。丹麦天文学家第谷（Tycho Brahe，1546—1601）（图5-2），是用肉眼就能精确观测天体运动的奇才，他获得了比之前哥白尼数据精准50倍的天文数据，当之无愧成为近代天文学的奠基人。他的助手德国天文学家开普勒（Johannes Kepler，1571—1630）（图5-2），对这些数据加以精确整理，提炼得到行星运动的三大定律。牛顿在此基础上提出了万有引力定律和三大力学定律，或叫三大运动定律。20世纪的现代科学，进一步以相对论、量子力学和生命遗传基因DNA的发现，证明了宏观和微观世界、无机和有机世界的自然秩序，反复证明了不以人们意志为转移的自然秩序就是客观存在的定律，也证明了只有科学实证才是最逼近宇宙万物真相的人类认知活动。

科学知识从此被认为是人类迄今为止解释宇宙万物景象及其秩序、定律或规律最具权威性的知识。也因此，现当代人类学校都以科学知识为基础和主流知识，并将其设立为学校的主干课程。

爱因斯坦曾深刻而深情地说：“在我们之外，有一个独立于我们人类而存在的

【图5-2】丹麦天文学家第谷和他的助手德国天文学家开普勒

巨大的世界，对于人类而言，它就像一个伟大的永恒之谜，我们通过观察和思考只能部分地抵达它……在我们力所能及的范围里，用思维去把握这个外在于人的世界，总是有意无意地成了我心中的最高目标……通往这个天堂的道路，并不像通向宗教天堂的道路那样舒适和迷人，但是，事实证明它是可以信赖的，我也从未后悔自己选择了它。”[①] 这一表述，代表了所有自然科学家，一切学科领域包括教育教学领域的所有学者，探索和传授万物奥秘的积极科学态度和信仰。

哲学是“关于世界观的学说”，即“人们对于整个世界（自然、社会和思维）的根本观点的体系”[②]，“是关于自然知识和社会知识的概括和总结”[③]，更是一种

① 阿尔伯特·爱因斯坦.相对论[M].易洪波，李智谋，编译.重庆：重庆出版社，2009:2.

② 辞海编辑委员会.辞海·哲学分册[M].上海：上海辞书出版社，1980:49.

③ 毛泽东.毛泽东选集（第3卷）[M].北京：民族出版社，1957:773-774.

认识宇宙世界万事万物共同秩序、结构和规律的思维方式，是“以最一般的概念范畴形式反映自然界、社会和人类认知、思维活动”[①]和“对客观世界与主观世界作出原则性解释的抽象理论思维模式”[②]。因此，任何成熟的“哲学”都必须持有明确的宇宙观、世界观、知识观、方法论，而宇宙观或世界观则是基础。世界观“亦称宇宙观，是人们对于整个世界的看法”[③]。换句话说，哲学就是一种透视宇宙万物基本构成秩序和规律的观点或视点，及透过这一视点构建的解释宇宙万事万物的逻辑图像和知识体系（构型、结构）。

凡有说服力的哲学，都必有坚实的科学基础。杰出的哲学家，都有深广的科学知识背景；好多杰出的科学家，也都是哲学家[④]，或者说正因为他们感兴趣的是宇宙万物的存在，包括人类存在的根本哲学问题，所以他们才成了伟大的科学家。虽然“哲学反映的对象是包罗一切的”，是“原则性的”，所以“不能代替科学解释”和“具体解释”[⑤]，但是科学所揭示的世界万物的各种本质和定律则可以帮助哲学概括提炼出万物定律，成为哲学的向导，因此，“最终哲学和科学如胶似漆地纠缠在一起，科学又与自然秩序如胶似漆地纠缠在一起”[⑥]。于是，广谱的哲学，根基就在多门科学对宇宙自然秩序的解释，就在自然本身。所谓“人法地，地法天，天法道，道法自然”（《道德经》）也。

亚里士多德著名的哲学著作《形而上学》中，多处讨论了“一与是”“一与多”“原理”作为对事物极因（最根本因素，或本性、本一）阐释的最高级学术（“一”）与其他专门学术（“多”）之间的派生关系（结构），也可以看到TVS逻辑在西方哲学、思维和知识体系中惯有的传统。

最难解而又是最需要研究的真理还在“是与一”是否即事物的本体，是否各极其本，一为一，是为是，而并无别义，抑或“一与是”另外涵有其他相依的性质……柏拉图与毕达哥拉斯学派认为“是与一”并无别义，这就是它们的本性，

① 田运.思维辞典[M].杭州：浙江教育出版社，1996：504.

② 田运.思维辞典[M].杭州：浙江教育出版社，1996：504.

③ 辞海编辑委员会.辞海·哲学分册[M].上海：上海辞书出版社，1980：49.

④ 杨建邺.物理学之美[M].北京：北京大学出版社，2011.

⑤ 田运.思维辞典[M].杭州：浙江教育出版社，1996：504.

⑥ 约瑟夫·埃格尔.爱因斯坦的小提琴——一位指挥家看音乐、物理和社会变革[M].王祖哲，译.长沙：湖南科学技术出版社，2010：125.

它们就只是“是与一”而已……（问题只是）一是什么？自然哲学家……恩培多克勒……他答复说一是友（爱）：一切事物只是为了友（爱）的原因才合成为一。其他的人（注：希巴索与赫拉克利特）又说一切事物所由以组成的这个“一与是”为火。另有些人（注：阿那克西米与第欧根尼）说是气。还有那些人说明元素不止一种；这些人的观点仍还相似，亦即说“一与是”恰真与他们所说的诸原理相符…… 一切事物只能是“一”或“多”，而“多”却是积“一”所成（不是“非一”）。

…………

一事物被称为“是”，含义甚多，但所有“正是”就关涉到一个中心点，一个确定的事物，这所谓“是”全不模糊……这样，一事物在许多含义上统是关涉着一个原理（起点）；有些事物被称为“是”者，因为它们是本体，有的因为是本体的演变，有的因为是完成本体的过程……于是，这既可以有一门学术专管……其他事物也可以有其他各个专门学术。

…………

所谓“原”就是事物的所由成，或所从来，或所由以说明的第一点；这些，有的是内含于事物之中，亦有的在于事物之外；所以“原”是一事物的本性，如此也是一事物之元素，以及思想与意旨，与怎是和极因——因为善与美正是许多事物所由以认识并由以动变的本原。[①]

5.1.2 自然秩序vs人类视点：科学定律

所谓自然秩序，也称自然法则、自然之道、自然定律等，经常被等同为以人类的视点和实验所证实了的科学定律。事实上，情况并没有这么简单。

从古希腊起，及至20世纪60年代末期以前的科学家们，一直秉持这样的信念：“自然法则代表着统治宇宙万物的一种数学秩序的永恒体系”[②]，“一个永恒的宇宙被一些永恒不变的法则所控制”，所以“物质的量和能量是不变的”[③]。

---

① 亚里士多德.形而上学[M].吴寿彭，译.北京：商务印书馆，1983:50-52，56-57，83-84.

② 大卫·格里芬.后现代科学——科学魅力的再现[M].马季方，译.北京：中央编译出版社，1995:113.

③ 大卫·格里芬.后现代科学——科学魅力的再现[M].马季方，译.北京：中央编译出版社，1995:112.

但从认识论来看，即便是科学实证发现的铁的科学定律，那也依然只是通过人的“视点”或“视角”或观测或推论获得的知识，未必就与自然秩序完全扣合。20世纪60年代末期，量子力学家在观测中发现，准确说是特别注意到了，在看上去非常严谨的科学观测中，也不可排除或难以排除人类主观精神的作用。观测装置是人为的，观测视点和具体操作方法等都是人为的，不可避免地带有人的主观因素，因此也便有了人永远对客观事物“测不准”、看不全的原理。就连相对论，也强调宇宙万物运动，因为人的观察角度不同导致的相对性等。于是“永恒不变的传统范式与进化演变的新范式形成了尖锐的对立”①。

如前所述，迄今为止我们所言的“客观自然”“宇宙世界”，都是在人类认识范围中的，人类所知的自然和宇宙，是罗素所言的人的“视景”（参见本书4.5.4）。所谓知识，不过是人类从某种“视点”出发，对宇宙事物的认识成果。人类早期“从太阳的东升西落到夜空中的斗转星移，再到我们每个人对自己内心世界的乾纲独断，大量的经验和线索表明，整个宇宙都在围绕我们而转”，而“我们就位于宇宙的中心”②。直到400多年前哥白尼日心说提出前，人类都还以为地球是万物中心，或上帝或神是万物中心，或人是万物中心等。“但是科学发现所采用的客观方法逐渐纠正了这样的观点”，“随着一个个科学发现的问世，人类眼中的自身在宇宙中的地位也在一步步改变”③。于是“我们不得不放弃曾经的信念，我们承认地球不是太阳系的中心，承认太阳系不是银河系的中心，承认银河系不是其他星系的中心，甚至承认质子、中子和电子（组成我们的物质材料）在宇宙的物质成分表中也不是中心”④。我们已习惯说通过科学发现了自然定律，但科学的这些发现也在随着科学的进步在变化，所以，事实上科学发现的是“科学定律”，而未必是真实的自然定律。

现在人类科学和认识面临的更大挑战是：“也许我们的宇宙不是任何宇宙秩序的中心。也许我们的宇宙，就像地球、恒星和银河系一样，不过是沧海一

---

① 大卫·格里芬.后现代科学——科学魅力的再现[M].马季方，译.北京：中央编译出版社，1995：113.

② B.格林.隐藏的现实——平行宇宙是什么[M].李剑龙，权伟龙，田苗，译.北京：人民邮电出版社，2013：366.

③ B.格林.隐藏的现实——平行宇宙是什么[M].李剑龙，权伟龙，田苗，译.北京：人民邮电出版社，2013：366.

④ B.格林.隐藏的现实——平行宇宙是什么[M].李剑龙，权伟龙，田苗，译.北京：人民邮电出版社，2013：336-367.

粟。”[①]这，或许也不是全真的“自然定律”。

需要特别提醒的是，科学定律发生的这些变化并不证明宇宙客观自然秩序、自然定律不存在，而只是证明人类观测宇宙自然秩序的“视点”在变。即便如此，科学认知科学定律也远比日常认知、宗教认知、艺术认知的更接近真相和真理。这已经是毋庸置疑的事实。因此，曾经的科学定律（科学概念与概念间关系的构成式）或许有变，但科学有强大的自我批判和调整能力，可以使自己更接近真相和真理。这正是科学的可信与伟大所在。

承认科学定律的局限，丝毫不影响宇宙自然的客观存在、自然秩序和定律的客观存在。自然秩序、自然定律是铁律。相对论承认，观察者角度不同，观察结果不一样，但客观自然依然是客观自然本身，这个事实不会因为观察者和观察者的视点与观察方式不同发生任何改变。量子力学的“测不准原理”说明了科学研究的主观参与性对研究结果的影响，但不可能从根本上动摇迄今为止科学所证实的一系列自然定律。宇宙自然的“显性”秩序和“隐性”秩序[②]，都是“秩序”，都有自己“不以人的意志为转移的”客观结构，都遵循自己的自然法则或定律运行，只是对于人类认识来说是显在还是隐在而已。因此，夸美纽斯在《大教学论》中提出的按“自然秩序”实施教学的理论，非常正确。

所谓“科学定律”，是以人类视点对自然秩序的揭示，或对自然定律的发现与表述，就是“对客观规律的一种表达形式。通过大量具体事实归纳而成的结论。例如牛顿运动定律、热力学定律、倍比定律等”[③]。“每一门科学通常都只是研究客观世界发展过程的某一个阶段或者某一种运动形式”，“科学的任务是揭示事物发展的客观规律，探求客观真理”[④]。

牛顿于1687年发表了论文《自然定律》，其实也就是“科学定律”，或关于自然定律的科学表述，描述了宇宙自然本身所拥有的万有引力定律和惯性定律、加速度定律、作用力与反作用力定律等三大运动定律，奠定了此后物理科学的基本观点、基本概念和表达范式。万有引力定律是最基础的定律，其后更多科学家根据大量观察和实验获得了宇宙万物万事万象之间相互作用关系的证明，也不过是

① B. 格林.隐藏的现实——平行宇宙是什么[M].李剑龙，权伟龙，田苗，译.北京：人民邮电出版社，2013：367.

② 吴思.隐蔽的秩序——拆解历史弈局[M].海口：海南出版社，2004.

③ 辞海编辑委员会.辞海（缩印本）[M].上海：上海辞书出版社，1980：1012.

④ 辞海编辑委员会.辞海（缩印本）[M].上海：上海辞书出版社，1980：1746.

对万有引力关系存在的证明。万有引力定律就是指千差万别的现象世界，就是以相互的引力（或斥力）的作用方式联系起来的（“点↔点”联系）。当发现一种确定的联系方式（“↔”）时，也就是发现了一条自然定律或关于自然秩序的科学定律。

科学家们力求科学定律与自然定律（自然秩序）的一致性，但是因为人类认识和视点、视角、视野、视景等的局限性，实现两者（客观“点↔点”与主观“视点↔点”）的高度一致性，总有一个过程。

美国的瓦托夫斯基对自然定律和科学定律的联系与区别进行了恰当阐释：“我们可以对‘自然定律’和‘科学定律’加以辨别。如果我们在声称某一事物是一条自然定律时旨在保持其客观性的意义，那我们就应该认为它是一条自然规律，不论被人认识到与否。”“不论我是否同意，或者甚至也不管我是否有可能观察到它的实例。”而科学定律则是一种断言，“定律的断言乃是一种推理，它或是根据某种证据，或是根据其他一些据之使它能够被演绎出来的定律”[①]。“可以说‘科学定律’是一些这样的假说或公设：它们是基于证据的合理信念的对象，而且如果事实上科学定律是真的，那么它们就陈述着自然规律。”如“用‘L’代表科学定律，L代表自然规律，于是这就有陈述：当且仅当L成立时，‘L’才是真的”[②]。“自然规律的真命题客观上是真的，但我们对它们的认识不论何时都是相对的。所以，科学定律的易谬性就在于这种相对性。”[③]

在什么情况下遵循定律，什么情况下尊重不确定、模糊性、多样性等，是对人的判断力和智慧的考量。正如艺术和科学，多样性和定性是一枚硬币的两个面，互为表里，自在分寸。总之，承认人的“视点”或观察者因素的影响这一事实，同时也坚信人类具有通过科学的方式，抓住或推知宇宙万物客观真实，抓住若干客观事物的“点↔点”相互联系，那么就一定能够通过“视点↔点”的认知方式，尽可能精准地观测和掌握整个世界，包括宇宙自然、人类社会、人类精神世界的本质和规律，以最小误差发现、提炼和习得自然定律、科学定律、社会定律，乃至哲学定律。这就是TVS哲学和定律，乃至教学定律的确信与价值所在。

① M. W. 瓦托夫斯基.科学思想的概念基础——科学哲学导论[M].范岱年，等译.北京：求实出版社，1989:351-353.

② M. W. 瓦托夫斯基.科学思想的概念基础——科学哲学导论[M].范岱年，等译.北京：求实出版社，1989:354.

③ M. W. 瓦托夫斯基.科学思想的概念基础——科学哲学导论[M].范岱年，等译.北京：求实出版社，1989:356.

5.1.3 科学定律、社会定律、哲学定律

哲学有定律吗？如果哲学是建立在自然定律或科学定律基础上的，那么回答就是“当然有”！除非是纯主观臆想的哲学。

“科学可分自然科学和社会科学两大类，哲学是二者的概括和总结。”[①]既然如此，哲学定律就是自然科学定律和社会科学定律的总结、提炼和高度概括。然而，迄今为止的种种哲学学说，很少以定律形式出现。

如果说定律通常指对自然秩序的科学探究所获得的定律，那么，在人文社会科学中，对社会秩序的科学探究获得的就是社会定律，不排除社会秩序有一部分来源于社会群体之间的约定俗成，但如果经过长期社会实践被认定是可行且有效的，那么，更适合称为“规则”或“定则”。其实，在自然科学中也有约定俗成的定则。定则是指“为了帮助理解和便于记忆，用以表达事物间内在联系并得到公认的一种方法。如右手定则、选择定则等”[②]。因此所谓社会定律和定则，与自然定律和科学定律有区别，但也有很大的相似性。历史定律、经济定律、教学定律，或者社会定则、经济定则、教学定则等，它们都是现实社会秩序、经济秩序、教学秩序等的“立法者”。因为有定律定则，千差万别的社会现象才会和而不同，多样且不混乱。

所有社会定律或定则，都与自然定律有着或显或隐的紧密联系，或直接就是自然定律的延伸。因为人，首先就是宇宙自然中的一个生命体。在人的社会活动、经济活动、教学活动背后起支撑作用的，都离不开人（师生）的大脑高级神经结构、生理系统及本能活动方式与水平的制约，这些自然生命的先天定律，也因此决定了人（师生）对客观刺激主观反映的共同方式与个体方式。

宇宙万物从现象上看纷繁复杂，其实内在是有秩序的。因为有秩序，所以相互之间才存在普遍联系。如果大自然完全没有形式和秩序，是一个杂乱无章的世界，万物毫无理由地或落下，或上升，或斜飞，或打滚，这样的世界是不可理喻的，科学也是不可能的。爱因斯坦说：“这个世界最不可理解之处，是它居然是可以理解的”（The eternal mystery of the world is its comprehensibility）。“世界并非彻头彻尾的一片混乱，而是一个有序的地方，在其中我们的心灵理想地始于理解（它）。”[③]

① 辞海编辑委员会.辞海(缩印本)[M].上海:上海辞书出版社,1980:1746.

② 辞海编辑委员会.辞海(缩印本)[M].上海:上海辞书出版社,1980:1011.

③ 威廉·邓勃斯基.理智设计论:科学与神学之桥[M].卢风,译.北京:中央编译出版社,2005.

一些学科的基本定律，都具有广泛迁移性和普适性，于是其自带哲学定律的品质。牛顿力学的基本概念“力”，揭示了物体之间都具有“相互作用”，这一本质特征也适用于解释人类社会中人与人的一切相互关系。牛顿第三定律“作用力与反作用力定律”，指物体之间有作用力，必有反作用力，两者作用点相同，大小相等，方向相反。这既是自然物体之间相互作用的基本定律，也是人类社会方方面面，包括学校教师教学和学生学习，以及更大范围人群之间相互作用的基本定律[①]。这与“点↔点”模式高度吻合，且表明该模式是源出牛顿力学又远超牛顿力学的一种哲学思想方法，也是下文将要阐释的TVS哲学“互动相生律”的自然属性与科学基础。

生物学研究中获得的关于有机生命存在的许多定律，如新陈代谢律（耗散结构）、机体器官相关律（有机整体）、重演律（生命节奏）、不可逆定律（熵增）、可逆性定律（负熵）等，也都可以整合、提炼上升为哲学定律。而它们事实上就是TVS哲学“动态平衡律”“节奏循环律”等的科学基础。

中国《易经》的宇宙哲学观的一个核心视点是“太一”，另一个核心视点就是“变”、“易”即“变”。有学者将这“变”的规律提炼为“阴阳学说三定律”——不易律、变易律、交易律，指出其与近现代物理学的牛顿定律、热力学定律、循环定律等，有本质相同。“不易定律可以这样表达：对于任何一种事物，总是常常处在相对稳定状态之中，这时事物内部阴阳两个对立面处于相对稳定之中，叫做稳定系统”，如“太阳系、原子核、水分子、生命……大都长期处于‘不易’的相对平衡、相对安定之中。几十亿年过去了，各行星仍然绕太阳旋转，如果用牛顿的话来说，可以称之为惯性定律，当然惯性不等于僵死不变，只是相对稳定而已”[②]。“变易定律可以这样表达：对于任何一种事物，总是处在从稳定到不稳定的变化过程之中，这时事物内部阴阳两个对立面处在此起彼落的交变之中，从而事物从平衡走向不平衡，叫做非稳定系统”，“这个定律规定了任何事物的内部都有阴阳两方的矛盾斗争的存在，不是阳旺阴虚，就是阳亏阴盛，平衡是暂时的，不平衡是经常的，这是事物发展的第二常态，所谓‘量变’是也”[③]。“交易定律可以这样表述：对于任何一种事物，当它内部阴阳双方在矛盾斗争中，由量变发

① 金子元久.大学教育力[M].上海：华东师范大学出版社，2009.

② 林清泉.宇宙沉思录(一)：易学是破译宇宙奥秘的天书[M].兰州：甘肃民族出版社，1990：15-16.

③ 林清泉.宇宙沉思录(一)：易学是破译宇宙奥秘的天书[M].兰州：甘肃民族出版社，1990：16.

展到一定极值时必然会出现质变，也叫‘交易’，通过事物内部阴阳对立双方分解转化重新组合，出现新的稳定系统，开始另一轮新的事物发展史”，“这个定律规定了任何事物有生必有死，有开始必有结束，所谓重阳必阴，重阴必阳。宇宙的物质运动总的规律就是周而复始，不断升级螺旋式发展，低层次向高层次发展，旧的阴阳矛盾由新的阴阳双方的新矛盾代替，永无休止，甚至连可见宇宙也不能例外。从大爆炸开始，出现有限的时空宇宙直至大湮灭，最后时空合拢（合太极）而回归太虚为止，再从头来另一轮‘大爆炸’，即另一轮‘太虚生太极’……”①

置身宇宙自然和社会中的人类所有活动尤其教学活动，必须以传授自然科学定律乃至社会定律为主要目的、依据、内容和使命，提升人类自身品质与智慧。所以，这些活动也必须首先遵循自然秩序、自然定律和科学定律。此所谓：自然不变，道不变，万事万物的基本定律不变。这就是TVS哲学的核心视点、命题和根本立意所在。

5.1.4 TVS哲学适应的超级科学定律

所谓超级科学定律，是指来自某具体学科领域的科学定律，但其内涵的包容性远远超越了原学科界限，对多学科领域已产生影响，具有进一步提炼上升为广谱宇宙观、知识观、方法论和价值观潜质的那些科学定律。所谓潜质，是指需要有意识挖掘才能显现出来的品质。这是对基于自然秩序的科学定律价值的二度开发，是具有哲学家思想和思维品质的科学家，或具有科学思想和思维品质的哲学家，才能完成的任务。学校的优秀教师或教育教学研究者，也应该不同程度具有这样的思维品质，至少具有传达这种思维品质的意识和教学行为（技术、方法）。

英国科学家、音乐家和哲学家沃特金斯（Matthew Watkins），列举了一连串数学和物理公式（自然定律或科学定律的数学表达式）对自己一生的影响。②

三角形

二维图形

三维图形

① 林清泉.宇宙沉思录(一)：易学是破译宇宙奥秘的天书[M].兰州：甘肃民族出版社，1990：16-17.

② M. 沃特金斯.一生受用的公式[M].张莜，译.长沙：湖南科学技术出版社，2004.

解析几何

直角三角形

三角恒等式

球面三角学——天与地的公式

判别式与抛物线

指数与对数——增长与衰变

均值与概率

组合与排列

统计学

开普勒与牛顿定律

重力与抛体

能量、功与动量

转动与平衡

简谐运动

应力、应变与热

温度、压强、流动

谐波与呼啸而过的警报器

折射、透镜、相对论

电与磁

在完成了皇家学会赞助的研究计划以后，沃特金斯便买了一头驴子，远离尘嚣，遵循这些"自然定律"，过起了近乎游牧民的逍遥生活。

本来嘛，"人当然是一个体系（如果更粗陋地说，人是一个机器），与自然界中任何其他体系相同，为全体自然界的必然的统一的诸规律所支配"[①]。下文列出的物理学、生物学、化学、量子力学等超级定律，都是TVS哲学的高适应性科学定律或自然定律。

开普勒行星运动三大定律（1609，1619），以"太阳"为聚焦点，揭示和建构了各种围绕太阳的行星运动与太阳恒定点之间的相互联系、相互作用的定律，也适用于TVS哲学的"视点结构律"和"聚焦建构律"的释义。

① 戈绍龙.高级神经活动研究论文集译本附录[M].上海：上海医学出版社，1955.

1.椭圆定律：所有行星绕太阳的轨道都是椭圆，太阳在椭圆的一个焦点上。

2.面积定律：行星和太阳的连线在相等的时间间隔内扫过相等的面积。

3.调和定律：所有行星绕太阳一周的恒星时间（T）的二次方（T^2）与它们轨道长半轴（a）的三次方（a^3）成比例。

牛顿力学的万有引力定律和三大运动定律（1687），以“力”为视点，揭示了物体乃至宇宙万事万物之间相互作用的基本规律，反映了宇宙万物“点↔点”和人类认知“视点↔点”基本关系，是TVS哲学十二大定律，尤其是“万物同构律”“互动相生律”等的自然原理和科学定律所在。

万有引力定律：自然界中任何两个物体都是相互吸引的，引力（F）大小与两物体的质量（M_1和M_2）的乘积成正比，与两物体间距离（R）的二次方（R^2）成反比。公式：$F=G\dfrac{M_1M_2}{R^2}$，G为引力常数。

三大运动定律：

1.惯性定律：任何物体都保持静止或匀速直线运动的状态，直到受到其他物体的作用力迫使它改变这种状态为止。

2.加速度定律：物体在受到合外力的作用会产生加速度，加速度的方向和合外力的方向相同，加速度的大小正比于合外力的大小，与物体的惯性质量成反比。

3.作用力与反作用力定律：两个物体之间的作用力和反作用力，在同一条直线上，大小相等，方向相反。

麦克斯韦的电磁定律或电磁方程组（1860），是以“电磁转换”为视点，重新审视和整合了之前已提出的库仑定律、毕奥-萨伐尔定律和法拉第定律等，引入数学分析方法，建立的表述电与磁相互作用（电磁场）普遍规律的一组方程（含四个方程，有两种表达方式）。适用于TVS哲学的“臻美完型律”“互动相生律”“美感源动律”等。

$$\begin{cases}\oint_S D\cdot ds=q_0\\ \oint_S B\cdot ds=0\\ \oint_L E\cdot dl=-\iint_S \dfrac{\partial a}{\partial t}\cdot ds\\ \oint_L H\cdot dl=I_0+\iint_S \dfrac{\partial D}{\partial t}\cdot ds\end{cases}$$

麦克斯韦方程组表达式1.积分式：在场的某一体积、面积或区域内，电磁场量（D、E、B、H）和场源（电荷量q、电流I）之间的关系。

$$\begin{cases}\nabla\cdot D=\rho_0\\ \nabla\times E=-\dfrac{\partial B}{\partial t}\\ \nabla\cdot B=0\\ \nabla\times H=I_0+\dfrac{\partial D}{\partial t}\end{cases}$$

麦克斯韦方程组表达式2.微分式：对场中每一点而言，磁场强度（H）的旋度等于该点的全电流密度。

由多位科学家先后发现和创立的热力学三大定律：第一定律是能量守恒定律。以热能的动态平衡为视点，揭示的能量守恒定律，普适于宇宙间所有事物，各种形式的能量转换。如教学是一种师生间心理能量、知识能量、身体生理能量的转换、相生、互动等。第二定律是熵增定律（图5–3）。熵指一个系统无序的程度。熵越大系统无序性越强；熵越少系统无序性越弱，或有序性越强。第三定律是熵为零不可能定律。通常表述为：绝对零度时，所有纯物质的完美晶体的熵值为零，而绝对零度（T=0）不可达到。换句话说，任何一个存活的系统，都存在一些无序状态，绝对完美的有序性是不可能的。恰恰是无序和有序之间的动态平衡，才是任何一个系统的活力与发展的源泉（图5–4）。这三项热力学定律都是TVS哲学定律，尤其是"细节系统律""分合同体律""互动相生律""动态平衡律""臻美完型律"等的适应性自然定律或科学定律。

1.第一定律：能量守恒定律，$\Delta U = Q + W$，能量是永恒的，它不会被谁制造出来，也不会被谁消灭。但是热能可以给动能提供动力，而动能还能够再转化成热能。

2.第二定律：熵增定律，$dS \geq \frac{dQ}{T}$。有几种表述方式：克劳修斯表述为热量可以自发地从温度高的物体传递到温度低的物体，但不可能自发地从温度低的物体传递到温度高的物体；开尔文–普朗克表述为不可能从单一热源吸取热量，并将这热量完全变为功，而不产生其他影响。熵增表述：孤立系统的熵永不减小。

3.第三定律：熵为零不可能定律，即绝对零度无法达到。

结合以上定律和公式，可以得出热力学基本方程：$dU \leq TdS - \delta A + \mu dN$。

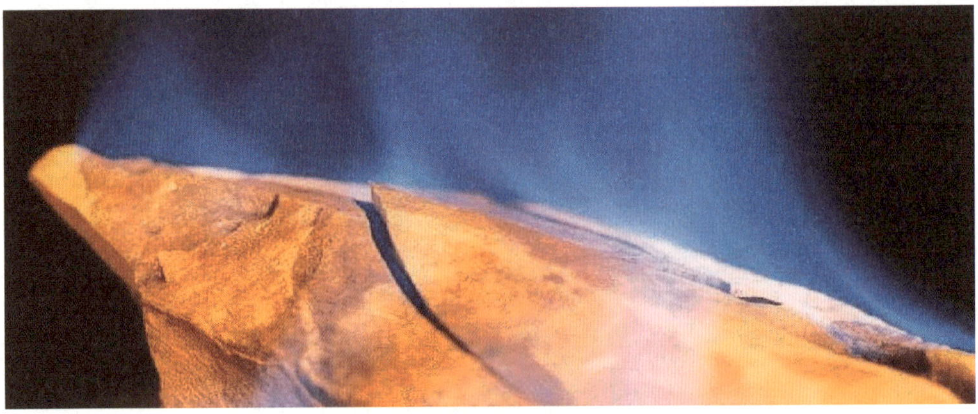

【图5–3】TVS哲学定律适应的物理学定律
（热力学第二定律：一个孤立的系统，是一个增熵的耗散结构，不可自发地逆转）

【图5-4】热力学第二定律也是社会学定律的艺术表达

（一个孤立系统的总混乱程度即“熵”，不会减少，只会增加，直到死寂　图片来源于《Locating Science Fiction》封面）

孟德尔（Gregor Johann Mendel，1822—1884）的两大遗传定律，以亲子与父母辈“性状相似”为视点，揭示了有机生命亲缘之间生理结构和性状遗传之间“点↔点”模式及展开式相互联系和相互作用的基本规律，由此催生了遗传学的诞生（图5-5）。是为TVS哲学两大基础定律“万物同构律”和“视点结构律”，以及“细节系统律”“分合同体律”“原型创新律”“臻美完型律”等的适应性自然定律或科学定律。

1.分离定律：杂合体中决定某一性状的成对遗传因子，在减数分裂过程中，彼此分离，互不干扰，使得配子中只具有成对遗传因子中的一个，从而产生数目相等的、两种类型的配子，且独立地遗传给后代。

2.自由组合定律：具有两对（或更多对）相对性状的亲本进行杂交，在F1产生配子时，在等位基因分离的同时，非同源染色体上的非等位基因表现为自由组合。即一对等位基因与另一对等位基因的分离与组合互不干扰，各自独立地分配到配子中。

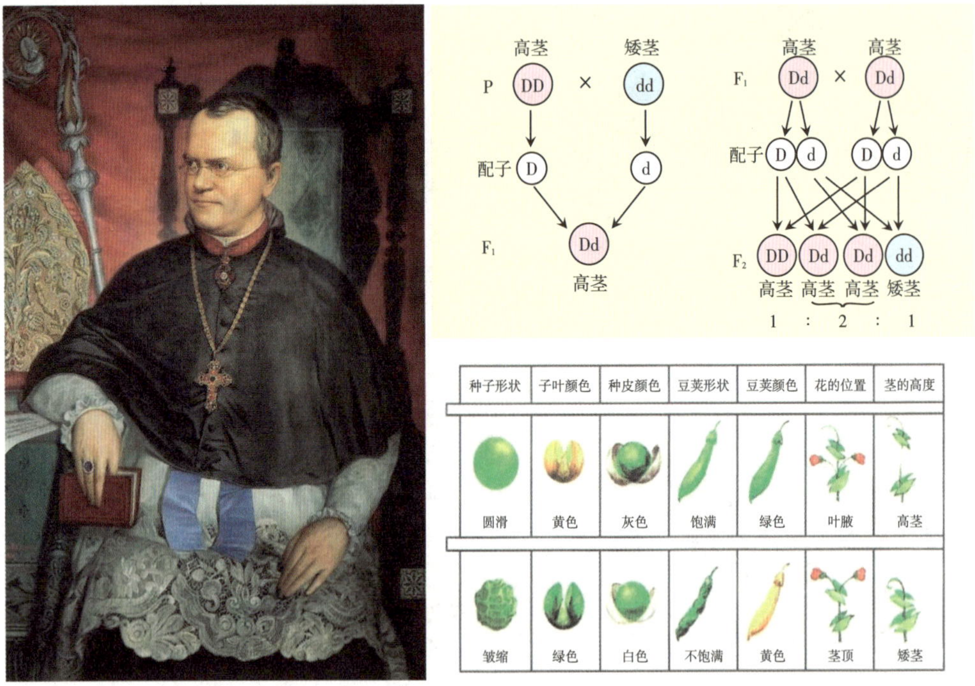

【图5-5】TVS哲学适应的生物学定律：孟德尔杂交实验及遗传定律[①]

门捷列夫（Dmitri Mendeleeff，1834—1907）的元素周期定律，以原子核外电子数及排列层级（元素）为视点，揭示了元素与元素之间、电子与电子之间相互联系和相互作用下，其结构、性质与功能变化的规律，并以元素周期表表达出来（图5-6）。这是化学知识系统化过程中的一个重要里程碑。是为TVS哲学的两大基础定律及“互动相生律”“节奏循环律”等的适应性自然定律和科学定律。

爱因斯坦的相对论，以光速（c）为视点，揭示了能量（E）与质量（m）相互联系与相互作用的质能互换定律（狭义相对论，1905）；以万有引力（F）为视点，揭示了时空统一的定律（广义相对论，1915）。都是TVS哲学客观宇宙世界“万物同构律”和人类认知“视点结构律”，及所有系统包括社会学、宗教学、艺术与美学和知识教学的“聚焦建构律”等，最重要的适应性自然定律和科学定律。

① 人民教育出版社，课程教材研究所，生物课程教材研究开发中心.普通高中课程标准实验教科书生物2(必修)——遗传与进化[M].北京：人民教育出版社，2007:3，5.

门捷列夫

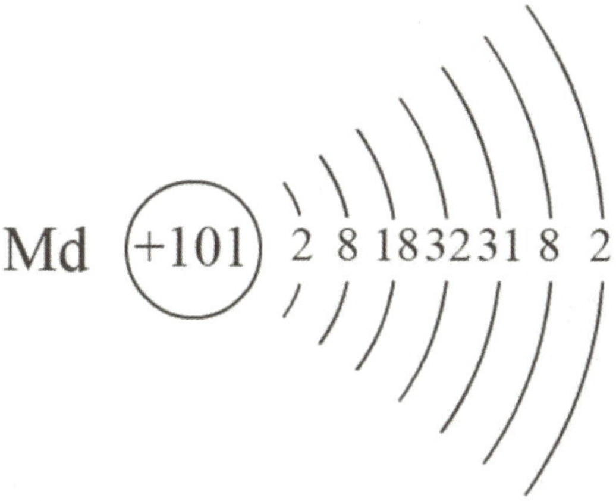

101钔元素电子层与电子排布

在以门捷列夫命名的“101钔”元素之后，
用发现者命名的元素

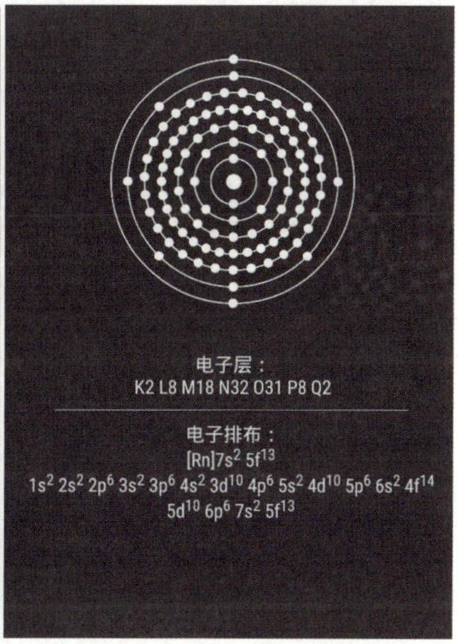

101钔元素的核外电子层
与电子排布

【图5-6】TVS哲学适应性化学定律：门捷列夫与元素周期律

[元素的性质随着原子核外电子序数（电子数及排列层级或核电荷数）的增加呈周期性变化的规律]

1.狭义相对论：能量随着物质（质量）与运动速度（最大速度光速c）的变化而发生变化。方程：$E=mc^2$。

2.广义相对论：空间物质的能量与动量的分布，决定空间的弯曲状况。

量子力学基本规律，被称为“重塑了量子力学”的狄拉克方程。是与薛定谔同获诺贝尔物理学奖（1933）的狄拉克，以粒子电子运动为视点，结合量子理论、相对论概念及麦克斯韦方程组，推导出的表述带电粒子传播过程的方程 $i\hbar\gamma^{\mu}\partial_{\mu}\psi - mc\psi = 0$（图5-7）。

【图5-7】狄拉克和刻写在他的墓碑上的狄拉克方程

量子力学家狄拉克发现了著名的狄拉克方程（图5-7），还发现了带正电荷的电子（按现代原子理论，核外电子带负电荷），称为“正电子”或“电子的反粒子”，后来的宇宙射线实验探测到了正电子，继而证实了反质子、电荷为-1等。

如今学界公认，所有粒子都有反粒子。狄拉克明确提出了“美即真”的命题，“我们应当沿着哈密顿的足迹前进，把数学美作为我们的指引灯塔，去建立一些有意义的理论——首先它们得具备数学美”（演讲，1963）；发表了“美妙的数学”（pretty mathematics，《国际理论物理杂志》，1982）；“一个物理学定律必须具有数学美”（A physical law must possess mathematical beauty）（演讲，1956），被永久保存在莫斯科大学的黑板上。[①]

狄拉克方程及反粒子的发现，是基于已有科学定律，运用对称思维和审美直觉推导科学新结论的典范。TVS哲学也是基于客观宇宙万物“点↔点”模式和人

① 杨建邺.物理学之美.北京大学出版社，2011：170，174-175.

类认知“视点↔点”模式，整合若干经典自然定律或科学定律等，采用对称思维，进行科学类比推理，所得到的更具广谱性的、简洁雅致的万物定律。

…………

上述这些深刻影响了人类对宇宙自然秩序和万事万物认知进程的超级科学定律，都具有上升为哲学的宇宙世界观、认识论和方法论的潜质，且大多数已经超越它们本在的物理学科、化学学科、生命学科等，在多学科包括社会学科和人文艺术学科中，得到广泛运用。对TVS哲学及定律的形成，及对很多领域尤其学校教学知识构型、课程建构和教学基本理念与行为体系的形成，都产生了同样深刻的影响。

这些公式定律，大多都是我们在小学、中学就学习过的。回想起来，当时就学得懵懵懂懂，现在早就抛到九霄云外去了，却不知其中包含着能使我们终身受益的宇宙世界观、人生观、认识论与认知方法。这是学生们笨，还是教材编写者或教师教学狭隘，或有错？

5.2 世界联系新解——TVS哲学与定律

5.2.1 TVS哲学的含义

TVS哲学，简单说，就是一个基于万事万物普遍存在的“点↔点”相互作用和人类认知普遍存在的“视点↔点”建构的宇宙世界观、价值观、知识观与方法论；是通过一个“点”或“视点”（本质定义）的关键细节，逻辑串联全系统中其他各“点”，乃至其他系统相关“点”而建立“结构”的一种理论、思维方法、价值观念和行为方式。从认识和思维方法论看，也就是在任一系统中确立一个清晰的点作为观测点（视点）（如空间的透视点、理论系统中的概念、历史的转折点、教学的知识点等），沿着这个点的本质定义中的关键词，逻辑地与系统内或其他系统的点之间建立联系（结构）的过程。这是一个试图建立在自然定律或科学定律及人类认知规律基础上的，普适于人类所知或可推导未知世界，万事万物万象及其本质关联的共同定律，并能够转化为行为模式与操作体系的哲学理论和应用路径。

以往的哲学都立足于解释世界，而马克思哲学认定哲学不仅要“解释世界”，而且要“改变世界”[①]。TVS哲学与定律体系，也不仅在解释世界，且志在改变世界。

① 中共中央马克思恩格斯列宁斯大林著作编译局.马克思恩格斯选集[M].北京:人民出版社,1972.

5.2.2 定律表达式

用定律方式来表达TVS哲学的主旨和主要内容，便于理解和运用，也是一种哲学理论及知识构型的探索。

前述已论，哲学定律源于自然定律或科学定律，表达式也当与科学定律相通。“科学定律作为一门学科知识量的简化、压缩、集中的最高形式，在科学中占据着中心位置”[①]，故科学定律就是“对客观规律的一种表达形式”[②]。从定律与概念的关系来看，定律是由若干概念之间按照一定逻辑关系构成的一个肯定判断或复合判断，或者说是对两个或两个以上概念（同本质的一类事物）之间某种相互作用关系的判断与陈述。

定律通过专业性语言表达出来，一般有三种表达式：陈述或判断语句、数学公式和图像模型。

（1）定律的陈述或判断语句表达式，也称理论表达式，指用一个语句（单句或复句）表达若干概念（同本质事物、现象等）之间的必然联系。通常用“如果（当、假如）……那么（则）……”、“当……就……”等句式表达，或“有条件地断言如果某一事物具有性质F，那么它也具有性质G”[③]。其中，又有三种典型情况：1）陈述了一个给定条件的所有元素之间的一种不变关系，例如：在非曲面条件下，任何三角形的内角和，等于180°。通常也简述为：三角形的内角和等于180°。2）表述着一条已被实证为真的自然规律，如：闪电之后，必有雷鸣。3）某条自然规律，并不是在一切实例中都是真的，但在一定条件下会合理[④]，例如：地震会引发海啸。

（2）定律的数学公式表达式，“借助数学方式加以表达的科学定律，一般称为公式”[⑤]。凡是能用数学公式来表达的定律，都是相对比较精准的或能用比较精准的数学符号反映概念、变量或事物间逻辑关系的科学定律。在麦克斯韦方程组之前的各种电磁定律，如安培定律等，还没能用恰当的数学公式进行表达，麦克斯韦将这些定律整合成一个电磁互为转化的理论定律，并用数学公式加以表达，创

① 王树恩，陈士俊.科学技术论与科学技术创新方法论[M].天津：南开大学出版社，2001.

② 辞海编辑委员会.辞海（缩印本）[M].上海：上海辞书出版社，1980：1011.

③ M. W. 瓦托夫斯基.科学思想的概念基础——科学哲学导论[M].范岱年，等译.北京：求实出版社，1989：332.

④ M. W. 瓦托夫斯基.科学思想的概念基础——科学哲学导论[M].范岱年，等译.北京：求实出版社，1989：337.

⑤ 王树恩，陈士俊.科学技术论与科学技术创新方法论[M].天津：南开大学出版社，2001.

建了精确反映电磁统一关系的麦克斯韦方程组。这是麦克斯韦对电磁学、通信科学，乃至当今信息科技做出的巨大贡献。

并非所有定律都有数学表达式，例如哲学和社会科学中的大多数定律，都还只能用理论方式表述。哲学中的如“世界是普遍联系的”、社会学中的如墨菲定律“如果有两种或两种以上的方式去做某种事情，而其中一种方式将导致灾难，则必有人会做出这种选择”等。通常认为艺术和美学是最模糊、最随机和偶然的学科，但恰恰相反，在艺术和美学中有很多已被实践和实验证明的定律，如整一、对称、对比、均衡、节奏、韵律、动态、变异和多样统一等形式美定律（形式美法则），以及费希纳通过实验得到的13条审美定律（美感定律）。当然比较起来，一个能够用数学公式表达的定律，必是相对精度较高的定律，如大多物理、化学、生物等自然科学定律。

（3）定律的图像模型表达式，如原子模型、量子运动模型、宇宙星体空间模型，本书各章列举的科学模型图，TVS哲学各定律的各种图像等。本书可以称为“图解哲学”，理由也在此。

正如我们在哲学中不难发现说“规律”，但几乎不见说“定律”一样，在教学中我们不难发现有说“教学规律”的，却很少甚至几乎没有说“教学定律”的。从基本内涵上来看，“定律”与“规律”都是反映事物或概念间必然联系的，只是“定律”还可以用精准数学公式表达，而“规律”暂时还不能或没有用公式表达而已。TVS哲学定律，目前还只有理论定律和部分图像模型，以后会进一步提炼构建相应的数学表达式。

5.2.3 定律关键：相互联系的肯定判断

任何自然定律或社会定律定则，都是对事物或概念之间“相互联系、相互作用”的陈述或肯定判断。“例如万有引力定律$F=G\frac{m_1m_2}{r^2}$就是对物体m_1和物体m_2之间相互作用的判断；玻意耳定律$p_1V_1=p_2V_2$则是对气体压强、体积之间相互关系的判断；能量守恒与转化定律是对不同能量形式之间的相互转化关系的定量描述。”[①]而宇宙万物万事之间的“点↔点”相互作用，就是对“世界是普遍联系的”肯定判断的基本模式或最简图示；“视点↔点”相互作用，就是对“人类认知与知识（概念）”相互联系或构型的肯定判断或最简图示。

① 王树恩，陈士俊.科学技术论与科学技术创新方法论[M].天津：南开大学出版社，2001.

必须说明的是，所谓关系、联系、秩序、结构、建构、时间结构、空间结构、时空结构、事件结构、自然秩序、社会秩序等概念都有相同本质，都是用以表达事物和概念间“相互联系”的概念。联系井然有序，那就是“秩序”；联系或秩序显现出来或被人认识到，就称为“关系”；联系是静态的，常被称为“结构”；联系是动态过程，叫“建构”；“结构”又有线性结构、立体结构、多维结构或网状结构等。这些都指的是事物或概念的“点↔点”或“视点↔点”模式图示或定律，只是相互联系和相互作用的具体方式有简单、有复杂、有动态、有静态等而已。

5.2.4 TVS哲学十二大定律

TVS哲学，主要依据近现代和当代科学对宇宙自然和人脑认知情感等功能秩序研究所获科学定律（本书第一至四章）、超级科学定律（本书5.1.4）并结合其他领域的一些定律，提炼得出的反映宇宙万物万事共同遵循的视点结构原理，从不同层面表述为十二大定律（图5-8）。

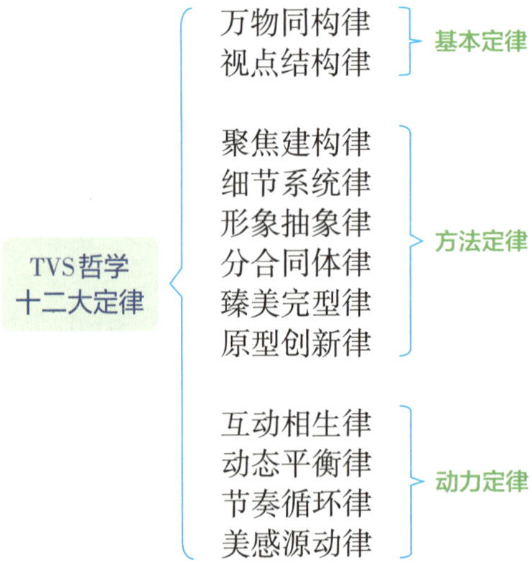

【图5-8】TVS哲学三层十二大定律一览

TVS哲学十二大定律，是TVS哲学理论的浓缩和精要表述，分为相互关联的三个层次。最高层次为本书多次提及和重点论述的两条基本定律，即万物同构律、视点结构律，分别反映了宇宙世界万物万事客观存在的“点↔点”互联互动的基本关系（联系），和人脑对客观世界的“视点↔点”基本联系的认知方式及基本知识构型。两条基本定律统摄TVS哲学整个理论系统和其他各项定律。第二层次是人类认知宇宙世界的六大方法定律，都具有动态性过程和功能，其中聚焦建构律又是基于两大基本定律的最基础方法定律。第三层次是推进人类认知客观宇宙世界进程的四大动力定律。第二层次和第三层次定律，都是第一层次两大基本定律交织而派生的定律。

因为迄今人类关于客观宇宙世界的知识都是依靠人类认知方式和水平所获得的，所以TVS哲学是特以第二定律“视点结构律”而命名的。这一命名最早来自“视点结构教学”的理论和实践建构，后来提炼为视点结构哲学，普适到更多领域，然后返回教学。所以有了“TVS：视点结构教学”和“TVS：视点结构哲学”之说。

TVS哲学以两条基本定律为骨架，派生定律分布其下，其间，构成可类比如生命遗传分子DNA那样的一个双螺旋视点结构模型（图5-9）。万物同构律和视点结构律，如DNA双螺旋的两条骨架，规定了聚焦建构律、细节系统律、形象抽象律、分合同体律、臻美完型律、原型创新律等方法定律的操作逻辑，在互动相生律、动态平衡律、节奏循环律、美感源动律等驱动力推动下，有序交织，螺旋上升，实现着人类认知与客观宇宙的趋向完美的建构。

12条定律之下，还有若干更具体的定律。定律越具体，越接近操作行为与方法规范，如教学定则与规范（见本书系《TVS：视点结构教学》之第三部TVS《教学行为体系》），又如学术定则与规范（见本书系《TVS：视点结构教学》之第五部TVS《学术思维与写作》）。

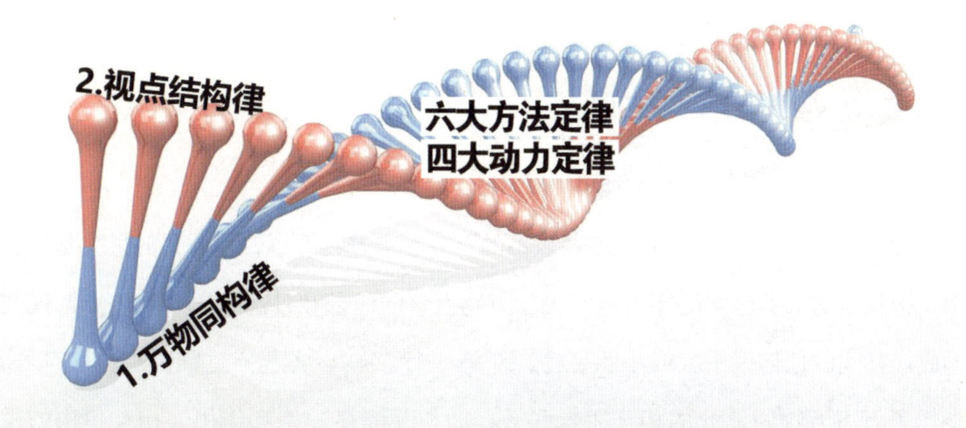

【图5-9】TVS哲学十二大定律：以“万物同构律”和“视点结构律”为骨架构成的双螺旋结构

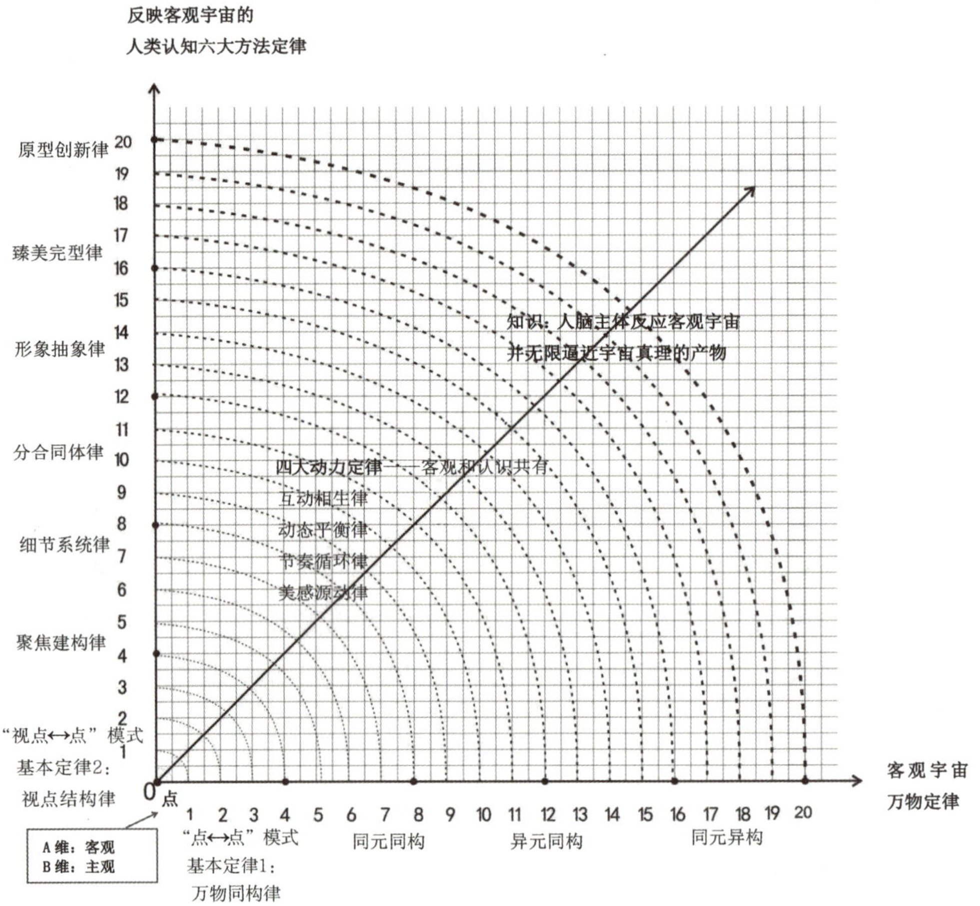

【图5-10】TVS哲学定律：坐标系与统一场

[以宇宙“万物同构律”（x）和人类认知“视点结构律”（y）为轴，
与六大方法定律和四大动力定律共建TVS宇宙观、知识观、方法论统一场]

5.3 两大基本定律

5.3.1 定律1——万物同构律

“万物同构律”是“世界是普遍联系的”或宇宙万物万事普遍联系的最为基本定律，指在目前人类已知的宇宙时空中，万物万事的内部和外部皆以“点↔点”模式构成。其间的任何一个大或小的事物，都是一个“点”，点与点之间的“↔”符号，指代了万事万物间彼此的相互逻辑联系，即相互依存、相互作用、相互建构的逻辑。这些联系或宏观或微观、或显现或隐藏、或深刻或表浅、或近或远（图5-11）。

宏观：银河系与河外星系团的“点↔点”结构，系内银核与其他星体的“点↔点”结构，太阳与行星的“点↔点”结构

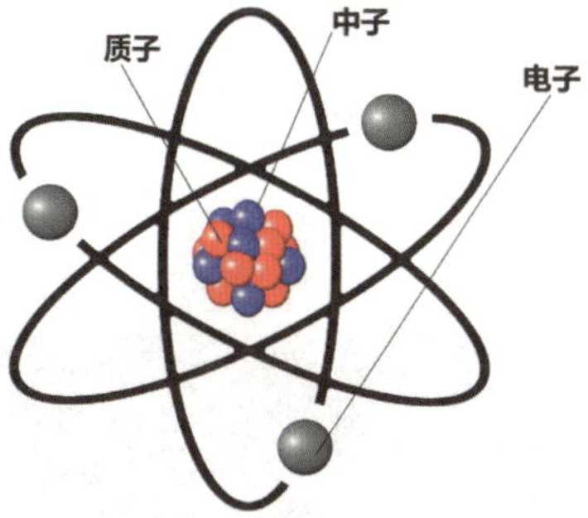

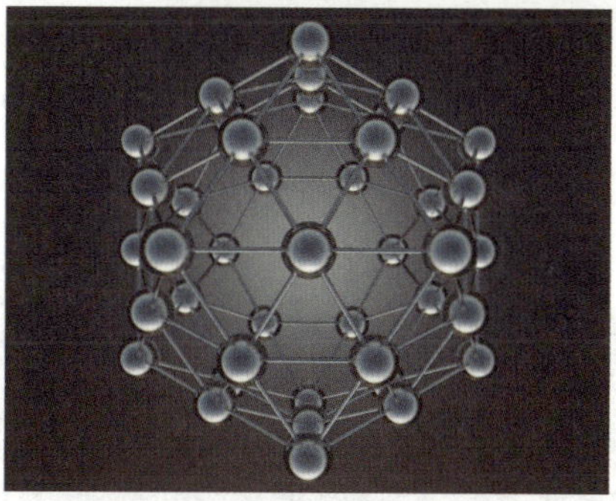

微观“点↔点”结构关系：a. 原子内部原子核与核外电子；b. 分子结构

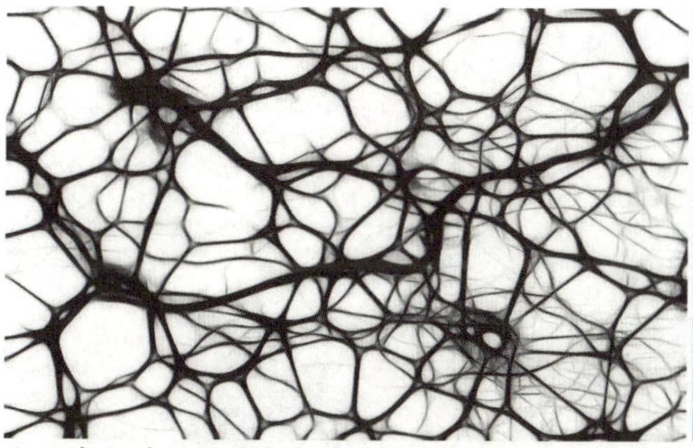

大脑中枢神经细胞复杂如麻的“点↔点”相互联系

互联网结构

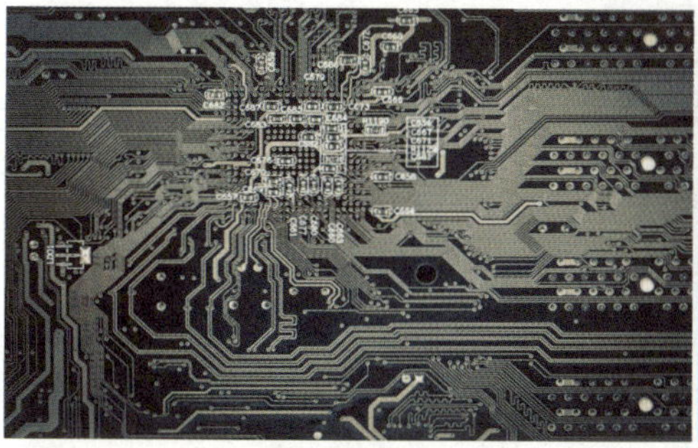

电脑线路图

中央处理器与各计算机

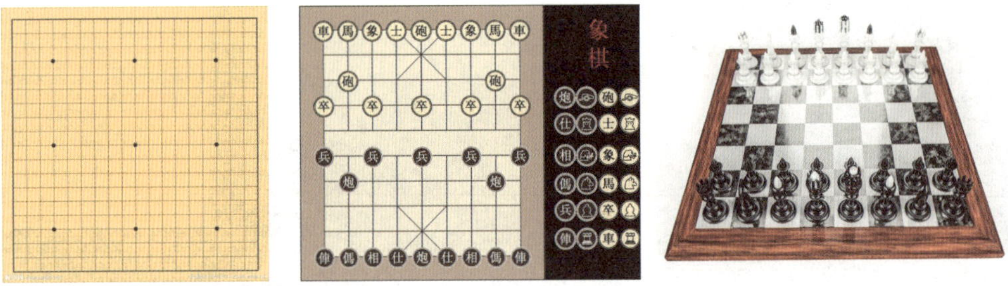

围棋：掌握“点↔点”间微妙关系　中国象棋：掌握“点↔点”间微妙关系　国际象棋：掌握“点↔点”之间关系

【图5-11】万物同构律：宇宙万物万事皆是“点↔点”相互联系、相互作用的

有网站转发了《纽约时报》发布的两张照片（图5-12）①。这两张照片的附文说：左侧鼠脑结构神经元照片，与右侧宇宙在上亿光年尺度范围内的结构相比，“似乎存在着某种结构上的相似点！那么两者会真的存在某种联系吗？宇宙为什么会呈现这种丝网状的架构而不是规律的公转结构呢？”

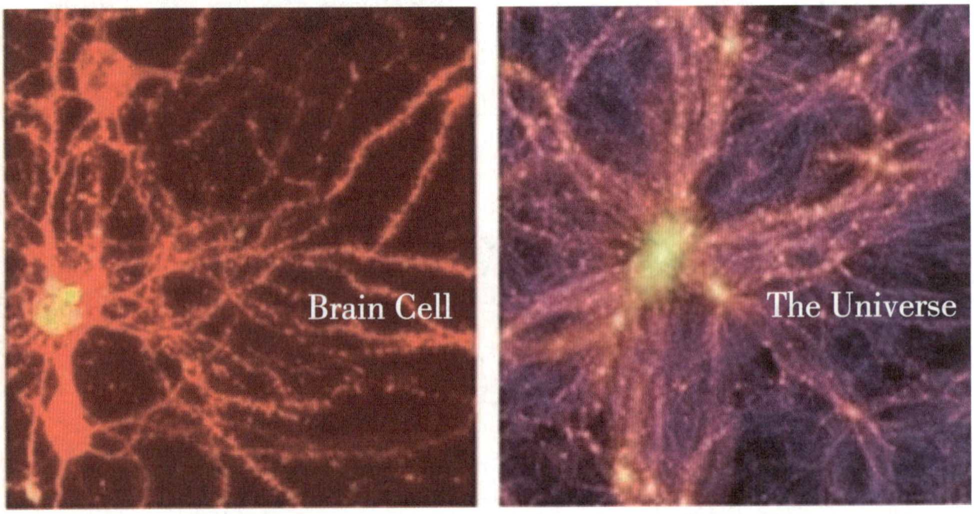

【图5-12】老鼠脑神经元结构（左）与在上亿光年尺度范围内的宇宙结构（右）

（二者不仅高度相似，且都是典型的“点↔点”模型，甚至是“视点↔点”模型）

其实，两张照片的相似性一目了然，无须用“似乎”来质疑。一个微观的动物神经元结构（细胞），一个宏观的宇宙结构，不仅高度相似，且都是典型的“点↔

① 在宏观大视角下，宇宙为什么会呈现生物性网络结构特征？[EB/OL].(2019-03-01).https://www.sohu.com/a/298446342_100267485.

点”模型。而所谓公转结构，就是由中心向周围辐射的“视点↔点”结构，多为宏观系统结构的样态。而不管是网状结构，还是公转结构，本质都是“点↔点”结构。

由于“点”的数量和性质不同，“点↔点”相互作用的具体方式（组织结构方式、运动方式）就不同。千差万别的“点”及千差万别的互动方式，构成了这个宇宙世界自然与社会千差万别的事物及纷繁复杂的静态与动态结构网络，这就是万物同构律所包容的千差万别的变式。这些变式又可以归纳为四大类或四个层次的分定律：异元异构、同元异构、异元同构、同元同构（图5-13）。

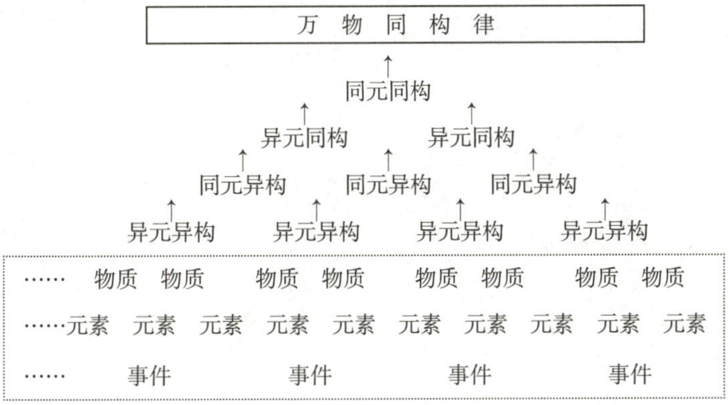

【图5-13】TVS万物同构律及四个层次的子定律

（1）**异元异构律**。指不同元素之间如果以不同联系方式构成错综交织的相互作用结构，那么整个事物看上去就会失去统一性而各显个性，也称为多维异构律，多样异构律。这是宇宙世界万事万物最初级的“点↔点”样态概括。科学最初的萌芽，以及至今的人类学、文化学、史学、民族学，乃至所谓后现代教育教学等，关注最多的便是这种异元异构关系。但是再多元、多维或多样的复杂性，根本上也不过是“点↔点”相互联系、相互作用的关系（图5-14）。

（2）**同元异构律**。指相同元素或几个有限的元素，如果以不同方式联系起来，就可以构成或产生诸多不同结构、不同性质、不同功能，甚至不同美感的事物，以有机化学中的“同分异构体”为典型代表。相同分子式（元素种类和个数都相同），但是元素之间结构关系或相互作用不同，便构成了性质、功能不同的各种物质（图5-15）。这是人类科学开始关注万物的相同性而产生的一种抽象性较高的也较为高级的认识方式及知识成果。

人类社会的异元异构关系，仍然是“点↔点”相互联系、相互作用的关系

【图5-14】万物同构律之“异元异构律”，归根结底还是“点↔点”结构

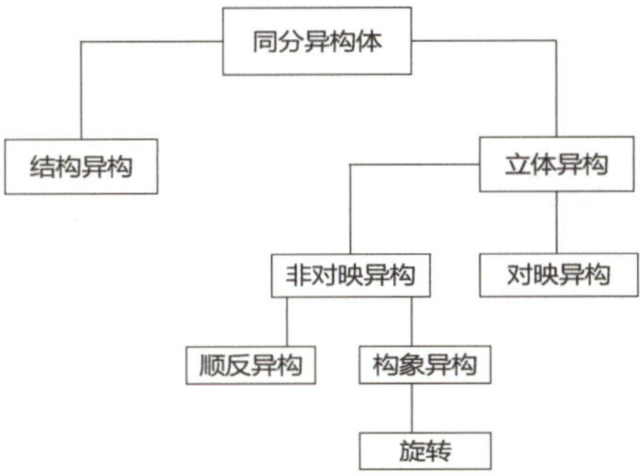

层次类型丰富的同分异构体

分子式C_9H_{12}的单环芳烃的同分异构体构造式和命名如下：

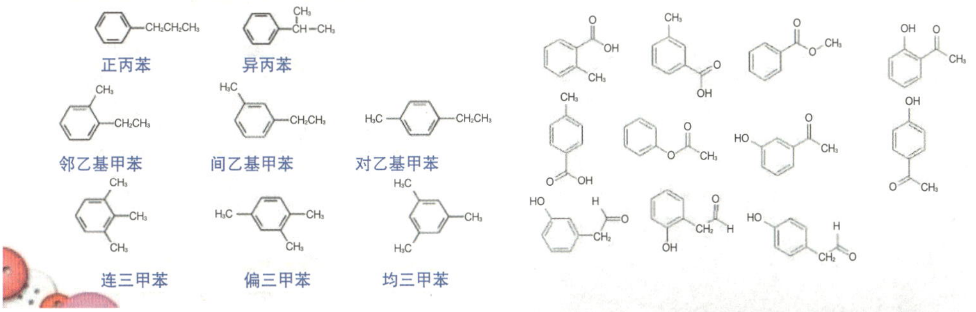

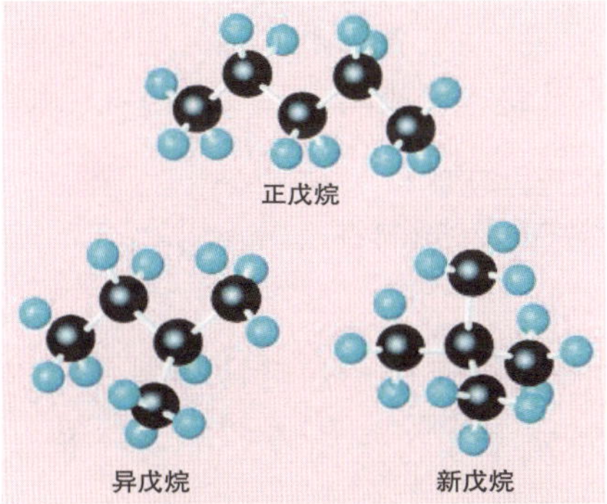

戊烷的同分异构体

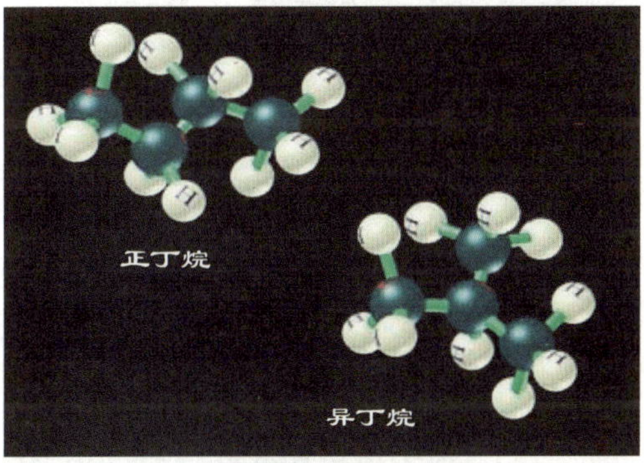

丁烷的同分异构体

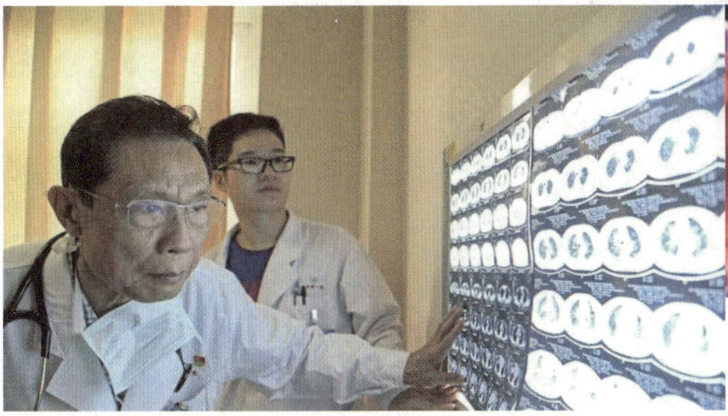

中国呼吸病学专家、工程院院士钟南山（1936— ）在抗击非典（2003，时年67岁）和新型冠状病毒（2020，时年84岁）的一线工作

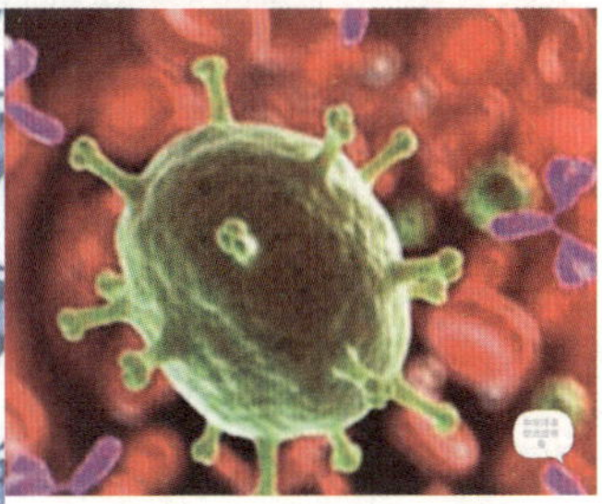

中东呼吸综合征病毒
2012-MERS

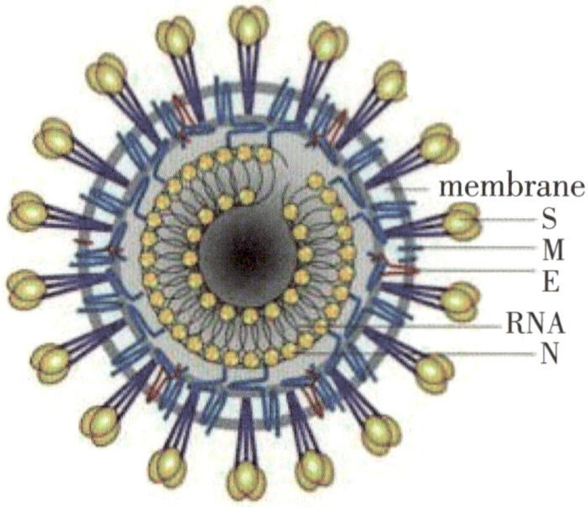

冠状病毒的蛋白质分子组成的微生物

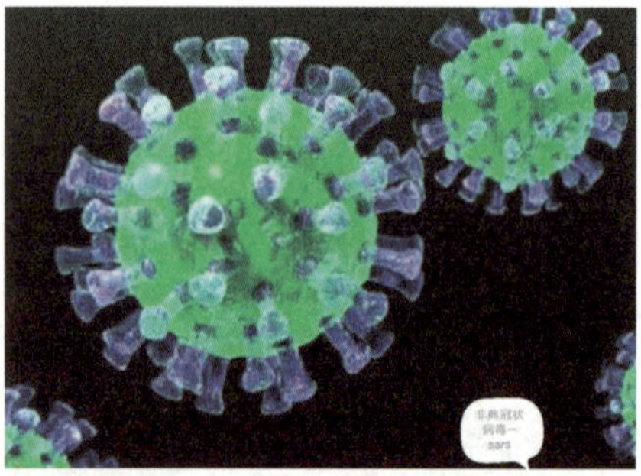

非典冠状病毒——2003-SARS

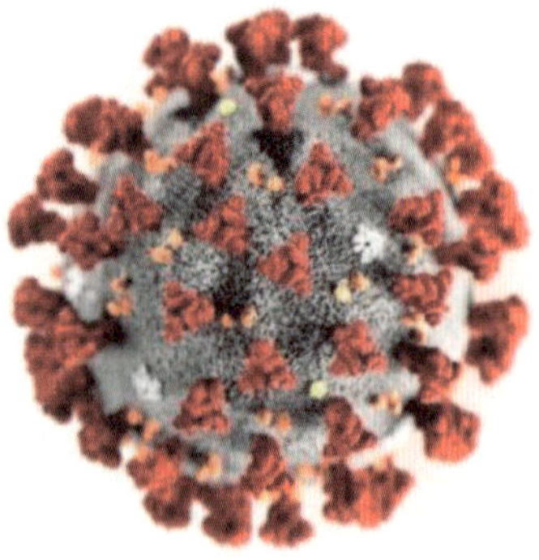

新型冠状病毒——2019-nCoV

【图5-15】万物同构律之“同元异构律”：
有机化学中的同分异构体和生物学中病毒的多样性

七巧板只有7个形状不同的几何板块，如同7个元素，却可按一定规则组合成不同结构关系的无数形状，据说有研究推测至少可组构成1600多个形状（图5-16）；股市很复杂，但是就日均交易价格和交易量这两个元素及相互作用或结构的变化，就可反映股市，甚至整个世界经济格局变化的趋势（图5-17）；艺术，看上去十分偏爱求异求个性，其实是最遵循“同元异构律”的，如古典舞、民族舞、国际标准舞等舞种，或者仅仅看各国内容和风格不同的芭蕾舞等，也都不过是由动作、韵律、表情、造型等几个基本元素及元素间不同结构关系而构成的不同风格作品而已（图5-18）。

再如，人类各种语言，都由语音、语词、语义三大元素构成，但是因为这些元素的内部构成及之间的结构关系不同，即构音法、构词法、构句法不同等，就有了千差万别的语言或语种；音乐、美术、建筑、服装等，也都是在相同基本元素基础上，结构千变万化，创生出的无限多样的人类认知和创造性作品。

【图5-16】万物同构律之“同元异构律”：
七巧板的智慧，即以7个元素图形建构无限的图形

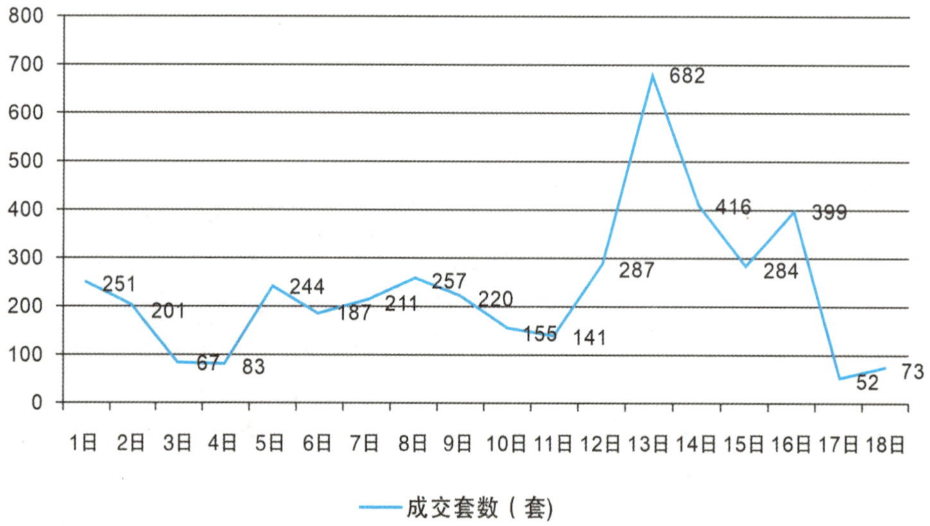

【图5-17】万物同构律之“同元异构律”：日交易均价和交易量（笔或套）两元素，可反映复杂的股市房市变化趋势

红色娘子军（中国）

天鹅湖（俄罗斯）

移动空间（荷兰）

【图5-18】万物同构律之“同元异构律”：舞蹈基本元素相同，
元素结构关系不同，构成千变万化不同风格的作品（图片来源于pixabay）

（3）**异元同构律**。指不同元素之间，如果以相同的方式联系起来，那么就可以呈现出相同性质。这是对客观世界复杂关系中的共性的、难度较大的概括成果，也可视为万物同构的第三级抽象。数学就是探究不同事物间内在相同数量关系（模型、公式、定理）及本质同一性的学科。例如，仅导数和微积分公式中的几个符号及关系，就可以解释和解决数学，以及应用数学的所有领域如物理学、工程技术学、化学、生物学、信息技术学，甚至经济学、社会学、心理学等中的一切求距离、求面积、求最大最小等关系问题。杨振宁认为，在初等物理学中有很多公式，发展到最高阶段，便足以反映千差万别物理现象的内在共同关系了，例如现代物理学就只有几大公式。宗教是人的主观意识最强的领域，然而在世界上几大宗教的不同思想主张中，也包含着相同的结构关系（参考4.1，4.2，4.3）。

（4）**同元同构律**。指相同（相似）元素，如果以相同（相似）的方式联系起来，那么必构成完全相同的事物或事件。这是与万物同构律距离最近的分定律。对“同元”的认识是关键。“同元”不能简单认为是相同的元素，更多是指宇宙世界所有事物都是由极少数的几个共同元素构成的。诸如时间、空间、力、运动、能量等这几个物理元素，真、善、美这几个精神元素等，都是几乎可以表述宇宙世界一切物质和精神现象的概念性元素。相应地，每一个学科的知识系统中，也都仅有少数几个起统摄作用的概念元素，或元概念、核心概念。“同构”指所有物质或精神系统都是由少数的几个相同元素及所统摄的下位元素，按“点↔点”模式构建起来的。任何一个系统，无论自然、社会还是人类认知（思维），在最微观和最宏观层面，其实都非常简单且相似。

总之，“万物同构律”是统摄宇宙世界万事万物，包容所有相同性与不同性（多元性）的最高定律。这一定律之下，还有几个层次的分定律，也脱离不了“万物同构”这一本质。随着层次的升高，“点”的差异性已经不重要了，重要的是点之间相互联系的方式或结构关系。如拓扑数学不再关注几何形状的种种不同，而只关注不同形状的内在数量关系的结构；物理学则将所有物体物质抽象为“质点”，而不再特别关注质点的属性，重点关注质点之间的相互作用。换句话说，世间万物最终都遵循万物同构律，只是在不同层面上会有不同侧重而已。

宇宙万事万物纷繁复杂，但最终都遵循万有引力定律和相互作用定律，最高表达图示，就是“点↔点”。在最高宇宙层面看所有星体，在微观世界看所有粒子，在常观世界看人与人的关系，都不过是在时空中的“点↔点”相互联系与结构（相对论、量子论、社会学论)，概括为“万物同构”。同时，各个体还有着自己不同的构成元素和不同的运动与相互作用方式，就是“异元异构”；各个体根本上还是相同元素构成的，如都有形态、质量、温度，思想、情感、价值观、行为风格等，但相互之间的联系和作用方式或结构有所不同，这就是“同元异构”；各个体虽有不同形体、质量、温度，思想、情感、价值观、行为风格等元素，却都保持着共同的基本结构和运动方式，这就是“异元同构”；各体看上去外形、运动姿态、速度或心理特征都不相同，但本质上都是由完全相同的元素和相同联系与运动方式联系起来的，这就是“同元同构”。

一般来说，自然科学如物理学与数学的高级阶段，侧重追求异元同构、同元异构、同元同构；而社会人文学科如音乐、美术、舞蹈等艺术学科，特别强调异元异构（多元异构），但其实也都没有逃离同元异构、异元同构、同元同构定律的制约（图5-19）。

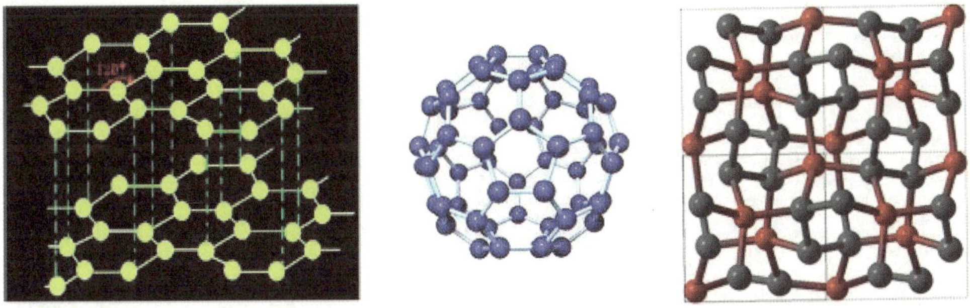

C元素同元异构

异元同构：碳分子结构对建筑艺术的启发

【图5-19】科学与艺术的同元异构与异元同构，在不同层面解释了万物差异与内在一致性的复杂关系最初级的异元异构律理解起来似乎不难，难的是对异元异构律也属于万物同构律的理解。这需要很多学科知识的储备，对看上去完全不同事物的内在结构共性的洞察力和抽象力，需要有深刻的辩证思维和对抽象结构的形象思维能力，方能透彻领悟。

无论现象、元素和结构如何复杂，根本来说都是“点↔点”相互作用，这是万物同构律最本质的内涵。某种意义上，万物同构律也吻合系统论的“系统同构性”（system isomorphism），即“各种不同系统在结构上和形式上的一致性或相似性。同构性并不是指各种系统的表面类似性或外在类似性，而是指其内在规律的形式一致性或类似性。正因为如此，不同系统的数学模型之间存在着数学同构。常见的数学同构有代数系统同构、图同构等……不同系统间的数学同构关系是等价关系，等价关系具有自返性、对称性和传递性”[①]。这显然与中国哲学与美学的最高境界“和而不同”近似，与西方科学与美学的最高法则“多样统一”完全等价。

5.3.2 定律2——视点结构律

视点结构律是人类的认知定律，指人类对宇宙万事万物“点↔点”关系的认知，如果是基于人脑神经系统结构反射功能实现的，那么必然是一个“视点↔点”模式。在上述阐释“万物同构律”中，所举很多例子，已经是“视点结构律”的例子。因为，对“万物同构律”的认知，本身也是“视点结构律”的产物，即人类认知万物、获得的任何知识或定律，都总是基于某个“视点”，通过这个“视点”去观看、去观测、去认知这个宇宙世界的构成，宇宙间各事物的细节及全貌的（图5-20）。宇宙万事万物皆以“点↔点”基本方式联系起来并相互作用，而人类对万物“点↔点”相互联系、相互作用的认知模式却是“视点↔点”结构，这是一对在矛盾中寻求统一的范畴和定律。视点结构认知模式与定律，决定了迄今人类所知的客观宇宙宏观微观的所有知识构型的基本样态。换句话说，迄今所知的宇宙世界，也都不过是通过人类认知这个“视点”，透视到的宇宙万物万事而生成的宇宙“结构”。

① 许国志.系统科学大辞典[M].昆明:云南科技出版社,1994:562.

（图片来源于pixabay）

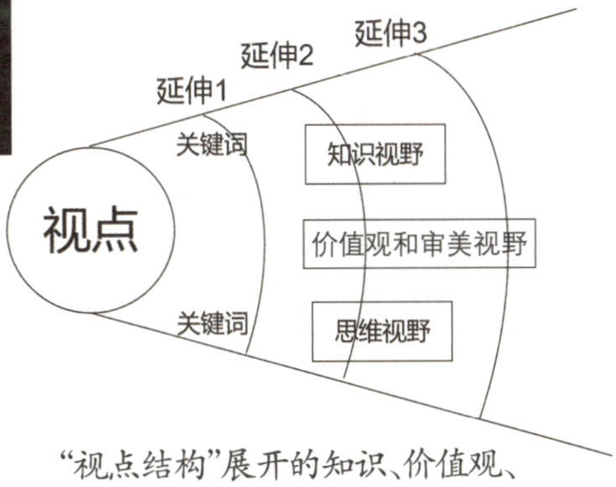

“视点结构”展开的知识、价值观、审美视野和思维视野的辐射形

【图5-20】TVS哲学之“视点结构律”：对万物“点↔点”结构的“视点↔点”认知模式

视点结构律或“视点↔点”认知模式，与爱因斯坦相对论、量子力学的理论相通，即从不同层面和侧面都强调了观测者主体因素对认知结果的影响。亦如西画的透视点，决定了画面中各种事物或元素所处的位置与结构关系；也如罗素的“视界空间”或“私有视景”，观测的视点和视角决定了一个实体系统中各要素间的相互联系与结构如何显现出来；还如广袤的宇宙，其实源于一个高度聚焦的奇点，奇点爆炸后散布在广袤空间中的颗粒尘埃，都不是自由的漂浮物，而是在奇点爆炸的同时就各自与微粒子和体积较大的星体之间形成了相互联系、相互作用(图1-1，图1-2)，或万有引力或万有斥力关系的大系统，在均匀散布于宇宙时空中的微波背景辐射（宇宙常数）中，进行着有序动态平衡的相互作用，逐步形成了大小不同的相互制约的星球体系。[①]

随着科学技术的进步，人类会发现过去的一些认知存在缺陷，原有视点和知识结构也会发生某些动摇，但这并不令人绝望。新旧视点和结构的变化，并不动摇客观世界“点↔点”相互联系、相互作用的事实与自然秩序和人类“视点↔

① B. 格林.隐藏的现实——平行宇宙是什么[M].李剑龙，权伟龙，田苗，译.北京：人民邮电出版社，2013:46-51.

点”的基本认知方式本身。“几乎每一轮这样的纠正，我们都会发现，就算我们不是宇宙的中心，宇宙的秩序也不会有什么改变”[①]，且人类所认识或努力想认识想接近的就是这宇宙事物基本的永恒不变的“点↔点”联系、秩序和定律。而“视点”的调整，“视点↔点”的变构和重构等，只是为了更清晰、更准确地透视和接近事物真相及其相互联系的方式与本质。视点结构定律不变。

同理，人类对宇宙万物的认识领域很多，数学、物理、化学、生物、地理、历史、经济、艺术、美学、哲学等，因为不同学科的构成元素不同，具体“视点”的特质不同，因此所建立的“结构”也会不同。但是共同点都是基于客观“点↔点”模式而选择某点作为“视点”建构的“视点↔点”认知和知识体系。这就是视点结构律不可动摇的基本性。

视点结构律是人类对宇宙万事万物认知的高度共性的反映。换句话说，人类其实就是从“视点↔点”来推知宇宙万事万物的“点↔点”模式的。的确，人类不在宇宙中心，但却当然是所知宇宙的智慧中心！虽然人类在不同领域或学科的知识视点不同，但发现的却是万事万物的相互联系、共同结构、共同定律。科学的任务就是不断探索未知，扩大所知的“宇宙视界”[②]。这是只有人类才会具有的认知能力、思维能力和伟大智慧。

“视点结构”是一个整体概念，“视点”与“结构”不可分割。视点是建立结构的起点，选择怎样的视点，就逻辑地决定了建立怎样的结构；结构是通过视点与其他点建立联系的过程和结果，建立怎样的结构，也就逻辑地起源于这个结构的最佳视点。对大自然的科学认知视点，以及对人类关系的社会视点、对人类精神世界反映的艺术和审美视点，乃至我们最终要谈到的学校知识视点、教学视点等（图5-21），概莫能外。

相对于浩瀚的人类知识，学校范围内所涉及的只是也只可能是很小很小的“知识视界”。学校教学的重要目的和任务，不是要停留在这有限的知识视界内，而是教师要引导、指导学生通过有限知识“视点”和“视点↔点”的学习过程，获得如何超越学校知识视界，乃至宇宙视界进而与客观宇宙真相真理或人类最高知识视界接轨，以至透彻理解宇宙万事万物，即“世界是如何普遍联系的”[参见本书第一章和本书系《TVS：视点结构教学》之第二部TVS《课程逻辑》、第三部

① B. 格林.隐藏的现实——平行宇宙是什么[M].李剑龙，权伟龙，田苗，译.北京：人民邮电出版社，2013:366.

② B. 格林.隐藏的现实——平行宇宙是什么[M].李剑龙，权伟龙，田苗，译.北京：人民邮电出版社，2013:38.

TVS《教学行为体系》、第四部TVS《高校教学论》]。硕士生、博士生阶段，还要系统传授和学习探索获得新知识、拓展新的“知识视界”和“宇宙视界”的方法，即知识创新的方法（参见本书系《TVS：视点结构教学》之第五部TVS《学术思维与写作》）。

观测大自然的视点

刘兆吉先生领先主编《心理咨询大百科全书》（卷十七）“美育心理”辞条

【图5-21】人类对所有系统的认知和建构，取决于视点（图片来源于pixabay）

本书所有的事例与图例，其实都是“视点结构律”或“视点↔点”认知模式和变式的案例或可视化图形、模式。准确地说，“万物同构律”根本上制约也受制于“视点结构律”。所以，TVS哲学被命名为“视点结构哲学”，更贴切。

5.4 六大方法定律

TVS哲学两大基本定律，交织派生了六大方法定律，也可以看成TVS哲学的操作性定律。哲学的目的，不仅在于解释世界，更在于能动地改造世界，准确些说是能动地作用于世界。

5.4.1 定律3——聚焦建构律

聚焦建构律亦称聚焦辐射律，是万物同构律和视点结构律的动态生成定律，指万物“点↔点”模式与认知“视点↔点”的运动方式或状态，都是向心聚焦和向外辐射两个互逆过程的相互联系与相互作用。这一相反相存的生成过程，或始发于一个点，同时向周边辐射建构，或从周边各点向中心聚焦辐射建构，是两个互逆互为的动态过程。如车轮轴心与辐辏之间引力和斥力互动互为，压力与张力互为（图5-22），高飞的风筝与手中的线拉力与升力互动互为，集体中聚焦点与成员之间的凝聚力和张力互动互为（图5-23）等。

【图5-22】TVS哲学之“聚焦建构律”：就像车轴心与辐辏的关系，压力与张力互为

有了“视点↔点”的聚合与辐射、向心力与张力、引力与斥力等相反并存的相互作用的动态关系建构，才有了宇宙之内万物万事的统一体，也“才生出万有不齐之事事物物”①。

① 李宗吾.心理与力学[M].北京：中国档案出版社，2006：73.

拉拢引力与飞离斥力同在：风筝能上天是因为有人拉住线

2008年北京奥运会开幕式上各民族儿童簇拥国旗前进

【图5-23】围绕视点：凝聚力和张力、向心力和辐射力同在（图片来源于pixabay）

根据认知和思维的逻辑走向不同，聚焦建构律还可分为自上而下、自下而上两项子定律。自上而下，是先聚焦上位物体或认识（例如，上位概念）视点，再据此向下演绎和辐射建立结构的过程与方式。自下而上，是先从下位一个或多个物体或认识（例如，较下位概念）开始，然后通过归纳或概括，向上层层聚焦建立结构的过程与方式（参见本书第四章）。

宇宙万物及人类知识都具有聚焦点和拓展建构的空间。如太阳是太阳系的聚焦点，八大行星围绕太阳拓展形成运动轨迹；八大行星又各自为聚焦点，与其卫星形成运动和相互作用区域（场）。聚焦点便成了观测整个系统的主要“视点”，视点星体与周边星体因为万有引力定律而相互联系、相互作用，建构起广延的、有序的、持续开放的动态平衡系统。如果说学校课程是由学科知识概念“点↔点”交织而成的知识结构，那么学科课程的实施与教学，也就是以“视点↔点”为基本逻辑的典型的“聚焦建构”的过程。

5.4.2 定律4——细节系统律

细节系统律，指“如果细节渐变到一定程度，则必然导致系统突变”。万物“点↔点”模式与认知“视点↔点”模式的最佳关系都是细节与系统互为依存的关系。换句话说，任何一个大小系统均由各级密布而有序的细节环环相扣而构成，亦即任何系统（y）都是细节（x）的函数。

这一定律包含了细节决定系统、初始决定趋势、微观决定宏观、临界质量突变等4个相互关联的子定律。

（1）**细节决定系统律**。指如果一个系统或整体是可分的，那么任何系统都是由内部各微小部分或微小因素的“点↔点”或“视点↔点”相互联系构建而成的。细节密布在“点”“视点”“结构”中，最关键的细节往往就是“点↔点”联结或触及部位与方式的细节，或键合方式、键合细节（参见本书1.3.3）。如果联结的细节部位错位、松弛、变异、脱落等，就会导致系统病变、瓦解、坍塌或崩溃。常言“千里之堤，溃于蚁穴”“细节决定成败”“细节决定质量”等，都不过是细节决定系统定律的通俗说法。如前述宇宙万物均由原子及更小的电子、中子、质子、夸克等粒子的分布及联系细节构成；有机生命体细胞内外联系的精密细节，构成了整个活的生命系统（图5-24）；死亡即生命解体，也就是从细胞间这些精美细节的断裂、萎缩或病变（癌变）开始的。

（2）**初始决定趋势律**。指如果一个系统或整体是在变化着的，那么任何系统的变化趋势与结果，都对初始值哪怕最微小的初始值有极敏感的依赖性，或者说都是初始点与其他因素相互作用（点↔点）演变的结果，或系统变化的趋势往往是初始细节的函数。因此，任何系统的初始细节，特别是关键细节，对系统构成状态和变化走势都具有高度预测性。蝴蝶效应、多米诺效应、秃头雪崩沙崩效应等，都是这一定律的有力实证（参见本书1.2.3）。也正如森林的消失，开始

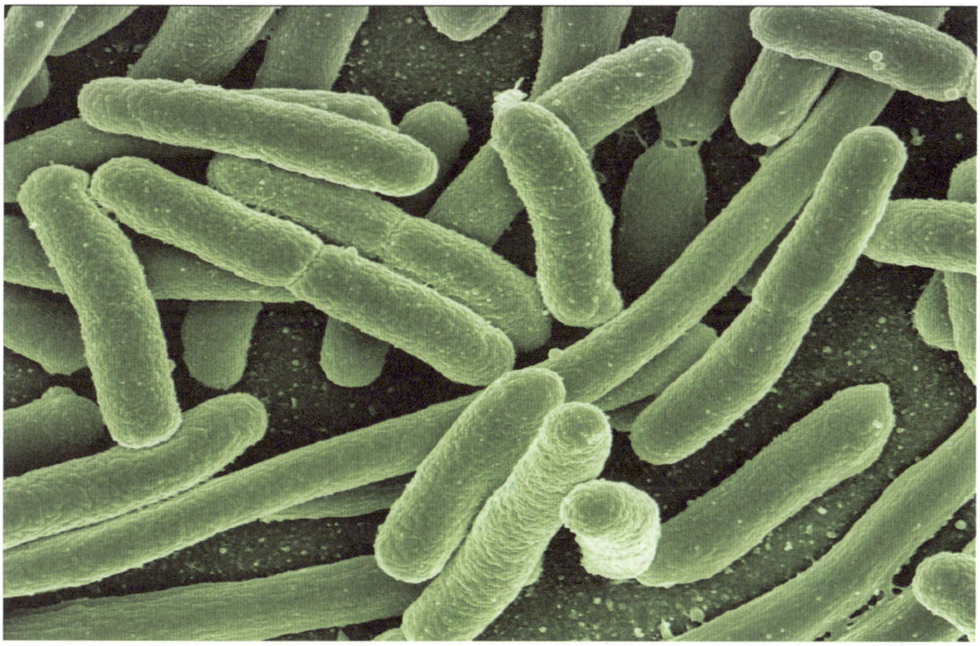

显微镜下的大肠杆菌结构

显微镜下的花粉结构

【图5-24】TVS哲学之"细节系统律"（图片来源于pixabay）

于第一棵树的砍伐；一生荒废，开始于一时的荒废；世界大战，开始于第一颗子弹的射出。任何系统的巨变，都是从我们没有注意到的最初细节起就已经开始了。初始细节之于系统发展，对人生往往具有决定性意义，所谓“三岁看小，七岁看老”。如果尽早意识到和把握住人生“关键期”[①]，或关键期中的某些关键细节，及时调整，就可以使得系统的运动、变化、发展等，朝预期方向推进。因此，这是教育教学最不可忽视的一个意义重大的子定律。

（3）**微观决定宏观律**。指无论有多么巨大的系统或事物存在，那都是由微观系统或事物存在的状态所决定的；或指宏观状态是微观状态变化的函数。这一子定律，其实是“细节决定系统”“初始决定趋势”两个子定律普适于宏观和微观的表述。现代粒子物理学、生物分子学等，对无机物和有机物的微观构成研究，表明人类对客观世界的探索和认知，从宏观或常观系统进入了肉眼不可见、身体难以感知的微观层面。所取得的巨大进展，也促使人类对宏观系统与微观世界之间相互联系及统一性的关注。量子力学是对微观粒子运动的研究，其更大价值是以量子为视点，透视从微观细节到宇宙大系统构成的结构与本质，也是从偶然性透视必然性、从可能性透视确定性、从生成性透视规定性的人类科学思维与认知方式的一大进步。

（4）**临界质量突变律**。指如果有一个系统存在一些很小的不如意，那么这个系统的细节或细节问题积累到某种程度（某个值）的时候，只要再增加一个极小的量或刺激，就会导致系统不可逆转的剧变，或系统不可修复地崩溃，或转而变为一个优质系统。或者表述为，任何一个事物都有质和量两个互为存在的因素，且质与量是相互转化的。质与量转化的那个关键点，就是临界点。当一个由多因素决定的复杂系统在量变临近质变的边界线上，如果再加上一个小小的，甚至极微量的因素，就会导致系统的突然质变，或朝坏的方向骤然崩溃，或向好的方向突进或重构。这样的临近突变的边界，就叫“临界”（critical）。它揭示和代表了“在事物中遵循”的“一种普遍的变化模式”[②]。凡是运动的系统或事物，总是处在变化或变化趋势中，临界作为变化趋势最典型、最敏感的区域或阈值，对人们预测和估计系统发展前景，有十分重要的作用。除“沙崩”“雪崩”现象的临界研究外，临界理论已经大量用于解释自然科学以外的对象，如经济危机到来前的市场起伏、交通堵塞前的人车流量起伏、生物基因突变前的振荡、病毒传播的峰值

① 蔡笑岳.心理学[M].北京：高等教育出版社，2000.

② 马克·布查纳.临界——为什么世界比我们想像的要简单[M].刘杨，陈雄飞，译.长春：吉林人民出版社，2001：1.

和周期等，都显示了广泛存在于世界之中的“一种行为类型”，也“称作自组织临界性”（SOC）[①]。还有内隐在大脑之中的认知方式、思维和行为的临界顿悟，临界行为。“神经元一个接着一个激发，触发了其他神经组织的活动，这与沙粒崩落十分相似。大脑的功能随时间发展，很可能会达到一个临界状态。在这种状态下，大脑将是最有能力的，对小的变化也最敏感。”[②]有学者注意到，强度声波频率“f”变化到“1/f”谱型时，就是任何文化中的音乐作品的一个共同的临界状态。“我们回顾历史，从贝多芬到披头士，所有音乐共有这种1/f谱型，这也是一种自组织临界状态的显示……在接近临界状态时，这种模式以不可预测的方式使演奏的微小差别非常敏感。这为音乐表现的吸引力和新颖性，特别是时间选择上的细微差别提供了新思路”，且人类似乎都“期待”这一“最有诱惑力的临界状态”[③]。

这些乐音细节的审美临界状态，以及基于大脑活动细节的学习临界状态、教学临界状态等，对人的成长与发展都有重要意义。教学是人类最独特、最考究细节，也最依存整个系统场的智慧活动。学生在细节和结构良好的知识积累到一定时候所产生的“顿悟”与升华，是教师教学细节精确与系统完美结合的产物。然而很遗憾，目前学校教学的普遍情况恰恰相反，许多新说词、新改革层出不穷，令人眼花缭乱，但真实的教学实践是，师生们普遍深陷下不及“细节”、上不及“系统”，更缺乏初始意识、临界意识的胶着状态，不知出路何在。

5.4.3 定律5——分合同体律

分合同体律，指在人类认知包括人工认知领域，任何一个系统都是分析与综合的有机统一体。或者说，深度分析与高度综合是同一认知过程的两个面。“分析”指对系统构成的点、视点、结构的分解剖析，而对最小单元、微观粒子或关键点细节的透彻剖析，是最为精微精深的分析；“综合”就是将系统的点、微点或细节，有机整合为一体，或跨界整合多学科的知识点及细节，将之逻辑地融为一体。如微分与积分的1与n，太极与易经的64卦，就是把数量“1”或整体事物，

① 约翰·巴罗.不论——科学的极限与极限的科学[M].李新洲，徐建军，翟向华，译.上海：上海科学技术出版社，2000:188.

② 约翰·巴罗.不论——科学的极限与极限的科学[M].李新洲，徐建军，翟向华，译.上海：上海科学技术出版社，2000:191.

③ 约翰·巴罗.不论——科学的极限与极限的科学[M].李新洲，徐建军，翟向华，译.上海：上海科学技术出版社，2000:191.

按一定逻辑拆分，再按一定逻辑重新累加集合为一体的（图5-25）。

$$\int_b^a f(x)\mathrm{dx} = \mathrm{F(a)} - \mathrm{F(b)}$$

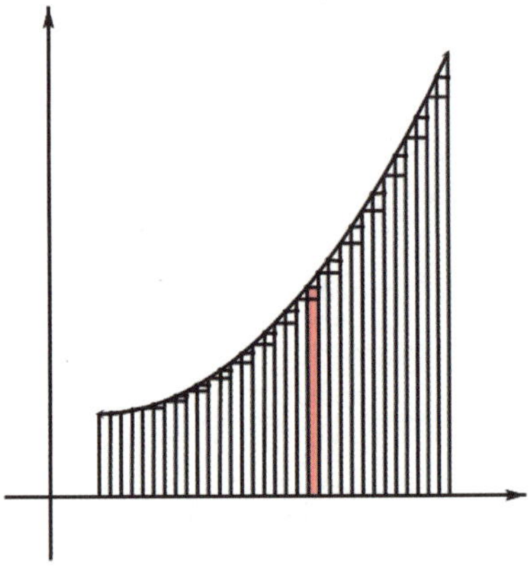

牛顿-莱布尼兹微积分公式：最大功绩是将貌似不相关的切分与求积统一在一起

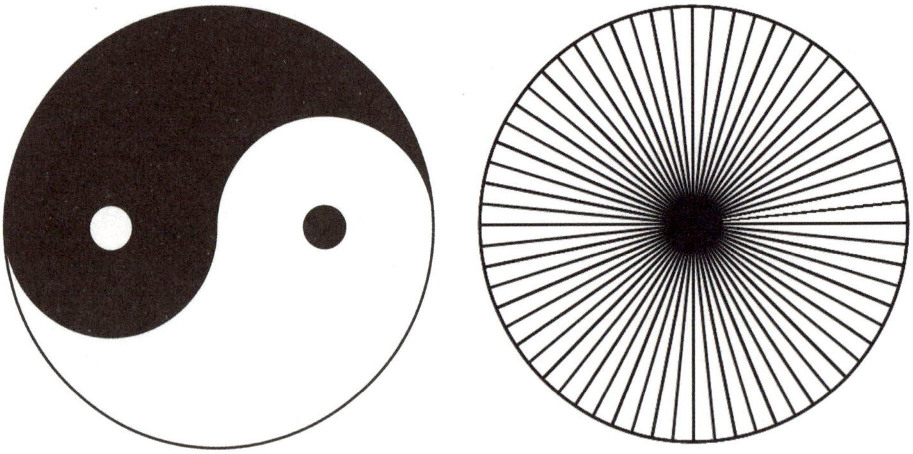

太极：由1按照2^n分解为64卦，再反之综合为1，如微积分

【图5-25】TVS哲学之“分合同体律”

[如微积分与太极图，都是微分（分析）与积分（综合）互逆运算的统一]

分析与综合不可单独存在，亦如归纳和演绎总是互为存在一样，它们都是互为依存和往复运行的思维或认知方式。只重视分析（如分析哲学）或只重视综合（如系统论的早期倾向）的总结、认知及其知识成果，都会有缺陷。这也决定了人类知识及其知识系统的构成过程与学习形态，及其一切有效行为学习与获得训练必然的分析与综合交互进行的过程与方式。

分合同体律与聚焦建构律、细节系统律等，相互之间有直接关联，都属于万物同构律和视点结构律交织的重要的派生律和方法论。

5.4.4 定律6——形象抽象律

形象抽象律也称感性理性律，指如果人类思维或认知总体上可分为形象性的和抽象性的两大类，那么事物的外部可感状态就是形象的，内部本质就是抽象的，形象与抽象本是一体的，是同一认识过程的两个面，不可分割。因此，通常以形象性为艺术的特点，抽象性为科学的特点，其实是对人类认知方式的巨大而片面的误解，也导致了有学者特别热衷于区别思维方式、知识类型、教学难度和学习困难者的极大误区。

任何事物的存在，都有外在形象表征和内在本质特征。从认知层面看，前者用形象思维即可把握，用形象生动的语言和图像即可表述；后者由抽象思维提炼而得，表述为概念、原理（定律、定理、规律、规则、定则）。尽管人类的大脑两半球本身在主要功能上有形象和抽象的分工，但两半球之间通过“胼胝体”交互联系，形成形象与抽象、理性和感性互为支持的统一体（图5-26）。任何先进的科学研究，也不可能得出只有右脑或只有左脑的人，思维或认知都很健全的结论。

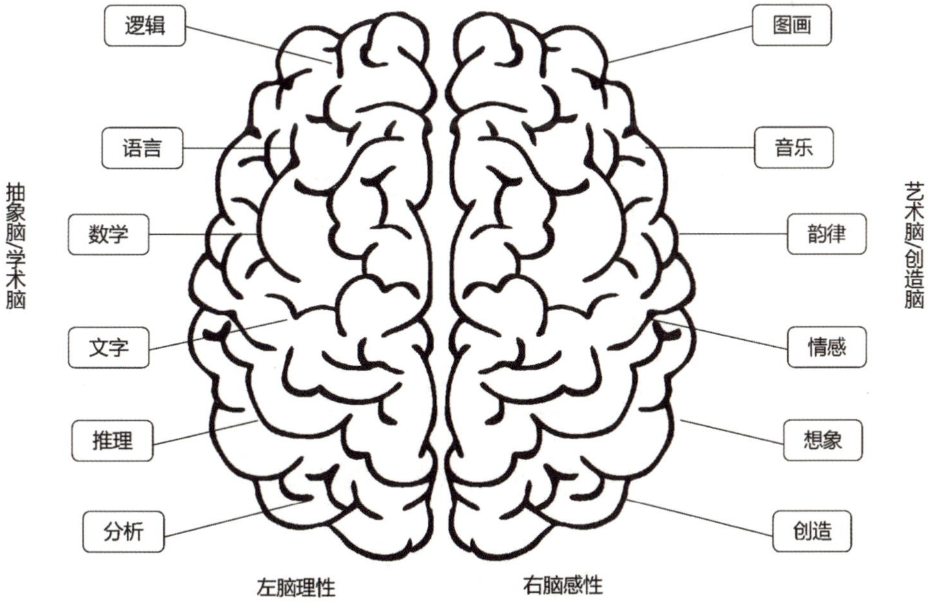

【图5-26】TVS哲学之“形象抽象律”：人类大脑——右脑感性形象，左脑理性抽象

科学很抽象，但同时也从来不乏形象，也不可能离开形象，在很多科学著作或教科书中，用形象方式表达科学概念和原理的案例比比皆是（图5-27及前述各章中的许多科学模型或图像）；艺术很形象，但凡有意味的艺术（“美是有意味的形式”），从来就不会脱得开抽象的思想与内涵，反而是因为形象中蕴含丰富的思想内涵，才成为了卓越的艺术。抽象派艺术就是用形象表达抽象思想，或在感性形式中充满理性思考的典型代表。中国绘画讲求含蓄和意境，其实也便有了抽象意味（图5-28）。伟大的科学和伟大的艺术，无疑都是感性和理性、形象和抽象完美结合的产物。

最好的认知和思维方式、知识表达及知识构型，总是抽象兼具形象，或形象兼具抽象的。在千姿百态的事实、感性现象中，本来就蕴含着本质与运动规律，被抽象出来就是所言的概念和原理等；反之，所有抽象的理论如概念、原理等，都是从千姿百态的感性形象的事实中提炼抽象出来的。因此，任何时候，任何环节，都应该感性思维与理性思维、形象思维与抽象思维并用，不分科学还是艺术，不分理科还是文科，甚至不生硬地划分幼年还是成年。这就是合乎形象抽象律的、生动而深刻的“视点↔点”认知过程、知识构型、教学与学习过程。

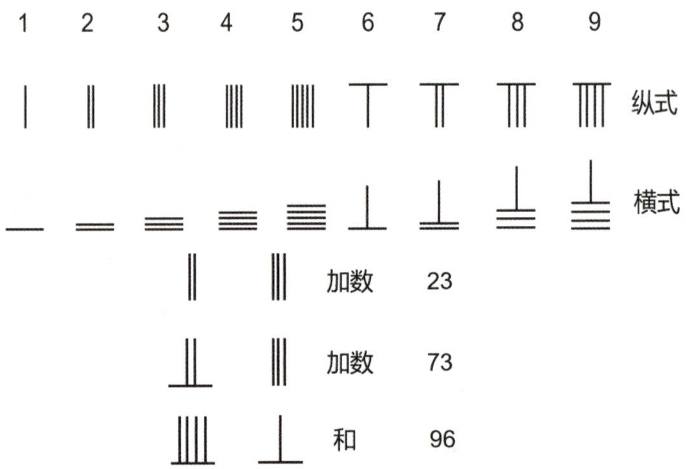

【图5-27】TVS哲学之“形象抽象律”：中国古代数学思想和计算工具，抽象性与形象性兼具

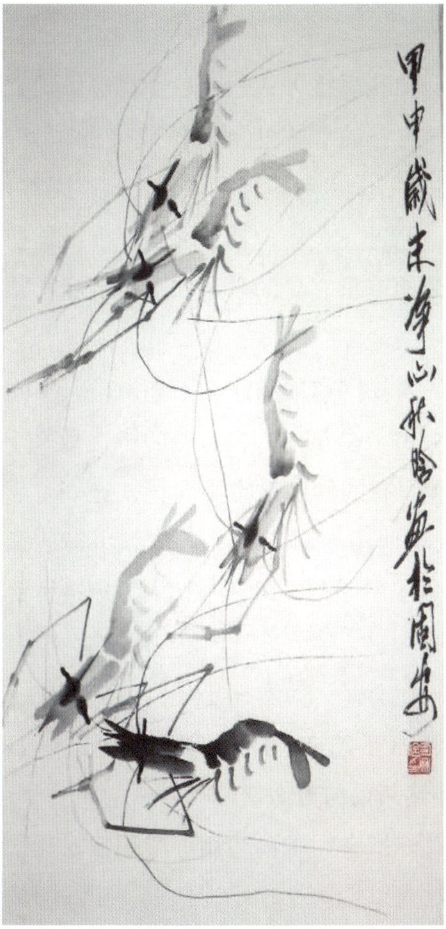

▲齐白石的《虾》

▼毕加索的《读书》

▶凡·高的《罗纳河上的星夜》

【图5-28】现代中西艺术作品感性与理性、形象与抽象兼具

5.4.5 定律7——臻美完型律

臻美完型律，指在高级认知领域，人的认知和思维方式总是趋于将对象知觉为完整或完美的形态，或力求使不完整、不完善的事物达到完整或接近完美。臻："至。《诗·邶风·泉水》：'遄臻于卫。'后多用作达到的意思。如：日臻完善；渐臻佳境。"①。臻美，就是达到完美，接近、逼近完美。包括追求客观事物外在形式的完美和内在本质结构的完美；一丝不苟地追求完美的学习和工作态度，乃至人格和人生等。

臻美完型律的基础，与其说是宇宙自然或事物固有的秩序，不如说是人类固有的趋于完美的认知方式或执着价值的信念。2000多年前，古希腊的毕达哥拉斯数学与天文学派提出"美是和谐"②，将自然固有的秩序性定义为美，这一"与音乐、数学、宗教信念均有关联，但又被成功地用于对自然、天体和宇宙的探索"③的观念，就成了最基本的美学定律，也成了科学与艺术等一切人类创造性活动最为重要的认知方式和特征。

臻美完型律之下，还有整一律、对称律、均衡律、节奏律、变化律、多样统一律等。这些美的定律或形式美法则，共同揭示了怎样的事物或结构是完美的，以及如何才能接近、逼近或达到完美的各种必然路径与方法。

特别要提到的是对称定律与对称方法。对称指中间轴两边相等或相似，是一种宇宙世界中广泛存在的自然秩序。它总是给人以均衡、稳定、稳重、宁静的愉悦体验，因此成为大多数普通人乐意接受的一种和谐形象，成为对自然美、艺术美、社会美以及科学美甚至科学真理的一种积极判据（图5-29）。

如果不对称，那就不符合自然定律，或者那就设法使之对称，这就是科学臻美思维常用的推理方式。在麦克斯韦的电磁方程组中，他对已有的四个电磁学原理，先整理和表达为定律或数学议程式——库仑定律、高斯定律、安培定律、法拉第电磁感应定律等，根据对称律，他很快就发现安培定律与法拉第电磁感应定律的变量不相容，结构不完美，于是在安培定律中添加了"$\dot{E}$"（表示电场对时间的微商）。立即，四个方程之间便具有了彼此协调的对称关系，换句话说，臻于了完美。英国作家Basil Mabon在麦克斯韦传记中将这一章的标题定为"美丽的方程组"（The Beautiful Equations）。"麦克斯韦在没有任何实验的基础上，纯粹

① 辞海编辑委员会.辞海(第六版彩图本)[M].上海:上海辞书出版社,2009:2912.

② 朱立元.美学大辞典[M].上海:上海辞书出版社,2010:39.

③ 李砚祖.艺术与科学(卷一)[M].北京:清华大学出版社,2005.

遵循对称律的自然美

遵循对称律的艺术美

遵循对称律的社会美

【图5-29】TVS哲学之“臻美完型律”的子定律：
对称律（法则）在自然、艺术、社会中的体现（图片来源于pixabay）

从对称性这一美学判断出发，就大胆地提出：既然法拉第电磁感应定律证实变化的磁场（H）可以产生感生电场（E），那么变化的电场（E），也可以产生磁场（H）。这一推断是如此地大胆和美妙”；“加了这一项，就变成相容的了，而且又不违反原来法拉第的定律和安培定律，这样，他的方程组就有了完美的对称形式，有了这四个方程，再利用数学方法，麦克斯韦竟然推出电磁场的波动方程，而且发现光也是

一种电磁波!”（杨振宁）“这是自牛顿时代以后，物理学所经历的最深刻和最富有成果的一场革命。”（爱因斯坦）①

“在《可怕的对称》中，我想讨论的是给20世纪物理学带来活力的美学动机。我的兴趣不在于解释现代物理的实际内容，而是要带给读者一种理性框架的概念，基础物理正是运行于此框架中”，诚如“阿尔伯特·爱因斯坦曾经说过，‘我想知道上帝是如何创造这个世界的。对这个或那个现象、这个或那个元素的谱我并不感兴趣。我想知道的是他的思想……’”“作为一名物理学家，我非常醉心于爱因斯坦所表述的这种感受。正当当代绝大多数物理学家忙于解释特定现象之际，少数爱因斯坦的理性的后继者却变得更加雄心勃勃了。他们进入了夜幕笼罩着的深林，探寻着自然的基本设计。”……“引导这一探索工程的是这两大原理：对称性和重整化。重整化是关于具有不同特征长度的物理过程间的相互联系的”，而对称性则是“基础物理学家用以审视大自然的统一美学观点”②。

应该特别指出，以对称律作为科学的审美判据，推导出科学假设或理论，有一个不可忽视的条件：要么基于前人用观测和实验数据所获得的定律，要么必须被之后的观测、实验和应用所证明。现代粒子物理学领域关于夸克的预言，就是在早期发现的粒子有四种轻子、三种夸克的基础上，科学家通过对称思维推理得出应该还有第四种夸克存在（表5-1）。

表5-1　基于对称的臻美推理：应该还有第四种夸克存在

轻子	e	γ_e	μ	γ_μ
夸克	u	d	s	?

这一当时根据对称臻美推理而“设计”出来的夸克，就是后来被实验证明的确存在的第四种夸克。

起先，根据轻子和夸克之间可能有深刻的联系的想法，从审美的角度支持这种建议。因为已知有四种轻子，所以认为如果也有四种夸克，那么，基

① 杨建邺.物理学之美[M].北京：北京大学出版社，2011：92-94.

② A. 热.可怕的对称——现代物理学中美的探索[M].熊昆，译.长沙：湖南科学技术出版社，1992：前言.

> 本粒子谱就会漂亮得多。轻子成对地出现，电子（e）跟一种中微子（γ_e）相关联，而μ子跟另一种中微子（γ_μ）相关联，u和d形成相似的一对，但s夸克却没有伙伴，于是设计一个新的夸克来填补这个真空。①

还有更多遵循“臻美完型律”而产生的自然科学成果，如开普勒的“宇宙和谐”思想及行星乐谱、狄拉克方程（图5-7）、门捷列夫元素周期表（图5-6）等，都是遵循臻美完型律，运用科学臻美方法②而取得的伟大科学成果。门捷列夫之前，关于元素间的排列，已有三素组、八音律等理论，但都拘泥于用简单归纳法对已发现的元素进行分类整理。门捷列夫打破这种传统思维和知识构型局限，利用纸牌制作了“元素卡片”，反复玩耍和排列组合，以寻求元素之间最完美的内在秩序和排列方式。终于，著名的元素周期表（图5-30）诞生了。这一如音乐声谱般美妙的元素周期表，揭示和表述了世间物质元素内在的逻辑关联性，据此，他大胆推测和预言了在这一元素大家族中，当时还没有发现的15种元素，其中有三种他命名为亚铝、亚硼、亚硅的元素，就是后来被发现的镓、钪、锗。后来有更多元素被陆续发现，证明了门捷列夫元素周期表的正确性和预见性。第101号元素被命名为“钔”，就是为了纪念他的这一伟大而完美的科学贡献。

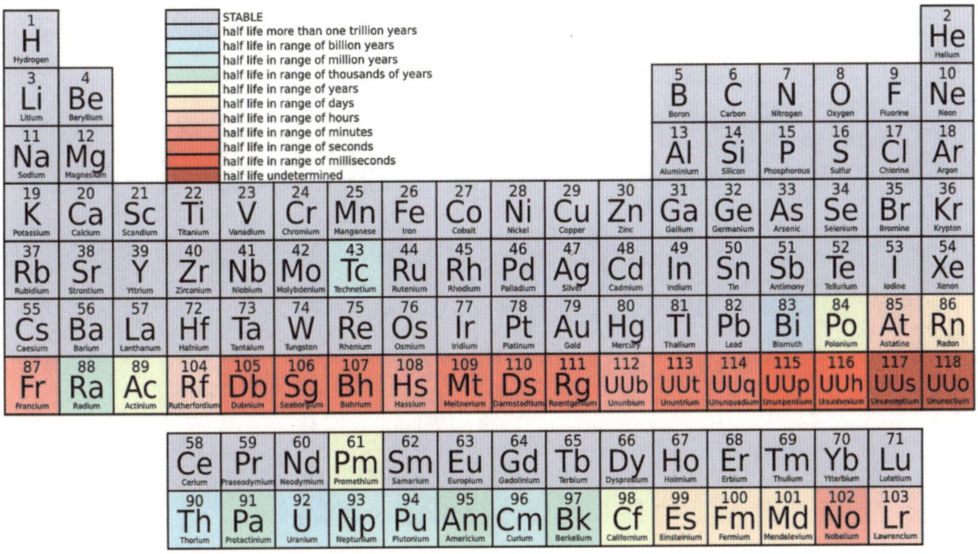

【图5-30】化学元素周期表（图片来源于pixabay）

① R. F. Echwitters.粲基本粒子[J].科学美国人(英文版),1977(4),第237卷:60.

② 刘仲林.科学臻美方法[M].北京:科学出版社,2002.

DNA 那美妙精致的、让科学家们“一看到模型就喜欢它”的结构，不仅精确刻画了遗传分子的结构与复制规律，它的发现更是一个起伏跌宕追求完美的过程，是臻美完型律、科学真与美有机统一的最佳佐证（图 5-31）。发现者之一沃森，谈到发现的臻美的思维过程时说：“我的手指冻得没法写字，只好蜷缩在炉火边，胡思乱想，想到一些DNA链怎样美妙地蜷缩起来，而且可能是以很科学的方式排列起来……希望出现一种美妙的基本排列。”后来，他又为这结构实在太完美而感到不安，“我的心跳在急剧加快。如果NDA的结构确实是这样，那么我将因为发现而一鸣惊人。生物体内存在着两条碱基序列完全相同并相互缠绕在一起的多核苷酸链，这不可能是一种偶然现象”[①]。经过一再严谨地求证，他最后才肯定自己已经找到了“一个非常美妙的DNA模型”！

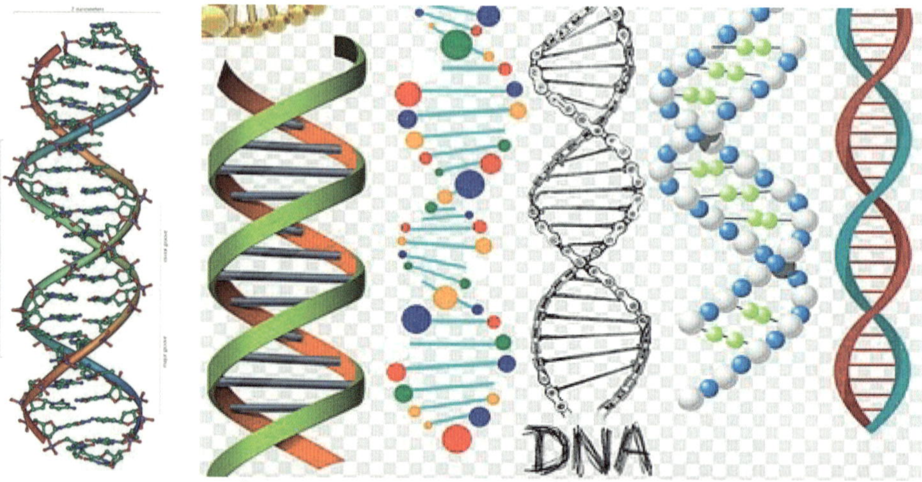

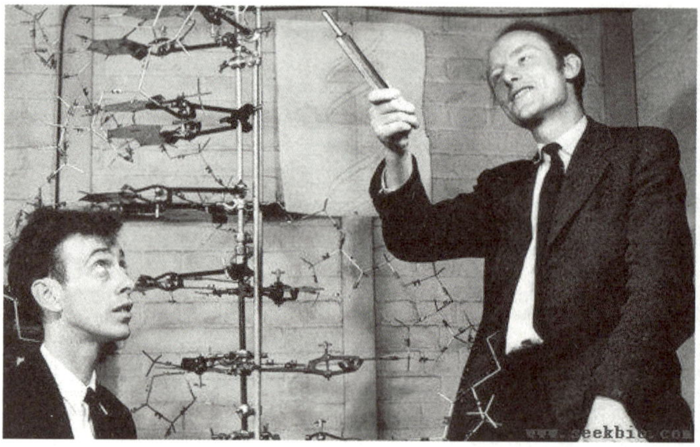

沃森和克里克在他们发现的DNA模型前

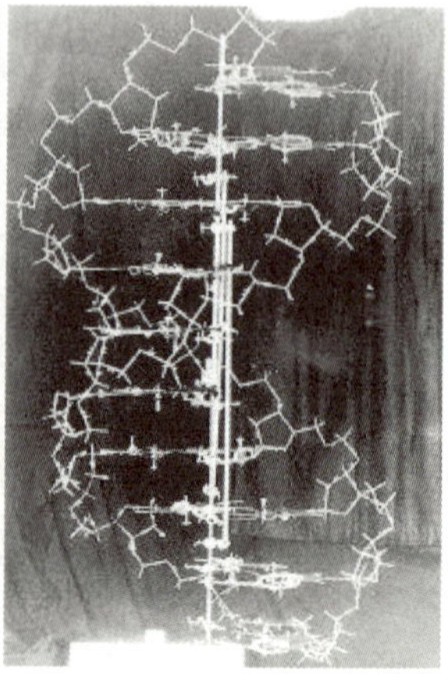

最早的双螺旋图

【图5-31】TVS哲学之“臻美完型律”：步步趋于完美和谐的DNA结构[②]

① 詹姆斯·沃森.双螺旋（插图注释本）[M].贾拥民，译.杭州：浙江人民出版社，2017：198.

② 詹姆斯·沃森.双螺旋（插图注释本）[M].贾拥民，译.杭州：浙江人民出版社，2017：226，227，221.

作为追求完美的臻美推理方法，与追求严谨的形式逻辑推理方法，两者有异曲同工之妙，不同在于，一个是（后者）“根据一个或一些判断得出另一个判断的过程[①]；另一个是（前者）”在“创造性思维过程中，按照美的规律，对尚不完美的对象进行加工、修改以至重构”[②]。臻美推理方法或被定义为一个基于科学原理“通过想象和直觉的矛盾运动而达到的从整体上推出（领略）理想结果的思维过程”[③]，包括根据某科学原理或规律，将片断连接成有机整体的科学理论、模型、公式和图像的塑造过程。

格式塔完形心理学用实验证明了人的臻于完型的认知定律的存在。臻于完型完美是人类共同的心理诉求，是与客观自然完美秩序或结构相吻合的，也是人类科学、艺术、社会、教育教学和日常生活不懈追求完美的审美性创造活动最难以抗拒的定律。

5.4.6 定律8——原型创新律

原型创新律，指如果事物皆有其原初的（原有的）构成形态，那么，所谓创新，也就是基于原有创造了一种包容原有合理因素又与之不同的新的结构形态。人类所有凭空创建出的全新事物、全新结构和秩序，都是基于原有元素（原子、粒子或最小单元等）或者改造元素自身结构或者对其相互联系的方式（结构）进行改组或重构。因此，从物质创造的角度，所有创新事物都不过是原物质“点”内外部结构及其“点↔点”间结构的变化。而科学、艺术、社会等领域的所有创新，包括所有知识创新，都是对原有旧观念视点结构或秩序的打破，在原合理因素基础上对结构和秩序的重建、重组、重构。

可以通过对已知科学定律的解析，重构和创生新的定律；对文学艺术作品原型的解构，重构新的文学形象。创造，绝非来自对原有事物的完全否定或彻底推翻，而是基于原有进行的新的改组和建构。正如“供人欣赏的音乐特征之一是组合音序在产生惊奇与可预见性之间采取最佳平衡方式。惊奇太多的话，会产生讨厌的噪声感觉；太熟悉的话，我们的大脑很快会感到厌倦。两者之间的某一点上存在着快乐的中庸”[④]。创构，其实是在原来的结构中找到那一点最令人感到快

① 金岳霖.形式逻辑[M].北京：人民出版社，1979：139.

② 田世昆，胡卫平.物理思维论[M].南宁：广西教育出版社，1996：194.

③ 刘仲林.跨学科教育论[M].郑州：河南教育出版社，1991：190.

④ 约翰·巴罗.不论——科学的极限与极限的科学[M].李新洲，徐建军，翟向华，译.上海：上海科学技术出版社，2000：130.

乐、愉悦的平衡点，据此进行重构。

所谓教学创造，也就是对那些已司空见惯的教学因素，如教学目标、教学内容、教学过程、教学方法、教学评价等，根据学生情况不同进行合理改造和再造，使之比原来更完美、更有效。完全保守传统或偏激采用与传统完全抵触的教学方式等，都会使教与学陷入僵滞或难以修复的混乱。所以，任何教学改革，都必须是在对过去的教学进行审视后，保留精华，去除糟粕，加入新元素后的重构工作。相比起来，全盘否定很容易，旧与新、传统与现代的合理重构才是最合规律的创新。或者说在新旧之间、传统与现代之间找到“可预见性和不可预见性之间精确的最佳平衡”[①]，是任何领域改良改革遵循原型创新律的精要所在。

5.5 四大动力定律

无论万物同构律、视点结构律，以及两者交织派生的六大方法定律，都是通过“视点↔点”对“点↔点”相互联系、相互作用的认知和表述。而助推相互联系实现，需要动力，包括客观动力和主观动力。互动相生律、动态平衡律、节奏循环律、美感源动律等，是TVS哲学的四大动力定律。

5.5.1 定律9——互动相生律

互动相生律，也称多元互动律，指如果一事物要生存和发展下去，那么必须使系统内外部各种因素相互进行能量交换。能量交换是任何一个系统存在与发展的主要动力来源。能量，是来源于物理学的一个基本概念，指物体做功的能力，或人的活动能力（活力）。在任何一个系统中，都潜藏着能量（潜能），只有在活动中才能焕发出来，也只有在与其他系统的能量交换中，才可能可持续性存在和做功。不仅物体间的相互作用，人与自然间、人与人间、人与机器间的相互作用，都是能量的推动，是彼此能量的交换而实现的互动互生。《易传·系辞》中“一阴一阳之谓道”，揭示了宇宙间任何事物都具有阴阳、动静、刚柔等相对的互动相生的动力属性。“刚柔相推而生变化”，“生生之谓易”，以及“相幸”“相荡”“相推”“相感”等都是万物互动生成的普通道理。互动相生不仅有两两交互推动，更具有多元交互的“非线性的实质”[②]与复杂进退生长，这是高级生命体、大系统

① 约翰·巴罗.不论——科学的极限与极限的科学[M].李新洲，徐建军，翟向华，译.上海：上海科学技术出版社，2000：130.

② 刘式达，等.自然科学中的混沌和分形[M].北京：北京大学出版社，2003：5.

和人类智慧的互动相生。所谓“生命”的活力，不是千方百计保存自己的能量，而是在与他人的能量互换中获取新生的过程和连续的“事件”。这是互动相生律的简明释义。

任何元素（点）在整体系统中存在的价值，都是以它在与其他元素之间，与其他系统之间相互作用或相互交换能量的贡献率来决定的。多因素间的相互作用及能量交换，综合构成了自然生命体和社会大系统的基本格局及变化趋势，同时也决定着每一个体的存在方式、特征、潜能及实现的可能性（图5-32）。

社会人际互动网络

（图片来源于pixabay）

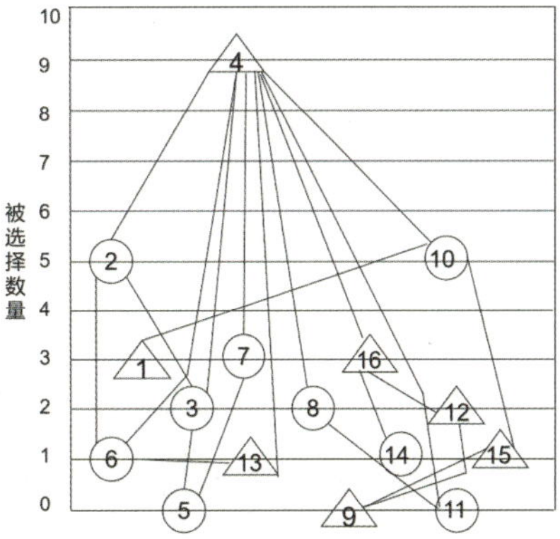

每个人都是一个聚焦辐射模型

（△表示女；○表示男）

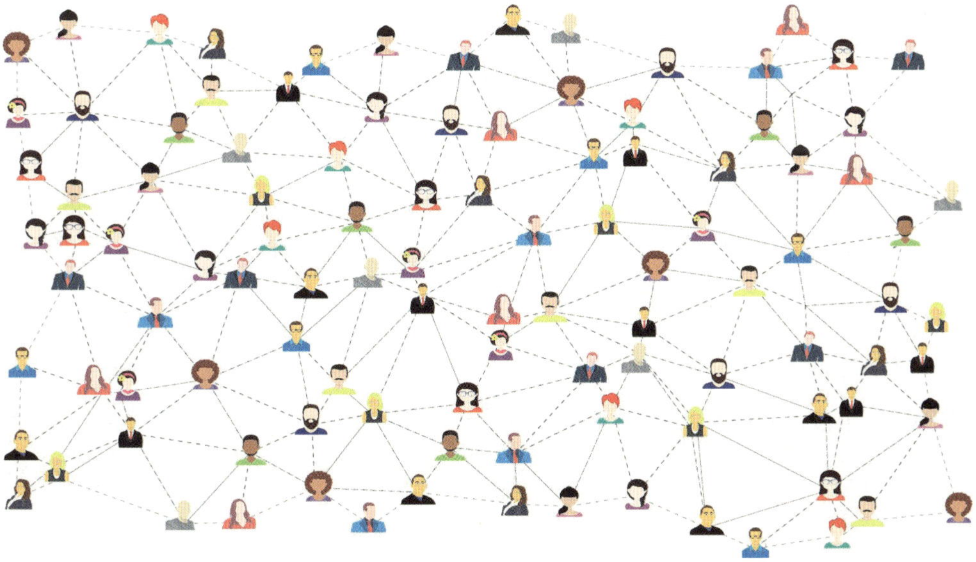

更多元多维的复杂互动关系

【图5-32】TVS哲学之“互动相生律”：就像自然生命体和社会系统中个体间多元相互作用与交换能量

互动，不是相互推诿，而是共生共赢；互动相生也不是抹杀个性，恰恰相反，是使每个个性都因能量交换和转化而获得生命活力。“世界上没有两片完全相同的叶子”，“没有任何一棵树与另一棵树完全相同。没有任何一个人的脸与另一个人的脸完全一样。实际上连你头上的头发也是独一无二的。”①遵循互动相生律，彼此提供能量，彼此共同生长，这并不抹杀个性，这是人类亲情、友情、爱情最好的关系，也是学校教学中师生和生生之间最理想的模样。

5.5.2 定律10——动态平衡律

动态平衡律，指如果一个系统及内外因素在彼此给予能量和动力的同时，又彼此有恰当的制约，就能够在变化中实现稳定发展（图5-33，图5-34）。换句话说，相互有恰当制约的能量（信息、贸易、科技、心理）交换，才有可持续性的稳定发展，才能保全机体的活力，防止无序的熵增和系统不可逆转地走向死寂。薛定谔称活体的生命就是一个“负熵”（增加有序性）的过程。②社会发展、企业发展、学校发展、教师发展、教学发展、学生发展，也都是这样的负熵过程。

动态平衡律是互动相生律的补充。如果说互动相生律揭示了系统内外部各因素和系统之间的互动共生关系，那么，动态平衡律就特别强调了互动相生中互相制约的关系。两定律从不同侧面辩证阐释了系统生存与发展的动力源问题。有制约或有条件的互动相生，是大自然也是人类很多领域或系统开放性、跨学科性和综合性的辩证法，是打破专业、行业、领域、学科等各自为政的封闭状态，形成协同共生格局的重要定律。

中医理论就是一个典型的动态平衡哲学体系，与太极原理相通。人体或太极整体系统中各因素、各子系统的有机联系与平衡（阴阳平衡、天地平衡、五行平衡、气血平衡、人际平衡等），确保了从他系统中获取能量同时释放能量给予他系统，以维持生命的良性动态平衡。只因为在实际操作上，中医缺乏精准的靶向诊断和治疗手段，对已严重失去动态平衡、难以实现生命内外能量互换的病体，在关键点上的判断以及在治疗的准度和速度上都显得乏力，因此帮助危机生命重新恢复动态平衡的能力常常不如西医。

① 威廉·邓勃斯基.理智设计论：科学与神学之桥[M].卢风，译.北京：中央编译出版社，2005:256.
② 埃尔温·薛定谔.生命是什么[M].罗来鸥，罗辽复，译.长沙：湖南科学技术出版社，2003.

如果要想向前迈步，那就必须保持动态平衡

【图5-33】TVS 哲学之“动态平衡律”：人体通过一根木条在与空气压力的相互作用、能量交换中，实现动态平衡（图片来源于pixabay）

【图5-34】TVS 哲学之“动态平衡律”：星体因引力与斥力的能量平衡，所以始终在固有轨道上运行（图片来源于pixabay）

5.5.3 定律11——节奏循环律

节奏循环律，指如果某事物有一个不断的运动过程，那么它大概率是会按照某种规则或结构方式反复进行的。或者说，如果事物能按照某种规则或组织结构有序推进，就会呈现出良好的循环发展态势。音乐的节奏，就是这一定律最形象和典型的体现。音乐有节奏、旋律、和声等三大组织结构要素。节奏是声音长短和强弱按照一定方式组合（节拍）并反复推进的动力结构，或基础动力机制；旋律是有节奏的声音按照一定方式起伏推进的线性曲调结构，是音乐更丰富的流体运动；和声是有节奏的几条旋律线同时或错时推进，是音乐最复杂多样且协调的最强大的结构动力与效应。节奏是音乐有组织演进的基本单元和骨架（图5-35），但不只是音乐专有。节奏是宇宙万事万物运动的共同规则、方式与动力结构。所谓"反复""重演"或"周期"，也不是完全一模一样重现，重现中有变化，有起伏跌宕、局部变奏、新旧交替、错落有致。这就是音乐的科学逻辑、魅力和美感所在。

其实，宇宙自然定律或规律本身，也就是宇宙运动的节奏。宇宙万物之间"存在着肉眼看不到的，而只能用分析的眼光看到的节奏和样式，我们正是把这些节奏和样式称为物理定律。我要在这一系列的讲座里讨论的就是这些物理定律的一般本性"[①]。早在古希腊时期，毕达哥拉斯就认为宇宙是一首由天体构成的宏大的、和谐的音乐（交响曲），近代著名天文学家开普勒甚至用五线谱写出了太阳系各行星（当时只发现了六颗行星）之间相互联系、相互作用、彼此推动的节奏与旋律。[②]

日落日出、潮来潮去、花开花落、螺旋转动、生来死去、情绪起伏、你来我往、股涨股跌、十年河东十年河西等，这些在自然界和社会生活中回环往复的"节奏"现象，普遍存在。节奏就是秩序。诸多事物的可持续运动，都遵循节奏循环律，如果打断这个循环链条，系统结构与运动就会断裂、解体，就会归于死寂（动态平衡律）。所以，在节奏循环这种有组织的运动中，本身就内含事物存在与发展的动力、活力与生命力！"有物混成，先天地生。寂兮寥兮，独立而不改，周行而不殆，可以为天下母。吾不知其名，字之曰'道'"（《道德经》第十五章），就是宇宙自然有序地周而复始、循环往复之道。日常生活中，人们会简单认为时间是一条一去不复返的直线，但在人类早期，玛雅人和古埃及人、佛教和印度教等，都已经认识到时间是不断重复轮回的，这是对节奏循环律最朴素的认知。

① R. P. 费曼.物理定律的本性[M].关洪，译.长沙：湖南科学技术出版社，2005：1.

② 杨建邺.物理学之美[M].北京：北京大学出版社，2011.

【图5-35】TVS哲学之“节奏循环律”：贝多芬第九交响曲《欢乐颂》乐谱

强弱交替、舒缓有致、周而复始。人类在感受到自己身心按节奏循环运动的同时，还体验到与自然节奏或者舞蹈动作节奏、知识与思维节奏，乃至教学节奏（图5-36）高度的协调感，继而产生巨大生理快感和心理愉悦感。所以节奏循环律也如臻美完型律，属于美学定律。

对事物内在逻辑结构和动力结构的理解，是科学家追求真理或自然定律、发现客观事物变化的奥秘、获得美感“高峰体验”的一大动机，是艺术家用各种形式表达万事万物存在与动态变化的美学法则之一。两者兼有，就有了爱因斯坦、麦克斯韦等这些有着丰富美感的科学家，以及达·芬奇、埃舍尔等这些有严谨科学态度与方法的艺术家。而教师，则应该是遵循节奏循环律，构建和驾驭有组织教学的科学家和艺术家。天体的循环往复、物理的震动周期、化学的元素周期表、生物的新陈代谢、呼吸节律、血液循环等，这些教科书上学习到的知识，用词不同，但本质相同，皆如音乐节奏。所以，仅以音乐“节奏”为视点，就可以统整建立音乐知识乃至所有学科领域的知识体系，而且有助于对宇宙万事万物运动结构和动力性的理解。这就是TVS哲学之“节奏循环律”的一大教学应用价值所在。

节奏鲜明的踢踏舞

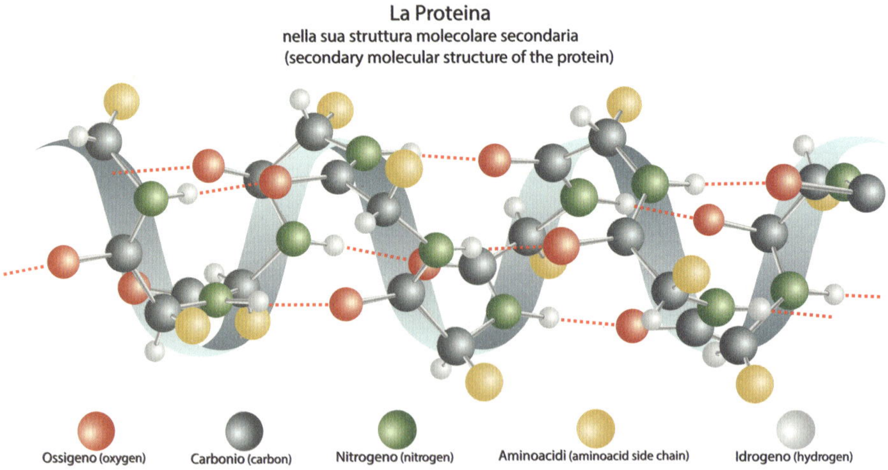

学科和多学科知识建构、思维建构及教学逻辑的节奏

【图5-36】TVS哲学之“节奏循环律”：踢踏舞、知识节奏、思维节奏、教学节奏

5.5.4 定律12——美感源动律

美感源动律，指如果事物运动的动力源有多种，那么追求机体快感和心理愉悦感便是人类天性中最大的内在动力源。因为“美是和谐”，“和谐是整体中各个部分和各个因素之间有机匹配”，“且令人身心愉悦的”[①][②]的那些关系、结构和事物。所以，美感源动律也可称为“和谐源动律”，与臻美完型律、节奏循环律等高度关联，也都同时属于美学定律。追求和谐或体验快感和愉悦感，是有机生命运动的重要内在驱力。在审美活动中所产生的心理效应及其行为效应，称为“审美场效应”[③]。

美就是和谐，就是多因素及其相互联系、相互作用达成的相互匹配或最佳动态平衡。从古希腊数学家毕达哥拉斯定义宇宙就是一首和谐的交响曲开始，人类科学的发展就与探索大自然的和谐之美紧密联系在了一起，追求美与美感就成了科学[④]，当然还有艺术和社会发展不可或缺的强大动力。诚如“人民对美好生活的向往，就是我们的奋斗目标”[⑤]。

“美感是人在对外界事物的美进行评价时产生的一种肯定、满意、愉悦的情感。”[⑥]美感的这种心理场效应，也是一种充满能量的动力场（图5-37）。如哥白尼在反对地球中心说，提出太阳中心模型时的深情表述；如海森堡在描述发现量子力学原理时的激情状态；如郭沫若（1892—1978）的诗《地球，我的母亲》，像匍匐在大地上，吮吸大地母亲的乳汁。

中央就是太阳。在这华美的殿堂里，为了能同时照亮一切，我们还能把这个发光体放到更好的位置上吗？太阳堪称宇宙之灯，宇宙之头脑，宇宙之主宰……于是，太阳坐在王位上统率着围绕它旋转的行星家族，地球有一个侍从——月亮。正如亚里士多德在《博物志》中所说，当地球从太阳那里受孕和怀胎，以便每年生育一次的时候，月亮是地球最亲的亲人……我们就发

① 赵伶俐.以目标与课程为支点的美育质量测评——为了有效实施《国务院办公厅关于全面加强和改进学校美育工作的意见》[J].华东师范大学学报（教育科学版），2017(5)：87-99，161.

② 林崇德，杨治良，黄希庭.心理学大辞典[M].上海：上海教育出版社，2003.

③ 于泽元，李健，丁月华.绘画教学的审美取向及美感生成场域的构建[J].华东师范大学学报（教育科学版），2017(5)：128-137，162-163.

④ 詹姆斯·W. 麦卡里斯特.美与科学革命[M].李为，译.长春：吉林人民出版社，2000.

⑤ 中共中央文献研究室.十八大以来重要文献选编（上）[M].北京：中央文献出版社，2014：70.

⑥ 黄希庭.心理学导论（第二版）[M].北京：人民教育出版社，2007.

现在这样有秩序的安排下，宇宙有一种奇妙的对称性，轨道的大小与运动都有一定的谐和关系，这样的情况是用别的方法达不到的。[①]（哥白尼）

当计算机的最后结果出现在我面前时差不多已是早上三点钟了。能量守恒原理对所有项都成立，我不能再怀疑量子力学在数学上的坚实和条理。最初一瞬间，我深感惊慌，我感到，通过原子现象的表面，我正在窥探一个异常美的内部。当想到现在必须探明自然界如此慷慨地展示在我面前的这个数学结构的宝藏时，我几乎眩晕了。[②]（海森堡）

地球，我的母亲！

郭沫若

天已黎明了，
你把你怀中的儿来摇醒，
我现在正在你背上匍行。
地球，我的母亲！
…………

我不愿在空中飞行，
我也不愿坐车，乘马，著袜，穿鞋，
我只愿赤裸着我的双脚，永远和你相亲。
地球，我的母亲！
…………

我想宇宙中的一切的现象，都是你的化身：
雷霆是你呼吸的声威，
雪雨是你血液的飞腾。
地球，我的母亲！
…………

① 王溢然.高中物理习题课指导(第三册)[M].郑州：河南教育出版社，1993.
② 夏禹龙，等.科学学基础[M].北京：科学出版社，1983：281.

我想那缥缈的天球，只不过是你化妆的明镜，
那昼间的太阳，夜间的太阴，
只不过是那明镜中的你自己的虚影。
地球，我的母亲！
…………

我饮一杯水，
我知道那是你的乳，我的生命羹。
地球，我的母亲！
…………

我眼前一切的浮游生动，
我知道那是你的舞，
特为安慰我的灵魂。
地球，我的母亲！
…………

任何领域都“能很好地追踪自然定律的美的踪迹”①。从混沌中找到秩序或规律，是科学家的审美乐趣；排除混乱干扰，准确解决问题，是工程师的快慰与乐趣所在；玩味混沌朦胧，是诗人独享独创的怡情趣味；普通人也有自己的生活秩序和乐趣；而从混沌的感性，上升到明智的理性，再到感性与理性的统一，是哲学家的乐趣。让教育教学充分遵循美感源动律，成为“理性的明确与感性的鲜活应当相得益彰”②的审美场，应该是教师教学与学生学习的最大享受与乐趣，也是一位优秀教师应该拥有的审美化教学（A-TVS）的才能之一（参见本书系《TVS：视点结构教学》之三TVS《教学行为体系》）。

5.6 系统论与TVS哲学比较

或许有读者说，乍眼看上去，TVS哲学就像是“系统论”。有道理，但不完全正确。可以这样说，TVS哲学是经过关键性改造的系统论。

① R. P. 费曼.物理定律的本性[M].关洪，译.长沙：湖南科学技术出版社，2005：1.

② 席勒.美育书简[M].徐恒醇，译.北京：中国文联出版公司，1984.

精致优雅的磁力场

人类两性引力场

舞蹈艺术的魅力场

【图5-37】TVS哲学之“美感源动律”：电磁场、两性相爱、艺术意境等，都是自然和人类美感源动力产生的审美场效应

5.6.1 系统论：20世纪最伟大的哲学

系统论（systematology）是20世纪60年代后期，起于生物学，集多门科学之大成，也是集多种哲学思想之大成的，影响面最广、传播速度最快、波及几乎所有领域的“大统一”哲学。其与怀特海的有机哲学同出一源，即皆出于对整体“有机联系”的关注及其原理的思考，但其“视点”不是怀特海的生命“细胞”间的“有机联系”（结构），而是任何系统中各“要素”间的“有机联系”（结构）。它将“系统”（system）概念，拓展到各门自然学科、社会学科和人文学科中，用于指代宇宙间所有大小事物及相互联系，还借助精确的数学工具来表达，使其在同时代兴起的信息科学技术领域得到成功应用。因此，系统论哲学诞生之后，很快就不可阻挡地“成了科学领域总的必然趋势，贯穿于所有学科，最后到哲学”，成为“研究自然、社会和人类思维领域以及其他各种系统、系统原理、系统联系和系统发展的一般规律的学科”[①]。它“在不同领域内激荡着，达到了不同程度的成功和精确性，并宣告有一种强大推动力的新世界观的来临”（贝塔朗菲，1968），最终成为“研究系统概念、系统思想、系统方法和系统规律的哲学理论”[②]。系统论也顺理成章地成了“世界是普遍联系的”这一哲学命题最简明的现代诠释。

伟大的哲学，也有一些或许是当时难以避免的瑕疵。正如伟大的科学定律，也往往会有一点儿需要继续完善的空间。

5.6.2 三大创建

（1）**系统论的首要创建**。如前所述，系统论的首要创建就是借用生物学中一个表述生命有机整体的概念“系统”，迁移指代了宇宙世界一切事物存在的基本单元（要素）及相互关系（结构）。从微观基本粒子，到宏观宇宙星系、河外星系等自然系统；从工程、生产、交通、电力、计算机、网络，到医疗、社区、教育、教学等人工系统；从平衡态、近平衡态，到远离平衡态等，大大小小、千奇百怪的事物都有了一个统一的名称“系统”，都是由“相互联系、相互作用”的“要素”（或部分）组成的具有一定结构和功能的有机整体。而“要素”和“结构”便

① 金哲，等.世界新学科总览[M].重庆：重庆出版社，1987：18.

② 许国志.系统科学大辞典[M].昆明：云南科技出版社，1994：556.

成了“系统”这个视点概念的两个关键词，概括和给定了表述宇宙万物构成和相互作用的知识构型、基本范畴和基本逻辑，也因此成为现代科学、社会和人文等几乎所有领域最富概括力、活力和普适性的概念；反过来又极大地影响了科技思想与观念的进步[①]，比以往哲学所给定的“物质”和“精神”两大基本范畴更具建构力，也更具代表性和可操作性。

“系统”指“由相互联系、相互作用的要素（部分）组织成的具有一定结构和功能的有机整体”[②③]。“相互联系、相互作用”，就是现当代物理学、生物学等多学科所揭示的宇宙世界各种事物存在的基本形式和基本属性，就是TVS哲学提炼出的“点↔点”和“视点↔点”模式，但TVS哲学比系统论更有概括性、更简洁形象。

“系统”这个概念，也不是系统论才有的。“系统”源于希腊文“systēma”，意为部分组成的整体。[④]早在古希腊，亚里士多德就提出了“整体大于部分相加”这一与现代系统论十分接近的核心思想与命题；原子论之父德谟克里特的《世界大系统》中就使用了“系统”这个概念，以原子为最小单元（要素）阐述了世界是如何有机联系起来的。17世纪大哲学家黑格尔比喻道：“譬如一只手，如果从身体上割下来，名虽可叫着手，实已不是手了。”部分脱离了整体，就丧失了自身功能，也必使系统功能受到损伤。17世纪伽利略、笛卡儿、牛顿、洛克，20世纪爱因斯坦、玻尔、霍金等科学家，都力图基于自己的科学研究成果，透视整个宇宙世界的普遍联系的规律性，或描绘宇宙世界相互联系、相互作用的图景。本质上都有“系统”哲学的思想。马克思主义辩证唯物论和辩证法“以近乎系统的形式描绘出一幅自然界联系的清晰图画”，“宇宙是一个体系，是各种物体相互联系的总体”（恩格斯《自然辩证法》）[⑤]，“辩证唯物主义认为，物质世界是普遍联系的，事物之间不但相互联系、相互作用着，而且事物内部各种要素（部分）也处于相互联系、相互作用之中，形成了统一的有机整体”[⑥]。因此也可以说“系统论

① 许国志.系统科学大辞典[M].昆明：云南科技出版社，1994:540.

② 许国志.系统科学大辞典[M].昆明：云南科技出版社，1994:540.

③ 许国志.系统科学大辞典[M].昆明：云南科技出版社，1994:556.

④ 许国志.系统科学大辞典[M].昆明：云南科技出版社，1994:540.

⑤ 中共中央马克思恩格斯列宁斯大林著作编译局.马克思恩格斯选集(第三卷)[M].北京：人民出版社，1966.

⑥ 许国志.系统科学大辞典[M].昆明：云南科学技术出版社，1994:556.

是系统科学到马克思主义哲学的桥梁”[①]，或者说“它将成为辩证唯物主义的一个组成部分”（钱学森）[②]。“系统”概念的明确定义和推而广之，无处不及的普遍使用，是系统论成为伟大哲学的第一大创意。

（2）系统论的第二大创建。即明确揭示了任何系统都是由“要素”与要素之间的“结构”关系建立的。“要素”与“结构”（相互作用、相互联系），决定着一个系统的功能。

TVS哲学提炼的客观宇宙自然的“点↔点”模式和人类认知的“视点↔点”模式，其中的“点”或“视点”与系统论的“要素”，看似相似，其实也有很微妙的差异。系统论的所谓“要素”，似乎就是TVS哲学的“点”，“相互作用”就是TVS哲学的“结构”。TVS哲学非常强调“点”（包括要素点），但是“点”却不仅仅是要素，还囊括了一切参与系统的所有大大小小事物，与物理学最终用“质点”来概括宇宙世界的一切宏观和微观物体，几乎等值，同时又特指概念。TVS哲学的“点↔点”和“视点↔点”模式，比系统论的“要素”与“结构”，更为周全、精致和具有本质抽象性。

（3）系统论的第三大创建。即以“有机联系”界定了以往常用的笼统的机械性的“整体”概念。美籍奥地利生物学家贝塔朗菲（L. Von Bertalanffy，1901—1972）于20世纪60年代初出版的《一般系统论——基础、发展和应用》（1968），被学界公认为是确立系统论哲学的代表作。然而，直接影响贝塔朗菲的，却是20世纪20年代中后期英国数学家、哲学家怀特海的“有机哲学”（参见本书4.5.3），又译为“机体哲学”“过程哲学”，后又称“后现代哲学”。他批判生物学“机械论”，倡导“有机论”，认为只有把生命看成一个有机整体，才能解释生命的复杂现象[③]，任何事物或系统都类似生命体，是一个处在多种关系中的有机生成过程，因此“有机过程”才是“实在”。[④]怀特海的有机哲学，最先给定了系统论的“有机联系”，以及相互作用的“过程”与“生成”等基本概念，成为现当代系统论哲学的真正先导。因这些源于有机生命系统的思想观念，他被后来学者追认为“后现代”思想鼻祖。就目前后现代理论的混杂局面看，这种追认是否合适，有待

① 系统理论中的科学方法与哲学问题[M].北京：清华大学出版社，1984：17.

② 钱学森，等.论系统工程[M].长沙：湖南科学技术出版社，1982.

③ A. N. 怀特海.科学与近代世界[M].何钦，译.北京：商务印书馆，1959.

④ A. N. 怀特海.过程与实在（卷二）[M].周邦宪，译.贵阳：贵州人民出版社，2006.

商榷。如果再往前追述，怀特海的有机哲学也不过是古希腊亚里士多德哲学和近代科学家伽利略、笛卡儿、牛顿、洛克等人的科技哲学思想内核的整合提炼与创造性表达。[1]怀特海认为，有机哲学更接近东方的和中国的哲学，中国哲学就是一种富有生命体征的系统要素相互联系的“有机哲学”！[2]

因为事物“要素”之间的“结构”关系，才使得系统的整体功能大于部分之和。这点，也是TVS哲学及定律一以贯之的逻辑。问题在于，对“要素”的“结构”的理解与阐释，关系论还存在些许不足。

5.6.3 两大先天缺陷

系统论显然存在两大不足或遗憾：一是对“系统”构成的两大基本元素“要素”和“结构”的解释，还比较含糊，在细节上不透彻；二是其方法论，特别是早期系统论，片面强调综合方法，而贬低分析方法。前一遗憾的根源，也在后一遗憾即方法论的问题上。TVS哲学的万物同构律、视点结构律 、聚焦建构律、细节系统律和分合同体律等正是对这两大缺陷的补充。

系统论虽然基于生命科学和物理科学的成就而诞生，却没有深入分析这些成就最为重要的共性和精致的细节，因此对什么是“要素”和如何建立有机“结构”的解释，尚显粗糙。

贝塔朗菲把笛卡儿、爱因斯坦等的研究方法及成果，一并归入将知识像“照相机”那样简单分析和还原法[3]，给予了激烈批判。他认为，以往的科学思维，一般是把事物分解成若干部分，抽象出最简单的因素，然后再以事物的部分的单元性质去还原和解释复杂事物，这是笛卡儿所奠定的分析方法。这种分析方法的着眼点在局部或要素，遵循的是单项因果关系或线性因果关系决定论。虽然几百年来在特定范围内行之有效，但它不能如实地说明事物的整体面貌，不能反映事物之间的有机联系和相互作用，因此“它只适应认识较为简单的事物，而不胜任于对复杂问题的研究”等。系统论明确反对这种传统科学的分析方法，重用综合方法，因此“系统论使人类的思维方式发生了深刻的变化”[4]。

正是上述这种以完全否定分析方法来片面强调综合方法的倾向，规定了也限

① A. N. 怀特海.过程与实在(卷二)[M].周邦宪，译.贵阳：贵州人民出版社，2006：前言.

② A. N. 怀特海.过程与实在(卷二)[M].周邦宪，译.贵阳：贵州人民出版社，2006：7.

③ 许国志.系统科学大辞典[M].昆明：云南科技出版社，1994.

④ 许国志.系统科学大辞典[M].昆明：云南科技出版社，1994.

制了后来系统论的基本语境和理论偏向。直接结果就是：系统论重“要素”与“结构”，但对“要素”和“结构”的构成、构成细节是忽视的，以至于说到“系统论”，似乎就等于“综合论”；说到“要素”“结构”和“系统”，就是一个缺乏严谨结构的“模糊团”。高度强调综合而贬低分析，违反了思维规律和知识发现与建构规律，也违背了如微分积分那样的对整体与细节辩证理解与辩证法的原理。

事实上，系统论应用到当代信息科技领域非常成功，是因为其在实际应用中，根本就没有脱离分析思维和技术，但其在理论上贬低分析方法的倾向，直接导致了很多原本就比较模糊和分析力不足的其他应用领域，如哲学、政治学、文化学和学校教学等受到了消极影响，出现了盲目综合、贬斥分析、忽视细节、热衷表层联系、模糊和粗制滥造的所谓综合发展热潮。

科学思维从来都是分析与综合同体的。没有精细分析，就没有高水平综合；没有对要素（元素，基本单位）的细节及其相互联系的细节的透彻把握，就没有精良健全的系统及结构或相互联系的建立。如同没有粒子物理学对微观原子内部精细结构和运动形式的研究，就肯定没有现当代宇宙系统图景的宏观整合模型！笛卡儿基于代数与几何统一创建的解析几何、麦克斯韦基于电磁统一创建的电磁方程组、爱因斯坦基于质能概念统一创建的相对论等，都是在对自己或前人研究成果深刻而精细分析的基础上，综合创建的新知识体系。古代原子论认为，原子是不可再分的最小单元，而现代原子论和物理学的根本进步，就是对原子内部构成细节的分析和重建，以及由此带来的对物体结构、质量、能量等这些现象认知的全新改观所取得的伟大成就！

方法论的先天缺陷，大大削弱了系统论对“要素”“结构”，对系统生成与发展规律的深透认知，或成了限制系统论可持续发展的瓶颈。因此，“系统论还是发展中的学科”，“它的概念、范畴以至内容等也都带有一些不确定性，有待进一步研究、明确和完善”[①]。

5.6.4 系统论与结构主义的“结构”

结构主义（structuralism）是与系统论几乎并存的一种哲学和方法论，发端于19世纪。其由瑞士语言学家索绪尔（Ferdinand de Saussure，1857—1913）创立，经过哲学家维特根斯坦、心理学家让·皮亚杰、精神分析学家拉康、人类学家列维-施特劳斯、社会学家罗兰·巴特、马克思主义哲学家阿尔都塞和科尔伯格、语

① 许国志.系统科学大辞典[M].昆明：云南科技出版社，1994：556.

言学家乔姆斯基、哲学家福柯和德里达等人的批判性发展，已成为20世纪下半叶的重要思潮之一。虽然有文献说，结构主义是20世纪下半叶最常用以分析语言、文化与社会的研究方法之一，但事实上，其亦如系统论一样，应用范围和研究对象，大到宇宙，中到数学、物理、生物、化学、地理、人类社会、语言、思维、思维与精神现象、宗教仪式、哲学、文学艺术、各种文本，小到上餐礼仪、茶道、插花、游戏以及其他娱乐形式、生活细节和微观粒子等，无一不与“结构”及“建构”有关。这一核心观点，与系统论的“结构”几乎相同，只是系统论是把“结构”作为“系统”的一个要素看待的，而结构主义则是将“结构”提取出来作为专门对象加以研究的。

从学科历史看，结构主义思想发生的时间，似乎还早于系统论。然而，要说发生时间，如前所述“系统”一词源于古希腊，作为方法论才起于贝塔朗菲的《抗体系统论》一文（1932），而他的专著《一般系统理论——基础、发展和应用》（1968）才被公认为是系统论独立的理论代表作。而作为结构主义标志性代表作的是语言学家、“结构主义之父”索绪尔的《普通语言学》（1916），但在他出版的论著《论印欧系语元音的原始系统》（1878），标题上就已使用了“系统”这个词。这本语言史的著作并没有采用常用的历史比较法，而是把原始印欧语的语音系统看成一个有规则的整体结构来研究，从中发现了缺失的辅音等。索绪尔认为，19世纪的比较语言学，只注意把一些语言事实当作孤立静止的单位对待，忽视了语言是一个整体的符号系统，其意义的产生不是符号本身，而是符号间的组合关系，即意义来自结构。语言学就是研究符号组合规律的学问，语言是意义和声音之间的关系网络，他明确把这种关系网络或结构作为语言学研究的对象。

20世纪中期，法国人类学家列维-施特劳斯（Claude Levistaruss，1908—2009）在文化人类学中开创了“结构主义”学派，提出分析亲属关系有四种基本结构单位，即兄妹关系、夫妻关系、父子关系、舅甥关系，其他所有亲属系统都建立在此基础上。他强调，对亲属关系结构的分析，重点应该放在人类意识上，而不是放在客观的血统联系或者亲族关系上；社会生活的一切关系形态（结构形态），都是普遍法则的体现和作用，而普遍法则控制着人的思维活动。

从20世纪60年代起，结构主义几乎影响到文学艺术理论、创作和批评的所有领域，成为“二战”后继英美新批评学派和法国现象学派之后，当代西方文学理论的第三大思潮，并迅速扩展到英、美、西德、意大利、丹麦，并对苏联、东德、波兰、捷克等社会主义阵营国家产生影响。结构主义作为存在主义的否定的思潮而兴起，对之前盛行的“个人”“存在”“自我意识”“他人是我的地狱”等这些存在主义概念和观念，持强烈批判态度；也对当时西方部分学者对现代文化分类太细、只求局部、不讲整体的“原子论”倾向感到不满。它认为“我”“主体”等，既不是自己的中心，也不是世界的中心，这样的中心根本就不存在。要说有中心，那就是事物之间的相互关系，或者结构。这一点，与后来发起于生物学、物理学等自然科学的“系统论”形成了呼应关系。

结构主义与系统论都强调关注事物之间的“结构”，且都提到“有机联系”，但是两者都没有特别注意到“结构”本身也是一个活体，任何一个活的结构或联系都是“有机”的。万事万物、自然、人类和人性之间是如何通过“点”或“视点”相互“有机联系”起来的，以达到认知和知识的精确化、科学化、系统化水平，这是TVS哲学及定律要解决的关键问题。

5.6.5 对学校教学的影响

目前的学校教学，“系统”已成为一个常用词，但同时也属于一个被严重卡在“系统论”方法论瓶颈中的，又对其“要素”和“结构”缺乏深透理解的模糊概念。对学校教学，从理论到实践方法的消极影响是对知识的认识和教学都太笼统、太粗糙、太模糊，严重缺乏深度解析和有效综合。换句话说，是缺乏建立在深度精细分析基础上的综合教学思想、意识和能力。这是中外教学虽然改革不断，但相同的教学问题总是存在、依然存在，似乎还越来越深重的一个重要原因。

5.7 TVS哲学再审视

5.7.1 要害：“点↔点”是如何联系的？

完整的哲学，是宇宙观、知识观、方法论以及价值观的统一体。TVS哲学力图构建一个宇宙自然秩序和人类认知逻辑契合的、“合规律性”与“合目的性”的宇宙观、方法论、知识观和价值论统一的哲学体系，即TVS哲学理论及定律。基于自然定律和科学定律，揭示万事万物普遍联系的共同基本方式——宇宙自然的“点↔点”模式或结构秩序，及基于人类认知的“视点↔点”模式或基本认知方式，发现了两大基本定律、六大方法定律、四大动力定律（图5-38），与具体学科相结合，还会有更多下位的派生定律，等待我们继续探索。但要坚信，万变不离其宗。

- **TVS哲学十二大定律及子定律**
  - **两大基本定律**
    - 万物同构律（简述：“点↔点”是客观宇宙万事万物普遍联系的基本模式）
      - 异元异构律
      - 同元异构律
      - 异元同构律
      - 同元同构律
    - 视点结构律（简述：“视点↔点”是人类对客观宇宙万事万物认知的基本模式）
  - **六大方法定律**
    - 聚焦建构律（简述：客观万物与主观认知的动态生成都是向心聚焦和向外辐射统一的建构过程）
    - 细节系统律（简述：万物与认知的最佳关系都是细节与系统互为的关系）
      - 细节决定系统律
      - 初始决定趋势律
      - 微观决定宏观律
      - 临界质量突变律
    - 分合同体律（简述：精深分析与高度综合是同一认知过程的两个面）
    - 形象抽象律（简述：生动多样与抽象简明是同一认知过程的两个面）
    - 臻美完型律（简述：完美的自然秩序是人类趋于完美的认知方式的根源）
    - 原型创新律（简述：所有新事物的创建，都是基于原型的重构）
  - **四大动力定律**
    - 互动相生律（简述：万事万物与人类认知共有的推动力是互动共生）
    - 动态平衡律（简述：单向流动产生不可逆的熵，双向交流可以减熵，动态制约，实现稳态发展）
    - 节奏循环律（简述：事物运动具有周期性、重演性，因此人类认知具有按一定规则和方式反复推进的逻辑结构）
    - 美感源动律（简述：身体快感和精神愉悦感是人类身心运动的第一内驱力）

【图5-38】TVS哲学十二大定律及子定律一览

有几点需要特别说明：

（1）关于命名。万物同构律和视点结构律这两大基本定律，一个是关于客观宇宙万物相互联系、相互作用共性的表达，另一个是关于人类对宇宙万物的认知基本模式的表达，两者如一枚硬币的两个面，不可分割，且有前者才有后者。但是，因为事实上所有定律和人类的一切知识等，都是以人类“视点”观测和推导所获得的认知成果，换句话说，也都是第二定律即视点结构律的产物。因此，理论上是先有前者才有后者，但实际上是有了后者才知道了前者。所以尽管第一定律是第二定律无可非议的客观基础、对象或背景，但第二定律即视点结构律才是TVS哲学最为核心的定律。TVS哲学的逻辑重心，在于揭示人类是如何认知宇宙事物（视点）及宇宙事物是如何有机联系起来的（结构），以回答TVS哲学和教学的起点问题“世界是如何普遍联系的”。

（2）关于子定律。十二大定律中，有的定律包含下位子定律。如万物同构律中的四个子定律，即同元同构律、同元异构律、异元同构律、异元异构律；细节系统律中的细节决定系统律、初始决定趋势律、微观决定宏观律、临界质量突变律等。事实上，十二大定律中的每一个定律，都可以有若干子定律，有待研究和明确。此外，与各具体学科、领域结合，还会有更下位的子定律，如在TVS中的各级各类各科教学中的操作性定律、定则与技术要领。

（3）关于各领域定律。TVS哲学和定律贯穿于所有实践应用领域。其与实践活动的具体特征结合，派生出各领域的定律，如TVS经济定律、TVS政治定律、TVS社会定律、TVS管理定律、TVS教育定律、TVS教学定律等。各级定律彼此联系、相互交织，成为TVS哲学及定律的实践佐证和解释系统。

（4）关于科学定律与美感定律。TVS哲学的十二大定律之间有紧密的内在联系，每个定律也有一定的倾向性。其中，万物同构律、视点结构律、聚焦建构律、分合同体律、原型创新律等，都侧重在科学逻辑的构成方面；而形象抽象律 、臻美原型律、节奏循环律、互动相生律、动态平衡律和美感源动律等，除同样强调科学逻辑外，还特别突出地反映了富有美感的知识和认知构型、方法性和动力性规律。

5.7.2 自然秩序是立法者

尽管TVS哲学的十二大定律已阐明为什么重心是在第二大基本定律，即反映人类认知“视点↔点”模式的视点结构律 上，且命名也是按第二定律命名的，但是无论如何，归根结底自然秩序或自然定律是宇宙万物万事秩序的根本和“立法者”，即TVS哲学的第一大基本定律“万物同构律”所揭示的宇宙万事万物之间的“点↔点”相互联系和相互作用，才是人类所有认知和知识的根源。任何“哲学的建构与推行也必须以自然和自然科学成果为基础”，例如“一切自然现象，无论是有生命还是无生命的，都毫无例外地遵守能量守恒定律、万有引力定律等这些最普遍的物理规律”①。反之，“哲学一经建立并广泛地被人们接受之后，它们又常常促使科学思想的进一步发展，指示科学如何从许多可能的道路中选择一条路。等到这种已经接受了的观点被推翻以后，又会有一种意想不到和完全新的发展，它又成为一个新的哲学观念的源泉”②。

也因此，TVS哲学的第一定律“万物同构律”，其实就是一条自然定律，排在首位。而第二定律“视点结构律”，才是一条基于自然定律和科学定律的哲学定律，是重在揭示人类认知和认知逻辑的定律，排在第二位。

① 人民教育出版社教育室.自然科学基础[M].北京:人民教育出版社,1998:4.

② A.爱因斯坦,L.英费尔德.物理学的进化[M].周肇威,译.上海:上海科学技术出版社,1962.

5.7.3 再谈TVS哲学·系统论·结构主义

TVS哲学，显然受到系统论哲学和结构主义哲学的影响，而且，很有可能被认为就是“系统论+结构主义哲学”。然而，TVS哲学虽然吸取了这两者的优点，但与这两者有本质不同。

系统论关注“要素”和“结构”，特别强调整体的综合性，但是忽视甚至反对对要素和结构进行微观分析，至少是在方法论上明确忽视分析性，因此所强调的综合不可避免会笼统粗糙。而结构主义重点关注结构，必须说明的是，在只关注结构这点上，结构主义与几何学中的拓扑学[①]似乎一致，其实数学和几何关系抽象度很高，与具体的社会关系，甚至物理生物化学关系都不会完全等同。

TVS哲学综合了系统论和结构主义的优点，补充了在元素细节分析基础上的以关键细节（例如，概念定义及其关键词）作为连接点建立结构或有机关系这一重要缺环，力图使得一个系统中的要素（元素）和结构的建立，所有学科知识体系尤其理论知识体系的建构，以及相应的实践操作体系的建构逻辑，更为有机，也更为精准、精细、精致。

5.7.4 TVS哲学定律的教学起源

TVS哲学最早起源于对教学问题的研究，源于对学校课堂教学这一最为形而下的知识传授和学习的实践活动的观察，源于对那些效率极其低下且频频出现令人瞠目结舌的知识错误及细节错误的教学行为的高度关注，进而对其进行持续不断研究，并结合中外经典教育教学理论，反复对有效和无效课堂教学行为进行解析和提炼等，所形成的早期的视点结构教学（TVS：Teaching of Viewpoint-Structure）[②]。更往前推，是源于在《课堂教学技术与艺术——执教行为训练·评价·鉴赏》[③]中关于“课堂教学逻辑”这一章的“点、线、面、体”逻辑构型的研究。再

---

① 注：拓扑学是19世纪发展起来的一个重要几何分支，早在欧拉或更早时代就已萌芽。通常的平面几何和立体几何，是研究在运动中大小和形状不变的几何。拓扑学是研究在运动中，大小、形状、数量都在变化，而只关注关系（结构）变或不变的几何。黎曼把拓扑学的概念引入复变函数论中，发展成黎曼曲面论。

② 赵伶俐.视点结构教学技术原理[M].上海：百家出版社，2002.

③ 赵伶俐.课堂教学技术与艺术——执教行为训练·评价·鉴赏[M].重庆：西南师范大学出版社，1993.

沿着学校自然、社会、艺术等学科教学、学科知识的构成逻辑和思维逻辑，进一步形成了TVS学科大综合理论，以及学校综合课程建构与教学实践体系。[1]后逐步扩展、提炼和上升到TVS哲学探索与理论建构，于是有了本书。从宇宙和日常生活现象，到自然科学历史进展，触及对宇宙世界本原的探求（第一章）、对人脑与电脑的构成及对客观世界的反射应答功能的探讨（第二章）、对认识科学与知识构型（第三、四章）的探索，逐步清晰地建立了宇宙世界观、方法论和价值观体系，形成了现在的TVS哲学，浓缩为十二大TVS哲学定律（第五章）。为了尊重这一不可或缺的、自下而上的探索过程，且表明教学作为人类的一种十分重要和特殊的认知活动领域，“TVS哲学”沿用了“TVS”的称谓及基本内涵。TVS是TVS哲学最初的来源，至今也是TVS哲学最重要的实践领域。

写作本书，旨在建构TVS哲学或视点结构教学的哲学基础，从根源上挖掘人类教学行为的深层价值与哲学意义，建立基于宇宙自然和人类认知定律的教学观念、思维与行为指导系统，包括重新审视学校的知识观、课程观、教学观和一系列教育教学改革的本质与品质。毫无疑问，透析人类是如何认识和掌握宇宙万物万事秩序的方法、定律与智慧，并将之准确、有效、富有美感地传授给下一代，再下一代……应该是人类学校教学及研究最神圣的使命！

5.7.5 经典与广谱性

各领域的学者，不妨将TVS哲学及定律与自己的实践领域活动相结合，你会发现这些定律的确也是解释和解决自己专业问题的定律、智慧、策略和路径。

万物同构，万物同道。领域可变，形式可变，道不变。

① 赵伶俐.文理艺大综合课程与教学设计——科学 审美 实践(中学)[M].北京：中华书局，2005.

本书结语

天地人和，聚焦建构

天地之间，充满能量。现代科学家通过实验认定这种能量是原子核内外粒子运动，即从一个运动轨道向高一级运动轨道跃迁，而一份一份发送或释放出来的，故又称能量子，简称量子。宏观、中观、微观世界，皆由原子构成，原子又都由电子、质子、中子、夸克等粒子构成，不过是“点↔点”结构模式；粒子间的相互作用或量子运动，也都不过是“点↔点”互动模式或建构场。仅电子层面的量子运动场，就是电磁场。电磁场、量子场和宇宙场是统一的，本质都是粒子间相互作用激起的波浪、泛起的涟漪（图结1）。

【图结1】粒子波浪，宇宙涟漪：电磁场、量子场、宇宙场的统一
（图片来源于pixabay）

人，是天地间的特殊物种，高级生命体。所谓高级，就在于有它物它生命体所不具有的心理活动和精神现象，如感知觉、记忆、联想、想象、思维、情感、美感、价值观和价值判断、理想信念、运动表现，以及各种因素整合而具有的创造性等。而再高级的心理活动和精神现象，也都是粒子构成物和量子运动的一种，是人脑粒子波、电磁波或量子波与客观波系发生谐振或非谐振的产物而已。从这个角度看，人脑就是宇宙波系的视点（图结2）。

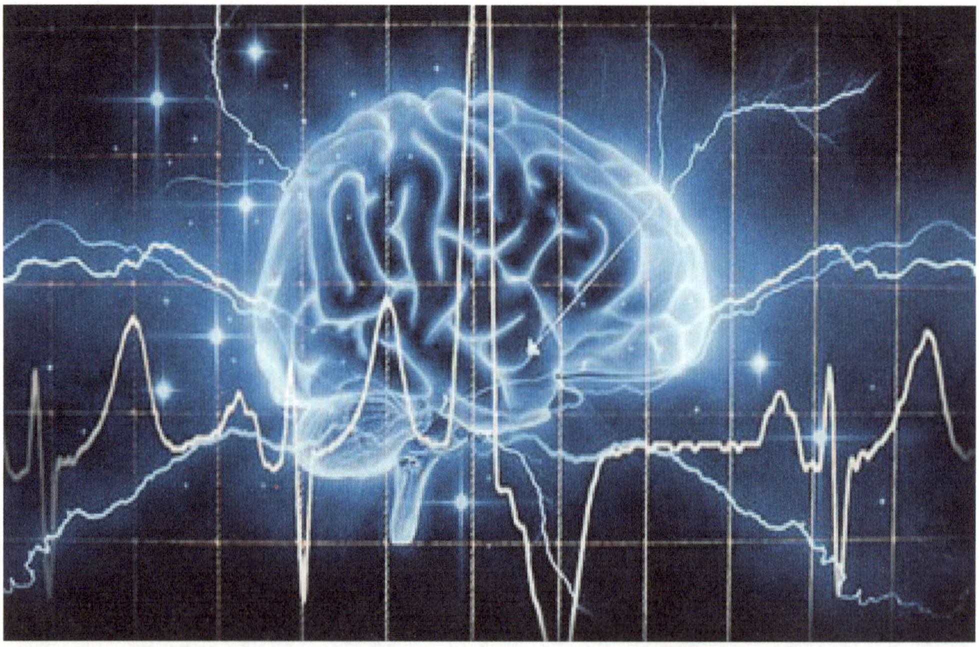

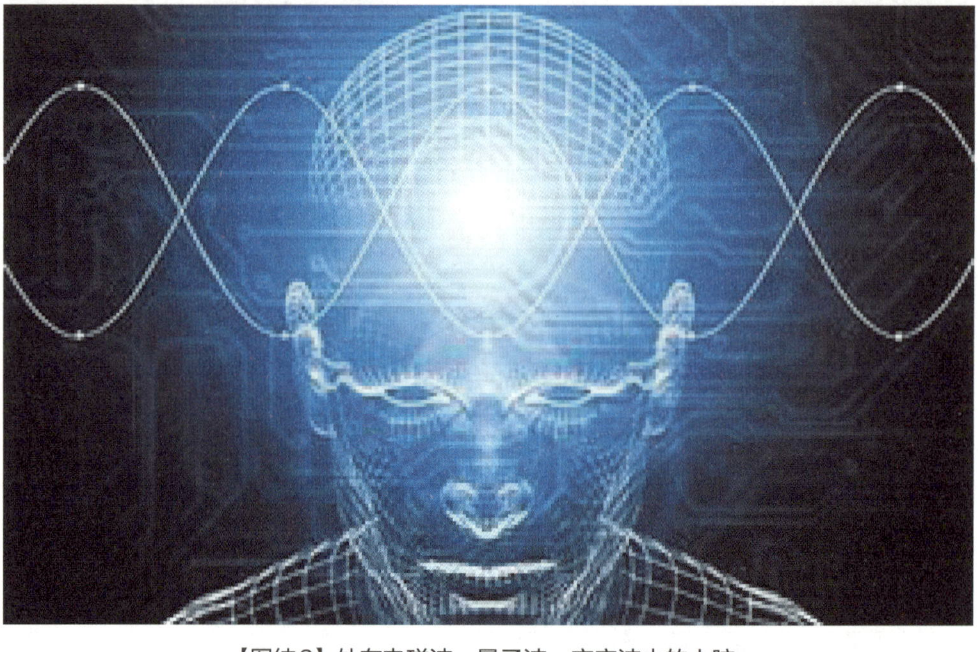

【图结2】处在电磁波、量子波、宇宙波中的人脑

（图片来源于pixabay）

电磁波，是被人类最早渗透认知的粒子波、量子波，是目前现代信息科技和信息通讯最重要的载体，是互联网、大数据、云平台、区块链等信息科学技术实

现的物质基础，且与人脑视觉功能之间有着微妙的联系。

光是看得见的电磁波，影是看不见的电磁波（图结3）。

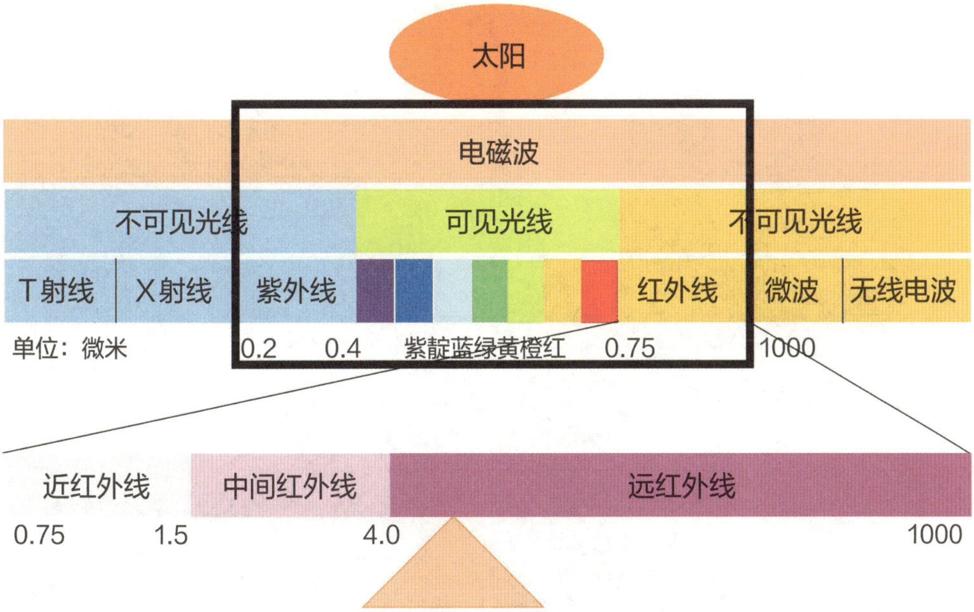

【图结3】肉眼看得见和看不见的电磁波

平日里，影总是藏在光天化日之后，光总是躲在浓浓夜色之中，纠缠嬉戏。只是偶尔，会一起宣布它们同在的样子。例如，就在司马台长城烽火台壁上，惊现出它们热烈的舞姿。想想，如果这时候恰有施特劳斯（奥地利音乐家）的《蓝色的多瑙河》、柴可夫斯基（俄罗斯音乐家）的《天鹅湖》、盛中国（中国著名小提琴家，世界十大小提琴家之一）的《梁祝》的舞曲乐曲响起，那就是电磁波与声波共同编织的一部宏大宇宙人间交响诗。或许这时候，还恰好有位摄影师以他的视点，以他的取舍、构图和情感判断等，按下了快门，于是看得见和看不见的电磁波就以最独特的形象，定格在天地之间。是这宇宙之海最妖艳的涟漪、最绵长的旋律，绘制出天地人和最美丽的画面（图结4）。这就是所谓人脑的功能，是人脑感知直觉、思想建构、情感体验和创造性的表现与成果；当达到最佳和谐状态时，就是审美认知、审美情感、审美表现与审美创造。

【图结4】天地人和：宇宙电磁波之海，泛起最妖艳的涟漪，

谱写最绵长的旋律和最美丽的画面

事实上，光影人，天地人，一直同在。人类的教学，就是在这样的电磁场，乃至粒子场、量子场、宇宙场中进行的已知传授与未知探索；是以人脑这个最独特、最高级的视点，来透视和建构或聚焦建构（视点↔点）各种事物或粒子间的相互关系（点↔点），及其所发生的各种相互作用（点↔点）的过程。

相信，人类的学校会在不久的将来新开设一门课程，叫“量子”。不是物理专业的“量子力学”，而是囊括传统物理、化学、生物、地理等自然课程，乃至大多人文社科类课程的，高度综合性、广泛普及性的课程，典型的TVS哲学课程。其与从古至今恒在的“数学”地位相同。

“电磁波之父”詹姆斯·克拉克·麦克斯韦（图结5）的电磁波统一的方程组，成为今天众所周知的基于无线传输的信息科学技术的重要理论基础和定律，对无线电和信息科技的运用与发展影响至今，且以后还有更深广的影响。同时，麦克斯韦还是充满人文情怀的思想家、深情的诗人。

【图结5】麦克斯韦是电磁波之父，也是一位深情的科学诗人

在本书结尾，让我们怀着科学与艺术的情怀，来吟诵一首他写给自己亲密爱人的科学情诗。

一位男电报员给一位女电报员的爱之信息
（节选）

我灵魂的嫩须与你的缠在一起，
虽然两者相距不知多少里，
而你的盘卷在线路中的灵魂，

围绕着我的心，与心上的磁针。

如丹尼尔那样永恒，
如格罗夫那样强烈，
如史密那样激情，
我的心倾吐出的爱，
如潮水的翻腾，
而所有的电线都在你那里合拢。

宇宙世间万事万物，宏大的微小的，天上的人间的，物质的精神的，理性的感性的，皆由原子、原子核内外粒子结构及其运动构成；人类的所有认知活动与成果（视点↔点），根本上都与宇宙的这一“点↔点”相互作用或构成方式息息相关。揭示这种共性及规律的哲学就是本书所论述的TVS哲学（《TVS：视点结构教学》书系之第一部TVS《教学哲学》）。受制于这种共性，各级各类学校教学活动（《TVS：视点结构教学》书系之第二部TVS《课程逻辑》、第三部TVS《教学行为体系》、第四部TVS《高校教学论》）和各种求真的学术活动（《TVS：视点结构教学》书系之第五部TVS《学术思维与写作》）等，都必然是基于根本构成式（TVS）的聚焦建构活动（动态TVS）。

书系结语 EPILOGUE

从教学到宇宙

教学和学生使我的生命得以延续。如果有人给我创造一个很好的环境，但是我不能教学的话，那我永远不会接受，永远不会。

——【美】费曼

真正的哲学是写在那本经常在我们眼前打开着的最伟大的书里面的。这本书就是宇宙，就是自然界本身，人们必须去读它。

——【意】伽利略

只有当教学能够让自己和他人抬望星空，登上宇宙，延续生命的时候，人们才会深知教师为什么是太阳底下最光辉的职业。

——本书作者

在刘慈欣描写宇宙的小说《三体》获得雨果奖（2015）前，他的一系列宇宙科幻小说就已在中小学生中流传，如当年我们私下传看爱情小说。今天仍然以升学考试为核心目的的教育，岂能容忍学生偷读这些“无用天书”。然而，宇宙时空那些精准定律和神秘光亮，依然穿透云遮雾罩，深深吸引了学生们的目光，启动了他们想象的旅程、猜测与思考、惊心动魄的美感体验。这恰恰是中国未来科技和社会发展成为世界一流的最宝贵的火种。

宇宙中任何事物或事件（怀特海），都是一个时空纵横交织的结构（笛卡儿坐标系），而广义相对论（爱因斯坦）“最终证明了空间和时间的结构决定宇宙的规律”①。

教师的教学，不过也是广袤宇宙中的一类事件。与诸事件最大的不同是：教学不仅必须遵循宇宙的普遍定律，还必须将宇宙的普遍定律、知识真理等传递给学生。今天的信息化和“互联网+”时代，就是充分利用密布在宇宙时空中看不见的电磁波，来重建人与自然、人与社会、人与人之间新型关系的时代。这更需要抬望宇宙，揭示宇宙万事万物共同规律的教学。

TVS（视点结构教学），就是试图通过知识和知识网络结构，通过直觉形象思维与高阶理性思维交织，与宏观宇宙时空和微观宇宙时空接轨的教学。“视点结构”本身就是兼具空间几何性和时间秩序性的概念。由这种概念引领构建的学校课程、学科知识及其教学时空秩序，必将对学生良好的知识结构、认知和思维时空结构的形成，德智体美劳全面发展，创造性与智慧成长，影响深远。

普遍联系是宇宙世界的公理，追求幸福是人类的公理②，使人智慧是教育的公理。尽管人类教育的历史阶段、制度及其教育目的、内容、方法等有所不同，但对智慧的追求无一例外，千古不变。教育的全部目的就是使人具有活跃的智慧③，智慧是人类世世代代追求的目标④，培养德智体美劳全面发展与个性和谐发展的人，就是培养身心协调、富有智慧的人。一个不重视培养智力的民族注定将被淘汰！

哲学是关于智慧的学问，教学是使人智慧的事业，教师因此必须是智者。这正是苏格拉底、柏拉图、亚里士多德、孔子、孟子、老子等，几乎所有中外古今

① 托马斯·比尔克. $E=mc^2$——相对论入门[M]. 陈慧，译. 上海：百家出版社，2001:9.

② 赵汀阳.论可能生活——一种关于幸福和公正的理论（修订版）[M].北京：中国人民大学出版社，2004.

③ 怀特海.教育的目的[M].徐汝舟，译.北京：生活·读书·新知三联书店，2002.

④ 余华东.论智慧[M].北京：中国社会科学出版社，2005.

哲学大家，都同时是教育教学理论家和教师的原因。作为智者的教师，有责任且必须能够通过教学为学生指引一条通往智慧之路，一条从必然王国走向自由王国之路，而非让学生浮于表面轻松，却越学越迷茫、狭隘、沉重、无奈。

期待有较多教师能够阅读到本书系《TVS：视点结构教学》，或其中任何一本，还有兴趣尝试将之转化为自己的教学行为。这就是我用几乎一半的职业生涯研究教学问题，撰写这些文字的价值实现。“书已经写成了。现代人读或后代读都无关紧要，也许要等一百年才有一个读者。”（开普勒）我不想有这样的结局。

还希望，阅读到《TVS：视点结构教学》书系任何一本的读者能够理解，支撑TVS的，是一个广袤厚实的宇宙！源于视点结构教学研究，后延展生成的视点结构哲学，不仅适用于教学，还适用于存在于宇宙时空中的所有人类活动领域、所有学科、所有行业……